公共经济与管理·投资学系列

融资理论与实践

The Theory and Practice of Financing

方 芳　宗庆庆　编著

復旦大學出版社

前　言

习近平总书记指出,要坚持把金融服务实体经济作为根本宗旨,这也是中国特色金融发展之路的重要内容。本教材就是围绕如何践行金融服务实体经济的根本宗旨来探讨相关的融资理论与实践问题的。在新时代中国特色的社会主义建设中,为实体经济服务的融资问题的重要性日益显现,融资效率的高低、融资渠道的通畅、融资方式的创新以及融资风险的防范与控制等,不仅关系到一个国家的经济增长速度和经济运行质量,还直接影响了一个企业的兴衰存亡。因此,了解融资活动的运行过程和规律,熟悉和掌握融资理论的发展与融资知识体系,洞察现实融资现象背后的理论解释,注重融资理论在实践中的运用,是经济金融管理类的学生,以及从事经济金融和企业管理工作的人士必备的能力。

本教材是编者结合大量的教学实践体会编著而成的,本教材在编写过程中力求突出以下几个特点。

一是体系上注重系统性和完整性。本书内容涵盖了融资理论的完整体系和各种融资方式的实践:既有股权融资,又有负债融资;既有企业融资,又有政府融资;既有直接融资,又有间接融资。本书以导论为开篇,旨在引领读者走进融资的广阔世界,让他们对融资的概念、运行实质与机制、融资面临的环境和影响因素以及其在服务实体经济中的角色有一个清晰的认识。随后,通过深入探讨融资理论的发展历程,从传统融资理论到现代融资创新理论,为读者呈现了一个完整、系统的理论框架,使他们对融资的基本原理有了更为深刻的理解。接着,对股权和债权的融资理论与实践进行了阐述,并对项目融资、无形资产融资和互联网背景下的融资等多种融资方式的理论与实践进行了探讨。此外还对我国具有中国特色的政府融资进行了理论与实践的分析与讨论。

二是注重理论知识的深度和前沿。本书在理论与实践融合的基础上,更进一步深入分析了现实融资现象的理论解释,不仅仅停留在融资表面现象的描述,而是深入挖掘其理论背后的逻辑关系、核心概念及其演变过程,力求让读者对融资理论有更为深刻的理解。同时,本教材也注重理论的前沿性和创新性,引入了最新的研究成果和学术观点,让读者能够了解融资理论的最新发展动态。

三是注重理论与实践的融合。本教材在注重理论深度的同时,也更加注重与实践应用的融合,在编写过程中,力求做到理论阐述与实践案例的有机结合,在阐述每一种融资方式时都结合了具体的案例。通过精心设计的案例和专题讨论,使读者在掌握理论知识的同时,也能了解到实际操作的流程与技巧,从而将理论知识与实际操作相结合,更好地理解融资理论与实践的内在联系,培养解决实际问题的能力和创新思维。

本书由上海财经大学方芳教授及宗庆庆副教授编著,全书总纲要及各章节大纲由方芳教授统一制定。参与编写工作的还有上海财经大学投资系的杨青副教授和郭光远老师。其中方芳教授负责编写前三章,宗庆庆副教授负责编写第四章、第五章、第七章和第十一章,杨青副教授负责编写第六章、第九章和第十章,杨青副教授和郭光远老师还共同编写了第八章。参与各章编写的还有张志杰、石成、许嘉怡、宋爽爽同学,他们不仅参与了书稿的编写,还参与了习题和案例的整理工作。全书的大纲和最后的统稿由方芳教授和宗庆庆副教授共同完成。

最后要感谢所有为本教材的编写提供过帮助和支持的人们,感谢复旦大学出版社的编辑,正是有了他们的鼎力相助,才有本教材的顺利出版。

在本书编写过程中,我们力求做到内容准确、条理清晰、语言通俗易懂,以便读者能够更好地理解和掌握融资理论与实践的精髓,但由于编者水平有限,书中内容或表述难免存在不足之处,敬请读者批评指正、不吝赐教,也期待广大读者在使用本教材的过程中,能够提出宝贵的意见和建议,以便在未来的修订和完善中更好地满足大家的需求。

编者

2024 年 9 月

目 录

第一章 导论 ……………………………………………………………… 1
  第一节 融资的含义 …………………………………………………… 1
  第二节 融资运行的实质与机制 ……………………………………… 7
  第三节 融资的影响因素 ……………………………………………… 12
  第四节 融资的环境 …………………………………………………… 24

第二章 融资理论的发展 ………………………………………………… 30
  第一节 资本结构理论的发展 ………………………………………… 30
  第二节 行为融资理论的发展 ………………………………………… 54
  第三节 融资需求与供给理论的发展 ………………………………… 65

第三章 私募股权融资理论与实践 ……………………………………… 87
  第一节 私募股权融资概述 …………………………………………… 87
  第二节 私募股权融资的运作流程 …………………………………… 103
  第三节 私募股权融资的风险与防范 ………………………………… 106

第四章 上市融资理论与实践 …………………………………………… 110
  第一节 公开发行上市融资概述 ……………………………………… 110
  第二节 上市融资与股权结构 ………………………………………… 116
  第三节 上市融资的风险与防范 ……………………………………… 121
  专题讨论 中国中小企业上市融资问题 …………………………… 122

第五章　信贷融资理论与实践 126
第一节　商业银行贷款融资概述 126
第二节　商业银行的供应链融资 130
第三节　并购贷款融资 135
第四节　信贷融资的风险与管理 138
专题讨论　中小企业融资机制的创新 142

第六章　债券融资理论与实践 147
第一节　债券融资概述 147
第二节　债券融资设计与价值确定 149
第三节　衍生债券融资设计与价值确定 151
第四节　债券融资的风险与防范 155
专题讨论　保利地产债券融资案例 156

第七章　融资租赁的理论与实践 159
第一节　融资租赁概述 159
第二节　融资租赁的盈利模式与定价 164
第三节　融资租赁的风险管理 170
专题讨论　租凭公司案例分析 176

第八章　政府融资理论与实践 179
第一节　政府融资概述 179
第二节　政府融资工具与应用 185
第三节　地方政府融资 199

第九章　项目融资理论与实践 207
第一节　项目融资概述 207
第二节　项目融资结构与框架 209
第三节　项目融资模式 212
第四节　项目融资的风险与防范 214
专题讨论　BOT 融资 216

第十章　无形资产融资理论与实践 219
第一节　无形资产融资概述 219
第二节　几种新颖的无形资产融资模式 223
第三节　无形资产融资的价值估算 234
第四节　无形资产融资的风险与防范 240

第十一章　互联网融资理论与实践……………………………………… 244
　　第一节　互联网金融概述………………………………………………… 244
　　第二节　互联网金融背景下的众筹融资模式…………………………… 255
　　第三节　互联网金融背景下的P2P网络贷款融资模式………………… 262

参考文献………………………………………………………………………… 270

第一章

导 论

学习目标：
1. 了解企业融资和融资机制的含义，融资结构与资本结构的区别以及融资运行的实质
2. 掌握融资机制的作用和运作功能，融资规划、融资方式及结构选择的影响因素
3. 熟悉融资的内部环境和外部环境以及融资方式受融资环境的影响

关 键 词： 融资机制　融资方式　融资环境

第一节　融资的含义

决定企业生存的要素之一是资金，因为企业的资金充足，现金流稳定，有助于产品迭代、员工稳定、企业长足发展。现代经济生活中，无论是企业还是政府，在投资以前必须通过一定的渠道从国内或国外筹措资金。企业成立时需要融资，企业进一步发展时需要融资，企业扩大规模时需要融资。融资伴随着企业发展的全过程。而融资是一个艰难又漫长的过程，充满了荆棘和曲折，让很多企业最终迷失在竞争的洪流里。一方面，如果资金筹集运用得当，可以迅速将企业或项目做大做强，起到事半功倍的作用；另一方面，如果资金筹集运用失败，也可能成为诱发企业管理危机或财务危机的导火索。因此，融资是企业发展过程中一个永恒的话题，企业要把融资作为企业发展的长期战略，时刻保持警惕，避免让自己陷入被动。

一、融资的含义

融资(financing),从狭义上讲,是指资金的融入,即是一个企业资金筹集的行为与过程。从广义上讲,融资也叫金融,就是货币资金的融通,融资主体通过各种方式到金融市场上筹措或贷放资金的行为,即资金在持有者之间流动,以余补缺的一种经济行为;也是指资金在供给者与需求者之间的流动,这种流动是双向互动的过程,既包括资金的融入(资金的来源),也包括资金的融出(资金的运用)。

资金的融通是通过资产的交易来实现的,买入资产就是用手里的资金来换取未来的经济利益,而卖出资产正好相反。所以资金的融通,即资产的买卖,就是在不同时间和不同状态下配置资源。资产的支付也叫资产的回报,就是资产能够给其所有者带来的经济利益。资产在未来的不同状态中,其回报可能是不一样的。因此,资金供给方在决策是否购买某项资产时,就是要权衡在未来能获得的支付是否超出现在的购买价格,即资产的定价(见图1-1)。

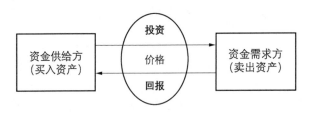

图1-1 资金的融通

所谓资产的定价就是给定资产未来的支付来判断该资产现在应该值多少钱,当然也可以说确定了资产现在的价格,未来得到多少支付才是合适的。但现实生活中的投资行为往往是根据对未来资产的回报预期来确定的。如我们考虑是否在某个价位买入一家公司的股票,就是基于对该公司未来的分红预期或未来的市场价格预期来确定的,而公司的管理者一般不会根据公司现在的股票价格来确定公司未来的分红决策,但反过来公司未来采取的分红决策却可能会影响其现在的股票价格。因此公司的管理者采取的融资政策就要考虑到是否会影响未来将要执行的分红政策,进而会影响其股票价格。而一般固定收益类资产,如债券就是指其未来的支付是已经确定了的这类资产。

所谓金融资产就是承诺了未来经济利益的契约,是一类特殊的资产。金融资产的交易就是达成了交易双方互换跨期跨状态经济利益的契约。金融资产是无形的,与土地、房屋、机器设备等价值依附于特定物质属性的有形资产不同。

金融资产也被称为金融工具。

融资的过程是一个有风险的过程。当资金需求者通过银行贷款或者发行股票和债券得到资金后,有可能发生违约现象,即资金获得者无法按约定的期限偿还贷款或者支付股息、红利。这种违约风险始终伴随着融资这一过程,作为融资的一种本质特征存在着。

一般来说,资金的需求和供给不会相等。大部分情况下,资金的供给要小于资金的需求。有限的资金如何以最佳的方式配置到需求者手中是金融体系值得研究的问题,也是我国金融业的根本任务,即服务于实体经济。资金的配置伴随着风险,如何以最低的风险合理配置资金是金融机构的任务。说到底融资过程就是一个风险配置过程。一个合理的金融制度就是将有限的资金以最低的风险配置到需求者手中的制度，从而达到资金的最大化利用。

二、融资的方式

对于融资方式的界定，目前很多学者认为融资方式就是融资渠道，因为融资方式需要依托融资渠道，很多时候还会与融资渠道融合。但实际上两者有显著差别，融资渠道的作用是提供资金来源，而融资方式则是获得资金来源的手段及方法。一般来讲，融资方式是指当企业出现资金短缺的情况，企业考虑运用某一种融资渠道在有效的时间内以最低的资金使用成本获得维持企业正常经营所需资金的经济行为。融资方式是指企业在进行资金的筹集过程中所选用的各种融资工具组合。

根据资金来源渠道的不同，融资方式可以分为内源融资和外源融资两大类。其中，内源融资是指企业将经营活动所产生的资金不断转化为投资，通过自有资本、积累留存收益以及建立折旧基金等方式依靠自身力量解决资金需求。内源融资由于在使用上具有自主性高、成本较低等特点，因而成为企业生存和发展不可或缺的重要组成部分，特别是对于规模小、抵押品不足、信息不透明的中小企业来说，内源融资更成为其首选融资方式。外源融资是指企业从外部吸收资金用于支持自身的发展，外源融资方式具有高效、灵活、大量、集中等特点。依据是否涉及融资中介可以将外源融资方式分为直接融资和间接融资，又可依据资金性质将外源融资分为股权融资和债权融资。根据来源机构不同，将债权融资进一步划分为债券融资、银行借贷和网贷平台。根据筹集资金次数，股权融资又进一步划分为 IPO、再融资和联合开发。新型融资方式有互联网融资，即网贷平台融资，这类融资方式给小微企业带来很大便利，具有融资速度快，审批标准低等特点。

此外，按资金的归还期限，以一年为界又可分为长期融资与短期融资；根据融资主体划分还可分为企业融资与政府融资；按资金来源地划分可分为境内融资与境外融资；按是否公开融资分为公募融资与私募融资；按是否为项目而融资可分为一般融资与项目融资；此外还有其他的一些分类方法。公募融资与私募融资相比有着自身的优势：私募融资的信息披露要求、融资者资格等和公募融资相比，要求相对比较低，投资者需要有一定的风险承受能力。

随着经济的快速发展、技术的不断进步、模式的不断创新，融资方式日渐增多。但无论哪种融资方式，企业都可以单一使用也可能同时采用几种，其之间也有相互影响的关系。各种融资方式各有利弊，企业通过内源融资方式筹集资金享有使用资金的自主性并且没有还本付息的压力，也不会担心企业控股权的稀释，但是却受到内源融资不足的限制。外源融资方式可以扩大企业的融资来源，但是股权融资会导致企业股权的稀释，而债权融资又会增加企业的还款压力。企业的融资方式直接影响企业的资本结构乃至股权结构，进而影响企业的运营方式及运营绩效。

三、融资结构与资本结构

（一）融资结构

融资结构是指公司从不同的筹资渠道所筹集资金的有机构成及比例，是企业融资行为的结果体现,企业融资是一个动态过程,不同融资行为必然导致不同融资结构。融资结构可划分为途径结构、期限结构和关系结构三种类型。具体而言,途径结构反映了内源融资与外源融资的构成关系,期限结构反映了长期融资与短期融资的构成关系,而关系结构则反映了直接融资与间接融资的比例关系。三种类型结构的内在勾稽关系(见图1-2)。

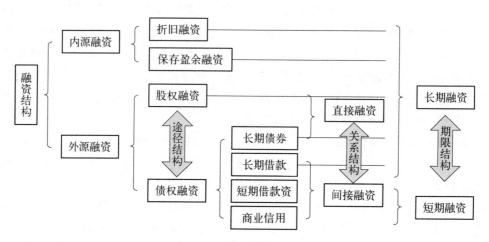

图 1-2 融资结构的内在关系

由图1-2可以看出,企业的融资结构不仅揭示了企业资产的产权归属和债权约束程度,还反映了企业融资风险的强弱,它在某种程度上体现了企业的经营和财务状况。合理的融资行为形成优化的融资结构,而融资行为的失控必然会扭曲融资结构,因此确定合理的融资结构对企业的发展至关重要。

(二)资本结构

与融资结构紧密相关的一个概念是资本结构,所谓资本结构是指所有者权益与负债的组合及相互关系。通常所说的"广义资本结构"认为:资本结构就是权益资本与债务资本的比例关系,是由企业全部资本构成的,不仅包括长期资本,还包括短期资本(主要指短期负债)。狭义资本结构则认为资本结构是指企业各种长期资金筹集来源的构成和比例关系,通常情况下,资本是由长期资本构成的,短期资本(短期债务)不属于企业资本。不难看出两种资本结构定义的分歧就在于对负债的范畴界定不同,前者认为不论长期负债还是短期负债都应算作是负债,后者则是将企业短期负债列入了企业营运资本的范畴,认为只有长期负债才是真正的负债。之所以存在这种分歧,主要是因为后者认为只有长期负债才具有税收优惠及债务约束功能,而短期负债不具有这样的功能。

还有一种观点认为资本结构还包括企业家与外部股权投资人的权益比例关系、不同到期期限、不同面值、不同优先等级的债券比例关系及相应的各种条款内容、大股东或企业内部控制人股权与公众股权比例关系,还有期权等复杂证券所规定的各主体的权益关系等,因此资本结构具有一个由多因素、多变量、多阶段和多层次集合而成的复合型体系的特性。

资本结构作为系统并不是孤立和静止的,而是处于一个动态性运动之中。在一定时点上观察,企业的资本结构呈现出静态特征,表现为权益资本和负债两者之间的比例关系。从一段时期上观察,资本结构又表现为明显的动态属性。根据企业内部资本组成的状态不同,资本结构可分为静态资本结构和动态资本结构。

静态资本结构反映某一时点上企业全部资金来源的构成及比例关系。动态资本结构则是企业依据获取的资金特征及时合理地调整各类资金来源的即时结构。显然,合理的资本结构应该是灵活的,能够根据外部环境的变化和企业本身发展和战略的需要进行适时的调整,达到运动中的"最优",从而实现企业市场价值最大化的优化目标。

(三)融资结构与资本结构的区别

融资结构与资本结构既有联系又有区别。资本结构与融资结构在内容和目的上有所不同,从内容上看,资本结构只是融资结构的一个组成部分,从目的上看,资本结构更着重长期资金与资产之间的匹配关系,是企业长期融资活动的结果。如果从动态和静态意义上区分,融资结构是一种流量结构,是一定时期内企业融资活动的累积,描述的是融资活动中各种资金来源的构成比例,是一种增量变化资本结构;而资本结构描述的是静态意义上的,即某一时点企业各种资金的构成比例,是一种存量结构,是企业资本构成的静态反映。但两者的密切关系也是显而易见的,过去的融资结构形成了现在的资本结构,现在的融资行为改变了资本结构。流量结构决定存量结构,但存量结构也会反作用于流量结构,因为选定的资本结构决定了公司治理的效率和公司价值,由此又将决定和影响到今后的融资方式和融资工具的选择等融资行为。从总量上看,融资结构与广义资本结构相同。在大多数的研究文献里,学者们经常把这两个概念交换使用。

专栏1-1　融资的重要性

资金链是企业的鲜血,是企业生存和良性发展的生命线。企业一旦出现资金链断裂,轻则导致因缺乏现金流而中断经营,使得企业蒙受巨额损失;重则导致企业深陷财务危机的泥淖从而走向破产倒闭。从曾经辉煌一时的巨人集团、三九集团到如今曾是行业巨头的华信能源、乐视网、千亿级房企恒大集团等都因资金链断裂而黯然离场。

在企业安全经营和长远发展过程中,融资是其中的重要一环。第一,融资可以有效解决企业资金难题,保证企业资金链安全、畅通地运转,缓解资金周转问题,从而抵御可能出现的流动性风险。资金的支持可以帮助企业解决眼下问题,同样为企业未来发展奠定基础。让企业在同行中有更强的竞争力。第二,融资可以使企业获得运营指导和更多的资源。很多天使投资人都是行业中的专家,有着丰富的创业经验和行业经验。他们具备挑选项目的眼光,更有培育项目的能力。他们提供的关于产品、技术方面的专业意见,或者关于公司管理、商业模式、战略方向的经验及思考对创业公司而言是无价之宝。此外,除了获得投资,企业同样还获得了投资人背后的资源,如政府、媒体、人才、市场渠道及下一轮融资的渠道等。第三,融资可以改善企业内部结构,提高运作效率,引入战略性私募投资者,可以帮助中小企业改善股东结构,建立起有利于企业未来上市的治理结构、监管体系和财务制度。

当今如日中天的互联网巨头腾讯,早期也曾有过一段惊心动魄的融资史。腾讯创业初期,主打产品QQ(当时还叫OICQ)增长迅猛,上线9个月用户就达到了一百万,如此庞大的用户数据让腾讯的服务器不堪重负,而服务器造价昂贵,腾讯根本拿不出钱来添置。面对资金的捉襟见肘,马化腾也曾求助于银行,但由于当时QQ始终没有找到变现方式,银行看不到它的商业价值,因此都不愿冒险贷款。山穷水尽之时,马化腾一度想以300万把公司卖掉,结果出价最高的仅仅60万。后来,因为著名的风投机构IDG和香港盈科的融资缓解了腾讯的燃眉之急。但是此时的腾讯依然找不到有效的变现模式,加之"互联网泡沫破裂"让腾讯也出现巨额亏损,IDG萌生了退出腾讯的想法,马化腾只能再次寻找"下家"。彼时,MIH的中国业务发展副总裁网大为正在中国寻找优质的互联网项目,MIH接受了香港盈科的全部股份和IDG 12.8%股份,以32.8%的股份成为腾讯第二大股东,腾讯这才摆脱了资金短缺的困扰。拿到这笔钱后腾讯快马加鞭,不断尝试新的变现路径。到了2001年底,腾讯实现了1 022万人民币的纯利润;2002年3月,QQ注册用户破亿;2004年6月腾讯在香港主板上市,从此走上了飞速扩张的道路。

受疫情影响,西贝餐饮集团创始人贾国龙称,西贝春节前后营收损失在7亿~8亿元之间,倘若疫情在短时间内得不到有效控制,西贝账上的现金撑不过三个月。这家在全国60多个城市拥有400多家门店、中国最大的中式连锁餐饮企业之一,这家80年代就创立风雨三十余年的老店,面临着有史以来最严酷的挑战。但是,随后几日之间,西贝便得到了外界的支持。西贝方面表示,北京市地方金融监督管理局在得知企业的困境后,将西贝列入第一批重点支持企业名单,通知并持续跟踪各家银行做好金融服务支持。国内30多家银行旗下的七八十家分行、支行信贷部门陆续主动找到西贝沟通融资支持,部分西贝原有的融资合作银行还表示要为企业争取行内优惠政策,一起共渡难关。通过外部的融资支持、政府支持和其自身的快速转型,疫情期间,西贝的线上营收占到了总营收的80%以上,成功走出至暗时刻,峰回路转。

无数知名的大企业都饱受资金流动性的冲击,中小微企业因其在营运过程中陷入资金困境的情况更是常见。中小微企业是中国经济增长的重要引擎:创造大量就业岗位;中小微企业其极强的生命力促进国家经济体制的改革。根据国家统计局数据显示,2018年末,中国中小微企业占比高达99.8%,吸纳就业人数占城镇就业人口的约80%。

虽然中小企业在国民经济中占有重要地位,但是中小企业因其信用记录不完善、资信状况不高、财务制度不健全、抵押品不足、信贷风险相对较高等自身原因以及信息不对称、贷款交易成本高等金融层面原因而很难获得银行等金融机构的资金支持,这就导致中小企业发展受限。对中小企业而言,融资对其解决生存问题具有重要意义。中小企业特别是科技型企业,在起步后就到了扩大规模高速发展的阶段。在这个时候,资金就成了发展的最大瓶颈。实时的融资,无疑就是给企业装上了腾飞的翅膀,不仅有利于企业自身的发展壮大,更是实现创新型国家之必需。

2021年下半年,兴业银行上海分行与虹口区知识产权局协同合作,通过"纯知识产权质押贷款"为某科技公司摆脱了融资困境。该公司是一家主要从事广电设备研发、生产、销售以及与此相关的软件、系统集成等业务的企业,致力于服务国家"三网融合"战略。经区局与银行走访了解,该企业当前处于转型发展的关键阶段,却因疫情原因面临资金难题。在区局与兴业银行的积极推动下,银行选择了该企业19项、评估价值1.2亿元的发明专利作为质押向其发放知识产权质押融资贷款,使企业以低于市场平均水平的综合融资利率融资成功,首批贷款及时到账,企业得以加大投入、深研技术,并借助产业东风,继续乘风破浪。

第二节 融资运行的实质与机制

抛开融资主体,单就融资过程来考察,融资涉及三个基本方面或要素,即储蓄、融资机制和投资。融资的实质就是将储蓄转换为投资,即通过融资机制、融资工具和方法将储蓄转换为投资的过程。

一、储蓄—投资的转化

(一)储蓄转化为投资的含义

货币与货币资金的流动及各种金融资产形式的转换,是资金的运行表现,它具体表现为居民把货币资金存入银行形成储蓄存款,或是以货币购买债券、股票;企业通过银行借款或发行债券、股票来筹措资金;也有纯粹的各种币种转换;等等。但这些运作本质上正是实现储蓄向投资的转化过程。

储蓄是融资资金(成本)的源泉。在现代经济学中将当期收入减去当期消费后的剩余定义为储蓄。它代表着尚未加以利用的实物要素,可再投入再生产过程中,以促进经济增长。按照上述储蓄的含义,社会总储蓄包括居民储蓄、企业储蓄和政府储蓄三部分,当然政府储蓄也可能出现预算赤字,表现为负储蓄。

对经济中未被利用的实物资源(即储蓄)进行有效利用,就是所谓的投资。按照传统定义,投资就是经济主体为获得预期收益,将经济要素投入某一领域,以形成固定资产和流动资产的行为,投资的功能在于制造生产能力,增加国民收入。可见储蓄与投资有内在的互动关系,即储蓄越多,投资规模可增大;而投资越多,反过来会增加储蓄来源。

根据经济学原理,为使经济均衡、持续增长,必须使储蓄(S)等于投资(I),即 S=I,从经济运行的结果看,S 必然等于 I,这就是基于以下两种情况:第一,按照经济主体的意愿,储蓄恰好转化为投资,从而达到储蓄=投资的现实均衡。第二,有部分储蓄并没有按经济主体意愿转化为有效投资,不过由于部分储蓄未得到有效运用,迫使经济体中存货会过度增加(存货投资增加)。显然在这种情况下,储蓄与投资(包括存货投资)所取得的平衡是被动的,并不是所希望达到的。

实际上在现代经济运行过程中,储蓄与投资是经常不平衡的。例如:从单个经济主体看,其储蓄并不恰好等于所需要的投资,或是大于,或是不足;从一个经济部门看,也存在着上述类似状况,居民通常是储蓄大于投资,企业部门则往往相反;从全社会看,有可能出现储蓄和过度存货投资相伴随的现实;等等。因此如何沟通和满足各个经济主体、经济部门的储蓄愿望和投资需求,如何把经济中储蓄转化为有效的意愿投资,就始终是经济和金融运行中至关重要问题了,也是融资需要研究的问题。

(二) 储蓄转化为投资的方式

一般来说储蓄转化为投资大约有三种主要方式,一是企业自行转化,即由经济主体将自身储蓄直接转化为投资;二是财政再分配,即由政府通过税收、利润,集中相当部分社会储蓄,然后统一安排于各种投资项目;三是金融性融资,即运用金融的方式,例如银行存贷款、买卖证券形式等,把储蓄从这一部门转入另一部门进行投资,这种转移与前两种情况不同,是以资金使用权和所有权分离为特征的。我们把它称之为融资过程(见图1-3)。

图1-3 储蓄转化为投资的三种方式

比较而言,上述三种方式各有其特定效用,但也各有其局限性。运用第一种方式,企业可能会有效地把自身储蓄运用到高收益的投资中,但是这一转化要受到其自身储蓄有限性的约束,而且难以发挥把全社会储蓄转化为投资的功能。运用财政再分配的第二种转化方式,可以在较大范围内组织社会资金配置,并且能直接体现政府的政策意图,但是在实施过程中往往缺乏有效的权责约束机制,不利于提高资金使用效益。运用金融性融资方式,则可以在一定程度上弥补前两种方式的不足,它可以在更大范围内把社会储蓄转化为投资,特别是在资金供求双方间建立严格的权责利的约束机制,以促进资金使用效率的提高。因此现代经济活动中,金融性融资日益成为储蓄转化为投资的主要方式。

(三) 金融性融资中的金融市场

金融性融资一般离不开金融市场,金融市场的重要功能之一就是把储蓄转化为投资,为实体经济服务。从根本上来说,金融市场需要吸收一部分资源,其中包括:一是从分散的闲置资金那里集中储蓄时发生的交易成本;二是克服信息不对称,使人们放心地放弃其对资金持续的控制权而支付的信息成本,具体表现为利差、佣金和手续费等形式。因为现实世界中,将储蓄转化为投资的过程充满着信息不对称,现实中资金的需求者又往往是企业,企业与金融机构之间、企业与股东之间、企业内部均广泛存在着信息不对称,所以必须要把这些信息摩擦考虑进来,才能使各方在储蓄转化为投资的过程中都满意。

目前金融市场往往为一些大的金融中介机构(如银行)所主导。从本质上来说金融中介就是一种为了克服金融交易双方之间的摩擦来促进金融交易,实现资金融通的机构。

金融市场能够吸收部分闲置资金,一方面与金融市场提供服务而收取相应的报酬有关,另一方面与金融市场的效率有关。一个有效率的金融安排,可以大大减少储蓄转化为投资的交易成本和信息成本。当然,金融市场运行的外在政策环境也对其效率产生一定的影响。

金融市场的另一个重要功能是把资金配置到资本边际效率最高的项目中去。金融市场一般是通过三种途径来提高资本生产率的:一是收集信息,便于对各种可供选择的投资进行评估;二是通过分散风险来促进储蓄投资于风险更高但生产率也更高的项目上;三是促进创新。

资本可以投资于安全但收益低的项目,也可以投资于风险大但收益高的项目。相比单个投资者,就金融市场中的金融中介来说,完全可以通过拥有大量的资产组合来化解总体风险的冲击。同时由于金融中介能更经济地收集处理信息,因此其既能评估甄别出最有效率的投资项目,还能承担相应的成本。

虽然金融资产所代表的资源交换契约未必一定在金融市场中达成,但在金融市场中,这样的契约更容易达成,这就是金融市场出现的原因。就金融体系中的金融市场来说,人们可以通过在股票市场上买卖股票降低流动性风险,同时股票市场的证券组合又可降低股票收益率不确定性的风险,从而使人们更愿意投资流动性差但生产率更高的项目,也避免了不必要的投资终止。融资市场可以降低流动性风险。在融资市场上,受流动性风险影响的投资者只需要简单地面对证券交易就可以了,他们可以将他们手中的那些非流动性项目的权益出售,而同时企业可以永久地保留原始证券投资者的资本。也就是说投资者可以持有那些在需要时能够快速、轻易变现的资本,如股票、债券等。融资市场可以将这些流动性强的金融工具转化为非流动性、生产率高的项目所需要的长期资本。不同的投资项目具有长短不一的回收期,而且往往回收期越长,收益也越高,然而投资者并不愿意长时期放弃储蓄,所以长期投资的收益就需要能够在回收期内通过二级证券市场不断地转手。融资市场越落后,所有者交易的权益就越高,长期投资项目的吸引力也就越小,因此发展融资市场对经济发展是重要的。

> **讨论与思考:**
> 我国巨额居民储蓄存款转化为投资困难,储蓄—投资转化效率偏低的原因是什么?请找到提高我国储蓄—投资转化效率的有效途径。影响储蓄—投资转化效率的因素有哪些?分析当前储蓄转化为投资的特点,并探讨储蓄转化为投资困难的成因。

二、融资机制

(一)融资机制的概念

要把储蓄转化为投资,自然少不了融资机制。机制一般表述为,在一个系统内,各个组成部分之间相互联结、配合、渗透和制约的作用机理。根据机制的一般内涵,我们可以把融资机制理解为:制约融资运作的动力、融资功能、融资方式以及系统内各自系统间的相互影响、相互作用。它是指资金融通过程中的各个构成要素之间的作用关系及其调控方式,包括融资主体的确立、融资主体在资金融通过程中的经济行为、国民储蓄转化为一定规模、结构的投资的渠道、方式以及确保促进资本形成的良性循环的手段等诸多方面。作为经济运行中的一个组成部分,建设融资机制的意义就在于疏通储蓄向投资转化的通道,更好地利用融资工具动员储蓄并将之转移到投资领域。融资的过程既是资金筹集、资金供给的过程,同时也是资金配置的过程,在这一过程中既会产生储蓄效应、投资效应,同时也会产生资源配置效应(见图1-4)。

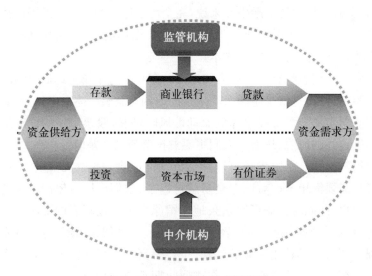

图1-4 资金供求中的金融市场

金融资金作为一种资金,本身自然要求不断增值,成为主导金融资金运行的基本动力,这体现在融资者的行为,即趋利动机上。它调动起动员储蓄、有效组织投资和创新操作等创新融资理论与实践的积极性。

融资机制就是投资主体借以获得投资资金的机制。通过融资机制,投资者能够利用储蓄资源。在现代经济生活中,储蓄主体不一定是投资主体,投资主体要通过一定的融资机制为投资活动筹集资金,储蓄主体则通过融资机制把储蓄提供给投资主体,因此融资机制一方面影响储蓄,另一方面影响投资。

(二) 融资机制的作用

金融性融资运行的过程也是融资机制作用不断深化的过程,从最初的简单筹资作用,扩展到分散风险、发现价格和高效配置资金等作用,同时也大大丰富了融资过程的内容。

1. 有利于储蓄的增长

有的融资机制能够有效地刺激储蓄的增长,短期内在生产力和收入水平一定的情况下,一个高效的融资机制能够在不损害消费的前提下最大限度地挖掘社会储蓄的潜力,广泛地吸收和聚集社会储蓄,例如,通过建立有效的银行体系,使金融机构合理布局并且提供多样化的金融服务充分发挥银行筹集资金的职能等。有的融资机制则可能抑制储蓄的增长,例如政府利用通货膨胀融资就有可能降低社会储蓄。

融资机制也通过影响储蓄的分配,间接影响储蓄的增长。储蓄可以通过不同的融资机制转化为投资,但不同的融资机制,功能是不同的。例如,通过银行融资,资金的使用是建立在保证还本付息的基础上的,只有经济效益好的企业才能获得贷款,从而有助于资金流向高收益的投资项目;而政府如果采取通货膨胀的方法融资,可能导致相反的结果。由于融资机制影响资金的合理分配,因而影响资金的使用效果。

2. 提高储蓄向投资转化的效率

高效的融资机制不仅有利于储蓄的增长,也会影响投资需求、投资资金投向和投资效果。在储蓄转化为投资的过程中,如果渠道发生阻碍,那么储蓄的增加并不一定意味着投资的增加;而且如果储蓄向投资的转化成本太高,转化过程的迟滞太长,这也意味着资金的闲置与浪费。而在一个高效的融资机制中,健全的金融机构和发达的金融市场将有利于克服储蓄转化为投资之间的信息不对称,较好地衔接资本的供需双方,弥合两者在资本供需时间结构上的非对称性和在风险判断、风险承受能力上的差异性,缓解储蓄向投资转化在空间结构上的矛盾,最大限度地将储蓄转化为投资并缩短这一过程的时间,从而能疏通储蓄—投资转化的通道,并提高储蓄向投资转化的效率,使经济增长的潜能得到充分挖掘。

3. 实现资源配置的高效与优化

在现代经济条件下,价值流引导着实物流,资本的配置状况决定了资源的配置状况。作为实现资本配置手段的融资机制,其同资源配置的效率有机地联系在一起。一个健全有效的融资机制可以使金融资源的配置以效益机制为导向,竞争性地将储蓄分配于不同收益率的投资之间,使资金能按照经济援助在各部门、企业之间高效地流动,从而调整资源配置状态,改进投资效益和要素生产方式,推动经济结构的调整,提高经济效率。高效的融资机制也有助于实现资源的优化配置,推动经济结构调整,提高经济效率。在现代经济条件下,经济增长率与资本配置效率存在一定的正相关性。在资本增长率不变的情况下,资本配置效率越高,经济增长率越高;反之亦然。融资机制是实现资本配置的手段和途径,因此融资机制的优劣同资源配置的效率有机地联系起来,对经济增长有特殊重要的意义。一个良好的融资机制,通过产权的明确界定和有效保护以及各种交易惯例、规则和法律系统的建立,保障了金融交易的规范有序,使金融资源的配置以利益机制为导向,通过筹资人和投资人之间的竞争来决定融资价格,从而决定资金的流向和流量,最终能够竞争性地将储蓄分配于不同收益率的投资之间,约束资金的使用部门注重资金使用的成本、风险和收益的核算和比较,在社会资本总量不发生变动的情况下,使货币资金能按经济合理原则在各部门、企业和个人之间高效流动。这里良好的融资机制不仅能够促进储蓄和投资流量的扩大,而且能够驱动资源配置状态的改变和调整,将金融资源配置到效益好、效率高的部门中去,提高投资效率和要素生产率,改善产业结构,确保储蓄资金的使用效率,进而推动经济增长。

此外完善的融资机制能促进企业通过竞争和信用,以资本集中的方式,扩大自身的资产规模,提高资本的有机构成,并使金融资本和产业资本滚动扩张,为整个经济达到规模效益创造了条件。由此可见,一个健全有效的融资机制不仅能提高社会储蓄率,促进储蓄与投资流量的扩大,而且能够提高经济中的资源配置效率和推动经济结构的合理化。因此,可以说,融资机制的运行效率是关系到一国经济能否持续增长的关键问题。

(三) 融资机制的运作功能

融资机制的作用只有在运作中才能充分体现出来,具体来说有以下三种功能。

1. 聚集和组织功能

任何社会都以充分和有效利用社会资源为最终目标,而经济运行现实中并不是所有社会资源都能被有效得到利用,总是一部分资源没有得到有效利用,或者完全被闲置;现代融资运作机制通过多种融资手段广泛地吸收社会各类闲散资金,将其转化为投资,起到组织和调集社会闲散资金的功能,实现资源配置的基本要求。

2. 生长和促进功能

资源优化配置不仅体现在对实物资源的要素组合上,而且注重追求来源于科技进步等无形资本资源的生长,无形资本虽然不能表现在实物形态上,但充分体现在对实物资本的节约上,可以使每一单位的实物资源在不同的技术替代条件下产生不同的效应。投融资生长和促进的功能,就是对科技进步增加投入,提供更多的科技开发投资,促进和推动科技进步,充分利用科技资源对物质资源的替代,使社会产出中含有更多的科技要素,促使社会资源在一个更高的层次和水平上实现合理配置。

3. 扩散和辐射功能

经济体系作为一个各因素相互联系和相互依存的系统,具有较强的联动效应。在现代经济发展过程中产业变动和波及其他产业引起的联动效应,将导致扩散和辐射效应的产生。扩散效应反映在对部门、行业和地区之间的资源配置布局中,显然,一国在经济发展中不宜将稀缺的资源平均分散于各部门、各产业和地区,而应有选择地倾斜投资而加以重点发展,受到投资倾斜的产业、部门和地区得到超常发展,进而影响关联产业及其他产业的变化和发展。辐射效应在波及面和作用方式上与扩散效应具有一些差异,由于经济系统各个因素之间的变动频率和延伸范围各不相同,因而经济发展过程中产业之间的引致变动效应具有相对强弱之分。当资源相对配置于具有较强变动效应的产业或部门或地区时,尽管与其相关联的产业资源与地区资源投入没有得到直接的增量,然而通过市场需求的刺激,将获得投资增长的动力,进而诱导资源的流入,导致整个国民经济产生更大的增长效应,这就是辐射效应的形成机理。

第三节 融资的影响因素

一、融资规划的影响因素

(一) 投资的影响

1. 融资与投资既相互独立又息息相关

融资与投资既相互独立,又息息相关,是资金运动中不可分割的两个方面。一方面,投资需要资金,因此带来了融资需求。企业在进行投资决策时必须充分考虑自身的融资能力,在融资能力许可的范围内进行投资项目的选择。另一方面,企业融通资金的有偿使用性,要求企业融资必须以投资的有效需求为依据,因为融资成本及对投资所要求的回报取决于投资的类型,也包括这些投资所包含的风险。

2. 投资战略目标的影响

融资对投资的支持,不仅仅是提供资金,还包括支持这些投资决策背后的战略。融资战略可有效地支持企业投资战略目标的实现。企业要实现投资战略目标,首先离不开资本的投入。而要取得投资战略所需要的资本就需要融资。

公司定位愿景 ⟶ 积累资源实现 ⟶ 配置资源实现(投资)

融资不是上述活动的附属品,而是其中环节活动中的一个主要部分。愿景的实现是要通过融资来证明其财力的保障,资金是必须积累的基础资源,因为有资金后才能购买其他资源。因此必须只有设计出适合投资并能满足投资者目标的融资,才能实现最终的投资的目标。

3. 投资效益的影响

在不完美的市场上,不同的融资方式会产生不同的投资效益,进而影响公司的价值,与公司高效投资项目相适应的融资方式能够产生较高的投资效益,增加公司价值。满足投资者的需要是融资者的工作,因此融资部门也可以说是"另一个市场营销部门"(见图1-5)。

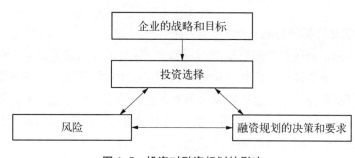

图1-5 投资对融资规划的影响

【案例讨论】 麦道公司的发展战略与融资

世界第三大航空制造公司美国麦道(McDonnell Douglas)曾经是世界最大的军用飞机厂商,生产了著名的F-15、FA-18和"猎兔狗"(与英国BAe联合生产)。1996年11月,麦道在美国新一代战机"联合歼击机"的生产竞争中,再度铩羽而归。同年11月16日,五角大楼宣布,新战机将从洛克希德-马丁和波音样本中选择。所以,麦道总经理无奈地承认:"麦道作为一家独立的公司,已经无法继续生存。"麦道为什么不能继续生存? 因为麦道公司70%的利润来自军用飞机,主要收入来源于军事合约。但冷战后军事飞机订单减少,对麦道公司的企业发展战略只能是两个选择:一是转向生产其他产品,如转型生产民用客机,与占民用客机市场主导地位的波音和欧盟的空中客车相竞争;二是不转型,因市场需求减少而缩减规模,解雇10万名员工中的大多数。麦道公司的决策层最后决定转型生产民用客机。就民用客机而言,分析家们普遍认为,今后由一家公司提供从100座到550座的完整客机系列,包括统一的电子操作系统,可以大大节约航空公司培训、维修和配件的成本。如今,波音已经用50亿美元开发出550座"加长型"747,空中客车用80亿~100亿美元开发550座A330。麦道公司要与他们竞争,必须要解决资金问题,但麦道公司以往在军用飞机市场独占鳌头时现金流充沛,根本不需要融资,公司上下都不重视融资,没有长远的融资目标和融资规划。但现在需要转型投入研发,需要融资。在融资过程中,投资者对麦道公司6年后研发生产出来的民用客机的利润不能确定,主要是因为未来的市场需求和价格的预测不能确定,因此投资者望而却步。由于融资受挫,麦道公司放弃了大量资金投入研发民用客机的战略。在军用飞机方面,麦道原来一直是处于领先地位。1994年,美国洛克希德公司与马丁·玛丽埃塔公司合并,组成洛克希德-马丁公司,与麦道展开激烈竞争。1996年,洛克希德-马丁又用91亿美元,吞并了劳若。"三合一"的年销售额达300亿美元,为麦道的两倍。新一代战机"联合歼击机",作为美国空军、海军和海军陆战队以及英国海军的主要装备,将有3 000架的订货。麦道虽然全力以赴,志在必得,结果却被五角大楼淘汰出局。最终麦道公司在1996年12月15日被波音兼并。

讨论思考:结合上述案例,说明企业发展战略与融资的关系。

(二) 财务战略目标的影响

公司融资目标是公司财务战略框架的逻辑起点,也是公司财务活动的最终目的。财务战略目标将公司融资活动限定在一个合理的框架之内,并指导着公司融资活动的发展方向、目标和途径,避免错误信息或错误决策对制定融资目标的干扰。有了明确的财务战略目标,公司股东和高管人员才可能界定融资战略与方案选择的边界,以便排除那些偏离财务目标要求和公司发展方向的融资战略和方案的选择,如同一个人如果不知道自己"去哪里",就无法选择最优"路线和交通工具"的基本道理是一样的。同时公司财务战略目标是连接公司研发创新、技术资本和融资战略规划的桥梁,公司财务目标的形成是融资活动与战略规划之间内在机制作用的结果。财务战略目标中的资本投资及其风险与价值也会影响融资规划和融资结构的决策,当然反之也一样,融资规划的决策也会影响到资本投资及其风险和价值。

讨论与思考:

在软件巨人Microsoft和硬件制造商Compaq Computers 1992年的资产负债表上没有出现长期负债。行业中其他公司的统计数据如下:

公司名称	长期负债/资产	现金流(营业) (单位：百万美元)	资本支出 (单位：百万美元)
Microsoft	0	+907	−642
Compaq Computers	0	−59	−230
IBM	44%	+6 274	−5 878
Intel	9%	+1 635	−1 479
Cray Research	11%	+186	−147

1. 应用你对 Microsoft 的了解和以上的有限数据，你认为为什么 1992 年时 Microsoft 在其资本结构中没有长期负债？

2. 如果你是 Microsoft 的财务副总监，你可以用什么方法改变资本结构？

3. 需要什么样的信息以确定在 Microsoft 的资本结构中增加负债？描述你在做这样的决定时将会使用到的变量和过程。

（三）利益相关者的影响

1. 控股股东的影响

企业融资是为了满足投资的有效需求，融资所用于的投资是股东所要求的能满足其财富最大化的投资，即投资增加的价值至少应该等于其股票价值的增长值或净现值的增长值，应最大化股东财富。影响融资规划的股东更多的是来自控股的大股东，倘若融资规划不能满足最大化股东财富，那就会遭到来自大股东掌控的董事会的压力，未来也会受到来自外部股东的质疑，从而会影响公司的市场价值。

最大化股东财富是很多公司追求的目标，有的公司甚至在年报上写上这一目标，如 Shering-Plough 公司 1986 年的年报封面上除了公司名字外，还有"最大化股东财富"的目标。

2. 高层管理者的影响

由于股权代理成本的存在，公司一般都会对高管有激励报酬(奖金加股票期权)，因此可以说公司高层管理者与公司有共同利益。增加财富和规避风险的融资规划，会受到公司高层管理者的支持，因为其与公司有共同的目标。

3. 债权人的影响

由于债权代理成本和破产风险的存在，债权人会担心债务悬置和资产替代的产生，因此债权人也会关心债务公司的融资规划，如果其融资规划比较激进，不考虑债权人的利益，债权人就会考虑破产风险的可能性，从而实施调整利率、期限和限制性的债务契约条款等等一系列收紧政策来保障自身的权益，从而不利于企业的负债融资。

4. 顾客、雇员和供应商的影响

对企业来说，只有用更好的产品、更低的价格才能吸引和留住顾客；只有用更有吸引力的薪资或激励才能吸引更有效率的高技术和高素质的雇员；而对企业的供应商来说，企业未来的产品质量和稳定的需求是其决定是否继续支持其供应的决定因素,这一切都与企业的融资规划有关。更好的产品、更低的价格和产品质量与稳定的需求都是需要企业不断投入产品的研发,来吸引客户和占领市场,这就需要现金流的支撑,需要科学优化的融资规划。对雇员更有吸引力的薪资或激励就需要企业有良好的股利分配政策,而股利分配政策又与企业的融资规划相关。因此企业在制定融资规划时必须要考虑顾客、雇员和供应商的利益,否则就会影响企业的可持续经营。

【案例分析】 通用汽车财富分配

通用汽车公司(简称"通用汽车")是威廉·杜兰特于1908年创立的,旗下的别克、雪佛兰、奥克兰、凯迪拉克等品牌满足了不同阶层的个性化需求,并因清晰的产品策略在市场竞争环境中持续稳定发展,一度成为世界最大的汽车公司,其分权管理思想至今仍有着巨大的影响,在美国大多数公司中成为一种标准组织惯例。成立之初,其创始人杜兰特就采取了广泛收购、迅速扩张的战略,仅两年后就控制了11个汽车制造厂、20多个汽车零部件企业,但这些企业大多数保持以前的法人身份,各自经营,通用汽车仅仅是一个大拼盘,无法发挥整体力量。杜兰特采取的基本上是通过合并和垂直一体化的方式,但是扩张的进程中,杜兰特从未准备,甚至也没有想到过需求的暂时下降,所以他根本没有建立现金储备。他也未曾试过收集有关产量和需求的信息,以对其生产进行必要的调整;他同样无意建立一个使其能够掌握企业运营情况并实时控制的组织结构,这种管理组织本可以帮助他获得垂直一体化与合并所带来的潜在的经济利益。结果,1910年微弱的经济衰退,公司陷入财务困境,杜兰特也被投资方逼迫退出了通用汽车管理层。

事实上,1918年以来,通用汽车的红利计划就成为其管理理念和组织的重要组成部分。通用汽车的创始人威廉·杜兰特以及他的继任者们都坚信股东和管理人员的伙伴关系将使公司受益,这一信念促成了这项"经理人持股计划(红利计划)"的产生。

通用汽车的红利计划和分权管理紧密相关。分权管理给管理层提供了一个自我实现的机会,而红利计划则使每个管理者有可能获得与他自身工作业绩相当的报酬,让他们能够一直在工作中尽最大努力。红利计划并不是一个全体员工参与的利润分享计划。它能够给通用汽车中不同层次的员工提供不同的激励,激励那些未能享受到红利计划的员工不断进步以争取早日达到参与分红的条件。因此,每一位员工都必须经过自身努力才能赢得红利授予机构考虑范围的资格,定期对他们的贡献进行公平公正的衡量,兼有精神激励的效果。

红利计划同时有助于增强员工的大局观。它能让每个参与者都敏锐地意识到他与他的工作以及他上级之间的关系,使他有责任并有动力不断关注自己和整个公司的发展。通常而言,员工特别是中层管理者会因为上级正确的价值评价而感到满意和自豪,这也会激励他们每年、每月甚至每天回顾、反思和总结自己的工作情况。和通常的工资制度相比,红利计划还可以提供更好的弹性。单纯地提高员工工资不仅将扰乱整个相对和谐的工资体系,而且会为公司带来更高的成本束缚。而红利计划就可以根据公司的形势和员工的业绩进行灵活处理,在对杰出员工进行重奖的同时仍然维持原有工资体系、管理环境和企业发展的稳定。

当然,红利计划还有助于协助公司挽留高级执行人员。通用汽车的红利计划是以五年期分期付款的方式支付的,因此自愿离职的员工将损失掉他还未变现的红利——在某些情况下,其数额可能非常可观。这种对于"未来"的威慑和激励使通用汽车挽留了很多希望挽留的高级执行人员,尤其是高层管理人员。红利计划为比较重要的管理人员提供了一个参与收益分成的机会,而且随着个人的升迁,他所获得的红利也呈几何级数增加。

仅1958—1962年,通用汽车总共分红33亿美元,高达总净收益的69%。直到现在,不少中国大公司刚刚进行完现代企业制度建设的第一步,不少企业尚未完成或正在酝酿经理人持股计划,相对通用汽车而言,这已经是八十年之后的事情了。

通用汽车在外来竞争到来以前,创造了一大笔财富,由股东、管理者和员工共享。通用汽车在全球的薪酬结构随岗位特征及工作内容的不同而有所区别,根据企业的特点,将所有岗位划分为管理、技术、生产操作三大序列,在薪酬结构、构成比例、发放办法等方面有针对性地进行设计和管理。通用汽车人力资源管理层认为,薪酬设计程序公平与否,将直接影响企业的薪酬制度内容、员工公平感、激励行为和企业绩效能否形成一个良性传递过程。通用汽车薪酬管理者们一致认为,卓越绩效是通用汽车各项管理的追求目标。根据新的薪酬体系,通用汽车对车间统一进行固定薪酬及浮动薪酬的管理,改变了原有的二次分配方式,各车间管理人员根据管理办法进行人员绩效考核并上报考核结果,由通用汽车管理部门进行薪酬支付,即考核权下放,薪酬发放权统一。通用汽车有四个关于奖励的原则和标准:(1)不把报酬与权力职位捆绑。通用公司与市场上不太成熟的企业有别,不将权力和报酬绑在一起,他们按照员工的贡献度来决定员工是否可以获得的相应奖励报酬。(2)让员工清楚公司的奖励制度。企业要做好责任划分、明确岗位职责、规划战略目标等,然后让员工清楚公司考核的目的是获得更好的改善,提高大家的工作积极性,而不是单纯地只为了奖惩。(3)多种奖励方式。在通用汽车,金钱不是唯一的奖励手段,他们还会适当地采取一些非物质奖励的方式。(4)不轻易奖励员工。

(四)社会效益的影响

一项融资规划的最终目的是用于提高生产效率的投资,使成本下降、价格下降,生产力增加,工资上涨,顾客受益,员工受益,其他部门需要的资源得到释放,总体经济增长,增加税收收入。然而,企业往往会忽视一些可以降低企业成本,但并不体现在其财务报表上的成本和利益,我们可以称之为无价格的成本和利益。如企业的污染:企业为降低成本可能直接向河道排放了不经治理的污水,从而污染了河道,影响河水的生态环境,进而影响鱼类生存;受污染河水灌溉的庄稼则会进而影响大众健康和社会稳定。又比如一家公司的融资计划就是为了减少税收负担,这样当然能最大化公司所有者的财富,但这种融资行为不一定最大化了社会财富,损害的是社会效益。因此,企业在制定融资计划时也要考虑社会影响会增加的社会成本和社会利益。

(五)公司目标和非货币因素的影响

融资规划还受公司目标和非货币化因素的影响。首先,如果公司的融资计划会在短期产生令人不满意的投资效率或导致市场占有率和收入下降,从而会导致股价下跌,这就会使公司管理者放弃那些未来可能产生正现金流,但短期内不但不会产生收益反而会让收入下降的项目,因此融资规划会受公司短期和长期目标的影响。其次,公司的融资规划还会受到一些非货币化因素的影响,如决定公司融资计划的高管的思想和文化背景的影响,若决策者比较保守,则制定的融资计划可能风险小,增加股东财富的可能性不大;但若决策者比较愿意冒风险,则制定的融资计划可能风险很大,但却能增加股东的财富。

二、融资方式与结构选择的影响因素

不同融资方式的本质差别在于它们在信息生产方式以及在公司治理结构中的作用。企业在选择融资方式和结构时首先要了解好企业的投资计划和将来所需要的资金数量,因为融资的数量、资金的使用和融资方式是相互影响的,投资者要求的收益率由融资数量、风险大小和融资方式决定。选择融资结构最主要的就是要确定权益融资和债务融资的比例,但融资结构的选择并不仅仅是选择一个债务融资与权益融资的组合比例,实际要比之复杂得多。除了以上选择外还有债务融资和权益融资中的各种融资方式的组合比例以及它们之间的混合选择,如在各种债务类型和债务的各种要素之间的选择,以及普通股与优先股、可转换债券、认股权证等的组合选择。第一是对各种债务到期日的错时选择,这是关系到企业现金流的关键问题,企业既要考虑必须支付的金额下限,还要考虑能够支付的最大数额,更要关心提前归还的可能性。第二是各种级别的选择,如普通股和优先股之间的选择;优先级别的债务偿还一般还附有抵押权等。第三是资金供应者的选择。可以通过公募选择,也可以通过私募来选择;可以选择机构投资者如银行、保险公司、各种类型的基金投资者,也可以选择自然人投资者;可以选择境内投资人,也可以选择境外投资人,等等。

(一)宏观经济与政策法规的影响

1. 宏观经济与行业发展的影响

(1)宏观经济发展周期的影响。可以用经济增长速度来衡量经济周期。当经济扩张的时候,企业会扩张,会增加机器设备、员工,扩大企业规模等,自然会需要筹集大量资金,此时需要权衡风险和收益,选择收益最高、风险最低的融资方式来筹集资金。这时,一般来说许多企业倾向于银行贷款,这样可以使资金需求量大的现象得到一定程度的缓解。相反,在经济发展形势比较低迷的时候,企业则倾向于发放债券融资,这样可以有效地规避低迷时期银行对企业融资提出的高标准的限制,同时,通过发放债券等方式进行融资也在很大程度上为企业融资降低了风险,促进企业融资方式更加安全合理。在经济发展的不同时期,企业应根据实际需要和经济发展形势有针对性地选择一些融资方式,这样就可以在众多的融资方式中选择出最为有益于企业发展的一种。特别是中小企业,他们在融资渠道上本身就有着一定的局限性,银行贷款对于中小企业的要求也相对偏高,发放债券、股票等方式又将许多中小企业排除在外,靠内源融资完全满足不了中小企业的发展现状。对于大型企业来说,它们在国际上的地位相对较高,影响力较大,它们对经济形势的敏感程度相对较高,因此在选择融资方式的时候会根据自身的条件进行不同层面的选择。总之,企业在选择融资方式时候,无论是大型企业,还是中小型企业,都需要将宏观经济发展周期考虑在内,才能够实现融资方式的正确选择。

(2) 行业发展情况的影响。行业发展情况同样是企业选择融资方式所要考虑的因素一个新兴行业的发展能够带动一个产业的发展,在经济发展的不同时期,行业的发展情况也有所不同,不同行业在社会经济发展不同时期所处的优势也有所不同。同时,任何一个企业的发展都需要行业的支持。比如说在汽车行业中,随着我国经济的发展,在这一行业中的企业需要根据行业的变动而选择自己的运行方式,以一汽大众为例,当汽车行业兴盛的时候,一汽大众的融资方式可以适当地扩展,而在这个行业比较低迷的时候,其在选择融资方式的时候要相对谨慎。因此说,行业的发展状况是企业选择融资方式的又一影响因素。

2. 经济政策法规与制度的影响

政策法规亦是影响企业选择融资方式的主要因素。经济政策指企业所在国家在一定时期所采用的有关经济发展的指导原则与措施。它会影响整个社会经济的运行,决定经济的发展方向,对于企业投融资具有广泛而持久的影响。政策的调整和法规的制定对于企业选择融资方式的影响是非常明显,其中突出表现在经济形势大变动时期,比如说面对新冠疫情的突然来临,我国政府就出台了一系列的政策,通过降低利率、稳信贷等举措,为金融市场提供充足流动性来促进我国经济的增长,帮助企业在融资过程中降低融资成本,也为金融机构降低了融资风险,在中国双面效应的出现正是基于国家一系列政策的制定和法规的出台。在我国,法治是不可忽视的,无论市场经济发展到什么样的地步,都需要国家宏观调控的参与,也只有在市场经济环境下将国家宏观调控的作用发挥到最大程度,才能够促进企业和金融机构之间达成一种共识,获得双方面的共同发展。

此外,监管政策的调整也会影响企业对融资方式的选择。如果监管环境日渐严苛,则会导致企业融资受到搁置。不仅仅是从监管层面的角度,还是从优化市场机制方面,一般在新的融资规范对外公布前,监管部门都会事先出台一系列的针对融资市场的政策,从融资项目的源头、资金供给等进一步优化,从而完善市场机制。企业在原有的融资方式受众多因素的制约下,寻找选择和重新调整最符合自身实际情况的融资方式是最佳的选择,可以实现资源效益的最大化利用。如 2020 年 8 月 20 日,中国人民银行和中华人民共和国住房和城乡建设部出台了重点房地产企业资金监测和融资管理的"三道红线"政策,这时房地产企业必须调整自己的融资方式。

3. 资本市场波动的影响

资本市场波动也会影响到企业融资方式选择。股票市场和债券市场也会存在一定的波动,面对这两种资本市场的不稳定性,企业要根据市场情况做出明确的分析和选择,使企业根据一定资本市场波动幅度和企业对资金的需求而定夺企业所需要的融资方式。如中国石油化工股份有限公司在2012年3月作出发行超短期债券进行融资的方式,在很大程度上取决于资本市场低迷的现状,资本市场的低迷导致其只能通过发放超短期的债券来获取资本,促进企业资金的流动。因此,在企业进行融资方式的选择的时候,不仅仅要将企业所处的市场经济环境作为首要的分析因素,同时还需要考虑到企业涉及的资本市场存在的现状,只有这样,才能够使得企业在选择最佳的融资方式时,具有稳固的资本市场的支持,帮助企业解决资金上的困难。

(二) 不同融资方式的融资成本与风险影响

1. 不同融资方式的融资成本差异的影响

融资成本高低是企业进行融资方式选择时考虑的重要方面,企业的融资偏好在很大程度上取决于股权融资和债权融资的资金成本的高低。长期资金的融资成本从小到大排列依次是:长期借款、企业债券、股权资金。在银行借款、发行股票和债券、民间借贷等融资方式选择中,企业要进行成本与收益的权衡不同,企业之间因承担成本的能力大小差异,从而形成对融资方式的不同选择。融资成本随着企业筹资规模的扩大不断提高,当融资边际成本超过企业的承受能力,企业就不会继续利用这种方式融资,而是寻找低成本的融资方式,所以,融资成本是选择资本来源、比较筹资方案、确定筹资规模的重要依据。

(1) 各种融资方式显性成本的差异。各种融资方式的显性成本即指在融资初期确定或预计要支付以货币度量的费用,包括融资资本筹集费用和资本占用费用,它们构成了融资的显性成本,是资金所有者与使用者相分离的必然产物,是融资方式选择时要考虑的影响因素。资本筹集费是指资金在筹集过程中发生的费用,如审批费、印刷费等,而资本占用费主要包括资金时间价值和投资者必要的风险报酬,如利息、股利等。显然债券的利率会低于银行贷款;短期融资的资本占用费要低于长期融资的;直接融资的资本筹集费用要高于间接融资的。

(2) 克服信息不对称的融资成本差异。由于信息不对称、契约的不完备等市场不完全性的存在,企业各利益主体之间的利益往往不一致,更多的时候还表现为相互之间的利益冲突。现代企业理论认为企业融资方式选择本质上是外部投资者股东、债权人与企业经营者之间的契约关系的选择,而契约关系的选择则取决于投融资双方信息生产的能力,这种能力的强弱实际反映在资金供应者与需求者信息不对称程度上,也就是说信息不对称与投融资双方的信息生产能力密切相关,从而最终影响企业融资方式的选择。因此,外部投资者之间及其与企业经营管理者之间信息不对称问题的存在必然会影响企业融资的成本,也就是说,不同的融资方式在克服信息不对称问题上的成本差异会影响企业融资方式的选择。企业之所以倾向于银行贷款等间接融资而不是直接融资是源于企业管理者对企业机密信息的关注,如果企业选择向公众直接融资,则企业拥有的专有信息有可能泄露给市场上的竞争者,因此出于竞争性需要而使相关经济信息不被散布出去。那些高质量公司或新公司,宁愿选择银行贷款融资,因为金融机构间接融资能为给企业提供信息保护。另一方面,对中小企业或新成立不久的企业来说,很多信息不为公众所了解,它们更多地生产的是"软"信息,而不是"硬"信息。因此,信息不对称程度更加严重,要使这些信息有效地传递给投资者,需要付出很高的信息转换成本,出于这一点考虑,这些企业更倾向于内部融资或者是具有信息收集优势、信息生产成本较低的金融中介融资。

此外,企业在选择融资方式时,还会考虑不同融资方式产生的代理成本、机会成本和逆向选择与道德风险成本的大小,企业应进行融资组合使代理成本最小化,综合成本最低。

2. 不同融资方式的融资风险影响

企业的融资风险是指企业融资过程中由于不确定性因素的存在,使企业融资成本增加或融资失败,不能达到预期融资目标而给企业所有者带来损失,甚至增加破产的可能性。与融资相关的风险主要包括融资的决策风险、信用风险、发行风险、市场风险和财务风险。内部融资方式较少受到外界的干预,风险最小,是企业经营发展初期选择的主要融资方式。银行信贷融资和债券融资都是债务融资方式,它们均不改变企业的控制权。尽管债券的利率低于银行借款,但与银行信贷融资不同的是债券融资合同缺乏灵活性,其还存在发行风险和市场利率下降的风险。不过,发行债券能提高企业声誉,增加对外低成本借贷的能力,这是银行信贷融资所不能达到的。总之,这两种融资方式各有千秋,可以说风险基本相当。公开发行股票有改变公司的控制权的风险,但不存在破产风险。公司可长期使用发行股票所筹集的资金。对发行企业而言,股票融资的财务风险通常低于债券融资。民间融资的主要形式是资金借贷,除具备一般债务融资的风险特征外,其表现出的风险程度最高,因为其民间借贷的利率高,不确定大,而且缺乏全方位的金融服务等。

(三) 企业自身的影响

1. 企业生命周期的影响

按照企业的生命周期,企业的发展阶段划分为种子阶段、初创阶段、成长阶段、成熟阶段及衰退阶段。虽然不同企业生命周期不同,但是在各个相同的生长阶段,不同的企业却表现出相同或相似的特征,种子和初创成长期企业融资约束程度最大,衰退期企业次之,成熟期企业最小。在种子阶段,企业人员数量少、资产规模小,企业的产品及资金均处于严重短缺时期,据统计,90%的种子企业均面临着资金不足而失败的风险,如此大的融资风险加上缺乏抵押物导致其难以通过银行信贷等正规渠道获得融资支持,融资渠道主要源于内部融资和内源融资。内部融资主要以创始人及其合伙人的投资为主,内源融资则主要以未分配利润留存率及净利润留存率作为融资标准。企业处于初创阶段时,其融资是以稳健、可靠为优势的内源融资为主,在进行多轮内源融资后,企业逐步发展壮大,抵御风险的能力不断加强,为追求更大的利润,企业开始选择外源融资。这时企业的组织架构基本构建,产品技术等基本形成,但在市场、技术、设备、人员等方面均存在严重的不足,初创阶段企业的失败率介于80%左右,因其前景是不明朗的,所以银行等金融机构会考虑其融资风险,不愿意投资或者贷款,其融资方式仍以内源融资为主,但更多依赖于天使投资、创业投资、风险投资以及租赁、典当等方式。在成长阶段,企业的产品开始稳定,管理、设备、人才等均具有优势,企业需要的发展资金逐渐增加,这时开始由初创阶段的内源融资转向外源融资,外源融资占总融资的比例开始增加。这阶段本应是企业融资的黄金阶段,但由于其信誉度不高,企业的融资约束仍然存在,几乎无法发行债券进行直接融资,更多的是使用私募股权的融资方式包括风险投资和股权投资基金等的投资。在成熟阶段,外源融资成为企业融资的主要方式,信贷融资约束最小,金融机构更倾向于给其贷款,企业公开上市进行股权融资和再融资,企业债券与公司债券也成为其债务性融资的主要工具,其中可转换债券融资和银行短期借款也是其融资的主要方式。在衰退期,据统计,该阶段企业的资产负债率超过50%,流动负债在债务结构中的比例较高,金融机构对企业大面积撤资,由于其没有外源融资能力,以内源融资及短期抵押银行借款为主。

2. 企业所处行业的影响

不同行业对企业融资方式选择影响不同。根据艾伦和盖尔的研究,这是因为不同的行业的信息特征不同。一般来说,相关信息少的产业,容易导致人们对这些产业及投资项目的发展前景持有较多不同观点,如新兴产业就属于这一类,而相关信息十分丰富的产业,技术变革慢,不存在多样化观点,如传统产业。对于不同信息量的产业,银行融资和市场融资在信息的收集、加工等方面具有不同的比较优势。艾伦和盖尔认为,市场融资擅长收集和归总不同的意见,而金融中介则要求投资者放弃不同意见,达成一致。在处理不同意见方面,市场融资比金融中介融资更具优势,金融中介则在处理标准化信息上更具优势,而信息成本上的规模效应优势则属于金融中介融资。如19世纪的英国和20世纪的美国比中介主导型的德国和日本在发展新兴产业中更成功。这主要归功于两国资本市场的发展,日德在发展新兴产业方面历来比较薄弱,他们具有优势的产业基本上先起源其他国家。

3. 企业属性的影响

企业属性包括企业的年龄(成立、上市时间)和规模;经营绩效包括盈利性(净利率、净资产报酬率、每股收益等),成长性、资产运营能力(资产周转率、应收账款周转率、存货周转率等),流动性(流动比例和速动比例)等;公司治理方面有股权集中度(第一大股东持股)和外部股东的权益等。债务融资方式主要受到企业的偿债能力和营运能力及信誉水平的影响。

规模较小的企业因为承受融资风险的能力有限,所以在融资时一般选择企业融资租赁、信用交易等风险相对较小、运转速度较快、筹集资金较少的方式。规模大的企业在扩大市场规模、研发高新产品、提高市场竞争力方面所需资金数目庞大,相对于小型企业来说,其需要较为稳定且融资金额较大的方式,一般选择发行股票、债券,或向银行寻求借贷支持。

企业成长性与盈利能力和企业融资方式密切相关。企业在成长率较低的情况下,会以内部融资为主,以最小的风险帮助企业获得高回报。成长性低的企业使用外部债务融资方式,可能会导致公司负债过高、公司后期难以承受的情况,甚至出现财务危机,从而对整个公司都造成不小的负面影响。因此成长性较低的企业要尽量减少使用外部债务融资的方式,防止企业因为企业错误融资方式的选择,而造成重大损失。

不同的资本结构会形成不同融资方式,因为企业的资本结构对企业融资决策具有重要的指导作用,它直接决定企业的融资方式的选择及各种融资方式所占的比重,从而影响股东、债权人等相关利益主体对企业控制的程度,所以企业在融资过程中一般都会依据资本结构选择合理的融资方式。

4. 企业战略的影响

创造竞争优势并指导资本投资过程的战略也是融资选择的重要的影响因素。如企业的战略是从竞争对手那里抢占更多的市场,则企业可能会有一个时期收益很低,甚至亏损,但从长期来说会有更大的收益。在低收益时期,企业无法向投资者承诺收益,利用更多的权益融资、长期债务来代替短期债务、可转换债券等来解决这个问题。再如企业要实行融资保密战略,就要选择私募融资方式,以避免让公众知道你要用钱。

(四)融资环境的影响

企业融资方式的选择受到内部和外部经济环境的影响。

1. 外部融资环境

外部融资环境指企业以外的影响企业融资方式选择的因素集合,主要包括宏观经济环境、金融环境等,具体指标有 GDP、CPI、PPI、M2 等宏观经济指标,还有货币政策、财政政策、信贷政策等不能直接衡量的指标。

2. 内部融资环境

内部融资环境指企业自身内部影响融资方式选择的因素集合,主要包括企业规模、企业自有资金、企业股利发放政策、企业是否有目标资本结构、股东以及管理者对控制权的要求、企业固定资产折旧政策、企业是否有节税要求、企业自身盈利能力、企业自由现金流量、企业管理水平等。

总之,企业要关注内外部融资环境,在企业有极好的投资机会时能获得资金。首先应保持低于债权人可接受的负债/权益比;其次保持较多的融资渠道,在国际股票市场上市要避免过分依赖某个融资渠道和某个资本市场。如 20 世纪 90 年代的金融危机,使一些依赖银行贷款的公司叫苦连天。同时要注意,在企业并不需要资金时,如果有极好的上市融资机会也要抓住,这就是为了建立一个可用于以后融资的股票市场。

讨论与思考:

在你所居住的区域内可能有一个被放弃的零售店(或其他财产)。现在你有机会检测自己在财富创造过程中能否抓住投资机会的能力。请你至少想出三个你认为能利用这些被放弃的财产创造出正的净现值的不同的资本预算方案(项目的或业务的),并针对以上项目,在你带着自己的想法与银行信贷员或投资者联系以前,你希望收集哪些信息或做些什么研究?

第四节 融资的环境

一、融资的外部环境

融资的外部环境是对融资主体外部的政治环境、经济环境、文化环境等的总称。

（一）政治环境

1. 政治制度

政治制度是指有关政体的制度，即居于统治地位的一定社会阶级采取何种形式组织政权。对一国政治制度进行考察，要注意的方面有：该国包括哪些政治利益团体，各团体之间的利益关系如何，国家政权中各政治团体的力量如何，政权是如何实现的，政府的政治方向如何等。不同的政治制度下会有不同的经济政策、措施，政治导向直接制约了经济的发展。各国的政治背景、历史发展、现实条件都是不同的，因此最终形成的民主化程度也会不同。有的政治制度下，政府政策的各个方面都比较透明，对融资市场也比较开放。

2. 政治稳定性

政治稳定性是指一国政权的持续性，有无可能被推翻或颠覆。政治稳定性受多种因素的影响，政治制度是否稳定，社会的经济发展状况如何，等等。一旦政治的稳定性得不到保证，融资活动就如同纸上谈兵，随时都有可能变成泡沫。

3. 政策连续性

政策连续性是指一国的政策在受到经济冲击或政权更迭等变化时，保持不变的可能性。一般地，政治的稳定性与政权相联系，政权稳定或者主导政府的不同政权利益稳定，都能有一个好的政策连续性。融资活动时间有长有短，只有连续的政策才能保证融资活动不会受到相关影响。

4. 突发事件的可能性

突发事件的可能性是指一些未曾事先预料到的对社会正常运行造成重大影响的事件，如战争、天灾等。突发事件的发生会导致一国经济或社会无法正常运作，进而对融资产生意外的风险。在融资活动中，一定要尽可能对突发事件的可能性做出准确的估计，这样才能保证融资的安全。

（二）经济环境

经济环境是指影响融资活动的经济相关方面的因素。主要包括经济状况、经济政策、经济制度和市场体系及金融环境。

1. 经济状况

经济状况泛指囊括一国经济发展水平、发展速度和经济稳定情况的所有信息。一般可以通过分析判断一国所处的经济周期来初步获得这些信息。一个国家的宏观经济周期一般都要经历繁荣、衰退、萧条和复苏4个阶段，也可以说是经济过热、经济正常、经济衰退和经济萧条4个阶段。经济过热就是指由基础设施和基础工业短缺导致的总供给小于总需求,缺口超过5%。经济过热是指不可持续的经济增长。经济衰退就是指总供给大于总需求,大于的部分超过5%。经济学把现实的经济增长率低于潜在经济增长率定义为经济衰退。经济萧条是指长期持续的经济衰退。经济正常是指总供给与总需求大体平衡,即总供给与总需求正负误差在5%以内(见表1-1)。经济周期分类如表1-2所示。

表1-1 经济的直观表现

经济状况	直观表现
经济过热	总供给＜总需求
经济正常	总供给≈总需求
经济衰退	总供给＞总需求

表1-2 经济周期分类

上游(生产周期长)	中游(生产周期短)	下游(生产周期短)
煤电油运	钢材机床	服装等

此外,通货膨胀和利率变动也是衡量一国经济状况的指标。通货膨胀会引起物价上涨,增加企业资本成本,使得企业存货及应收账款占用大量资金而导致资金缺口,使得企业必须对外筹集资金。一般用消费者物价指数或称居民消费价格指数(CPI)来衡量通货膨胀的情况。利率的波动会引起企业融资成本的变动,促使企业选择不同的融资方式以降低成本。

衡量一国的经济发展状况的指标主要包括国内生产总值(GDP)、CPI、生产者物价指数(PPI)、采购经理指数(PMI)和失业率。GDP是一个国家(或地区)所有常住单位在一定时期内生产活动的最终成果。GDP分为名义GDP和实际GDP。CPI是反映一定时期内城乡居民所购买的生活消费品和服务项目价格变动趋势和程度的相对数。PPI是衡量工业企业产品出厂价格变动趋势和变动程度的指数,是反映某一时期生产领域价格变动情况的重要经济指标,主要是用来衡量各种商品在不同的生产阶段的价格变化情形。PMI是通过对采购经理的月度调查汇总出来的指数,能够反映经济的变化趋势,一般分为制造业PMI、服务业PMI和建筑业PMI,PMI指数50%为荣枯分水线。

衡量和判断宏观经济是否走出衰退或萧条,首先要看经济基本面。经济的基本面主要表现为三个"四",包括"四大指标""四张资产负债表"和"四大因素"(见图1-6)。

- 基本面
  - 四大指标
    - 物价稳定
    - 充分就业
    - 经济增长
    - 国际收支平衡
  - 四张资产负债表
    - 财政负债表
    - 金融负债表
    - 企业负债表
    - 家庭负债表
  - 四大因素
    - 消费
    - 储蓄
    - 投资
    - 净出口

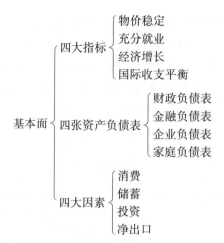

图 1-6　经济的基本面的三个“四”

其次要看这个国家经济体的弹性(见图 1-7)。

- 经济体的弹性
  - 回旋余地
  - 宏观经济政策的灵活性
  - 商品劳务的低成本流通
  - 自由价格机制

图 1-7　衡量经济体弹性的指标

再次还要看衡量经济状况的经济指数(见图 1-8)。

- 经济指数(敏感性指标)
  - 先行指标
    - 产成品资金占用
    - 钢产量
    - 沿海港口货物吞吐量
    - 商品房新开工面积
    - M1 增速
    - 等等
  - 一致或同步指标
    - 发电量
    - 财政收入
    - 工业企业增加值增速(剔除价格变化的影响)
      - 工资
      - 税收
      - 生产经营管理费用
      - 利润等
    - 城镇固定资产投资累计增速
    - 社会消费品零售总额

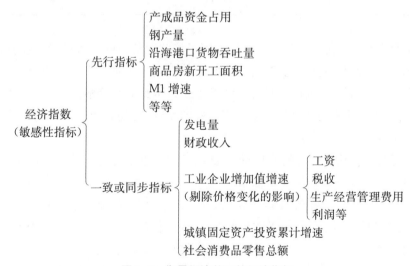

图 1-8　衡量经济状况的经济指标

讨论与思考:

从长远看,PPI 与企业利润呈正相关关系;从长远看,CPI 与企业利润呈负相关关系,CPI 滞后 PPI 三个月。请查阅我国的数据,并说明有何不同,原因是什么?

2. 经济政策

任何一个国家在对外和对内管理时都会从国家总体的角度对经济做出各种政策措施规定,以保证经济的稳定和发展。所包含的相关政策有外资政策、产业政策、税收政策、外汇政策、贸易政策等。

3. 经济制度和市场体系完善程度

融资活动是在一定的市场发育程度下进行的,特别是在国际融资市场上存在着经济发展程度不同的国家。不同国家是否是成熟的资本市场,融资活动是在怎样的经济制度下运行,会对融资活动造成比较大的影响。只有对相关的市场及其健全程度进行充分的了解,才能对融资资源的把握和相关利益拿捏得当,保证融资活动顺利进行。

制度因素就像一个公共契约,是一个由政府主导的强制性制度变迁与个体主导的诱致性制度变迁的最终结果,它主要是从以下两个方面对融资产生影响。

(1) 进入门槛。制度的安排首先会影响资本和企业双方的进入门槛,比如我国规定目前我国对企业发行债券的条件之一是:股份公司净值不低于3 000万元,有限责任公司净值不低于6 000万元,这些就设置了进入门槛。另外,现在也存在对资金进入的门槛,比如股市的各种规章制度。

在存在制度障碍的情况下,企业家要付出很多成本以获取资本。这种成本包括:(1) 搜寻成本,由于制度障碍造成信息不对称,企业家被迫通过各种渠道,包括设置公关费用,广告费用以及其他的费用,去搜寻企业资金的来源。(2) 我们可以将它称为"装饰成本",也就是企业为获取资金而被迫牺牲远期利益,而将企业进行某种财务上的包装。这种包装可能是减少有利于企业发展的将来的费用,或者将一些本来在条件成熟后获取的利润在条件不成熟的情况下甩卖,这些都是"装饰成本"。

(2) 资本退出权的影响。制度还设置了资本退出企业的障碍,在股份制发展的过程中,人们由最初的面对面投资,到海商时期的多方投资,后来出现了投资中介,到今天的规范的股票投资,出现了制度的演化过程。投资的制度在不断规范,但是另一方面也对投资设置了很多退出的障碍,毫无疑问这会使得企业投资增加了新的要考虑的因素,从而影响企业的融资。

企业融资资本退出权缺失同样会导致严重的后果,这表现在两个方面:一是会导致股东"套牢"。公司治理结构的核心问题之一,是剩余索取权与控制权如何匹配;而其中剩余控制权的完备与否,一方面依赖于剩余控制权在股东和经理层之间的分享安排;另一方面则主要表现为股东投票权是否完备。据现代企业理论的研究,股东投票权完备的充分必要条件首先是对资源的各种权利的决定必须由一个团体表决做出(即"用手投票");其次是对团体表决通过的决定不同意或不满意时,团体中的成员可采取"用脚投票"的方式,转让其权利,退出该团体。这即是股东投票权完备的"两权具备",而且两权具备必须是两权同时具备。上市公司里股东的投票权安排,至少是两权具备的。那么如果两权不具备,比如不能"用脚投票",则现实中大股东就会被"套牢"。也就是说,这部分股权的所有者其面临的一个制度约束是,该部分股权不允许在二级市场流通,而且其上市后的三年之内不得进行场外交易(一级市场协议转让)。这一制度限制的后果是,对股东而言,实际上被剥夺了用脚投票的权利。另外,股东的效用出现损失。这实际上是前面一个问题的深化,也就说,股东套牢必然导致股东的损失。

4. 金融环境

在市场体系中与融资活动最有关的是金融市场,金融市场从理论上来说有完美的和不完美的金融市场。

(1) 完美的金融市场。完美的金融市场必须具备以下条件:第一,没有税金、交易成本,资金需求者和提供者可以无障碍地进入或退出市场;第二,没有任何一个资金需求者或提供者可影响价格(利率);第三,任何人都可以无成本地获得相同的信息;第四,所有参与者都是理性的财富最大化者。在完美的金融市场,企业仅仅能够满足投资者的要求,无额外的经济利润。企业如果能够避开市场完美性的某些条件,就能创造出财富。

(2) 不完美的金融市场在不完美的金融市场上,首先,由于税金和交易成本的存在,债务和权益资本的组合才有可能对企业利润作出贡献。其次,由于信息不对称的存在,利用债务/权益的组合才有可能解决融资中利益相关者之间的信息不对称问题。最后,在不完美的金融市场中,资本结构可以影响公司战略。

第一,由于盈利能吸引新竞争者,新竞争者会根据自己和对手的财务实力(资本结构、融资能力)分析市场份额占领的可能性,决定是否进行市场份额的争斗。已占领市场份额的公司,也会根据自己和对手的财务实力,决定是否做出强烈的反应。因此这些都会决定企业是否要在不完美的金融市场上融资以及用何种融资方式,从而确定其资本结构,进而影响公司竞争战略。

第二,保持一种能在不同金融市场条件下举借或偿还不同类型资金的资本结构可实现弹性。长期债务可消除弹性;在股票下跌时,有过多负债的融资组合将无法在金融市场获得资金供给。信息不完全,股票会被低估,若企业是一个无法提供弹性的资本结构,会迫使企业中途放弃一个战略。

第三,不完美金融市场上设计的资本结构中的融资组合会影响收购与避免被收购的战略。资本结构中负债很低的公司会很容易成为收购对象,同时也能很便宜地购买另一家公司。

第四,不完美市场上的信息是不对称的,管理者与投资者之间的信息不对称是融资影响战略的一个重要原因。投资者一般认为他们没有获得的消息是坏消息,因此更看重公布的会计报表中的利润。因此为有吸引力的投资项目筹措资金必须依靠可靠的投资者关系计划和有利投资者的条款设计。

(三) 文化环境

从全球范围来看,每一个国家都有自己特殊的文化、历史、社会背景。不同文化背景下,个体成员的消费情况和投融资情况,企业的融资运作流程等都会存在差异。相关的文化因素主要包括语言、宗教、教育水平、社会心理和社会习惯、国民素质、家庭情况等。

二、融资的内部环境

公司内部环境的内容包括很多方面,如公司战略、组织结构、企业文化、资源条件、价值链、核心竞争能力、运营管理能力等,其中公司内部战略是融资活动中最重要的影响因素,因为战略应该是寻找资本投资机会和确认哪些投资最可能拥有正的净现值等的决策指导,形成资本计划才是执行某项决策的关键,但资本预算政策往往会偏离战略上十分重要的资本投资,偏离的常见形式就是更新决策。

本章小结

本章首先介绍了与融资相关的基本概念,解释了融资的实质就是将储蓄转换为投资,即通过融资机制、融资工具和方法将储蓄转换为投资的过程,同时详细探讨了融资机制的作用和运作功能。其次,融资作为企业安全经营和长远发展过程中的重要一环,本章从案例入手探讨了融资的重要性。最后,本章从内部环境和外部环境的视角来讨论融资环境。

一、名词解释
(一)融资
(二)资产定价

二、简答题
(一)简述融资结构和资本结构的联系和区别
(二)简述融资机制的作用
(三)简述融资规划的影响因素

思考题

提高我国储蓄与投资转化效率的有效途径以及影响因素有哪些?

第二章 融资理论的发展

学习目标：

1. 了解早期资本结构理论的演进历程、资本结构产业组织理论、资本结构理论发展演进的规律、行为融资理论的发展、关系型融资理论、融资契约理论等
2. 掌握控制权理论、信号传递理论等
3. 熟悉 MM 理论、权衡理论、代理成本理论、优序融资理论、信贷配给理论等

关 键 词： 资本结构理论　行为融资　信贷配给

第一节 资本结构理论的发展

之所以要研究资本结构是因为资本结构问题涉及了股东、管理层和债权人三方的利益和冲突，涉及企业管理者的投融资行为、资源配置行为和企业的经营活动。合理的资本结构有助于规范企业行为。资本结构理论是企业融资理论中一个非常重要而复杂的问题，也是一个长期以来争论不休的话题。因为虽然负债和权益融资的比例是资本结构规划中的一个重要部分，但负债和权益融资的特定方法也很重要，资本结构的决策会影响到风险、价值和资本投资，因此自 MM 理论以来，人们始终没有停止过对"资本结构之谜"的探索。现代资本结构理论研究的目的是试图从理论上解释企业选择某一特定资本结构的主要原因，解释企业资本结构与市场价值及其管理行为的内在关系，为企业资本结构决策和融资决策提供理论基础和指导。

纵观西方资本结构理论的演进历程，大致可划分为四个阶段：早期资本结构理论、现代资本结构理论、新资本结构理论、后现代资本结构理论四个阶段。资本结构理论经过近五十年的研究历程，人们对于资本结构的认识已经取得了重大的理论突破。"资本结构之谜"正在逐步被研究者揭开。

一、早期资本结构理论

早期资本结构理论主要是指20世纪50年代之前的资本结构理论。早期的资本结构理论可以追溯到1946年希克斯在著名的《价值与资本》这一著作中找到资本结构踪迹。美国经济学家大卫·杜兰特(David Durand)是这一时期的集大成者。1952年，大卫·杜兰特在美国经济研究局召开的企业理财研究学术会议上提交了一篇名为《企业债务和股东权益成本：趋势和计量问题》的论文，拉开了资本结构理论研究的序幕，他系统地总结了当时资本结构的理论。大卫在《企业债务和股东权益成本：趋势和计量问题》一文中把当时对资本结构(Capital Structure)的见解划分为三种：净收益理论(Net Income Theory)、净营业收益理论(Net Operating Income Theory)和介于两者之间的传统折中理论(The Traditional Theory)。

(一) 净收益理论

该理论认为，企业利用债务筹资总是有利的，可以降低企业的综合资本成本。这是一种极端的资本结构理论观点，虽然考虑到财务杠杆利益，却忽略了财务风险。

(二) 净营业收益理论

该理论认为，不论财务杠杆如何变化，企业加权平均资本成本都是固定的，因而企业的总价值也是固定不变的。净营业收益理论和净收益理论是完全相反的两种理论。

(三) 传统折中理论

该理论认为，企业利用财务杠杆尽管会导致权益成本的上升，但在一定程度内却不会完全抵消利用利息抵税的债务融资所获得的好处，因此会使加权平均资本成本下降，企业总价值上升。

从内容上看，早期的资本结构理论中许多观点仅仅是推断的，只是从直观角度提出，是一些学者对资本结构问题的某些方面产生的零散看法，本身没有形成一个完整的理论体系，因此这些早期的观点不具有理论上的完整性和系统性。从研究方法来看，早期关于资本结构问题的研究基本上只是对某些事实的简单陈述，缺少内在分析的成分。早期资本结构理论没有建立理论逻辑模型进行严格论证，也缺乏充分的经验基础和统计分析依据做支持，且缺乏实证支持与实践意义，未能进一步研究发展。不过，毕竟早期资本结构理论将研究核心聚焦在企业资本结构安排与企业价值上，应视其为资本结构理论研究的开端。

二、现代资本结构理论

(一) 资本结构无关论——MM理论

1. 完美市场与资本结构无关论

MM理论是由美国学者莫迪格利安尼(Modigliani)和米勒(Miller)提出的，他们在

1958年发表的《资本成本、企业财务与投资理论》一文中,提出了最初的MM理论。最初的MM理论是建立在一系列的理想化的市场假设基础上的。其市场假设包括:资本市场是完美的;投资者是理性的;信息是透明的,免费的,即所有人都能自由地得到信息;证券可无限细分;没有交易成本和发行成本;没有税收;公司可被划分为不同的风险等级,位于同一风险等级的公司具有相同的经营风险;公司未来的营业所得是随机变量并且所有投资者对该随机变量的分布的期望值有同样的预期;不存在破产;公司和个人可按照相同的市场利率借款或贷款,该利率为无风险利率;增长率为零。

该理论认为,在不考虑企业所得税,认为企业无论以负债筹资还是权益资本筹资,都只是改变企业总价值在股权与债权人之间的分割比率,而不会影响企业的市场总价值,风险相同而资本结构不同的企业,其总价值是相等的。因此企业的价值和资本成本均不受资本结构的影响。

该理论有三个基本命题:

命题一:企业价值命题。其公式为:$VL=VU=EBIT/K=EBIT/KU$,VL为有负债企业的价值,VU为无负债企业的价值,$EBIT$为息税前净利。$K=KU$为适合于该企业风险等级的资本化比率,即贴现率。根据无税的MM理论,企业的价值独立于其负债比率,即不论企业是否有负债,企业的加权平均资本成本是不变的。

命题二:风险补偿命题。负债企业的股本成本(即自有资金成本)等于同一风险等级中某一无负债企业的股本成本加上根据无负债企业的股本成本和负债成本之差以及负债比率确定的风险报酬。其公式为:$KS=KU+RP=KU+(KU-KB)(B/S)$,KS为负债企业的股本成本;KU为无负债企业的股本成本;RP为风险报酬,KB为负债企业的债务成本,B为负债,S为负债企业的权益资本。

命题三:企业投资项目的内含报酬率必须大于或等于企业的综合资本成本。从命题二可以看出,随着企业负债的增加,其股本成本也增加。低成本的举债利益正好会被股本成本的上升所抵消,所以,更多的负债将不增加企业的价值。因而,在无税的情况下,企业的资本结构不会影响企业的价值和资金成本。

该理论的基本命题也说明企业变动资本结构试图影响企业价值是没有意义的。虽然最初的MM理论的研究假设前提远离现实,但它成功地运用数学模型,特别是将资本结构研究抽象到企业经营者、所有者和债务人之间的矛盾与利益的协调,突出企业以股东财富最大化为目标进行资本结构决策,以寻求三方面利益人的利益均衡,故对现代资本结构理论研究起到奠基作用。

2. 修正的MM理论——资本结构有关论

(1)有税收的MM理论。1963年,莫迪格利安尼和米勒又发表了《公司所得税与资本结构:一项修正》一文,将企业所得税引入到无企业税模型中,改变了最初企业资本结构与企业价值无关的结论。推导出的结论却是:当考虑企业税收带来的影响时,企业可利用财务杠杆增加企业价值,因负债利息有避税利益,企业价值会随着资产负债率的增加而增加,当100%负债时企业价值最大。

该模型有三个基本命题:

命题一：赋税节余命题。负债企业的价值等于同一风险等级中某一无负债企业的价值加上赋税节余的价值。其公式为：$VL=VU+TC\times B$（TC为企业所得税税率，B为负债），从这里看出，当引入企业所得税后，负债企业的价值会超过无负债企业的价值，负债越多，差异越大，所以当资产负债率最后达到100%时，企业价值最大，也就是说，企业最佳资本结构是全部都是负债。

命题二：风险报酬命题。在考虑所得税情况下，负债企业的股本成本等于相同风险等级的无负债企业的股本成本，加上根据无负债企业的股本成本和负债成本之差，以及企业税率所决定的风险报酬。其公式为：$KS=KU+(KU-KB)(1-T)(B/S)$，T为企业税率，其他变量含义与资本结构无关论的风险补偿命题相同。所以，企业的股本成本会随财务杠杆扩大而增加。这是因为股东面临更大的财务风险，但由于$(1-T)$总是小于1，税赋使股本成本上升的幅度低于无税时上升的幅度，所以负债的增加提高了企业价值。

命题三：投资报酬率命题。企业资金应该投向于内含报酬率大于或等于新投资临界率的项目。根据当时的美国税法，以企业息后利润为基数征收企业所得税，而发放股利要在税后净利润中扣除。这相当于对债券利息免征企业所得税，对股利支出则正相反。假设企业的负债是永久的，并且免税额只取决企业所得税率和企业盈利能力，则为了追逐债务的免税优惠，企业经营者将不断提高负债比例，直到企业负债比为100%。此时资本成本最低，资本结构最优。这个结论与现实显然不符，大部分企业都不可能无限制地增加负债，那么是什么原因阻止了企业无限追逐负债的纳税节约？

（2）回归的MM理论——米勒模型。1976年，米勒发表《负债与税收》，将个人所得税因素引入修正的MM理论，建立了加入所得税因素的MM理论。米勒模型是同时考虑企业所得税和个人所得税时的MM理论。其基本公式为：$VL=VU+[1-(1-TC)(1-TS)/(1-TB)]B$，式中：$TC$为企业所得税税率，$TS$为个人股票所得税率，$TB$为个人债券所得税率，$B$为企业负债价值。负债经营企业的价值等于无负债经营企业的价值加上负债带来的税收节约价值，其中税收节约价值取决于TC、TS和TB，假设企业处于无税收环境，即$TC=TS=TB=0$，则该模型变为不含税的MM模型，$VL=VU$；若忽略个人所得税，即$TS=TB=0$时，模型变为含企业税的MM模型，$VL=VU+TC\times B$；若$(1-TC)(1-TS)=(1-TB)$，模型变为不含税的MM模型，$VL=VU$，此时负债减税的全部好处恰好为个人所得税抵消；若个人所得税中股票收入的有效税率与债券收入的有效税率相等，即$TS=TB$，由$VL=VU+TC\times B$，此时负债减税的部分好处为个人所得税抵消；当$TS<TB$时，意味着括号内的值小于TC，甚至可能小于0。此时，$VL<VU+TC\times B$，个人所得税中债券收入的有效税率大于股票收入的有效税率，利用负债增加的企业价值至少要小于含企业税的MM模型中所增加的价值。

从修正后的含税MM模型可以看出至少两点：资本结构的变动会影响企业的总价值；负债经营将为企业带来税收节约价值。该模型认为：当企业所得税提高，资金会从股票转移到债券以获得节税效益，此时企业的负债率提高；如果个人所得税提高，并且股利收入的税率低于债券利息收入的税率时，资金会从债券转移到股票，此时企业的负债率降低。

米勒模型是 MM 理论的最后总结和重新肯定,它的研究前提没有改变,虽然数理逻辑严密,但仍然难以得到实践的验证。

修正了的 MM 理论只是接近了现实,离经验尚有一定差距。在现实经济实践中,事实是各种负债成本随负债比率的增大而上升,当负债比率达到某一程度时,息前税前盈余会下降,同时企业负债的破产成本的概率会增加。还要看到,融资的来源和结构还存在着一种市场均衡问题,债务关系还存在着代理成本和披露责任问题。因此即使修正的 MM 理论模型也并不完全符合现实情况。绝大部分经营良好的企业,许多著名的大企业都只有低的负债,而且大都小心翼翼地维持其债务不超过某一限度。为解释这一现象,权衡理论应运而生。

3. MM 理论的贡献与不足

(1) 贡献。MM 理论作为西方资本结构的经典理论,为深化资本结构问题的研究提供了理论基石。MM 理论精髓在于:它揭示了企业融资决策中最本质的负债和权益资本的关系,由此奠定了现代企业资本结构研究的基础。MM 理论的实际应用不是定理结论的直接应用,而是在于由它引导出的一系列可直接在实际中应用的理论。MM 理论推动资本结构理论乃至投资理论的研究,引导人们从动态的角度把握资本结构与资本成本、企业价值之间的关系以及股利政策与企业价值之间的关系,具有十分重大的意义,因此,"MM 理论"被西方经济学界称为一次"革命性变革"和"整个现代企业资本结构理论的奠基石"。自 MM 理论提出至今,资本结构理论在放松假设、提出疑问、提出新的理论假设以及提出新的疑问的过程中获得了迅速发展。同时,MM 理论的完善市场条件假设,使我们对资本市场有一个更深刻的理解,以便能建立起更有效的资本市场。

(2) 不足。MM 理论虽然经过不断地发展而变得较为完善,但仍然因为其存在着许多严格的假设,建立依据的一系列假设具有高度的抽象性,导致其对经济生活现实的极度偏离,因而仍不太符合现实的情况。

(二) 权衡理论

现代资本结构研究是以 MM 理论为基础,逐步释放假设条件,从而形成研究税收效应与资本结构关系的"税收学派"和研究破产成本与资本结构关系的"破产成本学派"或"财务危机成本学派",这两大学派最后归于"权衡理论"。在一定的意义上,可以说权衡理论找到了使资本结构与公司价值存在相互关联的线索。以 MM 理论为中心的现代资本结构理论,发展到权衡理论达到了一个高潮,它为资本结构理论的发展作出了巨大的贡献。

1. 权衡理论的创立

考虑财务拮据成本与代理成本的权衡理论是美国著名经济学家詹森和麦克林(Jensen and Meckling, 1976)、瓦勒(Warner, 1977)、梅耶斯和海吉拉夫(Myers and Majluf, 1984)针对 MM 理论的缺陷提出的,其提出了"税负利益—破产成本"的权衡理论。他们认为:MM 理论的最大缺陷就是完全忽视了现代经济社会中极为重要的两个因素:财务拮据成本(又称"财务危机成本")和代理成本,从而使 MM 理论的结论失去现实意义。

2. 权衡理论的主要内容

权衡理论通过放宽 MM 理论完全信息以外的各种假定,考虑在税收、财务拮据成本、代理成本分别或共同存在的条件下,资本结构如何影响企业市场价值。

(1) 负债的好处:第一是企业所得税的抵减作用。由于债务利息和股利的支出顺序不同,世界各国税法基本上都准予利息支出作为成本税前列支,而股息则必须在税后支付。第二是权益代理成本的减少。负债有利于企业管理者提高工作效率、减少在职消费,更为关键的是,它有利于减少企业的自由现金流量,从而减少低效或非盈利项目的投资。

(2) 负债的受限:第一是财务拮据成本。负债会有可能会发生包括破产威胁的直接成本、间接成本和权益的代理成本;第二是有抵消作用。个人所得税对企业所得税有抵消作用。因此,现实中企业的最优资本结构是使债务资本的边际成本和边际收益相等时的比例。

权衡理论认为,负债企业的价值等于无负债企业价值加上税赋节约,减去与其财务拮据成本的现值和代理成本的现值。最优的资本结构存在于税赋成本节约与财务拮据成本和代理成本相互平衡的点上。权衡理论(The Trade-off Theory)往往被称为最优资本结构理论(The Theory of Optimal Capital Structure),在最优资本结构下,企业的价值最大。

3. 权衡理论的贡献与不足

(1) 贡献。权衡理论分析的工具是边际分析方法,最优财务杠杆比率取决于等边际法则,说明权衡理论的分析框架还是新古典的,研究方法上仍然脱不了新古典范式。所不同的是引入了新的变量:税收利益和破产成本,这是权衡理论的进步。权衡理论放宽了 MM 理论信息完全以外的各种假设,讨论债务的收益与成本如何平衡,认为企业最佳资本结构应当是企业负债所引起的企业价值增加与因企业负债上升所引起的企业风险成本和各项费用相等时的平衡点。这一理论也可以说是对 MM 理论的再修正,从而更接近实际。权衡理论认识到各个企业的目标负债率可以不同,有着安全的、有形的资产和大量应税收入的企业应该有高的负债率,而有着较多有风险的或无形资产的或亏损企业应该主要依赖股权融资。

(2) 不足。经验证据证实了有较多有风险的或无形资产的企业的负债率要低得多。但是经验证据也表明在一个行业内,大多数盈利企业的负债率比亏损企业要小一些。而权衡理论认为高额利润意味着有更大的负债容量和更多的应税收入需要利息税盾,它们应该借得更多而不是更少。另外,因为权衡理论把研究视野集中在企业的外在因素之上,即权衡理论只重视税收、破产等"外部因素"对企业最优资本结构的影响,加之主观的批判与客观的际遇。这样看来,权衡理论并不是完美的。这需要现代资本结构理论的进一步地发展。到 20 世纪 70 年代后期,以信息不对称理论为中心的新资本结构理论取代了权衡理论。

三、新资本结构理论

(一) 信号传递理论

1. 信号传递理论的假设前提是信息不对称

信号传递理论探讨的是在信息不对称条件下,企业选择何种方式,向市场传递企业价值信息。

2. 信号传递理论的创立

斯宾塞(Spence,1974)在《劳动市场信号传递》一文中提出了信号模型,并将其发展成为一般均衡模型。这一经济理论的进步使得在资本结构的研究中对信息不对称建模研究成为可能。该方面的文献放松了莫迪格利安尼和米勒所做的企业内部人和外部人拥有相同的信息的假设,引入了关于企业的收入流、企业新的投资机会方面广泛存在的信息不对称,得出了关于企业资本结构的一些新观点,如资本结构对投资者的信号作用。

3. 信号传递理论的主要内容

1977年,罗斯(Ross)通过建立负债权益比这一"激励-信号"模型来分析企业资本结构的决定问题,并创造性地将经理人激励机制引入信号传递模型,提出了资本结构信号传递理论。罗斯认为MM理论的分析隐含的假定市场拥有企业的完全信息,包括企业收入流的信息,但实际上可能只有企业的管理者知道企业收入流的真实分布,市场上的投资者只能通过对企业表面信息的分析对企业收入流进行估计。这样就使得管理者可以通过资本结构的选择来改变市场对企业收入流的评价,进而改变企业的市场价值。罗斯保留了完全信息以外的所有假定,假设企业经营者比投资者更多地了解和把握企业内部的经营信息,投资者只能通过经营者输出的信息来间接地评价企业市场价值,资本结构就是经营者输送的一个信号,投资者根据资本结构的变化来评价企业,并决定是否进行投资。

Heikel(1982)建立了一个类似于罗斯的模型,但他放弃了公司各种收益是按一阶随机优势排序的假设条件。他假定收益呈如下分布:高质量的公司有较高的超额价值,但有较低质量的债务(券)(即市价低于面值),这意味着权益的价值较高。这个模型可以将公司划分类型,原因是:每个公司都企图使市场相信它属于某一类型,而它的真实类型则会随着一种证券的超额估价而受益,随着另一种证券被低估而蒙受损失。在均衡时,每一类公司这两种证券的发行量都使得边际收益与边际损失相等。正因如此,高价值公司会发行更多的债券,而低价值公司要模仿高价值公司的话,就必须发行低定价的债券,从而减少高定价股票的数量;反之,高价值公司要模仿低价值公司,就必须发行少量的高定价债券和低定价的股票。因此,相互模仿是非常困难的。由于高质量公司本身有高的总价值,所以它们发行更多债券的结果是与罗斯(Ross)的结论一致的。

4. 信号传递理论的发展

(1) 融资结构信号传递模型。在分析融资结构作为内部经营管理者的信息信号,能有效传递企业的内部信息,影响投资者的投资激励方面,利兰(Leland)和派尔(Pyle)几乎与罗斯同时提出了自己的融资结构信号传递模型——利兰-派尔模型(Leland-Pyle Model,L-P模型)。Lyland和Pyle(1977)从企业家和投资者之间有关企业投资项目收益的信息不对称和企业家的风险厌恶的角度,探讨了资本结构的信息传递功能。他们建立了一个模型,并推导出了均衡条件。他们认为,在信息不对称情况下,为了使项目融资顺畅,融资和投资双方必须通过信号的传递来交流信息,比如掌握内幕消息的企业对申请融资的项目进行投资,这本身就向投资者传递了一个信号,即项目本身包含有"好的消息",也就是企业进行投资的意愿就可以作为表示一个投资项目质量的信号。在利兰-派尔的模型中,企业家是风险回避者,他将一个可变的项目等同于一笔不确定性的收益,他对收益的分布了解得比别人多。由于他是风险的回避者,且其财富是有限的,他希望与外部投资者共同分担这个项目。他的问题是如何使投资者相信项目的真实价值。企业家可以变动自己在项目中的股本,并把它用作一种传递有关项目质量的信号,因为市场会认为项目质量是企业家自己所有权份额的一个函数。在均衡状态下,企业家的股份将完全揭示其自己所相信的项目收益均值,企业的债务额决定了剩下需要用股票来筹集资金的额度。因此,企业家的股份越高,传递的信息的项目价值也越高,从而,企业的市场价值也越大。

(2) 投资决策中的信息传递。Myers 和 Majluf(1984)建立了发行投资决策的均衡模型来分析企业的资本结构问题。他们的分析是:一方面,有关企业新的投资项目的私人信息不能泄露给其竞争者,否则会降低投资项目的净价值,信息传递的这种成本阻碍了其向外传递;另一方面,管理者人力资本中特有的组织管理知识,使其拥有对公司价值更多的信息。因此由于逆向选择,筹集外部股票时会存在严重的问题。Myers 和 Majluf(1984)的模型分析了信息不对称对 SEO(增发新股)的影响,对投资者而言,股权融资这一信息本身传递了公司的负面信号,但如果为了一个好项目,股权融资又包含了一定的好消息。Myers 和 Majluf(1984)分析指出在信息不对称的条件下,外部投资者难以区分信息中哪些是好消息,哪些是坏消息,为了避免损失,投资者便会压低股票价格,进而导致了类似逆向选择的情况,上市公司只会在有"坏消息"时才会选择股权再融资,而拥有好项目的公司则退出了 SEO 市场,更多地选择债务融资。

(3) 发行债券传递给资本市场的信号。Poitevin(1989)建立的模型也是以债务作为信号的。他的模型包含了现有公司与新公司之间潜在的竞争。首先,新公司的边际成本是私有信息。在均衡时,只要现有公司与高成本的新公司发行股票,那么债券发行就显示了低成本的新公司的信号。这个信号使得这类新公司既付出代价也得到好处。代价就是这类公司过早地受到其他公司的"攻击",从而有可能导致这个以债务筹资的公司破产;而好处就是金融市场认定债务筹资的公司有较高的价值。这是因为过早受到原有公司攻击的破产概率过高,也反映了金融市场的误导成本(原有公司对所有的债务筹资公司"平等地进行攻击",当然也要略花成本)。这个模型的主要结论是:发行债券对资本市场是个好消息。

(4) 资本结构传递着生产成本的信号。Glazer 和 Israel(1990)建立的模型把资本结构作为生产成本的信号。该模型假设:原有公司垄断性地发出关于其成本的信号,以阻止新公司进入市场;公司经理是以权益价值来决定报酬,股利对报酬是不起作用的;任何债券发行所得到的好处都随股利支付出去。这样,在均衡时,潜在的新公司把较多的债务看成一个信号,即表明这个原有公司有较低的边际生产成本。所以,发行较多的债券对这类原有公司的经理来讲是最优选择,因为阻止新公司进入市场所获得的收益大于债务成本;而高成本的原有公司是无法仿效的。

5. 信号传递理论的主要贡献与不足

(1) 主要贡献。首先,信号传递理论明确了企业市场价值与资本结构有关。其次,信号传递理论创立以来,大量的文献把它应用到财务学、产业组织及社会制度等诸多领域的研究当中。这些文献不仅是对信号理论的应用,更在很大程度上促进了信号理论的进一步发展。

(2) 不足。首先,信号传递理论未能提出防止经营者向外输送错误信号的内在约束机制。其次,作为信号理论的开创者,Spence(1974)建立了一个劳动力市场模型,系统阐述了信号理论的基本思想,但如果对其模型的关键假设做出仅仅很小的放松,那么其推断和结论必须做出很大的修正。其抽象的实证模型也与真实的经济生活存在距离,难以诠释诸多因素对行为金融的影响。

(二) 代理成本理论

20世纪70代以来,经济学家们将现代分析工具,如博弈论、信息经济学、委托代理理论等,引入资本结构分析。一系列解释资本结构问题的新观点便应运而生,其流派众多,主要有代理成本理论、信号传递理论等。

1. 代理成本理论的前提假设

(1) 信息不对称。在完全信息条件下,委托人实施代理是无成本的,即他得到的效用水平就等同于他亲自执行这项任务。不对称信息是代理成本存在的主要原因。公司的股东、债权人和经理人之间存在着利益冲突。为解决这些冲突和冲突本身引起的公司价值的损失称为是代理成本。

(2) 所有权与经营权分离。资本所有者和管理者的分离产生了企业内部的利益冲突,由此产生了代理成本问题。

2. 代理成本理论的创立

代理成本理论的创始人迈克尔·詹森和威廉·麦克林(Michael C. Jensen & William Meckling, 1976)把代理关系定义为一种契约,在这种契约下,一个人或更多的人(即委托人)聘用另一人(即代理人)代表他们来履行某些服务,包括把若干决策权托付给代理人。如果这种关系的双方当事人都是效用最大化者,就有充分的理由相信,代理人不会总以委托人的最大利益行动。委托人通过对代理人进行适当的激励,以及通过承担用来约束代理人越轨活动的监督费用,可以使其利益偏差有限。另外,在某些情况下,为确保代理人不采取某种危及委托人的行动,或者,若代理人采取这样的行动,保证委托人能得到补偿,可以由代理人支付一笔费用(保证金)。

Jensen 和 Meckling(1976)把代理成本的总和定义为:一是委托人的监督支出;二是代理人的保证支出;三是剩余损失(residual loss)。即代理成本包括在利益冲突的各代理人之间建立、监督和组合一系列契约关系的成本以及契约实施的成本超过收益而造成的产值损失。Jensen 和 Meckling 在他们的论文《企业理论:管理者行为、代理成本和资本结构》中指出,与代理问题相关的利益冲突主要有两大类:一是股东和管理者之间的冲突;二是股东和债权人之间的冲突。过度投资是前者的一个具体表现形式。后者主要表现为两种具体形式:资产替代效应和投资不足问题。他们把管理者与股东利益冲突导致的代理成本界定为"外部股票代理成本",而把债权人与股东利益冲突以及与债券相伴随的破产成本等界定为"债券的代理成本"。他们认为伴随着股权与债务比率的变动,两种代理成本会呈现一种"此消彼长"的权衡关系,即债务的增加对股权代理成本有两方面影响：一是在管理者投资既定的情况下,债务增加了其持有股份,进而可以减少"股权稀释"产生的股权代理成本;二是 Jensen(1985)的"自由现金流量"假说认为债务的本息偿还(硬偿付约束)可以减少可供管理者使用的自由现金流量,借此减弱管理者浪费的可能性。因此在 Jensen 和 Meckling(1976)看来,公司最优资本结构应选择在两者之和最小的一个点上。

股权代理成本随负债率上升而下降。在债务融资中,当投资项目取得好收益时,高于债券利息的收益都归股东所有;当投资项目亏损时,由于有限责任,债权人将承担后果。这使得股东会从事风险较大的投资项目。然而,由于债权人能理性地预期到股东的这种资产替代行为,会要求更高的利率作为补偿,导致债务融资成本上升,这就是债权代理成本。当公司债务融资比率上升时,债权代理成本上升可见,代理成本的存在使得公司只能在股权融资与负债融资之间寻找平衡点。股权融资的代理成本与债务融资的代理成本相等时公司总资本成本达到最小,此时资本结构是公司最优资本结构。后面的学者也得出了相同的研究成果,其中有代表性的是 Myers(1977)、Barnea, Haugen 和 Senbet(1980)认为与债务相关的代理成本会导致存在最优的债务期限结构。选择设计好公司债务的期限结构,就可以减缓源于资产替代效应和投资不足问题的代理成本。尤其短期债务能解决由于信息不对称和道德风险引起的股东和债权人之间的利益冲突。Leland 和 Toft(1996)认为代理成本的存在意味着具有较高资产风险的公司将缩短最优债务期限,也会降低债务的最优规模。

3. 代理成本理论的主要内容

(1) 股权代理成本。管理者和股东的冲突是由于现代公司的所有权、控制权分离引起的,即管理层持有少于100%的剩余索取权。只要管理者拥有的剩余索取权低于100%,那么管理者付出的努力就不能获得全部的回报,而所有努力的成本都是由管理者承担的,管理者为追求自身利益的最大化,就不会总是根据股东的利益行动,如建立公司帝国、个人过度消费。这种低效率行为和管理者持股比例呈反方向变化。在管理者所持绝对股份不变时,增加债务可提高管理者持股比例,可缓减管理者和股东之间的冲突。股东和管理者的利益冲突还表现在支出政策上,这种冲突是由自由现金流量引起的,股东希望用现金支付股利或回购,管理者根据自己的利益把现金投资于低回报的项目(为建立公司帝国)或个人消费,这会给管理者以未来的现金使用控制权,从而使股东受损,股东要对管理者实行监督需要发生成本,这就构成了自由现金流量的代理成本。债务有利于降低自由现金流量的代理成本,债务引起的本金和利息的支出限制了经理人对现金的控制权,但并不能因此任意提高债务水平,随着债务水平的提高,债务本身的代理成本在提高。另外举债引起更多的现金流出,增大了破产的可能,提高了管理者的努力程度从而降低了监督成本。最优债务权益比是公司价值最高,债务的边际成本等于边际收益的比率。

(2) 债权的代理成本。股东和债权人之间存在着激励冲突是因为负债是有风险的。股东对公司负有限责任,股东可选择违约,即不按公司承诺的全部金额向债权人支付,债权人认识到这种价值转移,为保护自己利益不受股东的侵犯,就在事前要求补偿,从而提高了债务的成本。发行可赎回债券或可转换债券可以有效解决这个问题。相反,若公司进行低风险投资,产生的收益用以支付债务的本息外不能给股东带来收益,即便投资项目的净现值为正,公司价值增加,但股东权益价值下降,权益价值流向债权人,股东将不愿意投资,使公司价值下降。

(3) 外部利益相关者的代理成本。与代理问题相关的另一类冲突是与外部利益相关者的冲突。Titman(1984)、Maksimovic 和 Titman(1991)研究了资本结构选择和外部利益相关者之间的关系。Titman(1984)指出,企业股东和债权人同企业有关的各类人员(客户、工人和供应商等)之间也是一种代理关系,当企业进行清偿时,企业原有客户将失去原有服务合同,却得不到任何补偿。同样,工人失去原有工作,没有任何讨价还价的余地。当一个客户购买了一件耐用品,他既为产品本身进行支付,也为获得随后的零部件和维修的服务进行支付。如果企业破产清算,客户就不能再获得他们曾预期想获得的零部件和服务。因此,企业和客户之间的代理问题就是保证客户将来需要的零部件和服务在他们需要时唾手可得。客户必须判断耐用品的销售者经营失败和被清算的可能性。因此,如果生产和销售耐用品的企业采用了增加它们的破产可能性的较高的负债,这可能会减少对它们的产品的需求,因此,可以预测,在其他情况相同下,耐用品生产者的负债将会少于非耐用品(如食品)的生产者。Titman(1984)认为公司的清算也许会对顾客和员工强加成本,结果,他们要求对产品和工资的风险补偿。这些成本被转移给股东。但是,如果股东只有在利得超过所有的成本(包括顾客和员工的成本)时才愿意清算,这将增加资本成本。Titman(1984)表明可以用资本结构控制这些风险补偿且认为具有更高清算成本的公司将具有较少的负债。Maksimovic 和 Titman(1991)认为生产更低清算成本的产品的企业也遭受了类似的相互作用,要求生产高质量产品声誉的企业将具有较少的负债。

4. 代理成本理论的发展

Jensen 和 Meckling 关于资本结构的这一分析为我们理解资本结构的激励功能提供了一个理论基础。此后,很多学者借助对经理层以及投资项目性质的不同假设,从利益冲突视角对资本结构设计,尤其是债务融资的成本与收益进行了分析。

(1) 债务融资能缓解股权代理成本。Grossman 和 Hart(1982)在 J-M 模型的基础上,进一步分析了债务融资是如何缓解经营者与股东之间的冲突的。他们认为,当企业债务融资比例上升时,经营者经营不善导致企业破产的可能性增大,一旦企业破产,经营者将承担因破产而带来的自身社会地位降低、名誉毁损、企业控制权丧失等非金钱方面的损失。因此,债务能使经营者增加个人努力,减少个人享受,并且做出更好的投资决策,从而降低股权代理成本,增加公司价值。

(2) 债务融资能缓解股东和债权人之间的利益冲突。戴蒙德(Diamond,1989)则在股东和债权人之间的利益冲突基础之上,认为具有不同声誉的公司可能会选择不同的融资渠道——那些新生的尚未建立起足够声誉的企业一般无法使债权人确信其不存在资产替换动机,进而只能依靠(内部)股权融资或高成本的债务资金,而已经建立了足够声誉的公司则能够获得低成本的债务融资。在戴蒙德的声誉模型中,考虑了两种可能的投资项目:一种是净现值大于零且安全的投资项目;另一种是净现值大于零且风险较大的投资项目。这两种投资项目的投资额均相等,而且都通过负债融资,但结果却不同:第一种投资项目的收益总是能够足以清偿债务;第二种投资项目只有成功时才有较强的偿债能力,否则,就无偿债能力。由于企业是避险的而且注重声誉,又由于企业及时还清债务的历史越长,其声誉就越好,其借款成本就越低;声誉差的企业负债成本高,负债水平。所有企业都不会追逐资产替代效应而丧失有价值的声誉。由此,股东和债权人之间的利益冲突就可以利用适度举债来加以缓和。

(3) 最优资本结构的寻找与确定。首先是可以在"清偿权利"与"调查成本"间权衡确定。在股东和管理者之间的利益冲突约束问题上,Harris 和 Raviv(1988)假设在管理者拥有控制权的前提下和即使企业运营不佳也不会主动清算(存在控制权私人收益)的行为驱动下,债务的存在能够使公司破产的概率增大,即控制权转移(即公司清算)可能性的增大,进而在公司资产被管理者"误用"(即存在更好的资产用途)的情况下,管理者的机会主义行为被抑制而所有者的价值提高了。但由于债权人为了识别资产的误用也必须付出一定的调查成本,因此 Harris 和 Raviv 的"最优资本结构"就是所有者在"清偿权利"与"调查成本"权衡之下的结果。其次是在"投资过度"与"投资不足"之间寻找。Stulz(1988)则在管理者具有强烈"帝国建造"动机的行为假设下,模型化了 Jensen(1985)的"自由现金流量"假说。由于债务融资过度可能使公司陷入财务困境,进而出现"投资不足"问题,Stulz 模型中的所有者必须在"投资过度"与"投资不足"之间寻找资本结构的最佳位置。Stulz(1990)分析了债务融资与业务收缩和公司清算的相关关系。研究发现,由于经理和股东之间利益的不一致,导致经理在公司业务是否收缩和清算退出时,会考虑自己的利益,使得应该进行业务收缩和清算退出的,却没有做出相应的决策,最终使股东利益受损。这种现象在公司资金主要来源于股权融资的情况下更容易发生,而具有债务融资的公司则面临偿债和诉讼压力,经理采取正确决策的可能性就更大一些。在 Stulz 看来,债务的偿还支付可能会使自由现金流量耗尽,以致在需要对有利可图的项目进行投资时,却没有可获得的资金;而发行债务的好处又是在于债务可以抑制管理者的过度投资倾向,他对短期债务融资能迫使管理者吐出自由现金流量进行了形式化分析。

(4) "硬"债务能约束管理者。Hart 和 Moore(1995)分析了长期债务融资在约束管理者筹集新资金能力中起着重要作用。他们指出,在实际中,公司发行相当数量的"硬"(优先的,不可延期的)债务。管理者具有股东不能分享的目标,如追求权力、帝国建造和职务消费等。他们认为,"硬"债务在抑制管理者自由度中起着重要作用。第一,不可延期的、短期债务能迫使管理者吐出资金(否则他们也许会用这些资金进行建造帝国的投资)以及触发公司资产在其他更有价值的状态中清算。第二,优先的长期债务通过稀释未来盈余能阻止管理者为非盈利项目融资。

(5) "声誉"能降低债务的代理成本。海什里费和塞克尔(Hesrhleifer & Thakor,1989)也提出了一种声誉模型。在他们的声誉模型中,股东偏好的是高风险高收益的投资项目,而经营者则因考虑到其声誉而喜欢选择相对安全的投资项目。经营者的这种行为方式将有助于降低债务的代理成本。因此,如果经营者对其声誉效果非常重视,企业的负债成本会相应降低,从而使得企业将会有更多负债而不是更少。

5. 代理成本理论的主要贡献与不足

(1) 主要贡献。委托代理理论改进了经济学家对资本所有者、管理者、工人之间内在关系以及更一般的市场交易关系的理解。同时,委托代理理论为信息与经济间关系的研究提供了新的视角,对各行各业关系的分析和社会角色定位很有帮助。另外,深入研究委托代理理论,可以在一定程度上帮助委托人寻求最优化的激励方案,或设计最优的激励机制,使代理人的行为尽可能符合委托人的目标,从而使委托人的利益最大化。

(2) 不足。首先对代理成本的计量只是假定其会在资本市场的反应,没有准确度量的方法。

(三) 优序融资理论

1. 理论的假设前提

1984 年,基于非对称信息条件以及交易成本,梅尔斯和迈基里夫提出了优序融资理论。

2. 理论的创立与主要内容

1984 年,梅耶斯(Myers)和迈基里夫(Majluf)在 Ross 研究的基础上,创立了优序融资理论(Pecking Order Theory,也称"啄食理论")。该理论认为企业外部融资要多支付各种成本,使得投资者从企业资本结构的选择来判断企业市场价值。企业会根据投资机会调整目标利润分配率,但相对于投资机会和利润这一比率是不易变动的,这就意味着内部现金流与投资支出是不等的,当内部现金流小于投资支出时,公司会改变资产组合;当需要进行外部融资时,公司首先发行最安全的证券,即从债务融资开始,然后选择混合型证券组合,如可转换债券,最后才会选择股权融资。这是由于经营者在股东权益被低估时不愿意发行股票,在股票价格被高估时才发行股票,股票融资会被投资者视为企业经营不良的信号,这样投资者不愿购买该企业的股票,从而导致企业市场价值被低估。为了避免股票定价过高的损失,企业融资存在顺序偏好,首先是内部融资,其次是低风险的债务融资,最后是股权融资。

优序融资理论以非对称信息条件以及交易成本的存在为前提,根据实证研究显示,优序融资理论确实在很大程度上符合公司资本结构的现实,大多数公司偏好内部融资。有学者指出,公司所有权与管理权的分离导致了管理者为了不受制于外部资本市场而偏好内部融资,而且发行股票是有成本的。但 Myers 和 Majluf 假设,经理对所要投资项目的真实价值的了解比任何其他人都清楚,并且假设他们是为公司现有股东的利益着想;还假定公司的现有股东是被动的,即他们不会根据经理的决策而调整投资组合,从而使经理的决策对他们没有影响。信息不对称假设意味着即使经理发现了净现值为正的绝佳投资机会,也无法将此信息传递给投资者。每一公司的经理层毕竟都愿意向市场宣布前景光明的投资项目,以此推高股价,展示自己的优秀业绩,但投资者不会轻信经理是怎样说的,从而造成了对新发行股票的估价比没有信息不对称问题时的均衡价格要低的情况。在这种情形下,净现值为正的投资项目也可能会被放弃。如果公司利用内部资金为新项目融资,不需要股权融资,这样也就不存在信息不对称问题,因此所有净现值为正的项目都会被公司所采纳。当内部资金不足时,公司会优先考虑低风险的证券,如债券,最后才会考虑股权融资。

3. 理论的发展

(1) 减少过度投资问题。Narayanan(1988)和 Heinkel Zechner(1990)运用与 Myers

等人相近的方法,也得出了类似的结果。他们进一步指出,如果信息非对称涉及新投资项目的评价时,那么就会出现过度投资行为,即净现值是负值的项目也会被接受。对这种现象的出现,他们的解释是,所有以发行股票来筹资的公司其市场价值都被按公司资产收益率的平均值来确定,所以,较低净现值项目的公司从出售高价的股票中得益,其中甚至包括净现值为负值的项目,从而降低项目评估的基准,造成过度投资。在Narayanan的模型中,债务被高估的可能性要比权益小,因此如果项目通过举债筹资的话,就不可能接受净现值为负的项目;反过来,这就说明债务(无论原来的还是新增的)都会减少过度投资行为。此外,他们还系统地解释了为什么公司发行新股会造成股价下跌,而公司发行债券会导致股价上涨,并进一步说明了公司筹资的顺序。

(2) 债务融资的治理作用。Harris和Raviv(1988,1990)探讨了债务融资不同的治理作用。1988年分析了债务融资与兼并和控制权争夺之间的关系,研究发现公司的不同的财务杠杆比率,会带来不同的兼并收购方式,例如,较高的债务水平公司采用杠杆收购的可能性大,较低的债务水平公司则采用标价收购的可能性大,位于两者中间的债务水平公司的控制权则由代理权竞争决定。1990年Harris和Raviv通过建模,从理论上分析了资本结构与债务信息作用,理论依据是债务可以向投资者传递关于公司信息以及投资者利用此信息监督经理人的行为。研究发现债务融资是很好的监督工具,特别是当公司违约时,债权人有权选择公司清算或继续经营,并向投资者传递有用的信息。

Baskin(1989)从交易成本、个人所得税和控制权的研究角度对优序融资理论作出了解释,指出由于留存收益提供的内部资金不必承担发行成本,也避免了个人所得税,因此内部资金要优于外部资金。与权益性资金相比较,负债融资由于具有节税效应,发行成本低,又不会稀释公司的控制权,所以对外融资来说负债融资又优于权益性融资。Baskin用一系列实证研究支持了优序融资理论,指出权衡理论在解释公司行为时说服力不强,是由于后者忽略了不对称信息的作用;而优序融资理论,不仅是对于税收和交易成本做出的理性反应,更是一种信号均衡。因此。无论在理论还是实证上,他都给予优序融资理论以充分的支持。

4. 理论的贡献与不足

(1) 贡献。优序融资理论从信息不对称理论中的"信号、动机"等概念,以及企业"内部因素"来开展对资本结构问题的分析,突破了权衡理论等只重视税收、破产等"外部因素"对企业资本结构影响的思路。

(2) 不足。首先优序融资理论仅仅关注了融资成本的高低及相对应的融资顺序,而没有对是否存在最优资本结构问题进行判断。其次,优序融资理论在不对称信息条件下的解释力程度仍然值得商榷,对优序融资理论的实证检验结论各异,有支持也有相反的结论。关于企业在财务决策中是否依据优序融资理论、不对称信息是否会降低企业股票发行的动机等问题,还没有得出统一的结论。

(四) 新资本结构理论的贡献与不足

1. 贡献

新资本结构理论的产生是资本结构理论史上的一次革命。如果说以MM定理为中心的现代资本结构理论为资本结构问题的研究提供了方法论基础与技术工具即成本收益比较的研究方法,那么新资本结构理论的贡献则在于它以信息不对称理论为基础,提供了广袤的、可延展的、全新的经济思想基础。新资本结构理论不是简单地因袭现代资本结构的理论套路,而是力图通过信息不对称理论中的"信号""契约""动机"和"激励"等概念,从公司的"内部因素"方面来展开对资本结构问题的分析,从外部股份持有者、经营人员和内部股份持有者、债权人之间的相互作用及其对公司价值影响的角度来解释资本结构问题。如代理理论接受了企业的契约观、不确定性与信息不对称的现实,将研究视野建立在"人的行为"基础之上,从而为资本结构的理论探索找到新的支撑。这样一来,新资本结构理论就把现代资本结构理论的权衡难题,成功地转化为结构或制度设计问题,从而给资本结构理论研究开辟了新的研究方向,极大地丰富了资本结构理论的内容。这就打开了资本结构理论的经济思路,使其对决定因素的分析扩展到了更广泛的范围。

2. 不足

对一些关键问题,这些理论只是想当然地加以接受,而没有在理论上作出本源性的解释,而且大多是以静态或比较静态、局部均衡角度来展开分析,一般认为企业资本总量不变,已实现的较优化的资本结构也就会保持不变,没有考虑外界经济环境与企业自身生产经营条件变换可能对资本结构的影响。此外,无论代理理论、信号传递理论还是优序融资理论,都只考虑了问题的一个方面。显然,从经济思想的角度来看,新资本结构理论所包含的利益分析体系还没有充分予以延伸。

四、后资本结构理论

在经过 20 世纪 80 年代初的迅猛发展之后,新资本结构理论到了 20 世纪 80 年代中期却难以为继,究其根本原因,是新资本结构理论赖以为核心的信息不对称理论在发展上出现颓势。正如 Harris 和 Raviv 后来所指出的:"信息不对称方法已经达到收益递减的转折点。"在这种形势下,新资本结构理论就急于要寻找一个新的理论核心,它既能够巩固新资本结构理论各学派已取得的成果,对各派观点兼收并蓄,又能够突破信息不对称理论框架的束缚,从新的学术视野来分析与解释资本结构难题,从而产生新的号召力,避免资本结构理论的现代断裂,使资本结构理论能够一脉相承,得以延续。在这一学术背景下,包括控制权理论、产业组织理论等后资本结构理论应运而生。

(一) 控制权理论

1. 理论的创立

20 世纪 60 年代,亨利·曼尼(Henry G. Manne, 1964)提出了企业控制权市场理论。当企业经营不善时,企业股票价格下降,这时资本市场就会有人公开接管企业,更换现任管理者。这种接管被称为敌意收购。敌意收购给在职管理者带来了很大的威胁,成为股东约束不称职管理者的有效手段,被人们形象地称为"用脚投票"。20 世纪 80 年代以来,随着企业兼并与接管活动的深入进行,人们发现资本交易不仅会引起剩余收益分配问题,而且还会引起剩余控制权分配问题。基于普通股有投票权而债权人无投票权的事实,管理者经常通过改变资本结构来改变企业投票权的分布,从而对接管成功与否产生影响,这样形成了资本结构的控制权理论。

2. 主要内容

控制权理论认为,管理者占有的股份越多,其控制能力也就越强。这样,由于管理者对控制权本身的偏好(这种偏好未必与其管理经营能力的大小相关,难以市场化),他们通过影响控制权的分配所形成的资本结构来影响企业的市场价值。资本结构的控制权理论把资本结构作为解决股东、管理者之间代理冲突的手段。如果用债务限制管理者对现金流的权利,而管理者可以自由作出资本结构决策,我们就看不到管理者自愿分红的决定。债务是减少自由现金流量代理成本,最大化公司价值的事前措施。管理者可以利用自愿举债,避免控制权的挑战。

控制权理论可以看成是詹森和麦克林(Jensen & Mecking)代理成本理论的延续,指出融资结构由代理成本决定,而融资结构通过影响经营者的努力水平、融资结构的市场信号传递功能、融资结构通过经营者占有的股份与其对企业控制权的分配这三种途径影响企业价值。在市场经济条件下,企业资本结构不仅决定着企业收入流的分配,而且决定着企业控制权的分配。股权和债务是重要的融资工具,也是非常重要的控制权基础。威廉姆森(Williamson,1988)认为,股本和债务与其说是融资工具,不如说就是控制和治理结构。股权和债权均对企业形成控制权,有着不同的控制权形式,共同构成公司治理结构的基本内容。股权和债务既然是一种控制权基础,那么,他们两者特定的比例就会构成特定的控制权结构。股本和债务比例的变化主要与融资方式的选择有关系,选择什么样的融资方式就会形成什么样的股本-债务比例,从而就会形成什么样的控制和治理结构。资产特性决定资本结构,在这一观点的支配下,他认为是由采用债权还是股权来决定控制权。项目融资要取决于项目资产的本质特性。如果资产具有可重新配置的属性则应选择债权,因为在违约的情况下还可以收回一些有价值的资产。反之,如果资产具有很高的专用性,则最好是由管理层借助股权融资所具有的自由裁量权特性来管理这些资产。

3. 理论的发展

(1) 管理者对公司控制权市场的影响。Stulz(1988)提出了 Stulz 模型,Stulz 模型具有以下三个显著特点:第一,它高度强调管理者对表决权的控制在决定公司价值中的作用。Stulz 指出,企业资本结构影响到企业表决权的分布状况,设若管理者所能掌握的表决权比例为 α,则当 α 值较低时,债务的增加提高了 α 值,进而提高企业发行在外股票的价值,因而,企业的价值与 α 成正相关关系;同理,当 α 值较高时,企业的价值与 α 则变成负相关关系。Stulz 认为,正是因为企业价值与 α 之间的这层关系才使得管理者可以通过改变企业的资本结构来改变他们所掌握的 α,进而影响到企业的价值。因此,Stulz 模型的一个关键结论就是:"资本结构的变动通过它们对 α 的作用影响到企业的价值。"第二,它突出了管理者对表决权的控制对收购方行为的影响。当 Stulz 坦言"我们的模型不考虑公司控制权市场对管理者的惩戒作用"时,他的意思并非是为了绕开公司控制权市场理论的逻辑框架,而只是为了重点强调管理者对表决权的控制比例(α)对收购方行为、收购溢价及收购概率的影响作用。所以,Stulz 明确表明:"在一起收购中,收购溢价乃是管理者所掌握的目标公司表决权比例的递增函数,而恶意收购的概率随 α 的增加而减少。"第三,它表明当企业价值达到最大化时存在一个最优比例的α。Stulz承认,管理者所控制的α对收购中目标企业价值的影响是一把"双刃剑"。一方面,如果管理者所掌握的目标公司表决权比例太高,过高的α值显然降低了公司被恶意收购的概率,从而造成目标公司的价值因缺少收购溢价而减少;另一方面,α值太低,收购方又不愿意为取得公司控制权而支付较高的收购溢价。因此,"确实存在一个让企业价值最大化的唯一α值"。Stulz模型是最早试图将公司控制权市场理论与资本结构理论结合起来的几个模型之一。但是Stulz做得并不彻底。他的模型忽视了公司控制权市场主流理论的若干重要观点,其中最值得批评之处正如Stulz自己所承认的:"我们的分析忽略了公司控制权市场所产生的积极的激励作用。"拿掉这个因素,Stulz模型就只是单方面地谈到管理者对公司控制权市场的影响,而没有看到公司控制权市场反过来也会对管理者产生积极的影响作用,所以Stulz模型只是融入了公司控制权市场理论的部分内容。Harris-Raviv模型在这方面则做了重要改进。

(2) 管理者的控制权是由融资结构间接决定。哈里斯和雷维吾(Harris & Raviv,1988)年在《公司控制权之争与融资结构》一文中,考察了投票权的经理控制,企业的负债、股权比率及兼并市场三者间的关系。他们建立了一个投票权和剩余收入权匹配的模型,证明资本结构是保证优秀候选人获得公司控制权的一种工具。

管理者被假定既从其股份,又从其控制本身获得收益。相对来说,管理者的股份越大,掌握控制权和获益的概率就越大,企业价值或外部股东的收益就越小,潜在股权收购成功的可能性就越小。由于管理者及潜在股权收购者的能力不同,企业的价值取决于股权收购的结果,而这种结果反过来是由管理者所有权份额决定的。又由于个人财富的有限性及借贷能力的限制性,使得管理者在接管活动中控制大部分股权显得非常困难。因此,在其他因素一定的条件下,企业融资结构中债券、优先股和认股权证这类无投票权的融资工具越多,那么管理者的控制权就越大,即管理者的控制权是由融资结构间接决定的。这种控制权之争也成为一种新的融资结构理论。

(3) 资本结构影响协同利益并购之间的分配。Israel(1991)模型认为,资本结构应是通过对有表决权证券和没有表决权证券之间在现金流分布上的影响进而影响到收购的结果。资本结构影响到协同利益如何在收购方和目标公司之间的分配。这一影响表现在两个方面:较高的债务水平产生较高的债务溢价,造成收购的协同利益从收购方转移到目标公司手里,从而产生负债的价值增加效应;较高的债务水平也导致大部分协同利益为目标公司债权人所攫取,留给目标公司股东和收购方的协同利益相当少,导致收购利润很低,出现收购的概率就很低,从而产生负债的价值减少效应。因此,在职管理者正是在对价值增加效应与价值减少效应的相互权衡中选择最优公司资本结构。

(4) 控制权相机转移。Aghion和Bolton(1992)在不完全合约的基础上提出一个与控制权相关的资本结构理论。他们建立了一个当事人受财富约束下,企业家(有技术无资金)和资本家(有资金无技术)的市场签约模型,研究了由于债务的存在导致的控制权相机转移实现企业价值最大化的作用机理。假设:有一个投资项目,有两种发展前景好或坏;时点1时企业控制方有三种选择:要么扩张,要么维持,要么清算;对控制企业的企业家而言，维持时成本为0，无论是清算还是扩张，对于他而言都是有成本的；期间收益不可观察（或观察成本很高）。在上述假设下，Aghion和Bolton分析了企业剩余控制权的配置问题，得出了三个结论：一是当企业家使个人效用最大化的同时也使得整个社会的福利得到了最大化，则让企业家掌握企业的控制权是有效率的控制权安排。无论何种状态下，企业家都倾向于维持原规模不变，这与项目第二期预期收益为好的状态时的社会整体利益是一致的。此时，企业应通过普通股进行融资。二是当外部投资者的利益与整个社会的利益一致时，最有效率的企业控制权是将其赋予外部投资者。在预期第二期为坏的状态时，外部投资者的决策将使得整个社会的利益最大化。此时，企业应通过普通股进行融资。三是无论将控制权交给哪一方都是无效率的，必须根据所出现的不同的收益状态来决定控制权的分配情况，即在这种情况下相机转移控制权是最优的。因此，企业的总融资中必须有一定的债务融资规模。最优的负债比例应该是在该负债水平上导致企业破产时将控制权转移给债权人是最优的。在Aghion-Bolton的模型中，剩余控制权的分配是基础，而不完全契约又是剩余控制权分配的前提。模型证明了最优的控制权结构是：在高收益时企业家获得控制权；在低收益时投资者获得控制权。Aghion-Bolton抓住了债务融资的关键方面：控制权的转移。当债务人收益低时，控制权将由债务人转移给债权人。最优的债务比例是在该负债水平上导致公司破产时将控制权从股东转移到债权人。而控制权转移又可导致融资结构的再调整，即控制权转移对企业融资结构具有整合效应。Aghion-Bolton模型虽然抓住了控制权最优安排的关键方面——"控制权相机转移"，但是这种控制权的转移是随机的，或者是以一种可证实的状态（如收入、利润水平等）的现实为条件，而不是以无力偿还债务本息为条件。

（5）资本结构成为约束管理者的工具。Dewatripont和Tirole（1994）指出，在不能就管理者的行为签订完全契约的情形下，基于企业盈利状况而制定的货币激励方案不足以约束管理者，因而通过金融契约将控制权赋予外部投资者是合意的。这样，企业的资本结构实际上成为约束管理者的工具。企业的资本结构在某种意义上也就是企业的治理结构了。

（6）最优融资契约和相应的最优控制权结构。Hart（1995）不仅吸收了Aghion-Bolton模型的"控制权相机转移"这一创建性思想，而且还进一步完善和发展了Aghion-Bolton模型，建立了哈特模型。哈特模型在契约不完全的条件下，引入"公司持续经营与公司被清算"的矛盾，研究了最优融资契约和相应的最优控制权结构，并得出了三个重要结论：一是如果融资方式是发行带有投票权的普通股，则股东掌握控制权；二是如果融资方式是发行不带有投票权的优先股，则经理人员掌握控制权；三是如果融资方式是发行债券和银行借款，则控制权仍由管理者掌握，但前提是按期偿还债务本息，否则，控制权就转移到债权人手中（即出现了破产）。此外，该模型还注意到了短期债务具有控制管理者道德风险的作用，而长期债务（或股权）具有支持公司扩张的作用，因此认为最优资本结构要在这两者之间加以权衡。Hart分析资本结构的思路是很有启发性的，他不再将研究的视角局限于税收和信息不对称这些很流行的观点上，而是在契约不完全的条件下引入公司继续经营与公司被清算的矛盾，具体探讨公司资本结构的最优债务规模的确定。Hart（2001）对引入控制权研究的一个基本出发点是必须将企业家和投资者的关系视为动态变化的,而不是静止不变的。未来的不确定性使得企业家和投资者不可能签订完备的契约,虽然他们不能依据将来不可预料的偶然事件清楚地界定权力,但他们至少能选择一个决策过程,企业资本结构的选择就是其中的核心。他进一步指出,当企业被视为一个不完全契约的集合时,企业为外部融资而发行的金融证券不只是代表对企业现金收益的要求权,还包含着与企业所有权相关的控制权的配置。股东作为企业的所有者拥有企业的剩余索取权,当企业经营状况良好时他还拥有对企业的最终控制权;但是当企业资不抵债时,债权人可以通过对企业实施资产重组、促使破产等方式介入企业经营,获得对企业的控制权和剩余索取权。

(7) 管理者控制下的动态资本结构。Zwiebel(1996)构造了在管理者控制下的动态资本结构模型。模型假定在三个时期中,管理者的收益来源于其控制公司的控制权收益和公司每期新投资项目的收益两个方面,由于存在接管和破产的可能,管理者的控制权地位受到威胁。管理者的最优目标是取得投资规模和控制权地位之间的平衡,在确保控制权地位的条件下最大化投资规模,从而选择相应的投资项目、债务水平和红利政策,使得其保持公司控制权地位,取得最大收益。Zwiebel 的研究结论表明,盈利能力强的项目需要较少的债务即可抵御接管,而盈利能力差的项目则需要较高的债务抵御接管威胁,所以公司的债务水平、债务期限和债务频率与项目的盈利能力密切相关,并且随管理者的任期而改变。

(8) 管理者控制下的外部并购决定资本结构。Novaes(2002)建立的模型表明,在接管的威胁下,管理者提高杠杆增加了公司价值从而表明杠杆与公司价值正相关;同时,能力低的管理者提高杠杆比率将高于能力高的管理者,又使得杠杆与公司价值负相关。另外,管理者在提高杠杆以抵御接管后,通常也提高了被股东更换的可能性。Novaes(2003)模型则分析了在接管和破产的威胁下,经理怎样选择债务比例使自身利益最大化。表明只有在特定的接管成本下,经理在强烈的接管威胁下选择公司价值最大化的债务,而其他的接管成本则使公司杠杆过高或过低。

(9) 可转换债券对控制权的影响。拉里夫曼通过对可转换债券混合所有权与标准债务进行比较分析,认为在发行可转换债券的情况下,创业资本家在有关控制权转移方面进行重新谈判不可能成功时,有最优激励去提高努力水平,因为这样做不仅可以增加他的支付,而且可以提高他可转换权行使的可能性。也就是说,设计一个适当的可转换债券可使企业家在混合所有权下更加努力和选择正确行为。所以,在资本市场多变的经济环境中,选择可转换债券等具有期权性质的公司债券对于有效安排公司控制权,改善委托代理关系有着较大的影响。

4. 控制权理论的贡献与不足

(1) 主要贡献。能从企业股权融资与债权融资的相互关系和次序的融资途径着手探索企业资本结构的本质规律,较好地反映了企业资本结构和融资选择与企业价值之间的内在关系,对于企业的融资决策具有现实的指导意义。

(2) 不足。控制权理论或建立的模型基本上都是研究两种基本的融资工具(债券/股票)对公司控制权安排的影响,而未解释各种融资工具的具体形式对公司控制权的影响。此外,控制权理论的研究背景主要基于在没有事前的机制决定资本结构情况下,公司的经理如何选择融资方式的即考虑公司的股东和债权人为外部投资者时,经理是实际的控制人有权选择融资方式,这些研究假设前提并不符合现实情况。

(二) 资本结构产业组织理论

20世纪80年代以来,伴随着产业组织理论的发展,资本结构理论与产业组织理论逐渐融合,形成了一支年轻的资本结构理论研究分支——以产品、要素市场相互作用为基础的资本结构理论。多年来,经济学家把金融理论与产业组织理论结合起来,分析了企业资本结构与产品市场竞争之间的关系。这种结合使得经济学家在研究企业资本结构时所考虑的因素更加全面、更加符合现实的市场情况。

1. 理论的创立与主要内容

(1) 资本结构与产品市场竞争力关系。Telser(1966)是最早探讨企业的资本结构与其产品市场竞争力关系的学者,并提出融资结构的深口袋理论。由于资本市场是不完善的,因而在产品市场上相对于已经存在的企业而言,新进入的企业的资本结构比较脆弱。所以资金丰富的在位企业就可以采用掠夺性定价的策略以降低新进入企业的利润甚至将其驱逐出市场。后面Poitevin(1989)通过引入标准模型,把新进入企业和在位企业的资本结构均作为内生变量,分析了在位企业的企业掠夺行为,从而使Telser(1966)的深口袋理论变得更加规范。

(2) 债务水平与利益相关者和竞争对手的互动关系。Titman(1984)发现公司的清算可能会将成本强加于客户,这些成本以产品低价的方式转移给股东,所以股东只愿意在清算净利超过加在客户身上的成本时采取清算。但当公司的投资者作出清算的决定时,他们不理会这些成本。资本结构可用来使股东有一个最优的清算政策。尤其当资本结构已经确定,股东永远不希望清算,而公司面临破产时债券持有人总是希望破产清算。Titman考虑债务水平与企业客户、供货商、雇员等利益相关者以及竞争对手之间的互动关系,他指出,利益相关者都会关注公司的财务状况。财务危机将改变顾客、供货商、雇员及竞争者对公司的看法,影响公司运营及公司和这些利益相关方的关系。如果顾客觉得公司会破产,顾客就不会购买企业的产品,尤其是当这种产品是唯一的。因此那种制造独特产品的公司将避免负债。

(3) 产品需求与资本结构的关系。Brander和Lewis(1986)以J-M模型为基础,从事前承诺的角度出发,提出在激烈的市场竞争中,增强经营杠杆和财务杠杆的作用,可以诱使股东追求更具风险的投资战略,企业会选择较高的负债水平。如果企业产品毛利高,则选择较高的挑战性策略,否则选择较保守的策略。从而产品需求与资本结构也有关。

(4) 资本结构与产品市场策略的关系。Maksimovic(1988)通过卖方垄断模型分析资本结构与产品市场策略之间的关系。由于寡头垄断公司可通过价格联盟或相互竞争来达到不同的利润水平。因此,公司有了债务后,代表股东利益的公司经理有激励打破价格联盟的平衡——脱离平衡后带来的额外利润可以被股东享有。因此企业的资本结构与其产品市场策略之间有着密切关系,企业的举债能力随产品需求弹性增加而增加,随折现率提高而减小。

2. 资本结构产业组织理论的发展

美国芝加哥大学 Harris 教授和西北大学 Raviv 教授(1991)将运用产业组织理论的资本结构模型分为两类：一是研究企业资本结构与其在产品市场的竞争战略之间的关系；二是研究企业资本结构与其产品或投入的特性之间的关系，并指出将资本结构与产品和投入联系起来的模型是最有前途的。20世纪90年代以来，资本结构产业组织理论沿着Harris和Raviv的分类不断拓展丰富：企业资本结构与竞争战略之间的关系的研究细分为资本结构与产品数量、价格策略、投资策略、进入、退出策略之间的关系研究；企业资本结构与产品或投入特性之间的关系研究扩展到资本结构与非财务利益相关者(NFS)之间的关系研究。

(1) 债务对产品隐性契约的影响。Maksimovic 和 Titman(1991)结合上述理论，指出生产非独特产品或非耐用品的企业价值同样受到债务比例的影响。可以把企业维持生产优质产品的名声看作一个隐性契约，陷入财务困境的企业会减弱维护这种名声的动机而降低产品质量。因此 NFS 不愿意和容易破产的企业交易，债务比例高的企业比债务比例低企业的价值要低。

(2) 负债的期限结构对产品市场竞争的影响。Glazer(1994)考察了负债的期限结构对产品市场竞争的影响得出这样的结论：与仅拥有短期债务或无负债的企业相比，拥有长期负债降低了企业的进攻性。Glazer在分析中假设，企业在第一期期初筹集到长期债务，这些长期债务在第二期期末全部偿还。第一期的利润不会全部流出企业，这些利润只偿还了一部分债务。在第二期，剩下的债务通过负债的有限责任效应对竞争的结果产生影响。因此，拥有长期债务的企业存在一定的动机去降低其竞争对手在第二期的产量水平，从而促使企业间形成一种默契的合谋。这样，企业就会在第一期减少自己的产量，以便降低其竞争对手在第二期的进攻性，从而使自身的利润实现最大化。Glazer还进一步指出，如果企业间的信息是对称的，拥有长期债务的企业在第一期的产量将低于古诺竞争情况下的产量水平和那些只拥有短期债务的类似企业的产量水平。

(3) 需求和成本对融资方式的影响。Showalter(1995)认为企业产量决策同时受到竞争类型和不确定类型的影响。需求不确定时，企业和竞争对手都随着债务的增加提高产品价格，增加了企业股东和债权人的价值成本不确定时正好相反。因此在成本不确定下，企业选择全部权益融资；在需求不确定下，企业选择一定比例的债务融资。

(4) 商业联盟对债务企业市场竞争的影响。Dasgupta 和 Shin(1999)指出商业联盟会通过分享信息以降低债务企业的进攻性。拥有信息的企业通过商业联盟将某个企业增加债务从而将增加产出的信息传送给整个产业后，其他企业将会降低产量，降低了整个行业的竞争。这样增加债务的企业会从中获益，没有债务的企业也从减弱的产业竞争中获利。

(5) 市场规模效应和产品需求弹性对企业负债的影响。Krishnaswami 等(2000)假设输入品市场存在外部规模效应，债务的增加使本企业和行业中的其他企业同时受益，每个企业产量都会增长，负债企业的市场份额并没有获得增长，产品数量增长造成了价格的下降，企业利润下降。只有当供应商外部规模效应和产品需求弹性很小时，企业才会偏好债务融资。

（6）债务期限结构与企业竞争战略关系。Kanatas 和 Qi(2001)通过双寡头古诺模型分析了短期债务与长期债务、银行债务与资本市场债务所导致的不同信息效应。如果企业利用短期债务融资，那么在很短的时期内企业就需要再次进行融资，此时这家企业及其竞争对手都有强烈的动机根据自身的利益而采取不同的掠夺行为，向该企业的投资者提供扭曲的信息。长期债务和资本市场债务减弱了企业提供扭曲信息的动机。从而降低了企业采取掠夺行为的可能性。此外，随着行业集中度的不断提高，该行业对短期债务的使用就会不断减少；随着需求价格弹性的不断提高，对长期债务的使用就会不断增加。

（7）资本结构与企业的竞争战略相互影响。Istaitieh 和 Rodriguez(2003)通过实证研究发现：高的债务水平使企业选择消极竞争战略，采取消极竞争战略的企业通常会选择高的负债水平。资本结构和企业的竞争战略的影响是双向的，资本结构影响企业竞争战略的选择，企业竞争战略同样影响企业的资本结构。

（8）需求不确对负债策略的影响。Wanzenried(2003)运用一个两阶段的博弈模型，分析了企业在需求不确定的情况下如何应用负债策略。Wanzenried 通过分析产品的可替代性和需求的变动性对资本结构的影响，得出了与 Showalter(1995)相同的结论。Wanzenried 认为，负债对企业产量和获利能力的影响取决于产品和竞争的类型。在古诺竞争(Cournot competition)情况下，如果企业之间的产品具有战略互补性，负债水平的提高可以增加企业的利润；如果企业之间的产品具有战略替代性，负债水平的提高则减少了企业的利润。在伯川德竞争(Bertrand competition)情况下，由于价格对股东的收益有放大作用，再加上股东对企业的负债只承担有限责任，导致企业提高价格，从而使产量减少。

（9）上下游企业产品特性对企业融资策略的影响。Banerjee, Dasgupta 和 Kim(2004)指出上游企业生产独特品时，如果下游企业从其购买的产品占其输入品很高的比例时，下游企业会由于上游企业的专用性投资而采取保守的融资策略；对于生产独特品的上游企业，如果少数下游企业的采购额占其产量的大部分，该上游企业通常会保持较低的债务杠杆。

（10）债务比例与增长机会的关系。Pablo 等(2005)年研究了企业债务比例与企业增长机会之间的关系，企业存在净现值为正的投资机会时，企业债务比例与企业价值呈负相关；不存在此类投资机会时，两者呈正相关。

（11）企业投资机会与债务关系。Matthew 等(2006)全面研究了企业投资机会与债务比例、债务期限和债务契约之间的关系：企业债务契约保护条款与企业投资机会、债务比例、债务期限成正比；存在债务保护契约时，投资机会与债务比例的负相关关系明显变低，因为债务保护契约减轻了高增长企业的债务代理成本。

（12）供应商、顾客特点与企业负债率的关系。Jayant 和 Husaynk(2006)全面研究了供应商、顾客特点与企业债务杠杆的关系后指出：企业的债务比例与企业供应商和顾客的研发投入成反比；当企业与供应商和顾客结成联盟时，企业往往采取较低的债务比例；企业的债务比例与供应商和顾客的行业集中度成反比。

资本结构产业组织理论的研究方向正趋于系统化和微观化。在系统化方面是将资本结构、企业战略、市场结构、宏观经济环境纳入一个框架进行分析;微观化方面是进一步研究债务期限结构、优先结构、债务契约等与企业战略的相互影响。

3. 资本结构产业组织理论的贡献与不足

(1) 主要贡献。产业组织理论与资本结构融合研究产生了大量的研究成果,无论是资本结构领域还是产业组织领域的研究都得到了拓展和深入。它不仅仅将公司融资决策看成是一种财务选择,而且是一种基于产品市场竞争环境、公司战略以及资本市场环境的商业选择。该理论在寻求其他理论的支持,研究思路不断地寻求新的突破方面取得成效,使得资本结构理论研究体系变得更加庞大而复杂。

(2) 不足。在研究资本结构对企业战略变量选择的影响方面,目前尚处于起步阶段,有待于进一步深入。资本结构对企业战略变量选择的影响,不仅仅是对产品价格和产品数量有影响,而且对广告费、研发费、企业规模、生产布局和产品特性等其他战略变量均有影响。反过来,这些战略变量的变化又会影响企业资本结构的选择。现有文献对无论是资本结构对产品市场的影响,还是产业因素对资本结构的影响,相互关系是正相关还是负相关、影响的内在机理及作用途径等问题尚未取得完全一致性的结论。

(三) 后资本结构理论的贡献与不足

1. 贡献

首先,"后"代表的是一种"非现代"、超越"新"理论的思维,它反映了对此前理论的否定;后资本结构理论既是对现代资本结构理论的一种批判,也是对新资本结构理论的一种怀疑。后资本结构理论摆脱了现代资本结构理论的传统分析框架,对影响企业资本结构的其他传统因素(如税差、破产成本等)和信息不对称一概予以忽视,代之以观点更为新潮,内容更为宽泛的其他理论解释。其次,"后"同时也表明该理论是对前面各类资本结构理论的一种继承和沿袭的渊源关系,是同一财务学研究领域里思想的一贯延伸。它所追求的是用新的理论和新的概念去解决现代资本结构理论和新资本结构理论所无力解决的财务学问题。总体而言,后资本结构理论显然并没有把新资本结构理论的其他学派完全排除在他们的模型之外,甚至在某些方面又回到现代资本结构理论框架上。在这一点上,后资本结构理论传承了新资本结构理论的智慧。

2. 不足

后资本结构理论仅仅刚刚从新的、独特的视角对资本结构问题开展研究,尚未重新构建出创新性的理论框架,只是对现代资本结构理论与新资本结构理论进行挑战,却没有办法推翻新资本结构理论,也无力给资本结构理论重新搭建起一个全新的理论框架。与现代资本结构理论和新资本结构理论所拥有的大量丰富的经验证据相比,后资本结构理论的实证检验就显然太过于单薄。而且,与新资本结构理论对现代资本结构理论的多方位的取代不同,后资本结构理论充其量只是转换了新资本结构理论的视角。后资本结构理论虽然在理论模型上成功地挑战了新资本结构理论,但这种理论上的挑战在经验证据上所能得到的支持是十分有限的。

五、资本结构理论发展演进的规律

资本结构理论分支众多,整个演进历程体现出以下规律。

（一）资本结构理论的发展历程与经济金融学理论的发展密切相关

早期资本结构理论是离散的，且不系统。随着新古典经济学中的马歇尔均衡、证明"不相关命题"的"无套利"分析方法、信息经济学的兴起导致不对称信息的分析框架、公司控制权市场理论、现代企业理论、产业环境理论等等的引入，特别是新制度经济学和信息经济学的研究成果和研究方法给了资本结构理论很大的启发，以 Jensen 和 Meckling 为代表，金融经济学家大量借鉴经济学的最新研究成果和方法，推动了资本结构理论跳出了原先的研究框架，从而产生了资本结构的代理理论、信号传递理论、优序融资理论等新资本结构理论，致使资本结构理论不断发展完善。

（二）资本结构理论的演进体现了"否定之否定"的科学精神

这一点不仅体现在 MM 理论本身从最初的无关论到修正理论的相关论再到 Miller 模型的无关论上，而且体现在各种学派的相继兴起和激烈争论上。自 1958 年以来，尤其是进入 20 世纪 70 年代以后，几乎每一篇有价值的文献都会招致一系列的争论。更有趣的是，一些卓有成就的财务学家都随着研究的深入而自我否定，不断地优化自己的分析模型，甚至修正自己的学术观点，例如 Miller、Myers 等。

（三）资本结构理论的演进印证了不断放宽假设条件的研究模式

经济学的研究有一个传统的模式，即根据一组完美的假设条件，得出一个基准的定理，然后不断放宽限制条件，在使研究逐步深入的同时，逐步得出逼近于真实世界的结论。资本结构理论的发展正好印证了这一点。资本结构各理论分析都是基于一定的假设前提，这些假设前提一方面是对现实经济高度的抽象和概括，是理论模型建立和理论研究的前提。同时不断放松条件，使理论研究和现实经济相吻合，在分析框架上突出动态性，是资本结构理论研究所追求的目标。比如，最初的 MM 理论假设市场是完全竞争和完美的，没有破产成本，也没有不对称信息，更不考虑税；MM 公司税模型加入了公司所得税；米勒模型又加入个人所得税；新资本结构理论又加入不对称信息的分析框架；后资本结构理论又引入其他更为宽泛的理论解释。各种资本结构理论假设前提逐渐放宽，各种理论研究侧重点不尽相同，但理论研究趋势在不断贴近实际。

（四）资本结构理论还没有得到经验性验证的有力支持

早期的资本结构理论完全缺乏严密的理论证明和数学推导，到了现代和新资本结构理论阶段，数学模型的运用日臻完善和复杂。但是，假设前提往往苛刻，与现实不符，来自经验性研究的证据也不太充分、有力。Modigliani、Miller、经验学派都曾致力于对资本结构理论进行经验性研究，但是来自实证性研究的证据均不很充分、有力。一方面，证明 MM 定理经常引证的证据集中在电力、铁路等行业，且不说明显存在"群集"的弊病，而且这些行业是否符合 MM 定理中的完全竞争的假设条件也值得怀疑；另一方面，经验学派的经验性证据只揭示了自变量（破产成本）的存在和大小，在研究其与因变量（资本成本和企业价值）的关系时又转入了数学推导，抽象的实证模型与真实的经济生活存在距离，难以诠释诸多因素对行为金融的影响。

（五）资本结构理论研究内容的深度和广度有待加强

首先资本结构理论研究只涉及企业长期资金（包括长期负债与权益资本），忽略了短期负债,未能对企业长短期资金组合及其变化对企业价值的影响进行研究;其次现有的资本结构理论多从静态或比较静态、局部均衡角度来展开分析,一般认为企业资本总量不变、已实现的较优化的资本结构也就会保持不变,没有考虑外界经济环境与企业自身生产经营条件变换可能对资本结构带来的影响。第三,资本结构理论研究多是以西方企业,特别是以美国为代表的发达国家企业为背景的,所以理论的适用性还需视国别、行业、企业特征等诸多具体情况来甄别。

第二节 行为融资理论的发展

"资本市场是有效的"是传统的企业融资理论探讨企业的融资结构与融资决策的前提,即他们所研究的是理性的管理者在面对理性的资本市场时如何进行最优的融资政策的,然而大量的实践观察和实证分析表明,上述理论不能来完美地解释企业实际的融资行为。随着资产定价领域对资本市场有效性假说的重新质疑和论证以及行为金融学的兴起,经济学家开始从行为金融的视角关注企业的融资行为,并相应产生了行为融资理论。行为融资理论以心理学关于人们决策行为的研究为基础,主要探讨企业管理者的实际决策行为是如何影响企业的融资结构的理论科学。

一、行为融资理论的基础

情感心理学、认知心理学和社会心理学是行为融资理论的基础。

(一) 情感心理学

情感心理学研究表明,人们的判断和思维往往具有下列一些与所谓"理性"相偏离的特性:过度自信、保守主义、模糊厌恶、后悔厌恶、损失厌恶以及时间偏好、自我控制等。过度自信源于人们的乐观主义。心理学研究表明:在很多方面,大多数人对自己的能力以及未来的前景都表现出过于乐观;同时,由于自我强化的归因偏差,人们常常将好的结果归功于自己的能力,而将差的结果归罪于外部的环境。所以人们难以通过不断地理性的学习来修正自己信念,导致人们动态的过度自信。

(二) 认知心理学

管理者的决策过程也就是管理者的选择偏好过程,其中涉及人们信念的形成与更新、基于信念的推理以及按自身偏好进行的决策,因而这一过程与人们的认知心理密切相关。从认知的方式来看,由于主体(包括管理者与投资者)无法获得所有的信息,也不可能对所有的信息进行分析,而且无法处理复杂的判断。所以,人们的实际决策过程是采用一种启发式推理方法,简单地说,人们在做判断的过程中,会走一些思维捷径,这些思维的捷径,有时会帮助人们快速做出准确判断,但有时会导致判断的偏差。这些因走捷径而导致的判断偏差,称为启发式偏向。三种典型的启发式偏向是代表性法则、可利用性法则和锚定效应。从认知的偏差来看,心理学研究发现人们存在着确认偏,即一旦人们形成先验信念,他们就会有意识地寻找有利于证实自身信念的各种证据,并人为地扭曲新的证据。事后诸葛亮(hindsight bias)就是力图寻找各种非真实的证据来证明他们的信念是正确的。另外,人们也存在着阿Q精神,即人们的信念会由于行动的成功与否而改变;如果行动失败,人们将向下修正自己的信念,人为地降低由于后悔带来的损失,进行自我安慰;如果行动成功则向上修正自己的信念,显示自己做决策的英明。从认知的目标看,按照Kahneman和Tversky(1979)提出的前景理论,人们在做选择时会对期望前景(EP)进行比较,即可能收益的效用值(U)与该收益发生的心理概率的内积之和。人们并不关心财富本身的最终值,而关心财富相对于某一参考值的变化。基于前景理论,Thaler(1980,1985)提出了心理账户(mental accounting)的问题,在考虑一个决策问题的时候,完全理性的人会全面考虑各种结果,并综合计算各方面得失带来的效用。

(三) 社会心理学

作为群体中的一员,人们容易受到群体情感的感染,倾向于采取与群体行为相近的行为,甚至在一定程度上放弃自己的偏好与习惯,并忽略自身可获得的信息,而对于个体来说这些行为往往是不可思议的。典型的社会心理学现象比如认知的系统偏差、羊群效应等。

二、行为融资理论的发现

基于上述心理学研究成果,行为金融学者对投资者和管理者的"理性"前提假设作出了重要修正。对于前者的修正,主要是行为金融学目前研究的主要内容;而对后者的修正则构成了新崛起的行为融资理论的研究内容。理性主体(投资者或管理者)基于其信念来追求期望效用最大化,决定选择偏好。这里的理性应具备两个条件:第一,该主体的信念是正确的,他们预测未知变量所采用的主观概率分布就是这些变量真正服从的客观概率分布;第二,有了信念,主体的选择应和期望效用最大化规则相一致。行为金融学从放宽上述两个条件中的一个或两个出发,建立了相应的分析模型,对主体(投资者或管理者)的决策行为进行更为细致的刻画,对金融市场的现象给出了更为实际与合理的解释。行为融资理论的很多分析方法都来源于行为金融学,有非理性投资者分析法和非理性管理者分析法两种分析方法。前者主要研究投资者的非理性行为是否会影响理性管理者的资产配置行为,亦即当股票市场价格偏离公司真实价值时,致力于实现公司价值最大化的理性管理者将对此做出何种反应,而后者着重强调管理者本身的非理性行为对公司融资行为的影响。

三、行为融资理论的主要内容

一方面,行为融资理论考察当管理者理性时,市场的非理性如何影响公司的投融资行为;另一方面,行为融资理论对传统上认为是理性的管理者也提出了异议,从行为融资的视角来看,管理者也可能与非理性的投资者一样是非理性的。

这样,企业的投融资决策无疑也会受到管理者非理性的影响。

(一) 当市场表现为非理性时(或投资者表现为非理性)

此时,行为融资理论有两个假设:一是投资者并非完全理性,他们的行为会影响证券的价格,导致证券价格偏离其真实价值;二是管理者能够意识到市场价格与基本价值的偏离,从而作出理性的反应。此时,行为融资理论要考察的是一个以公司真实价值最大化为目标的理性经理人面对非理性的投资者会做出何种反应。

价格对基本价值的偏离是其表象,但深层的是投资者的不完全理性与认知偏差。

1. 市场非理性影响企业的融资政策——市场时机理论

目前,行为融资理论主要关注的是企业融资行为上存在的"市场时机选择"问题,也即"融资窗口"问题,这方面的研究导致了资本结构的"市场时机理论"的产生。

(1) 市场时机理论的发现。西方金融学领域对市场时机的关注最早可追溯到Taggart(1977),他在《融资决策模型》一文中指出,"长期债权和股权的市场价值是公司证券发行活动的重要决定因素"。随后,Marsh(1982)、Mullins(1986)等学者以过去股票市场收益率来表示市场时机因素。

1996年Stein在其论文《非理性世界的理性资本安排》中首次提出市场择时假说(market timing hypothesis),即在股票市场非理性,公司股价被过分高估时,理性的管理者可能发行更多的股票以利用投资者的过度热情;反之当股票价格被过分低估时,管理者可能回购股票。沿着这一思路,以后的学者从市场择时这一新的视角展开对企业资本结构理论和实证的深入研究。

Hovakimian等(2001)的研究发现,公司倾向于在公司股票价格出现显著上升后发行新股。Graham和Harvey(2001)通过对公司CFO的问卷调查发现,择时行为在企业当中很常见。

2002年Baker和Wurgler(2002)考虑到资本市场的实际情况,放松了完美资本市场的假设,他们认为,在资本市场非效率或资本市场被分割的情况下,企业在资本市场上的相机抉择行为可以获利(所谓的市场相机抉择行为是指在高价格时发行股票,在低价格时回购股票)。他们在其开创性论文《市场择时与资本结构》中率先系统研究了股票市场时机对资本结构的影响。通过对实际融资决策和股票的长期回报的分析及对企业管理者的匿名性调查,Baker和Wurgler认为证券市场上的择时是影响公司实际融资政策的重要因素。而且他们通过回归分析发现在非完美的资本市场上企业的相机抉择行为对企业资本结构有持久的影响,同时企业历史上的市场价值对其资本结构有显著、持久的影响。在此基础上,他们提出了一个新的资本结构理论:市场择时理论。

(2) 市场时机理论的主要内容。该理论认为,对企业而言,没有一个最优的资本结构,企业的资本结构只是企业历史上有意的市场择时行为的累积结果。市场择时理论突破传统资本结构理论的理性人假设和完全套利假设,来研究管理者如何利用股票市场窗口机会选择融资工具,利用市场上暂时出现的低成本融资优势,使现有股东价值最大化,并形成长期资本结构的一种理论分析框架。市场择时资本结构理论的提出,为解释公司融资决策行为提供了一个全新的视角。

Baker和Wurgler(2002)提出了以下两种股票市场时机模式:首先,股票错误定价时机模式。所谓错误定价时机模式是指行为公司金融理论所提出的、关于投资者或管理者的一种非理性模式:投资者在情绪高涨时会推动股价上涨,导致股价高估;而在情绪低落时则会推动股价下跌,导致股价低估。当管理者认为股价被高估时,会选择股票融资,以利用股权融资成本相对较低的优势;而当管理者认为股价被低估时,则会选择债权融资(也称为"债务融资")或回购股票,以避免股权融资成本过高造成的损失。在此模式下,如果公司没有实现最优资本结构,管理者随后也不需要调整公司的资本结构,这样一来暂时的股价波动却会对资本结构产生长期影响。其次,信息动态不对称时机模式。信息不对称假设认为,管理者比任何其他人都更了解投资项目的"真实"价值,每个公司的管理层都乐意向市场宣布前景光明的投资项目,以此来推高股价,展示自己的优秀业绩。因此,投资者不会相信管理者是怎样说的,从而导致对新股的估价低于没有信息不对称问题时的均衡价格。为了降低信息不对称导致股价低估的程度,管理者总是选择信息不对称程度低的时机发行股票。

市场时机理论的结论就是当投资者的非理性导致企业的资本成本较低时,管理者会选择股票融资。由于发行被高估的股票可以获得市场时机选择的好处,所以当投资者(市场)非理性表现为高估证券价格时,企业发行股票的数量往往会超过他们的实际需要,导致企业拥有大量的自由现金流。实证研究的结果证实了这一理论,企业往往会充分利用投资者(市场)的误定价来获得收益,尤其是新兴资本市场(例如中国)中,许多上市公司募集资金并不是为了投资,仅仅是为了充分利用投资者的非理性来"圈钱"。

(3) 市场时机理论的发展。基于 Baker 和 Wurgler 的实证研究,国外学者在各种学术期刊上围绕市场择时持续影响资本结构的假说发表了大量的文献,这些研究从股票市场择时模式的存在性、择时指标的合适性和择时指标与杠杆强烈负相关的原因解释、历史累积市场择时作用于资本结构的持久性三个角度围绕市场择时理论展开激烈的争论:既有直接的考察,又有间接的研究;既有对传统择时指标的继承,又有对新择时指标的研究。

第一,市场条件驱动股票的发行时机。Hovakimian(2004)在研究目标杠杆率在证券发行和回购中的作用时也发现市值账面比和股票收益对企业股票发行具有重要影响,股票发行时机是由市场条件驱动的。第二,股票价格变动对公司资本结构的影响。Welch(2004)将影响资本结构变化的因素分为公司净发行活动和股票收益,结果发现 1~5 年内,股票收益可以解释 40% 的资本结构变化,证券发行活动可以解释 60% 的资本结构变化,而且发行证券并不是用来弥补股票收益变化引起的股权价值变化所导致的资本结构变化的。这表明,在股市持续错误定价导致股票收益变化时,股票收益变化会影响公司的资本结构,从而支持了股票错误定价市场时机模式。第三,融资模式和方式对资本结构的影响。Huang 和 Ritter(2005)运用股权融资成本检验了融资决策模式以及各种融资方式对资本结构的影响,从新的角度重新检验了市场时机资本结构理论,其研究结果表明,市场时机是公司选择发行股票或债券的重要决定因素,发行股票和债券对资本结构的影响会持续 10 年之久。Henderson、Jegadeesh 和 Weisbach(2006)在调查 1990—2001 年世界范围内公司融资资金来源状况时发现,市场时机是公司发行证券时的重要考虑因素,各公司在股票市场收益率较高时更喜欢发行股票。Alti(2006)发现市场时机对热销市场上的公司资本结构仅有短暂的影响。

(4) 市场时机理论的主要贡献与不足。国内外的研究现状表明,市场时机资本结构理论研究取得了一定成果,并已成为理论界普遍关注的焦点,为资本结构研究开辟了一条很有前途的路径。但是,该理论的研究还处于起步阶段,研究思路比较零散,没有形成统一的研究框架。目前,国外的相关研究主要以实证研究为主,研究方法和研究结论差异较大。比如有学者用 M/B(市场价值/账面价值)来衡量,该比率高则意味着企业的股价被高估,在市场有效的前提下,长期股价将向其基本价值回归,所以未来股票的收益率将下降,与企业未来的股票投资回报率成反比。该逻辑中一个关键的假设是股票市场是有效的,但是这又与该理论最基本的假设相矛盾。如果市场是有效的,那么现阶段的市场价值就应该代表了企业的基本价值,而不会被低估和高估。所以该理论成立的一个核心假设就是市场在短期内无效而长期有效,但这在理论界一直是悬而未决的问题。同时,运用 M/B 衡量企业价值被高估或者低估时也存在很大的困难。因为该比率不仅能够衡量企业价值被高估或者低估的程度而且还可能代表企业的增长机会。由于不同的行业、规模不同的企业和处于不同发展阶段的企业,该比率都会不同。所以该比率很可能与企业的特征有关,而且账面价值也并不是企业基本价值的精确衡量。一些学者为了避免上述问题采用了剩余收入模型来衡量股票的高低估值,但是运用这一模型仍然存在一些难题。所有的这些问题都给市场时机理论带来了挑战。

2. 市场非理性影响企业的投资政策

当投资者表现为非理性时(此时管理者为理性),股票的错误定价可能从两个方面影响到企业的投资。首先,投资本身就是错误定价的产物。管理者为追求企业短期价值最大化,会迎合投资者而进行某些投资。而投资者正是因为高估投资项目的价值,才高估股票的价值。比如美国 20 世纪 80 年代的高科技、生物科技投资狂潮,20 世纪 90 年代后期的互联网投资热潮,都是企业为迎合投资者或市场的追捧而进行的投资行为(当然这里也有管理者非理性的因素存在,不过我们仍然假设管理者是理性的)。其次,受融资约束的企业,或投资项目的资金主要依靠市场来筹集时,股票的误定价可能会扭曲企业的实际投资,使得企业很难依照净现值法则来进行投资,因而会产生"投资不足或投资过分"现象。比如当股票被低估时,企业会不得不放弃一些有价值的投资机会;当企业价值被高估时,企业可能会投资于一些净现值低于零的项目。

市场非理性时兼并与收购的投资行为也是行为融资理论关注的一个焦点,因为与发行股票相比,在管理者眼里"兼并收购"是另外一种市场时机所得。Shleifer 和 Vishny(2003)提出了一个有关并购的市场时机选择模型。他们假设并购企业的股票处于高估状态,并购的动机并不是为了获得并购后的协同优势,而是为长期持有的股东追求股票高估的短期利益。具体来讲,用定价过高的企业股票来收购估价稍低的目标企业(或者用较少的现金来收购目标企业),即使将来股票价格下跌股东也获得了质量更高的实物资产。如果交易的价值目标是为了协同优势,如为了合并后企业股票被高估(美国 20 世纪 60 年代的并购浪潮中经常发生),那么在并购企业获得长期的"垫子效应"的同时,也为目标企业带来较大的溢价。

并购的市场时机假说为许多实证提供了理论依据,比如对待并购的防御行为及时间序列上反映出来的并购数量与股票价格之间的内在联系,现金收购往往获得正的长期收益,而股票收购往往获得负的长期收益。

3. 市场非理性影响企业的股利政策

当市场处于非理性时,管理者的迎合思想也体现在股利政策上。投资者对股利(现金股利和股票股利两种)的特殊偏好会驱动公司的股利政策变化,或者说理性的管理者会迎合投资者的股利偏好制定股利政策。Long(1978)最先做了这方面的研究。他发现公用事业企业的股东对现金股利与股票股利的看法是不一样,虽然理论上来讲两者价值是一致的。Shefrin 和 Statman(1985)从自我约束与心理账户角度解释了为什么投资者偏好现金股利的问题。自我约束是指个人的理性与非理性会发生冲突,为避免冲突发生,应该采取一些措施来进行自我约束。比如,投资者会设立这样的准则来进行自我约束:只消费股利收入,决不动投资组合中的资金。现金股利可以使投资者克服自我约束问题,避免遗憾心理,增加投资者的主观效用。心理账户是指人们面对价值完全相同的不同东西,却表现出不同的心态。在证券市场上,投资者往往将不同的资产归属于不同的"心理账户",比如同样价值的资本利得与股利对于投资者的实际心理感受是不同的。管理者会根据经营状况精心设计股利分配政策,有效地让投资者区分开自己的收益与损失,从而获得不同的主观效用。

Baker 和 Wurgler(2004a,2004b)提出了股利迎合理论。他们认为,由于投资者通常对公司进行分类:支付现金股利的公司和不支付现金股利的公司。投资者对这两类公司的兴趣及股利政策偏好时常变化,对股票价格产生影响。公司管理者通常迎合投资者偏好制定股利政策,迎合的最终目的在于获得股票溢价。即当投资者倾向风险回避时,对支付现金股利的股票给予溢价时,管理者就支付现金股利;当投资者偏好股票股利,对股票股利给予溢价时,管理者就改为股票股利。如果股票价格与公司管理者补贴收入相关,管理者更有可能取悦投资者,抓住股票溢价机会改变股利政策。他们还通过实证,证明股利迎合政策能够更好解释为什么公司股利政策随时间变化。Baker 和 Wurgler(2004b)还证明了如果不能从股利发放中任何获得溢价,那么企业就有可能不发股利。

(二) 管理者非理性的影响

行为融资理论对管理者的"非理性"定义为:管理者的行为偏离了"理性预期"以及"期望效用最大化",行为融资理论对管理者非理性行为的分析主要是基于心理学和经济学中有关管理者行为的众多文献的分析。管理者难以做到总是合乎逻辑地形成自己的信念,他们的信念也难以持续地以理性的方式转化为实际的决策。迄今为止,有关行为融资理论对管理者非理性的研究主要集中在对管理者的"过分自信"与"过分乐观"的分析上,并且也多集中在对投资决策(尤其是兼并与收购活动)的影响上。另外也有部分文献探讨了管理者在决策过程常见的"拇指法则""参考点偏好"。

1. 过分乐观与过分自信的非理性带来的影响

过度乐观和自信对公司融资决策影响的实证检验主要体现在资本结构、金融契约和投资决策上。该理论认为管理者的非理性是由于他们对投资前景过度乐观、投资成功过度自信所导致的。过度乐观是指人们主观信心事件的未来结果将超过基本情形,过度自信是指人们对自己的能力和未来的预期能力表现出过分的自信。心理学家已经从不同的角度验证了这一心理特征,人类过度自信或许是人类最为稳固的心理特征。过度自信是投资者将投资成功不是归结为运气,而是归结为自己能力的结果。过度自信对市场有深远的影响,它能放大市场的交流量,提高市场深度并增加市场的易变性。行为融资理论认为公司管理者过度乐观和自信并不一定是公司治理低效和激励不足带来的,而是由管理者本身的心理因素和决策行为所决定的。

(1)对资本结构的影响。过度自信或乐观的管理者对未来投资收益的估计过高,因而更倾向于债务融资而非权益融资。因为相对于资本市场而言,乐观的管理者对公司的前景比较乐观,这容易造成低估投资项目的风险,进而更易认为股票市场低估了公司的内在价值,以及股票的融资成本更高。所以乐观自信的管理者对未来收益的过高估计会导致其不愿意与新股东分享公司的未来收益,他们会更多地使用公司内部资金,在必须外部融资的条件下,也会优先进行债务融资,使公司融资呈现出一定顺序偏好,其合理的融资顺序应该是先内部融资,其次债务融资,最后是股票融资。Schifrin(1999)的研究表明,过度自信可能导致管理者采取激进的负债行为。Hack Barth(2004)通过建立以随机现金流为基础的公司价值模型,证实了过度自信的管理者倾向使用更多的债务融资,并且债务期限更短,发行更频繁。Millender 和 Tate(2005)使用福布斯 500 家企业的面板数据,实证研究表明,在进行融资时,过度自信的 CEO 在安排债务比例时较理性的 CEO 至少多使用 10% 的内部资金,在进行外部融资时,至少多使用 15% 的债务融资。过度自信的管理者具有融资顺序偏好,并且在使用债务上更加保守。Oliver(2005)以密歇根大学的消费者情感指数为管理者自信程度的替代变量,对美国具有 25 年以上历史的企业进行实证检验,同样发现管理者的自信程度与公司外部融资中负债的比例成正比。国内学者余明桂、夏新平、邹振松(2006)根据中国具体情况,用企业的景气指数作为衡量管理者过度自信的指标,分析管理者过度自信是否会导致企业采取激进的债务融资决策。实证分析在控制了其他可能影响债务融资的因素以后,发现管理者过度自信与资产负债率尤其是短期负债率显著正相关,与债务期限结构也显著正相关。

(2)对金融契约的影响。对于乐观的管理者而言最优契约依赖于企业所能控制的外部风险。有两个原因导致了这一现象,一是乐观的管理者会选择那些高风险的项目或净现值为负的项目进而提高财务杠杆,且采取消极的风险管理措施,一旦外部环境发生变化他们将被迫转移控制权;二是乐观自信的管理者往往高估自己企业盈利的概率,当其他企业经营效果不好时,他们大量兼并、收购这些企业,这些交易行为往往需要交易企业的控制权和所有权。这两个原因促使乐观的管理者往往选择短期债券进行融资,而那些理性的管理者往往利用风险更低的长期债券进行融资。经济学家采用了法国企业的大量数据进行实证研究,以企业所在地的光照长度、心理健康率、管理者的受教育程度等作为衡量乐观自信的心理指标,以企业实现的利润增长率与预期利润增长率的差额作为衡量乐观自信的现实指标,研究后发现短期债券融资的比率确实与管理者的乐观心理成正相关。Lander 和 Thesmar(2004)对理性投资者和非理性的经理人之间的融资合约进行了检验。他们突出了这种融资合约的两个方面:首先,由于非理性的管理者倾向于继续实施他们早先制定的无效率的商业计划,因而最优的金融契约必须使得必要时公司控制权能顺利地转移；其次，非理性的经理人可能更偏好短期债务，因为在股票价值被低估时，自信的经理人就可能利用短期债务来应付不得不向投资者支付的股利，以刺激股价。

（3）对投资的影响。其一是对并购投资的影响。有关管理者过分自信、过分乐观对并购投资决策的影响最早可以追溯到 Roll(1986)的文献，他认为，企业投资收购活动中的很多证据与一种被他称为"狂妄假定"的理论相一致，即收购并不会给公司带来任何收益，其动机只是源于经理人的过度自信。如同个人投资者的过度自信可能导致过度交易一样，经理人的过度自信将可能会导致过多的投资收购活动。Almendier 和 Tate(2003)从实证角度验证了 Roll 的研究。第一，过分乐观的 CFOs 愿意从事更多的兼并活动，尤其是多元化的并购，这些并购很难带来企业价值的增值。第二，过分乐观对股权依赖型公司影响很大，例如，当管理者不需要发行股票来进行并购时，往往认为股票被低估了。第三，投资者对过分乐观的管理者发布的购并公告往往表示怀疑。其二是对"过度投资-投资不足"的影响。Heaton(2002)提出了基于管理者过分乐观而产生的"过度投资-投资不足"行为模型，如果过分乐观的管理者认为市场低估了企业的价值，他们可能会放弃一些净现值为正的项目，尤其在企业必须依赖外部融资才能进行投资的时候；同样，过分乐观的管理者也会高估投资项目的实际价值，从而愿意投资一些净现值为负的项目。他们的模型证明了即使没有信息不对称或理性代理成本存在（以往的研究认为主要是这两个原因导致投资不足-过度投资现象发生的），企业也会产生投资不足-投资过度问题。Malmendier 和 Tate(2004)通过调查过分乐观的企业 CFO 的投资决定是否对现金流过分敏感性，来验证 Heaton 提出的模型。他们通过考察 CFO 如何执行股票期权来发现过分乐观的 CFO：如果 CFO 持有股票期权的期限超过了一般期权执行模型所推荐的执行期，则说明这些 CFO 对未来股票价格过分乐观。他们发现这些 CFO 所在企业的投资活动对现金流的敏感程度要大于其他企业：当现金流很小时，经理人不愿意进行外源融资，这意味着他们会放弃一些项目，从而导致投资不足；反之，当现金流充足时，则会出现过度投资。

2. 损失厌恶的非理性带来的影响

损失厌恶是指投资者倾向于厌恶偏离参照点的任何一小点风险或损失的现象，对于融资者来说，融资者在现实决策过程中同样是损失厌恶的，不仅仅关心当前的融资选择可能带来预期收益的多少，而且更关心这项融资行为是否比其他替代性选择带来更大的预期效用，更偏好于坚持他们已有的东西而不愿意与别人进行交易以换得更好的替代品。特别是在管理者的报酬是基于公司净资产的情况下，管理者更喜欢选择降低公司风险的项目。也就是说，他会选择降低公司风险的项目，尽管该项目的净现值可能为负，而拒绝一些增加公司风险的净现值可能为正的项目，由此而引发了非理性的融资行为。特别是当决策者发现这种非理性的行为后，由于决策者承担了责任并且不愿意接受现有损失，就不会中止净值为负的项目，他们会继续投资，因为他们会觉得并使他人觉得困难只是暂时的，同时人们会更喜欢那些前后一致连续的决策者，因此对一个项目，决策者会善始善终，持续不断为其融资。另外，这种损失厌恶还会表现在当其他融资者通过市场筹集到资金时，鉴于市场能提供资金的有限性，由于担心优质的资金资源被其他人融走之后，自己以后融资时会受到影响而发生损失，也导致了上市公司更多地表现为不顾自己的财务状况和资本结构,只要有融资的机会,立刻进行融资。

3. 从众心理下羊群行为的非理性带来的影响

羊群效应,也就是从众行为,是人类社会中一个非常普遍的现象。羊群效应是从情感的角度出发,刻画群体的行为。在一个群体中,人们彼此模仿,彼此传染,通过相互间的循环反应和刺激,情绪逐渐高涨,人们逐渐失去理性。这种行为往往都是难以预测和控制的,并会对社会潜藏极大的破坏性。通常这种影响有两种形式:一是通过情绪传染。当人们有共同的态度、信息时,情绪传染更有可能、更迅速;二是通过行为传染。当情绪激动之后,由不断激发的情绪引发的行动也不断升级,并进一步刺激人们的情绪。这种形式在羊群受惊时的表现非常相似,从而被称为羊群效应。

由于传统金融市场中的投资方与融资方之间存在信息不对称性,投资者在进行决策时往往会产生羊群行为。同时,由于个体投资者的私人信息有限且存在一定的非理性心理,在面对不确定信息时可能会选择模仿和从众,进而出现整体上趋同的现象。金融市场中的羊群行为是指在不确定信息环境下,主体(投资者或管理者)模仿他人决策,或过度依赖舆论而忽略自己的有价值的私有信息,跟从市场中大多数人的决策方式。研究表明,企业的融资过程中至少可能存在以下从众的羊群行为。

(1) 基于信息的融资羊群行为。股票发行(IPO 或 SEO)行为包含了许多企业的内部消息,是否能够核准发行,以及以何种价格发行的过程实际上就是市场(包括监管当局)如何理解这些信息的过程。企业对"自己的信息"是可知的,但对市场如何理解"自己的信息"的信息是不可知的,因此企业是否决定融资实质上也是在一种不确定情况下的决策行为,会产生基于信息的羊群行为。从众心理体现在两类人身上——投资者与公司经理人。对于投资者来说,当一个投资者从股票市场赚了一笔钱后,这个"示范效应"就会吸引大量的投资者积极跟入,大量地进行股票买进交易。于是,投资者的从众行为产生了。由于大量的从众投资的买入,使得证券市场上股票价格被高估。上市公司的决策者会利用这种情况,通过 IPO、配股、增发等最大限度地提高公司的筹资额。由于公司的决策者在融资时,考虑的仅仅是最大额的融资目的,没有考虑公司的资本结构、经营管理等方面的因素,导致了非理性融资行为的发生。而当这种非理性行为通过资本市场传递到其他同类公司时,其他公司看到只是该企业高额的融资额,以及低的融资成本,使得原来没有投资项目、不打算融资的上市公司经理人产生从众心理,只要自己企业符合增发配股的条件也开始跟进融资,也做出了非理性的融资政策。于是,上市公司出现了权益融资的从众行为,表现为上市公司集中性上市、增发、配股等现象。正是这种从众心理导致了资本市场中融资行为的羊群效应。再加上社会中普遍存在着信息不对称,经理人决策者往往不能依据自己掌握的信息,而是通过对其他投资者行为的模仿来进行决策,这就更容易导致羊群行为。

(2) 基于声誉的融资羊群行为。首先,长期以来,由于委托代理问题的存在,公司所有者往往把公司能否上市及上市后能否持续进行股权再融资作为对管理者能力的重要评价手段。如果其主要竞争对手或合作伙伴都选择上市、股权再融资时,该公司管理者为了维持自己的声誉名声,也尽力选择同样的行为,以避免向利益相关者传达出自己能力较弱的错误信息。

其次,声誉也是我国上市公司股利羊群行为的动因。管理者在公司长远利益和眼前利益、个人利益的权衡问题上难以理性思考,有动机放弃自己的决策,模仿声誉好的公司的股利发放行为。模仿较好声誉的公司股利政策有助于树立自身公司的良好形象,而羊群行为则有助于在大股东现金股利需求和中小股东非现金股利的矛盾中寻求平衡。

(3) 投资者非理性造成的融资羊群行为。杨昀(2008)提出了反射强化模型从投资者的羊群效应现象角度对我国上市公司股权融资的羊群效应现象作出解释,他指出在我国股票市场,存在众多具有"边际注释倾向"的非理性投资者,他们并非根据实际情况对股票市场价格作出认知,而是以自己的"心理注释"即认为"投资股票赚钱快"对其作出认知,并购买股票,由于金融市场存在反射强化效应,使上述投资者的"注释"得以强化,吸引其他投资者认同该"注释"并因此购买股票从而形成羊群效应,把股票价格推向高位。此时,个别公司管理者根据自己的"心理注释"即"现在进行股权融资能够使公司价值最大化"作出股权融资选择,同样,上述个别管理者的"注释"通过金融市场得以强化,最后吸引其他管理者集中进行股权融资从而最终产生融资的羊群现象。

其次,在投资者进行融资融券交易时,由于融资融券的杠杆效应,投资风险加大,私人消息更多、更准确的投资者往往会先行进行决策,通过融资融券交易放大杠杆以获取更高的收益,而私人消息不多的投资者,往往会先通过每只股票每日的融资余额和融券余额观察到其他投资者的融资融券买卖情况或者通过微信、QQ以及私底下打听各种消息,然后再进行投资决策。那么在融资融券交易中,先做出决策的投资者会对后面做投资决策的投资者产生重要的影响。因此,投资者在融资融券交易中存在羊群效应。

4. 管理者其他非理性的影响

(1) 有限理性的影响。有限理性最早是由Simon(1955)提出的,"有限理性"假设认为某种认知上的偏差以及信息搜集成本会导致行为主体做出完全理性的决策。有限理性的管理者处理复杂的问题时会运用简单的"拇指法则"。"拇指法则"在企业的财务决策中非常常见。例如,有效市场上净现值原则是最佳资本配置的基本原则,然而在实践中,管理者往往喜欢用比较简单的原则来进行资本配置。Gitman和Forrester(1977)对103家大型企业的调查发现,运用NPV法则不超过10%,而50%以上的企业为避免资本成本的复杂运算,而运用IRR原则(内部收益率)。Graham和Harvey(2001)对CFO的调查表明,IRR原则远比NPV原则运用得普遍,同时50%以上的CFO使用回收期原则,而这个原则既不需要计算初始期的资本成本,也不需要预测投资回收期结束后的自由现金流。Graham和Harvey(2001)同时也发现,管理者在选择折现率时,喜欢采用一个适合整个企业范围的折现率,而不是适合具体项目的折现率。他还发现拥有较多所有权的管理者更具有以上的倾向,说明这显然不是代理产生的问题。另外的"拇指法则"表现,如管理者对资本结构及股息发放设立非常简单的目标。Graham和Harvey(2001)发现10%的CFOs会用非常严格的目标杠杆比率,34%的CFOs采用"有些严格"的杠杆比率,并且这些目标杠杆往往根据账面值来定义,而不是市场价值。同样地,Lintner(1956)也发现股利政策的制订也存在一些拇指法则。

(2) 参考点偏好的影响。参考点偏好来源于 Kahneman 和 Tversky(1979)的前景理论。在公司财务实践中,参考点偏好最突出的表现应该是 IPO 定价中的低估现象,它是指首次公开发行价格平均来说要低于经过一天交易之后的市场价格。Loughran 和 Ritter (2002)提出了一个模型把参考点偏好与心理账户结合起来解释这种现象,他们认为管理者会从两个方面来判断 IPO 是否成功:第一,感知的收益来自第一天的收盘价格与自然参考点(往往是一系列发行参考价的中间值)的差价;第二,实际的损失来自股票被低估的稀释效应。两者都用前景理论的价值函数来估计,如果收益远远超过了损失,管理者就会非常满意。因此,他们很可能对比照参考点获得的意外之财而兴奋,不会去抱怨股票价格的低估了。Liungqvist 和 Wilhelm(2004)从实证角度验证了 IPO 定价中的低估现象的行为金融学解释,他们用 IPO 企业中经理人员持有股票数来粗略地度量"发行满意程度"(用感知的所得减去损失)。他们发现对发行较为满意的经理团队更愿意选择同一承销商,更愿意支付高额的承销费用。

(3) "沉淀成本"影响。Shefrin(2001)发现管理者在得知所投资项目有问题时,可能并不太愿意放弃,而更愿意继续进行投资,这显然反映了管理者并不是出于理性职业考虑的行为。Statman 和 Sepe(1989)发现市场对企业放弃以往不盈利项目的反应是积极的,这说明市场(投资者)意识到管理者会倾向于继续投资坏的项目。Guedj 和 Scharfstein (2004)有关药品开发的实证也说明这一点,他们发现处于药品开发早期阶段的企业即使临床试验已经证明前景并不美妙,但仍然不愿意放弃他们的药品申请计划。综合来看,代理因素、管理者过分乐观与"反正已经这样了就赌一把"的思想都是这类现象的可能解释。

四、行为融资理论的贡献与不足

(一) 主要贡献

行为融资理论虽然崛起时间不长,但已经展现出了勃勃生机,基于管理者过度自信视角的资本结构决策研究正通过挑战权衡理论、新优序融资理论以及自由现金流量假说等经典资本结构理论而成为现代资本结构理论研究的一个新的发展方向。从"行为"角度来观察公司的各类融资决策,无疑为我们提供了一个崭新的视角。这一新的研究方向并不是要从根本上推翻现有的经典资本结构理论,而只是从新的视角来审视资本结构理论难以解释的现象,从而对经典资本结构理论形成有益的补充。随着行为金融理论的完善以及相关行为变量"植入"到各类经济模型中,许多传统融资理论难以论证的"异象"得到了很好的解释。

(二) 不足

总体来看,行为融资理论对管理者的非理性的研究还处于初级阶段,首先市场时机理论中如何衡量企业的价值被高估还是低估还是个难题,其次目前大部分文献对管理者非理性的研究都集中在对过分乐观与过分自信的研究上,在现实生活,管理者的非理性即认知偏差的表现是多种多样的,如参考点依赖、拇指法则、沉淀成本效应等,这些领域的研究目前尚属空白。第三,对管理者的理性能否纠正非理性投资者的估价偏差,投资者的理性是否能救治管理者的非理性等这些问题都没有答案,把管理者、投资者的非理性行为综合起来研究得到新的解释方面也是空白。第四，如何度量"非理性"，尤其是合理度量管理者的过度乐观和过度自信方面还没有很好的实证方法，该理论还没有建立起恰当的可操作性强的过度自信度量指标体系，特别是适用于中国企业实际的过度自信度量指标体系还是空白。

第三节　融资需求与供给理论的发展

一、信贷配给理论

（一）信贷配给理论概述

信贷配给是指贷款人基于风险与利润的考虑，不是完全依靠利率机制，而往往附加各种贷款条件通过配给的方式来实现信贷交易的完成，表现为两种情况，一是指在借款人信用评级基础上，一部分申请人可以得到贷款，而另一部分则被拒绝即使后者愿意支付更高的利率也得不到贷款；二是指得到贷款的借款人的借款要求只能得到部分的满足，也就是通常所说的信贷额的配给。信贷配给现象大约发生在18世纪70年代，但是真正的信贷配给理论阐述始于1950年，众多的经济学家从不同的影响因素对信贷配给进行了详细的分析，最终发展成信贷配给理论。

信贷配给市场上的产品——货币，是一种很特殊的产品，市场中的信贷需求者和信贷购买者也就是各种金融机构和对货币资金的需求者（可以是企业也可以是个人，但企业对资金的需求还是整个信贷市场的需求主体部分）。在信贷市场上，信贷资金是资本要素作为商品进行交易，利率作为资本要素的价格，较高的利率意味着较高的资本使用成本。但是，信贷的供给曲线不会随着利率的上升而一直单调上升，信贷的需求曲线也不会随着利率的上升而一直单调下降，信贷供给和需求曲线的相交点并不是供需双方理性行为所决定的信贷市场均衡点。当信贷市场上有众多的资金需求时，就会出现对贷款的需求超过供给，导致信贷市场出现无法出清的现象，也就出现了信贷配给行为。

（二）信贷配给理论的缘起

经济学家亚当·斯密（1776）在他著名的著作《国富论》中对信贷配给现象进行了论述，虽然没有直接使用"信贷配给"一词，但在分析高利贷的利率上限时，就曾扼要表述过利率高低对于借贷资金配置的影响问题。认为倘若把贷款利率定得过高，审慎的投资者将会减少贷款额。他说，"如果英国法定利息率，规定为百分之八或百分之十，那么，就有大部分待借的货币会借到浪费者和投机家手里去，因为只有他们这一类人，愿意出这样高的利息。诚实的人只能以使用货币所获得利润的一部分，作为使用货币的报酬，所以不敢与他们竞争"。他说明了信贷配给的实质，当信贷配给的重要影响因素——利率受到外力作用时，信贷就会发生配置的情况。商业银行以法律和质押品等非利率手段独立地分配信贷资金，出现信贷配给现象。还有一些学者从不同的角度研究信贷配给，为信贷配给理论的发展奠定了良好理论基础。Bagehot（1873）认为，信贷与经济增长有因果关系，信贷配给具有改善信贷资金资源的配置状况,推动科学技术的创新和人力资本水平的提高,从而促进经济增长。Wicksell(1898)认为,信贷资金对经济增长起到十分重要的作用,信贷对实体经济的影响渠道主要通过货币利率与自然利率的变化来实现的,当信贷配给的数量增加时,企业就有能力去扩大生产规模,相应的产出水平增加。当货币利率和自然利率相违背时,信贷资金的数量减少,企业随之减少产量,产出减少。Schumpeter(1912)认为,货币、信贷和利息等因素都会对经济发展产生影响,货币资金数量变动和配置方式的不同会对实体经济发展起到不同的作用。尤其是银行信贷资金,可为经济的创新生产提供资金支持,推动经济增长。凯恩斯(1930)在《货币论》中在批评古典货币论中关于信贷市场能够瞬间出清的假设时,明确指出英国信贷市场存有一种限额分配的传统制度,他还谈到信贷配给的后果,认为"未被满足的借方资金需求"是影响投资数量的一个重要因素,商业银行以法律抵押品等非利率手段独立地分配信贷资金,因此银行可以通过扩大或缩小他们的贷款规模来影响投资的规模,而不必改变利率水平。

亚当·斯密和凯恩斯等较早地注意到了信贷配给现象,但他们都把信贷市场上存在的配给现象看作是偶然的现象,没有深入地研究下去,展开充分的解释,也没有更多地去探讨其内在成因。

(三)信贷配给理论的初创

1. 起源于"信贷可获性学说"

Roosa(1951)正式提出"信贷可获性学说",可以说这是信贷配给理论的起源。"信贷可获性学说"主要表明了货币政策可以通过信贷渠道影响实际支出进而影响经济,其研究的内容与市场不完全竞争、利率管制等制度因素及银行的资产结构偏好相关,主要思想是中央银行的公开市场操作会引起银行重新安排其资产组合,因为银行会倾向于通过信贷配给而不是提高贷款利率来降低贷款数量,所以信贷配给的增加会影响企业投资支出从而影响经济增长。Roosa 主要研究的是信贷配给对宏观经济的影响,其论述成为日后许多学者研究信贷配给的起点。这一时期对于信贷配给现象虽然改变了短期非均衡的看法,但认识水平仍然基本局限在利率限制、准入限制等资金供求双方面临的制度限制和约束方面,将价格约束当作信贷配给的成因,认为信贷配给现象是由于某些制度上的制约(如政府约束的利率上限等)所导致的长期非均衡现象。这种片面化的认识忽略了信贷市场上价格的个性特征,仅是一种表面化的解释,并未能就信贷配给现象给出令人信服的答案。

2. 信贷配给理论的初创模型

随着金融市场化的发展,人们逐渐意识到持久的信贷配给行为实际上是一种均衡现象。在 Roosa 之后,一些经济学家们分析的重心逐步转移到商业银行追求自身利益最大化方面,开始致力于从微观方面寻找信贷配给存在的基础和成因,信贷配给理论的微观基础逐步得以确立。20 世纪 60 年代,对信贷配给成因的探讨主要是基于市场的不完全性,其代表人物是 Hodgman。Hodgman(1960)率先提出了违约风险模型,最早用违约风险来解释为什么在存在贷款超额需求的时候银行不加息,较早用违约风险来解释信贷配给行为,在信贷配给的微观基础研究方面取得了开创性进展。Hodgman 考察的是与厂商签订了一期贷款合约的对风险持中性立场的银行,并首次推导出了向后弯曲的银行贷款供给曲线。他解释了信贷额配给的存在及信贷供给曲线弯曲的成因。认为利率的增加并不能诱致贷款数量的增加，信贷供给很可能是没有利率弹性的，甚至供给曲线是向后弯曲的。信贷供给曲线的这种特性意味着银行贷款在超过此最大值后就不会再增加，借款者的需求超过该限度时就会发生信贷配给。Hodgman 认为，因为发生拖欠行为的概率是贷款规模的增函数，贷款利率是贷款数量的非线性函数，信贷配给与贷款银行追求利润最大化的理性行为相一致。由此他解释了通常所说的第一类信贷配给，即信贷额配给，认为对信贷额进行配给可以减少损失，此后他又提出银行与厂商的关系能导致信贷配给。他对商业银行的预期损失和信贷数量的相关性进行了详细论述，说明了商业银行的信贷数额与预期损失呈正相关的关系，也就是说信贷数额越大，商业银行面临的经营风险也越大，其预期损失也就会越高，他的研究表明，违约风险的存在会影响银行的收益进而影响银行的贷款规模。因为贷款规模越大，违约的可能性就越大，这样银行会有一个最大贷款规模，贷款需求超过这个规模就会出现信贷配给现象，信贷配给可以降低银行的不良率。在他之后，经济学家们才认识到，信贷配给有可能是一种均衡现象。

Hodgman(1960)模型是信贷配给理论的初创模型，假设条件如下：资金需求方向金融机构借入的资金数量为 B，并承诺到期偿还本金和利息总和为 S，$S=(1+r)B$，r 为借贷利率，R 为资金需求方可能获得的收入水平。如果 $R>S$，表示资金需求方能偿还全部债务；但如果 $R<S$，资金需求方违约。

金融机构的期望收益为：

$$\rho = \int_S^R Sf(R)dR + \int_0^S Rf(R)dR \tag{1}$$

公式(1)右边第一项表示贷款者能把全部债务偿还，第二项表示贷款者违约时金融机构获得的收入。ρ 随 S 的增大而增大，并在 $S=R^*$ 时取得最大值。Hodgman 用贷款本金的损失期望水平 Z 来表示金融机构借出资金的风险程度：

$$EZ = \int_0^B (B-R)f(R)dR \tag{2}$$

ρ/EZ 表示的含义是金融机构借出资金的期望收益水平，金融机构的最终目标是利润水平的不断提高。在理想情况下，每个金融机构借出资金的期望收益水平是相同的，设 $(\rho/EZ)^*$ 为均衡状态下的期望收益水平。给定$(\rho/EZ)^*$，对于金融机构而言，当 S 越接近 R^* 时，ρ 越接近最大值，B^* 则为金融机构能提供资金数量。当资金需求方的需求数量超过 B^*，金融机构的货币供给水平是有限的，此时，货币供给量与利率水平不相关。

（四）信贷配给理论的主要内容

广义的信贷配给指的是这样一种情形：由于报出贷款利率低于瓦尔拉斯市场出清利率，存在一种对贷款的超额需求。当报出贷款利率低于瓦尔拉斯市场出清利率是由于政府管制因素造成的，这种信贷配给被称作非均衡信贷配给。政府的高利率限制以及任何制度上限制贷款人针对不同借款人收取不同条件的做法都会导致非均衡信贷配给的出现。而在没有政府限制的情况下,贷款人自愿将贷款利率定在市场出清利率以下而造成的信贷配给被称作均衡信贷配给。将均衡信贷配给定义为,即使当某些借款人愿意支付合同中的所有价格条款和非价格条款时,其贷款需求仍然得不到满足的情形。因此均衡信贷配给和非均衡信贷配给最主要的区别在于低于市场出清水平的利率是银行自身的理性行为还是外部管制。

现实中,根据对超额需求的定义,根据这种超额需求是短暂的还是长期的,以及最重要的根据导致贷款利率低下的各种因素,存在着许多类型的信贷配给。

1. 利率(或价格)配给

借款人在给定贷款利率上能得到贷款,但其规模小于意愿规模,要想得到更大规模的贷款,借款人就得支付更高的利率。显然,贷款规模越大,违约概率就会越高,所以要求借款人对较大规模的贷款支付较高的利率是明智的。这种是标准的价格配给。

2. 见解分歧配给

一些经济个体无法在他们认为恰当的利率上得到贷款,尽管他们理解这个利率与自己的违约概率相当。这说明相对于借款人来说,贷款人对违约风险可能普遍有更为悲观的评价。

3. 红线注销

由于有风险分级,贷款人对任何利率上都无法得到他所要求的收益率的人,就将拒绝发放贷款。而且,贷款人要求的收益率由存款利率决定,当要求的收益率提高时,原来可以贷的款也就不贷了。在这种情形之下,当存款供给多而存款利率低的时候得到了贷款的企业,可能在存款变动并且存款利率提高时被实行定量配给。对这些企业来说,信贷可获性(存款的供给)——并非报出的贷款利率——决定了他们能否借款,这些企业会感觉到他们正被排挤出了市场。

4. 纯粹的信贷配给

这种情况是指一些经济主体得到了贷款,而明显相同的经济主体想以完全相同的条件申请借款却得不到贷款。经常被提到的信贷配给是红线注销和纯粹信贷配给。为区别这两类信贷配给,假定有 2n 个借款人,融资需求为 1 个单位,资金供给为 n。红线注销意味着每个贷款人能获得 1/2 单位的贷款,他们全都受到了配给,当资金供给增加为 2n 时,他们的需求都能得到满足。纯粹信贷配给则意味着从 2n 个候选人中选出 n 个人,每人获得 1 单位的贷款,即使资金供给增加仍然有人不能获得贷款。

(五) 信贷配给理论的发展

1. 信贷配给的发展理论

(1) 信息不对称的信贷配给理论。在 Hodgman 之后,随着信息经济学的发展,不完全信息假设被逐步引用到信贷配给的分析当中。Akerlof(1970)是较早用信息不对称来分析信贷市场的代表人物。他将信息不对称理论用于分析信贷市场时发现,在一些发展中国家,位于中心城市的大银行无法充分了解当地借款人的信息,它们就会面临逆向选择问题。相反,当地的高利贷者通过对借款人信息的充分了解却可以很好地解决这个问题,甚至可以依靠这种信息上的优势收取较高的利率。Akerlof 通过这一现象较早地注意到了信息不对称导致的信贷活动困境。

关于信息不对称的信贷配给理论,按照贷款合约的内容也大致可以分为这样几类:以贷款利率为合约内容的学说(以 S-W 模型为代表)、以抵押品为合约内容的学说(以贝斯特模型为代表)及以贷款额度为合约内容(以 J-R 模型为代表)的学说。

(2) 银行追求利润最大化的信贷配给理论。Jaffee 和 Modigliani(1969)探讨了为何当一部分借款者获得期望的贷款时,另一部分借款者却被拒绝。他们认为信贷配给是银行为实现利润最大化而选择贷款利率的结果,认为借款者的等级分组会导致产生信贷配给。银行会根据一些因素对客户进行分组,对不同的组其利率是不同的,贷款银行面对借款者群组多于其利率价格组合,对于那些贷款需求高于贷款供给的组,银行便实行限额配给来应对这种多样性。因为银行认识到这些借款者具有高于平均水平的贷款需求和高于平均水平的风险,故而向他们提供的贷款规模小于其需求规模,这说明实行信贷配给是贷款银行追求利润最大化的理性选择。

Freimer 和 Gordon 认为,在既定的规模下信贷违约率随利率水平变化而变化,信贷配给在信贷需求曲线与供给曲线无法相交的时候就会产生。他们通过对利率水平的区间假设,银行按照利率区间配给贷款数量,符合特定利率区间的借款者就可分配到一定的贷款额。信贷配给是银行通过对利率区间的选择来实现利润最大化的目标。

2. 信贷配给理论的发展模型——J-M 模型

Jaffee 和 Modigliani(1969)以商业银行追求利润最大化为前提条件建立 J-M 模型,证明了银行对所有的贷款客户给以统一的贷款利率水平,即银行不依靠利率水平来实现信贷配给,而是通过对贷款者不同风险的测定来实现信贷配给,从而实现银行的最大利润。

J-M 模型的假设条件是:资金需求方投资某一项目的收益为一随机变量 R,其概率分布函数为 F(R),密度函数为 f(R),并且分布函数的边界值为[k, K]。金融机构的利率水平为 r_i,金融机构提供的贷款金额为 B_i,金融机构的期望利润最大化为:

$$\rho_i = \int_k^{(1+r_i)B_i} R f_i(R) dR + \int_{(1+r_i)B_i}^{k} (1+r)_i B_i f_i(R) dR - IB_i \tag{3}$$

等式右边的前两项表示金融机构的期望总收益,IB_i 表示金融机构贷款的成本。当利率水平固定时,(3)式的一阶条件就是金融机构的最佳贷款规模。每一个利率水平都对应着一个最佳贷款规模,把最佳贷款规模的轨迹连接起来就是金融机构对资金需求方的贷款提供曲线。但是金融机构的最佳贷款规模并不是永远随利率的上升而上升,当利率水平超过某一特定的值后,贷款规模随利率水平的上升而下降。

图 2-1 中,D_i 曲线为向右下方倾向的贷款需求线,随着利率水平的提高,贷款需求量逐渐

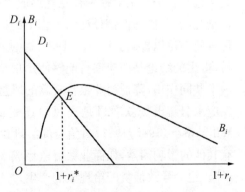

图 2-1 贷款利率与贷款需求的关系

地降低,当利率水平升高到一定水平时,资金需求者支付不起高昂的价格,导致贷款需求量趋于零,当然这是一种极端的情况,在现实的经济环境中几乎不可能发生,资金的需求线与贷款供给线相交于E点。当信贷需求量不断地增大时,就会出现部分企业不能获得贷款的现象,出现信贷配给现象。

(六) 信贷配给理论的成熟

1. 信贷配给的成熟理论

20世纪70年代中期以后,在信息经济学及委托代理理论等各种理论的基础上,信息不完备观点与合约理论被运用到信贷市场的分析研究中,来探究信贷配给的成因以及信贷配给条件下信贷市场的均衡等问题,从而将对信贷配给理论的研究推向一个新的高度,信贷配给理论逐步发展成为较为成熟的理论。当代现有的信贷市场配给理论研究大致包括以下几方面的内容:一是信贷配给的信息不对称成因;二是抵押品可以成为贷款银行的风险分类工具;三是贷款额度可以成为贷款银行的风险分类工具。

Baltensperger对商业银行信贷配给进行了深入研究,通过对美联储和美联邦住房的信贷配给情况的研究,推导出的结论是:贷款的非价格条件能与价格条件一样都被同等地看作是信贷配给的影响因素。Jaffee和Russell(1976)在《不完全信息、不确定性和信贷配给》中将信贷资金的需求者分为"违约"和"非违约"两种类型,目的是证明在均衡的竞争市场上也会产生信贷配给现象。Fried和Howitt(1980)在《信贷配给和隐性和约理论》中阐述道,信贷配给的影响因素众多,可能还受隐性合同理论的影响,认为商业银行和借款方签订的合同是在信息不对称的条件下签订,合同中有隐性合约,商业银行可以通过隐性合约从信贷中获得利益,而且可以降低借款方违约风险。Stiglitz和Weiss(1981)在《不完全信息市场中的信贷配给》中证明了在没有政府影响的情况下,借款人在借款资金应用方面掌握着比银行更多的信息,了解自己的项目运作情况,这样就会产生道德风险,银行贷款收益水平是利率水平的非单调函数。新结构主义学派Taylor(1983)等人认为,在短期内较高利率水平在一定程度上促进经济增长,但可能会形成通货膨胀现象,成本的上升导致信贷规模缩减和有效需求的减少,真正有资金需求的企业受到信贷配给影响,可能减少产出,进而阻碍经济的发展。Whette H.(1983)证明银行的抵押品可以成为信贷配给的影响因素,也会产生借款方逆向选择风险。Gale和Hellwing(1985)建立了风险分析模型,其结论是在信息不对称和存在观察成本的条件下,最优信贷合同是对客户贷款数量实行信贷配给,其能降低信贷配给过程中的道德风险和逆向选择行为,使商业银行的信贷资产配置效率得以提高。Bester(1985)通过对抵押品这一重要的信贷配给的影响因素进行分析,得出的结论是商业银行能够使用信贷资金需求方的抵押品与利率等影响信贷配给的因素共同作用,降低商业银行贷款的风险程度,通过资金需求方对商业银行的贷款条件的反应来分辨出贷款项目是高风险还是低风险,最终目的是实现信贷配给的均衡状态。Williamson(1986,1987)对信贷配给理论进行了深入的拓展,认为信贷配给现象的产生还有其他的影响因素,如商业银行监督成本的存在就会产生高额的费用,为降低商业银行的风险,也会导致信贷配给现象的产生。

此外,通过信贷配给理论研究和信贷市场实践的经济活动相结合,均衡的信贷配给是很难实现的,即使所有的价格和非价格条件都满足,也不可能实现信贷配给的均衡。

2. 信贷配给理论的成熟模型——S-W 模型

Stiglitz 和 Weiss(1981)对信贷配给的研究工作是开创性的,S-W 模型已成为目前最具代表性的信贷配给基本模型,为后人的研究奠定坚实的基础。

(1) 模型的背景。假设是在竞争的市场环境中存在众多的企业家,并且每个企业家都有一个投资项目,其期望收益水平为 R。假设某一企业家的项目为 i,当企业家投资项目成功时的收益水平为 R_i^s,与此相对应的成功概率为 p_i,R^f 表示项目失败时的收益水平。$0 \leqslant p_i \leqslant 1$。因此,

$$R = p_i R_i^s + (1-p_i) R^f$$

金融机构只了解其在企业家中的分布函数为 $G(p_i)$,其密度函数为 $g(p_i)$。企业家投资项目的金额为 K,初始自有资金 W,向金融机构的借款金额为 B=K-W。假设以下关系成立:

$$R_i^s > (1+r)B > R^f \tag{4}$$

公式(4)表明,当项目成功的时候,项目的收益完全可以支付贷款的本金和利息。

(2) 企业家的行为。通过计算可得企业家的期望收益水平为:

$$E(\pi_i) = p_i [R_i^s - (1+r)B] \tag{5}$$

公式(5)式表明,企业家申请贷款的项目与利率水平呈负向相关。

(3) 金融机构的贷款行为。金融机构的期望收益水平如下:

$$E(\pi_b) = (1+r)B \int_0^{\hat{p}} p_i g(p_i) dp_i + R^f \int_0^{\hat{p}} (1-p_i) g(p_i) dp_i$$

用 ρ_b 代表金融机构每单位贷款的收益率,则有:

$$\rho_b = \frac{E(\pi_b)}{B \int_0^{\hat{p}} g(p_i) dp_i} = (1+r)\hat{p} + \frac{R^f}{B}(1-\hat{p}) \tag{6}$$

公式(6)式对 r 的导数,可以得到下式:

$$\frac{d\rho_b}{dr} = \hat{p} + \left[(1+r) - \frac{R^f}{B}\right] \frac{d\hat{p}}{dr} \tag{7}$$

若前半部分为正值,表示随着利率水平的提高,成功的投资项目会给金融机构带来的收益水平比较高;后半部分为负值,表示随着利率水平的提高,金融机构面临着贷款企业违约的风险。$d\rho_b/dr$ 是正值还是负值取决于综合效应水平。金融机构每单位贷款的期望收益水平与 r 之间的关系如图 2-2 所示。

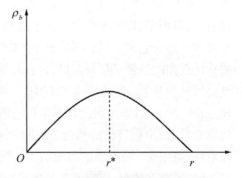

图 2-2 金融机构每单位贷款的期望收益水平与 r 之间关系

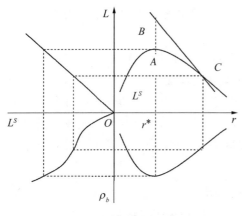

图 2-3 均衡信贷配给象限图

(4) 信贷配给均衡。假定金融机构是完全竞争的,没有准备金和运行成本 ρ_b 也就是存款收益率,我们通过对图 2-3 的分析在第一象限中画出弯曲的信贷供给曲线,该曲线开始随利率水平的提高而增大,当增大到一定程度时,信贷供给曲线随着利率水平的提高而降低。在第四象限中,随着利率水平的变动画出金融机构的收益曲线,不同的利率对应不同的金融机构收益率;在第三象限中给出不同利率水平上的存款供给曲线;第二象限存在 45 度线,通过该线可以在第一象限中得到贷款供给曲线。

r^* 是均衡利率水平,能够实现金融机构的收益最大化,但存在着企业对资金的需求量的不断增加和信息不对称性的情况下,金融机构只能对企业的资金需求进行数量上的配给。因此 A 是均衡点,信贷配给在信息不对称及其逆向选择的情况下会产生向后弯曲的信贷供给曲线。

S-W 模型的主要贡献在于证明,利率的调整无法使信贷市场出清,信贷市场上存在着比瓦尔拉斯均衡更稳定的信贷配给均衡。S-W 模型的局限性主要在于,单独分析贷款合约的分离效应和激励效应,并且假定银行不会同时改变贷款利率和抵押品要求,将利率作为唯一的内生变量,对于贷款合约中的非利率因素对信贷配给的影响并没有加以充分的研究和说明。其许多假设上的约束是相对较强的,后来的研究者在 S-W 模型的基础上又进行了许多扩展和改进。

(七) 信贷配给理论的进一步发展

在制度经济学、信息经济学和转轨经济学的共同推动下,信贷配给问题的研究得到进一步发展。20 世纪 90 年代,信贷和经济增长关系的相关理论的研究获得快速发展,实现了以内生的经济增长模型为核心的发展阶段。内生经济增长模型把信贷配给等内生影响因素融入经济模型中,解释信贷配给对经济增长的影响。内生经济增长模型考虑在信息不对称的情况下,法律制度、交易成本和监督成本的共同作用来解释了商业银行形成的原因,弥补了传统理论分析的不足。其中具有代表性的是 Pagano(1993)的 AK 模型,通过储蓄率、折旧率、边际生产率等渠道来研究信贷配给对经济增长影响,从而将信贷配给和经济增长结合起来,开创了信贷配给对经济增长的影响研究新思路。Sharp(1991)则从委托代理角度解释了信贷配给,并在短期融资合约制度下阐述了商业银行不会无缘无故地提供减价贷款,都需要委托代理人来进行信贷活动,这样就产生了信贷配给现象。Schmidt-Mohr(1997)假设利率是影响信贷的内生变量,抵押品和贷款规模是信贷的重要决策变量,指出信贷配给和信贷风险常常并存。Hellmann、Murdock 和 Stiglitz(1997)通过对《金融约束:一个新的分析框架》研究,深入探讨经济转轨国家的金融及信贷配给问题,并通过存款监督、信贷资产替代等措施来实现银行创造"特许权价值",进而获得"租金机会"。Patrick 通过对发展中国家的和发达国家的对比研究,阐明了信贷配给与经济增长之间的因果关系,一般来说,在发展中国家经济发展早期,信贷配给会引导经济发展方向并加速经济发展。在发展中国家经济发展后期或者经济发达的国家或地区,经济发展水平较高,企业对信贷资金需求非常普遍,社会的融资渠道也较多,信贷配给与金融体系也随之发展。因此,信贷配给与经济增长的关系在发展中国家和发达国家中的作用是不同的,在发展中国家较低的经济发展阶段,可能推动彼此向前发展;在发展中国家经济发展后期或发达国家可能相互抑制,阻碍彼此的发展。DeMeza and Webb(1999,2000)从企业家道德风险等方面论证了信贷配给,指出了信息不完全情况下的投资水平可能会超过完全信息下的投资水平。Messori(1999)对资金需求者的贷款项目进行研究,认为贷款项目的质量是借款条件当中比较重要的影响因素,由于贷款项目的质量影响,容易受到商业银行的信贷配给。Hellmann 和 Stiglitz(2000)对商业银行的信贷配给与直接融资中的股票市场上的权益配给的关系进行了深入的探究,认为两者可以单独存在也可共存,但是两者共存的时候,股票市场上的权益配给会对信贷配给产生影响。Hung-Jenwang(2002)把企业的破产成本加入信贷配给的影响因素中来,认为只要企业的破产成本不为零,就会对信贷配给产生影响。RoTert Lensink 和 ElmerSterken(2002)把实物期权理论考虑到信贷配给的分析中来,认为资金需求方可以把握好投资时间,通过对投资时间的选择来实现企业利润的最大化,避免信贷配给导致的投资收益降低。Hellmann 和 Stiglitz(2009)以开拓性的思维将信贷市场与证券市场整合到同一框架进行分析,假设存在隐性的期望收益和风险,间接融资市场的信贷配给和证券市场的权益配给可以共存,但是由于两个同类市场之间的竞争,可能导致资金需求者发生逆向选择行为,从而使信贷配给越发严重。Demesa 和 Webb(2012)认为由于信息不对称引起的信贷配给,通过对道德风险下的静态模型和跨期模型进行分析,认为一些企业被拒绝贷款,就会丧失贷款的信心,不会重新申请贷款。之后,信贷配给理论的观点不断地丰富,为信贷配给理论的进一步发展奠定了良好的基础。

(八) 信贷配给理论的贡献与不足

从信贷配给理论发展和演进过程的回顾可看出,随着时间推进,经济学家分别从制度约束、信息对称和信息不对称等角度对信贷配给现象进行解释,通过货币政策的变动影响企业的财务境况以及金融机构的资金供给从而影响经济增长。该理论有贡献但也有不足。

1. 贡献

信贷配给理论加深了人们对信贷市场资金供求失衡的认识,拓展了有关信贷市场资金供求关系问题研究的视野,启发了人们进一步开展相关研究的思路,从而也为系统深入研究信贷配给对经济增长的影响奠定了良好的基础。

(1) 论证了信贷配给对经济增长的影响。从以上信贷配给理论发展中可以看出,信贷配给对经济增长的影响较大,严重影响了信贷资金的使用效率,通过对信贷配给相关影响因素的研究来阐述信贷配给对经济增长影响。此外,信贷配给理论可以对经济转轨国家的经济增长产生重要的影响,由于转轨国家经济制度的变迁可能存在均衡和非均衡两种信贷配给共存的现象。尤其是转轨的国家经济发展水平相对较低,信贷配给被认为是影响经济增长的重要因素之一,信贷配给问题越来越受到关注,控制好信贷配给的程度是转轨国家经济转型发展的重要目标。

(2) 提出信贷配给是一种长期均衡现象。信贷配给理论,或者是从金融深化的角度,分析信贷配给是政府对金融抑制的一种表现,或者是从商业银行防范信贷风险的角度,表明由于借贷双方的理性选择,提出信贷配给可以作为一种长期均衡现象而存在。

2. 不足

信贷配给理论也存在一些问题和缺陷。例如,根据信贷配给理论,信贷市场上实际的银行最优利率总是小于供求相等的均衡利率,这是信贷配给的基础。但是,该理论并没有回答这样一些更深入的关键问题:经济体中的信贷配给规模到底有多大?它与微观经济主体的真实信贷需求之间的缺口有多大?它在何种程度上对宏观经济运行和微观经济主体的产出产生影响?这是信贷配给理论所面临的无论是在理论上还是应用上需要突破的问题。

二、关系型融资理论

(一) 关系型融资概述

1. 关系型融资的定义

关于关系型融资,学术界还没有一个统一的定义,不同学者从不同的角度对其进行了定义。有的从企业角度出发,把关系型融资定义为在信息是耐用并不能轻易转移以及其信息生产有规模经济的前提下,能使企业获得更低融资成本和更多资金的紧密的融资关系。有的从融资收益的角度出发,将关系型融资定义为出资者在一系列事先未明确的情况下,为了将来不断获得租金而增加融资的一种融资方式。有的从银企关系角度出发,将关系型融资定义为银行和顾客之间超越了简单、匿名的金融交易的联系,这种联系的利益是私人信息的传递等。有的从融资活动的特征出发,将关系型融资定义为一个国家在某一时期的融资活动中同时有三个特征,该活动就属于关系型融资:第一个特征是金融中介机构拥有企业的业主专有性信息,这些信息是普通公众所无法获得的;第二个特征是金融机构所拥有的业主专有性信息是通过与同一客户的长期或者多种金融服务交易而得到的;第三个特征是内部信息对于局外人自始至终具有机密性,仅仅为关系型融资双方所特有。有的从关系专用性投资方面,将关系型融资定义为是银行提供的一种金融服务,银行在提供服务中为获得企业专有信息进行了关系专用性投资,并通过与企业的长期交易来评价这种投资的盈利前景,从而获得回报。有的从银行贷款技术的角度出发,将关系型融资定义为当银行主要基于通过长期和多种渠道的接触所积累的关于借款企业及其业主的相关信息而做出贷款决策的,就是关系型融资。有的从私有信息的生产出发,将关系型融资定义为是投融资双方在长期的互动关系中,通过私有信息在双边框架下的生产来平滑投融资过程的融资行为。有的从契约论角度出发,将关系型融资定义为是一个银行与其借款者之间长期的隐含而默契的契约。

尽管以上定义是从不同角度得出的,但都揭示出了"私有信息生产",突出了关系型融资区别于公开市场融资的本质特征,就是资金供求双方之间长期互动,资金供给者在关系存续期间收集到大量的企业及其业主的私有信息(包括企业的真实财务状况、现金流量、企业以前的还款记录和项目的执行情况等可以传递的、复制的、数字化的硬信息和企业主个人的素质、品德、还款意愿等不可数字化的"软信息"),这些信息不仅能够帮助银行更好地了解企业及成为是否为企业继续提供贷款的依据,还能给银行带来利润。因此关系型融资是私下安排的融资,在关系型融资过程中,投资者通过提供甄别与监督服务来获取私有信息,而不是依赖于第三方的服务,而且这些信息能够在保密的状态下与同一客户的多重交互中重复使用,从而使投资者能从信息的跨期再利用中获利。关系型融资并不仅指企业与银行之间融资关系,还包括贸易信贷和风险投资(关系型股权投资)之间的融资关系。

因此,一般认为关系型融资需要具备如下三个条件:一是收集可利用的公开信息以外的信息;二是在与借款人的多重交互中,信息收集是一个长期的过程;三是信息保持保密状态(专有状态)。

2. 关系型融资的特征

(1) 关系型融资的必备条件——企业"软信息"与银企间长期交易

在关系型贷款中,银行通过企业所在社区、企业客户与供应商等多角度来获取企业相关信息,这些信息获取是具有排他性的,并不能在公开市场上获得,故而不易被其竞争者收集。这些"软信息"是银企之间通过长期合作所积累起来的,银行只有在长期交易中才能获得企业独有的信息,促进关系型融资的实施,保证贷款质量,控制风险。由此可见,实行关系型贷款时最为重要的一点是要建立在银行与企业长期合作的基础之上。唯有如此,双方基于这一共识,彼此之间相互信任相互了解,后期行为才不至于陷入失控的境地,也更方便银行对中小企业开展关系型信贷。不同于传统交易性贷款,关系银行不是在贷款前对企业进行财务指标、抵押物、生产状况等进行评估后作为硬性标准,而是通过长期的过程。关系银行通过对具有潜力的企业进行考核,对其提供持续的资金支持,并在长期的过程中逐渐收回资金和回报。

(2) 关系型融资的持续性。关系型融资不仅仅发生在交易过程,关系银行在长期提供资金支持的同时对企业进行跟踪监督,这个过程会使关系银行掌握丰富的企业独有软信息,如发展潜力、组织架构合理性、行业前景等。而这些软信息只有关系银行才能获取,使关系银行具有了一定的垄断性。同时,企业解决了信息不对称的障碍而获得融通资金。

(3) 软预算约束。当借款人趋于破产时,会向贷款人要求更多的融资来避免清算。一般新的贷款人会拒绝这一要求,而已有贷款的投资者由于前期投资已经变为了沉没成本,因此可能会答应再融资要求以希望能收回前期的贷款。尽管预算的软约束可以为企业营造宽松的资金环境,使经营者充分发挥自己的企业家才能,但因为融资要求权的价值是与企业价值挂钩的,这进一步使得投资者的清算威胁变得不可信。问题的关键在于,预期到合约能在事后重议的借款人会失去事前的激励,会使其产生对关系投资者追加投资的预期,因此更加肆无忌惮地从事高风险投机或偷懒行为,从而会恶化投资者的信贷质量。

(4) 锁定性。通过关系型贷款,投资者在借款人信息方面取得了垄断地位,这可能使其能在事后要求一个更高的贷款利率。由于在外部存在信息不对称,那些试图转向新融资方的企业可能会面临更糟糕的融资条件,因为对借款者来说,转向新投资者会带来搜索成本,投资者收集的客户信息越多,客户的不确定性就越小。但如果借款者通过市场融资又害怕信息泄露,因而很容易就被锁定在原有的关系上。关系型融资的锁定性会带来对信息的垄断,从而带来的垄断租金,这种垄断租金与关系的强度负相关。因为一方面企业能通过关系型融资建立自身的信誉,从而能更容易地进入公开市场,另一方面在竞争的作用下,投资者的关系租金就难以维持,而且高利率会加重道德风险问题,这些都限制了关系型投资者的垄断地位。

3. 关系型融资的类型

关系型融资其实不仅包括直接融资,也包括间接融资,不仅有股权融资也有债权融资,前者的主要代表有关系型贷款,后者主要是机构投资者的股权投资。在关系型融资中,由于要求信息的主动生产,当投资者众多时,委托信息生产就成了占优的制度安排。因此关系型融资多采用间接融资的方式。而当企业风险很大时,债权融资的收益结构难以满足投资者的要求,因此出现了间接的股权融资模式,这可以说是一种传统关系型融资与股权融资相互结合的创新产物。当企业规模更小而风险更大时,少数投资者就能满足企业的融资需求,此时如果直接采用直接融资的方式就不仅能节约中介成本,而且能避免中介融资对投资者观点的集权式过滤,这在投资者观点过于分散时显然是有效的。我们可以把关系型融资分为两部分:股权资本关系融资和负债资本关系融资(见表2-1)。

表2-1 关系型融资类型

	债 权 融 资	股 权 融 资
间接融资	关系型银行融资	创业资本融资
直接融资	民间的非正式债权融资	天使融资

关系型融资与金融中介融资是相互交叉的概念,并不存在从属关系。关系型融资中存在直接融资,而金融中介融资中也存在非关系型融资,因此两者间仅存在部分的交集。至于关系型融资过程中涉及的其他金融业务,是关系型融资在范围经济上的体现,其目的是稀释信息成本和分担金融风险,并通过对私有信息的充分利用体现关系型投资者的竞争优势之所在。因此,可以说,关系型融资是关系型投资者的一项核心业务,它为其他业务(包括部分非关系型业务)提供了必要的竞争优势(见图2-4)。

4. 关系型融资的运行

在关系型融资的运行中,企业的创业初期因融资渠道单一、担保物不足,也乐意与出资者建立关系型融资;随着企业的发展壮大,企业的融资渠道增多,对关系型融资的重视程度和使用率都会降低。在企业资金需求出现异常或者项目执行出现偏差时,资金的供求方——正规金融、非正规金融和风险投资者利用关系型融资的相机治理功能对控制权进行重新分配,对企业的生产经营活动进行干预。通常情况下,关系型融资的资金提供者不参与和干涉企业的生产经营活动。但当企业发生危机或者项目执行出现偏差时,资金供给者利用关系型融资的相机治理功能,对企业控制权进行重新分配、对企业的生产经营活动进行干预,使企业走上正常的发展轨道(见图2-5)。

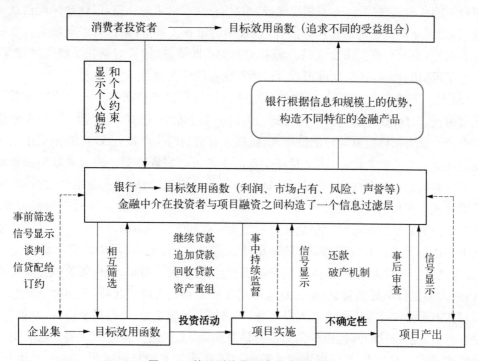

图2-4 关系型信贷融资的内在机制

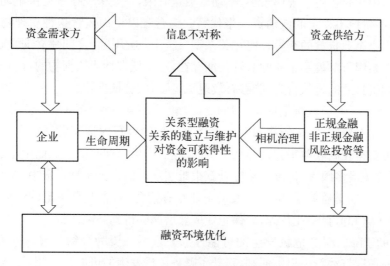

图2-5 关系型融资运行示意图

5. 关系型融资的比较优势

(1) 促进银企信息交流,提高融资效率。Thadden(1995)提出,在高租金吸引下,银行向于进行更多的关系投资,在与其保持关系的同时,通过监督企业得到更多准确的专有信息,并形成良性循环,为企业提供长期资金支持。Bhattacharaya 和 Chiesa(1995)提出,如果进行公开市场的直接融资,企业将面临较高门槛,首先是要向社会公开其专有信息,而有些企业并不想将一些重要的专有信息公之于世;而在关系型融资中,只有建立长期关系的银行才能获取这些信息,为了利用这些独有信息获取未来的收益,银行会保证信息的垄断性,起到保守商业秘密的作用。因此,在长期的银企关系中,银行可以获取具有垄断性的专有信息,企业可获得资金支持。随着关系的不断推进,银行对企业了解程度加深,不但有益于风险的控制,还能促进银行合理地对企业提供再融资。

(2) 优化资金配置,提高抵押物监督效率。银行贷款是目前中小企业获得外源融资的重要途径,而信息不透明、缺乏抵押物是阻碍中小企业融资的两大问题。关系型融资能使中小企业获得银行贷款的可能性增大,虽然私有信息的生产是高成本的,但对于还没有建立起自身信誉的企业而言,这又是一个低成本的可行融资方案。因为关系型融资不仅保持了内部信息的私有性质,便利了借贷双方的信息交流,激励了企业的研发活动,而且还使借贷成本在长期关系过程中得到了跨期的分担,并降低了融资过程中的抵押要求。这些对于信贷紧缺的创新型中小企业而言是非常有利的。Sharpe(1990)证明了关系型融资在中小企业融资方面的优势,模型简要可以描述为:首先,市场中需要外源资金的企业,分为优质企业和劣质企业,由于信息不透明,信息掌握不对称,银行无法区分企业的优劣,因此大多银行不提供贷款,而关系银行对其给予资金支持。此后,参与之前贷款的关系银行在银企合作过程中获取了大量信息,能够把握优质企业,进行借贷行为,获取收益。而没有参与之前贷款的其他银行仍然没有信息来源,无法区分企业的优劣。这表明关系型融资模式在一定程度上可以缓解企业信息不透明带来的贷款障碍。Berger 和 Udell(1995)提出,中小企业由于规模较小,不动产数量有限,一般来说很难提供不动产抵押物,而是质押一些价值不稳定的流动资产来代替。银行难以全面监管这种质押物,存在潜在风险,阻碍中小企业贷款的获得。但在关系型融资中,由于银企之间建立的是长期的综合服务关系,关系银行对关系企业的监管长期存在,对于抵押物或质押物的价值变化能及时掌握,从而调整日后的贷款行为,能够有效避免风险,监管抵押物。

(3) 有助于产生贷款跨期收益。Petersen 和 Rajan(1995)提出,对于成立初期的企业,还贷能力相对较弱,需要能在初期提供优惠贷款的银行保证其发展壮大,在企业成熟后,银行也可获得较高收益来弥补前期贷款的优惠,产生跨期收益。然而由于道德风险与企业发展风险等诸多因素,传统交易性贷款很难实现。而在关系型融资中,关系银行与企业之间建立了长期交易关系,掌握了大量企业专有信息,对企业有一定的约束控制力,从而可以及时了解和监督企业行为,确保企业成熟后能够得到高额回报。

(4) 有助于降低财务危机发生的可能性。关系型融资为合约的灵活处理预留了空间,为隐含的长期订约行为提供便利,降低了财务危机发生的可能性。相对于资本市场上的安排来说,关系型投资者与客户间的关系没有那么严格,合约的重议也较为容易。对于未来不确定性相当高的融资安排,关系型融资提供的更高灵活性能降低财务危机发生的可能性。

(5) 有助于外部投资者积极参与公司治理。在公开市场融资中,由于投资者独自生产私有信息的边际成本是很高的，外部投资者很难也没有足够的激励来直接参与到公司的内部治理中，而只能通过合约条款和公司控制权市场为公司管理者提供外部约束。但在关系型融资安排中，投融资双方的密切关系和信息生产的私有性使得外部投资者能在公司治理中起到更为积极的作用。

(6) 关系型融资的宣告效应。Fama(1985)提出，如果关系银行对关系企业开展再贷款，就意味关系银行根据上一期获得的企业专有信息判断，该企业具有一定的发展前景，将在未来产生更好的收益。这形成了一种市场预期，也称"宣告效应"。Billet(1995)还进一步证明，"宣告效应"的大小与关系银行的质量正相关，也就是说，如果关系银行的规模越大，声誉越高，市场对于其做出的选择判断的接纳程度就越高，产生的"宣告效应"就更明显。如果企业通过与高质量的关系银行建立长期反复的银企关系，企业声誉将会提升，企业的社会认可度会增加，企业交易型贷款的可得性也将会提升。

(二) 关系型融资理论的创立

最早关注关系型融资的是马歇尔，其在《货币、信用与商业》写道："一个银行家若一直与住在其银行附近的人来往，则常常可以只根据个人信用很有把握地发放贷款，而这是那些与其顾客不直接打交道的大股份银行部门经理所做不到的"，"私人银行的股东们只关心自己银行的繁荣。而且可以根据自己的判断和考虑，不受任何约束地从事自己认为值得的冒险，尽管这种冒险在银行看来是不值得的。的确，他们也可能会和银行附近的工商界的领袖们平等地密切往来，从而可以对借款申请人的个人品质和经济情况作出正确的判断"。

美国学者Hodgman1961年在《经济与统计评论》上发表的《存款关系和商业银行投资习惯》一文，开启了对关系型融资研究的先河。他调查了银行业顾客关系的重要性，但他是从存款关系的角度论证关系型融资的重要性。随后有学者开始研究银行贷款对企业价值的影响。

(三) 关系型融资理论的发展

1. 用两期借款模型证明关系型信贷

Sharpe(1990)和Rajan(1992)将关系型融资从存款市场转向贷款市场，开始研究在贷款市场上关系型融对企业和银行的价值。Sharpe通过构造两期借款模型，证明关系型融资在长期内重复使用，银行能够得到企业的私有信息包括企业的资产的真实情况、企业的盈利能力、企业的发展前景等等一系列的信息，很清楚地了解企业和项目的情况，通过前期的信息积累来决定是否继续给企业提供贷款。关系型贷款者比保持距离的贷款者了解更多关于企业的信息，这里的关系型贷款者是指的银行，而保持距离的投资者是证券投资者。

2. 创立关系银行模型

Petersen和Rajan(1994)提出：在银企关系建立的初期阶段，由于信息不对称与不完全，银行对企业了解程度低，贷款利率较高，对抵押要求较多。而通过两者长期合作，随着关系的发展和信息的交流，了解程度逐渐加深，信息掌握量增大，因此在关系型融资安排中，投资者对融资方的抵押要求会相应降低。此外，在长期关系中，关系型融资能实现对合约条款的跨期平滑,如投资者的短期损失能通过长期关系来补贴。这些都会使银行能够适度放宽条件,加深银企之间的合作,企业从银行获得资金的可能性也逐渐提高。该理论被称为关系银行模型,为定义关系型融资提供了重要的参考标准。

3. 银企双赢的论证

关系融资理论是金融中介理论发展的重要产物。目前的关系融资理论主要以银行类金融中介为对象来研究关系型业务的本质特征和基本功能。在现实中,银行能通过向客户提供一系列服务,获取关于客户财务需求的知识,并以此建立紧密的客户关系。该关系对于银企双方都是有益的,Book 和 Thakor(1997)提出关系型信贷过程中的金融服务、监督等可以降低企业的融资成本。他通过对企业上市前后的关系型信贷情况加以研究,发现上市前关系型融资对企业的作用远远大于其上市后,并首次提出银行通过关系型融资可获得租金,如果在关系中产生的信息对于贷方来说是私有的话,也即能形成对信息的垄断的话,贷方就能从中获取租金。而且随着关系的演进,租金会越来越高。如银行可以通过加深对客户的了解,向客户提供定制的金融产品,而企业通过与银行的长期合作可以保障自己资金来源,而不用顾虑资金短缺。忠诚的客户也更乐意向其信任的银行购买金融服务,这反过来有利于银行开发和推销新产品。许多银行都将长期的客户关系作为其企业文化和营销哲学的核心内容之一。

此外,很多学者提出关系型信贷在解决中小企业融资方面的比较优势。由于中小企业无法向公开市场提供充分的数字信息(硬信息),也就无法从公开市场获得充分融资的权利。中小企业内部存在着大量的非数字信息,也就是意会信息。例如企业有着良好的投资机会、良好的创新能力、广阔的市场前景以及企业家优秀的管理才能等。因为意会知识具有难以量化、传递和强烈的人格化特征。生产此类信息,必须充分接近信息源即融资人(外部人难以知晓),否则有价值的东西就会被忽略。如果有限个人或机构能够通过深入挖掘或研究来获得中小企业的意会信息(软信息),就有可能为中小企业提供一部分生产资金,满足中小企业的部分资金需求。从而相应的私募股权市场也就因为中小企业的资金需求而发展起来。

4. 关系型融资的公司治理机制

在关系型股权融资中,关系投资者参与公司治理的产权基础是对受资企业的所有权,关系投资者可以以股东身份行使对被投资企业的决策监督权,包括股东会的投票治理、直接被选举为董事或监事治理等。

在关系型债权融资中,关系投资者参与公司治理的产权基础是关系债权。在具体的介入机制中,首先,关系债权人可以派驻代表或委托机构直接参与董事会运作,对公司有关财务、发展战略、人事等方面的重大决策进行投票,由于关系债权人具备私人信息优势,参与后的治理有效性将大大提高;其次,随着软信息的不断更新,关系债权人可以依照企业状态相机选择治理行为。当企业经营良好时,采取股东主导治理模式,关系债权人只需行使债权人的监管权力;当企业经营不善,业绩滑坡时,关系债权人可以通过内、外部治理两种途径参与公司治理:在治理内部,可以积极行使外部董事权力,对企业的经营决策施加影响。在治理外部,可以以大债权人身份对经营者施加压力,促使其努力工作,使企业扭亏为盈；当企业资不抵债、濒临破产时，关系债权人为了保护其债权利益，应当适时接管企业，引导企业破产清算，最大限度挽回损失。

随着研究的深入，关系型信贷的研究已经从理论层面上升到实证与理论相结合的量化研究层面。如有关关系型融资对于小企业的价值方面的研究，Petersen 和 Rajan（1994）最先运用 1987 年美国小企业数据研究证实，中小企业与银行之间的紧密联系以及其长期关系会直接提高信贷可获得性，银企关系具有实际价值。美国著名学者 Howard 利用美国早期的中小企业发展数据，分析影响企业融资的因素，并建立归模型。之后诸多欧美学者通过数据和建立模型来研究关系型融资问题。这些都为以后研究关系型信贷提供了可以借鉴的依据。

（四）主要贡献与不足

1. 主要贡献

关系型融资理论的发展是金融科学中一个激动人心的领域，已经成为经济金融研究的一个重要领域。关系型融资理论在金融中介过程和企业治理过程中都扮演了重要的角色，让人们认识到关系型投资者对信息问题的克服和信息生产的规模经济与范围经济，带来我们对融资关系本质特征的前所未有的认识，开阔了视野。

2. 不足

该理论还有一些不足，第一是还未能明确关系型融资价值的确切来源，这对于明确银行的核心竞争力和预测银行业的未来发展方向都是至关重要的。第二是未能明确关系型融资业务对经营业绩的贡献。第三是关系型融资的范围经济的界定和经济价值，无论是在理论上还是在实证上，都存在不足。第四是关系型融资的边际分析还不够。第五是关系型融资方式的内部结构，对具体包括哪些融资方式，不同方式之间的关系如何，还有待深入研究。第六是关系型融资在转轨经济中的作用和价值的研究是该理论最为缺乏的内容。

三、融资契约理论

（一）融资契约理论概述

1. 契约的概念

契约，即合意，又名合同，其实质为共同交易。在法律中，契约被定义为"得到法律承认的协议"。在现代经济学中的"契约"比法律中的"契约"更加宽泛。实质上，所有的经济交往都可以被看成是一种契约关系。契约性质可以从以下几个方面去理解：

一是契约存在的基础是意见一致；

二是契约是当事人自由选择的结果；

三是契约反映了缔约主体的平等关系；

四是契约体现了主体之间相互承诺和信任。

2. 契约的不完备性

所谓契约的不完全性是指契约不可能做到完备的程度。契约的不完备性体现在三个方面：第一，在复杂的、十分不可预测的世界中，人们很难想得太远，并为可能发生的各种情况都做出计划。第二,即使能够做出单个计划,缔约各方也很难就这些计划达成协议,因为他们很难找到一种共同的语言来描述各种情况和行为。对于这些,过去的经验也提供不了多大帮助。第三,即使各方可以对将来进行计划和协商,他们也很难将计划写下来,并在出现纠纷的时候,让外部权威比如说法院能够明确这些计划是什么意思并强制加以执行。

3. 融资契约

从本质上来说,融资契约是为实现生产要素新的组合,发起人以"中心契约人"的身份同物质资本所有者订立的交易契约。交易必然具有利益的冲突,由于控制权对于利益具有保障作用,因此,利益的冲突也就是控制权的争夺冲突,契约的建立就是为了消除这种冲突。

融资交易中,控制权争夺冲突可以用买卖机制、权威机制和行政机制来进行协调。行政协调决定的融资契约只有在计划经济国家才存在,例如财政拨款和政策性贷款。行政协调表现为政府对资本需求和资本供给两方面的控制。权威协调是当事人之间基于资产专用性、机会主义和不确定性等因素存在的情况下,比价格协调具有相对优势的协调方式。这种协调方式一般采取股权契约形式。价格协调则是基于不存在或较少存在资产专用性、机会主义和不确定性而采取的契约协调形式,这种协调方式比较简单,一般按市场规制治理,采取债务契约的形式。

因此,融资契约在本质上都是融资者协调与物质资本所有者利益冲突的交易机制,由纯粹价格决定的债务契约和由纯粹权威决定的股权契约是融资契约的两极,都属于单契约机制。这两组契约机制不同组合决定了企业融资契约的不同具体形态,而这些不同的具体形态则是控制权分配的具体表现。总之融资契约本质上是一种复合交易契约,正是这一复合契约的性质才能实现对控制权的合理分配。

(二) 融资契约理论的创立

Grossman 和 Hart(1986)以及 Hart 和 Moore(1998)提出把合约的不完全性和控制权的最佳配置作为研究视点后,诞生了融资契约理论的雏形。

现实经济中充满了不确定性,人们不可能预测到所有未来将要发生的事情并在合约中对交易各方在各种可能情况下的责权利做出明确界定,而且这样做的交易费用将相当高。他们认为当由于明晰所有的特殊权利的成本过高而使契约不能完备时,所有权就将具有重要意义。

Hart 和 Moore 先是区分了特定权利和剩余权利(剩余索取权和剩余控制权),特定权利就是指在合约中被明确规定的权利,而没有被明确规定的权利就是剩余权利。不完全契约理论的主要观点是企业与市场的区别不是由剩余收入索取权的分布决定的,而是由剩余控制权的分布决定的。市场意味着剩余控制权在交易双方是对称分布的,而企业意味着剩余控制权的非对称分布。当两个经济行为主体进入一种交易关系,财产被用来创造收入,而要在合约中列出所有关于财产的特殊权利费用极高时,最合适的做法就是一方将另一方兼并,即一方把另一方的剩余权利都购买过去。但是剩余权利对购买方来说是一种收益,对另一方却是一种损失,这就不可避免地造成激励机制的扭曲。因此,一种有效率的剩余权利的配置,必须使购买者激励上所获得收益能够充分弥补售出者激励上的损失。投资行为最重要的一方应当取得剩余权利的所有权。与此同时,在合约不完全的情况下,物质资本所有权是权利的基础,对物质资产所有权的拥有,将导致对人力资本所有者的控制,这实际上是一种资本强权观和资本至上观的表现,剩余控制权等同于企业的所有权,拥有剩余控制权实际已被作为所有权的定义。

Hart 等人的贡献就在于通过"剩余控制权"概念将"控制权"变量引入到契约分析的范畴中。随后 Aghion 和 Bolton(1992)在放弃了当事人不受财富约束的假设,并且以"债权"融资为背景提出了"控制权相机转移"的思想。

发展起来的融资契约理论将"控制权"变量引入到契约分析的范畴中。它不仅强调股本和债务所代表的货币收益的索取权,更强调它们所代表的控制权。主张以契约视角来研究企业,特别是企业的融资活动。

(三) 融资契约理论的主要内容

所谓融资契约理论(也称金融契约、金融签约、财务契约、财务签约、融资签约等)是指在不完全契约条件下,资本供求双方有关资本交易的约定,是企业融资行为的基础。它表明控制权的不同配置将影响企业的资本结构,继而影响企业的价值。

融资契约理论指出经理人和投资人的关系是动态的而不是静态的,由于人的有限理性和机会主义倾向,融资契约不可能是一个完全契约,契约双方不可能详尽地把全部可能发生的情况及其责任和义务写进合同,双方均无法完全预期事后投资收益的各种状态以及经理人可能采取的行动。因此,在金融契约不完全的情况下,融资行为是融资双方之间的博弈过程:管理者根据投资者的行为来选择努力水平和私人福利,而投资者则根据对管理者的预期来决定是否投资。经济行为的契约化、契约完备程度以及社会履约环境与保障机制,对交易的规模和效率产生着重要影响。该理论的要点是分析融资方式和控制权分配之间的关系。首先,如果企业的控制权掌握在投资者手中是最优选择,那么企业应发行有投票权的股票进行融资。在这种情况下,一个可行的选择是让经理人成为投资者的雇员;其次,如果企业的控制权掌握在经理人手中是最优选择,那么就应该通过发行无投票权的股票(如优先股)进行融资;最后,如果企业的控制权要依状态(信号)而定,企业可通过债券方式融资。企业状态的好坏可以通过第一阶段的业绩来推测,如果第一阶段业绩不好,则控制权由投资者掌握,相反则由经理人掌握。如果在企业状态好的情况下由经理人拥有控制权是有效的,那么可采用债券融资。在这种情况下,经理人是否有能力保持控制权取决于能否履行债务合约。一般而言,不履行债务合约有两种结果——清算或企业改组。当经理人处于外在状态不好的情况下不履约,投资者会进行清算;但当经理人处于外在条件不错的情况下不履约,企业将继续存在,但可能会进行改组。这样,债券融资实际上提供了一个依状态来分配控制权的机制。

债券融资并不是依靠实现状态来决定控制权的唯一机制,其他如风险投资、可转换证券融资也有相似功能,只不过在控制权决定的方式和过程上有所不同。在高成长同时具有高风险的企业中,一般初创阶段由经理人拥有控制机制的融资方式是发行可转换证券。在这样的融资安排下,当企业有了好的收益后,可转换证券便转换成有投票权的股票,此时控制权转移到了投资者手中。当经理人由于企业规模、扩大而无力胜任工作时,特别是在经理人又不愿卸任时,这种融资安排会提供一种机制来实现控制权的转移。

融资契约理论表明,可以通过对控制权结构的优化来达到优化融资结构的目的,其核心正是通过融资契约来确定投资人和经理人之间对控制权的分配,继而达到融资结构的最优。

(四)融资契约理论的发展

进入 21 世纪,融资契约理论在分析证券工具的选择及其在实现控制权分配的作用方面有了进一步的发展。

投资者可通过证券工具的选择来实现控制权的分配。Kaplan 和 Stromberg(2001)发现在其研究的 213 个样本中,投资者采用可转换优先股投资的有 204 个,占比为 96%。一般而言,投资者选择可转换优先股主要基于信息不对称、税收、激励因素这三方面的考虑。由于信息不对称,选择可转换优先股可促使经理人做出对项目前景有充分信心的信号。Gilson 和 Schizer(2002)分析了个人所得税和可转换优先股之间的关系,指出由于可转换优先股的使用,经理人不仅可以规避当前的所得税,而且可以通过延迟付税直到将来有更优惠税率的情况下才出售自己的激励报酬(如期权),来优化其报酬的税负,达到避税的目的。由于对经理人的激励报酬是融资契约的重要内容,因而减轻经理人报酬的税负也成为证券选择的关键。可转换优先股的激励作用体现在,对于投资者而言,如果项目失败,投资者由于处于非普通股地位而能减少损失;对于经理人而言,发行可转换优先股,表明经理人对项目发展前景有良好预期,同时又增强了经理人的业绩敏感程度,为经理人成功运行项目提供了强有力的激励。从另一个角度看,如 Cornelli 和 Yosha(2003)指出的,可转换优先股能克服经理人的短期行为。如果经理人操纵业绩,采取短期行为,那么投资者可以行使转换权,将债权转为股权,从而稀释经理人的股权。

Schmidt(2001)认为是可转换优先股可以使现金流权内生化,也就是说,现金流权在投资者和经理人间的分配取决于现实的状态和经理人的努力。当经理人对项目的投资达到一定的效率水平之后,投资者才会选择合适的转换比率,这就使经理人的支付函数产生了非连续的跳跃,从而迫使经理人提高投资的效率。可转换优先股的这个性质提供了一个强有力的机制来解决投资者和经理人间的双重道德风险。应该注意的是,可转换优先股的转换行为只有在对于提高公司价值有充分的重要性条件下,才是一级最优的,否则只会稀释经理人的股权而不会提供另外的激励。Schmidt 尽管对可转换优先股的广泛使用提出了一个可行的解释,但其模型的不足是对参与优先股的广泛使用的解释乏力,而依据 Kaplan 和 Stromberg(2001)的实证数据,参与优先股的选用占比高达 48%。

Hellmann(2002)分析了可转换优先股、控制权的分配与外部融资量的关系。当外部融资量较小时,选择最基本的可转换优先股是最优的,这时控制权的分配并不重要;当外部融资量较大时,参与可转换优先股是最佳选择,控制权往往依状态而定。Hellmann 还通过可转换优先股的作用来考察退出机制的安排与控制权的关系,如果投资者拥有较大的控制权,由于可转换优先股在兼并收购和 IPO 中分配了不同的现金流权,因此投资的退出更多的是通过兼并收购而不是 IPO。Hellmann 模型与其他相关研究不同,最重要的特点是将外部融资量作为考察的变量,同时,不局限于从激励的角度,而是从一个全新的控制权角度,即退出方式的选择上展开分析,将现金流权、控制权和退出方式三者联系在一起来说明证券工具在实现控制权分配中的作用。

(五) 主要贡献与不足

1. 主要贡献

融资契约理论的主要贡献在于将不完全契约理论的分析框架引入到融资结构问题,提出了金融契约中的控制权问题,即金融契约中,融资工具除了现金收益特征外,还有控制权特征。由于"控制权"变量的引入,融资契约理论比那些只考虑融资价格如利息、股息的理论有了很大进步,因为它加深了我们对融资契约的理解,将不完全契约下的融资问题与公司治理问题真正有机地联系在一起,大大推动了融资结构研究和金融理论的发展。

2. 不足

该理论有一个缺陷就是将"控制权"简单地视为"零一"性质的变量,即要么企业家拥有,要么投资者拥有。这些融资契约模型仅仅能够解释现实融资契约安排的某些方面,而且控制权的"零一"性质并不符合现实。因而就很难给出满意的融资结构模型。

本章小结

资金是企业经营活动的必要条件,因此融资一直是企业重点关注的问题。本章通过介绍资本结构理论的演进历程,引入了MM理论、权衡理论、信号传递理论、代理成本理论、优序融资理论等侧重融资结构决定因素不同层面的资本结构理论,并归纳出资本结构理论发展演进的规律。传统的企业融资理论所研究的是理性的管理者在面对理性的资本市场时如何进行最优的融资政策的,但人们的判断和思维往往具有一些与"理性"相偏离的特性,因此,本章进一步介绍了行为融资理论。而当信贷市场上有众多的资金需求时,就会出现对贷款的需求超过供给,导致信贷市场出现无法出清的现象,信贷配给理论则加深了人们对信贷市场资金供求失衡的认识。关系型融资理论让人们认识到关系型投资者对信息问题的克服和信息生产的规模经济与范围经济,融资契约理论则表明控制权的不同配置将影响企业的资本结构,继而影响企业的价值。

一、名词解释

(一) 信号传递理论

(二) 优序融资理论

二、简答题

（一）简述 MM 理论三个基本命题

（二）简述权衡理论的主要内容

（三）简述代理成本理论的主要内容

 思考题

我国企业的融资是否遵循优序融资理论？为什么？

第三章 私募股权融资理论与实践

学习目标:
1. 了解私募股权融资概念及相关主体,了解私募股权基金的概念、特点及作用
2. 掌握私募股权融资相关主体的运作流程、私募股权融资公司的分类、私募股权融资对象的分类,掌握私募股权基金的主要类型和特点
3. 熟悉及私募股权融资的作用私募股权融资的风险与防范

关 键 词: 私募股权融资　私募股权基金　私募股权融资公司分类

第一节　私募股权融资概述

一、私募股权融资的含义与特点

(一) 私募股权融资概念

1. 私募与私募股权

私募是与公募理论相对应的资金募集方式。私募之意,一是指"私下募集",即不能以广告等公开方式,只能以协商等非公开方式募集资金。二是指"向特定对象募集",由此决定投资对象不具有大众性,通常以20人以下为人数标准。

私募股权的英文是"Private Equity",简称"PE",中文翻译有私人股权、私募股权、私人权益、私人权益资本、私募股权投资、直接股权投资、私募股权基金、私募股权投资基金、产业投资基金等称谓。"私人股权"强调股权持有者是私人,但未能体现股权融资方式的私募性;"私募股权"强调股权采取非公开方式募集;"私人权益"包括股权权益与债权权益,因而不能直接理解为股权权益;"私人权益资本"仅强调投资者所投入的资本金;"私募股权投资"从投资者角度出发,采取非公开方式,以股权形式投资;"直接股权投资"强调直接投资而非间接投资。至于有学者将"PE"翻译为私募股权基金、私募股权投资基金、产业投资基金等称谓并不恰当。"基金"是以特定的投资组织形式,将具有特定目的和用途的资金交由专家管理的集合投资制度。"基金"仅强调股权的私人性而未能说明必须通过基金形式进行投资。通过上述分析,"Private Equity"概念本身并不能承载过多含义,因此将其翻译为"私募股权"较为恰当。至于私募股权基金,其英文对应词组为"Private Equity Fund""私募股权投资"的英文对应词组为"Private Equity Investment"。股权是股东基于出资行为所享有的,与其持股比例相对应的权利。私募股权是无须证券交易监管机构的审批登记,以非公开方式取得并在私人、金融机构或非金融机构之间交易的权益资本。既包括非上市公司的权益资本,又包括上市公司非公开的权益资本。从公司融资角度讲,私募股权是公司以股权而非债务方式融资,从投资者投资角度讲,私募股权是投资者以股权而非债权方式投资。因此,私募股权既有融资功能又能代表投资权益。投融资双方基于投资方出资行为形成投资关系,该关系属于公司内部关系。依据公司法原理,股东基于出资而享有股权,包括专为股东自身权益而行使的具有财产权性质的自益权,以及为股东自身利益并兼为公司利益而行使的具有管理权性质的共益权。私募股权虽冠之以私募,但并未改变其股权性质,只是强调公司融资方式的非公开性,因此私募股权与一般股权无异。

2. 私募股权融资与私募股权投资

私募融资是指通过非公开方式,向特定投资者募集资金的融资方式。根据所融资金的性质,可将私募融资分为私募股权融资与私募债权融资。私募股权融资有广义与狭义之分(见图3-1)。广义私募股权融资还包括上市公司私募股权融资,简称"PIPE",即上市公司通过转让或定向增发等非公开方式形式,向为数不多的机构或个人出售股份以获取资本的融资方式。狭义私募股权融资是指非上市公司通过协商等非公开方式,向特定投资者出售股份以获取资本的融资方式。当前全球范围内私募股权融资是非上市公司的主要融资方式,上市公司私募股权融资尚未成为也不可能成为上市公司主要融资方式。

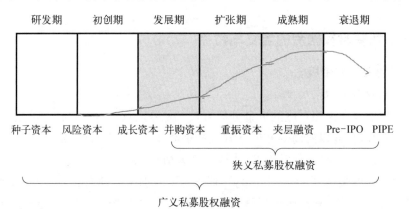

图3-1 私募股权融资概念的狭义与广义之分

私募股权融资是与私募股权投资相对应的。私募股权投资是指通过私募形式投资于非上市公司股权或者上市公司非公开交易股权,并在持有一定阶段后通过上市、并购、重组等方式,出售所持公司股份获利退出投资的一种投资方式。广义私募股权投资涵盖企业首次公开发行前各阶段的权益投资,包括对处于种子期、初创期、发展期、扩展期、成熟期和上市前各个时期对企业所进行的投资。与之相对应的权益资本为创业资本、风险资本、成长资本、并购资本、夹层资本、重振资本、Pre-IPO资本(如过桥资本)。狭义私募股权投资是指对已经形成一定规模,并产生稳定现金流的成熟企业的私募股权投资,主要指创业投资后期的私募股权投资,以并购基金和夹层资本为主。私募股权融资与私募股权投资的主要区别在于主体,私募股权融资以融资公司为主体,私募股权投资以投资者为主体。

(1) 种子资本。种子资本就是指在融资公司的技术成果产业化前期就进行投入的资本,也被称为种子资金。由于种子资本进入较早(实际上是各种投资中最早的),所以风险相对更大,但潜在收益也相对增加。从科技成果产业化的角度来看,种子资本的作用是非常重大的。正是由于种子基金的出现,才使许多科技成果能够迅速实现产业化,才能有更大的发展,这就是"种子"的寓意。由于种子基金的高风险性,以及其在科技成果转化中的重要作用,很多种子资本都是由政府提供的,即我们所常见的政府种子基金。

(2) 风险资本。风险资本是那些新兴的、快速发展的,并拥有很大发展潜力的初创企业进行的权益性融资。他们通过私募股权融资得到资本支持及其增值服务,使企业从创业者最初的一个简单构思到形成概念体系,从研发阶段到产品成型,最后直至产品上市、企业发展壮大。虽然因初创企业发展过程中技术风险、市场风险、管理风险均面临巨大的风险,但这种融资之所以能够持续,是因为能够为投资者带来超额利润,弥补其投资其他项目的损失。

(3) 成长资本。成长资本(发展资本)是经过初创期发展至成长期的企业所进行的私募股权融资。这阶段的企业所经营的项目已产生一定规模的营业收入和正现金流,并由研发阶段进入市场推广阶段,商业模式已在市场上得到具有良好发展潜力的验证。但这种融资资金还不足以支持新业务开拓或规模扩张,融资企业就是利用资本帮助它们实现高速增长,同时也可以使投资者获取不菲的回报。可控的风险以及可观的回报使其成为我国私募股权融资中比例最大的部分。

(4) 并购资本。并购资本主要是处于扩展期的相对成熟的企业所进行的私募股权融资。它是以融资企业的资产以及未来的收益能力为抵押,所筹资金用于收购其目标企业的一种财务管理行为。该类型融资可以协助新股东融资而收购控制并管理其他企业,也可以协助企业融资扩大规模,抑或改善企业运营灵活性而协助其进行的资本重组。

(5) 重振资本。这类资本通常指陷于财务困境或企业危机中的企业融资,该融资企业价值被低估,但仍具有长期的市场生存能力。投资人以股权参与投资并要能接管融资企业,使企业通过重整能走出困境或重组成功,产生新的市场价值,使资本获利退出。

(6) 夹层融资。夹层融资是已完成初步股权融资的成长型企业,在两轮融资间,或在上市前的最后冲刺阶段所进行的融资,是在企业获得所需资金进入新的发展阶段后,投资者迅速全身而退的一种私募股权融资类型。它介于股权融资、债务融资之间，债权和股权灵活结合的资本，按照融资企业和投资者的要求灵活组合，因此兼有双重性质以及各自优势。通常，一些企业需要资本，但又不想过分稀释股权，或者无法融到更多债权资本，而投资机构也不想成为长期投资者，这种情况下，夹层资本就能达成双方目标，可以帮助企业提高融资能力、融资比例和融资效率，优化资本结构。企业往往通过发行次级债、可转换优先股、可转换债券等金融组合来作为融资工具。由于其操作风险相对较小，投资者期望的回报率也相对低些。

（7）Pre-IPO融资。Pre-IPO投资是处在上市前阶段，或是预期近期企业的规模及盈利达到上市水平的企业可采用的私募股权融资类型。该类型融资企业的私募股权投资者主要是投行型投资基金、战略型投资基金。引入投行型基金的融资企业，他们不仅可以获得投行型基金作为"投资银行家"给予的IPO帮助，同时可以享受其作为"私募股权投资者"提升公开市场中投资者对融资企业的信心和价值，帮助企业股票成功发行；而引入战略性投资基金的企业，可取得投资者技术、管理、客户等资源，并在其帮助下，建立起规范的治理结构和财务结构。而作为Pre-IPO投资者，在企业股票受到热捧下，由于风险小、回收快，可获得较高的回报。

（8）PIPE融资。PIPE融资是已上市公司以市场价格的一定折现率出售公司股份，以此扩大自身资本的一类私募股权融资方式。同二次发行等传统的融资手段相比，PIPE融资成本以及效率相对偏高，监管机构审查相对较少，且无须昂贵的路演成本，这促使企业获得资本的时间、成本大程度降低。因此，那些不想应对传统股权融资复杂程序的中型高速成长的上市企业较适用PIPE融资。

（二）私募股权融资的相关主体

企业的私募股权融资并非一己之力就可促成，它需要来自各方的协作和配合。在这个运作链中，融资企业、基金或基金管理公司、基金投资人、中介机构往往成为私募股权融资过程中的市场主体参与者（见图3-2）。

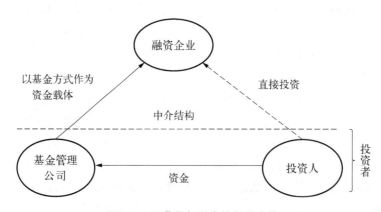

图3-2 私募股权融资的相关主体

1. 融资企业

融资企业都有一个重要的共同特点——需要资金。创业期的企业需要最初的启动资金;成长期的企业需要能够用于扩张规模、提高生产能力的资金;改制重组的企业需要用于并购和改制的资金;遇到财务危机的企业需要注入周转资金来克服瓶颈;成熟企业要达到证券市场对资本的要求才能上市;即便已上市企业同样也可能根据需要进行不同方式的不断融资。因此,企业在不同成长阶段会需要不同规模、不同用途的资金,甚至有的现金流良好、资金较为充裕情况下也进行融资,只是为了获得一个能够与企业同甘共苦、使企业能够享有额外"增值服务"的投资者。

2. 私募股权投资人

私募股权投资人即企业融资的资金提供者。在美国,投资人主要是养老基金、商业银行、投资银行、保险公司、非金融业公司、富有个人等,其中公共养老基金、企业养老基金投资于私募股权基金管理公司的金额达到基金总资金额的30%~40%,成为其最大的投资者(见图3-3)。在我国,通常对私募股权投资参与者设置较高的门槛。2010年,中国银监会发布《保险资金投资股权暂行办法》,清除了保险公司投资于基金管理公司发起设立的投资基金等相关金融产品的障碍。这一举措,再一次扩大了我国投资人范围。

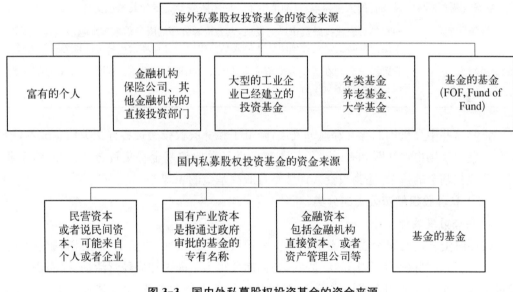

图3-3 国内外私募股权投资基金的资金来源

3. 基金管理公司

多数情况下,投资人并不直接将资金投入进行私募股权融资的企业,而是同基金管理公司订立相关权益合约,承诺投资额度,分批投入,并以基金方式作为资金载体,由不同的基金管理人进行资金运作。在基金管理公司主要由基金经理人、管理人组成,他们通常拥有良好的专业技能、丰富的投行经验、卓越的信誉,并根据自身特点专注于特定行业和处在特定成长阶段的企业。通过调查研究,凭借独特敏锐的眼光将资金注入企业换取股权,协助融资企业获得资金的同时,加速企业发展,并在其达到规模后退出取得资本利得。再根据同投资人的约定将投资收益按比例分配,至此投资人取得高额回报。由于基金投资者和投资人的终极目标均为找到合适的融资企业,将资金投入以期获得收益。因此,在私募股权融资中使用"投资者"概念时,一般指私募股权基金管理公司或各种形式存在的投资人。

4. 中介机构

随着私募股权市场的发展、完善,衍生并成长壮大起一批第三方中介服务机构。除了表 3-1 所列的各类中介服务机构,还有包括基金托管方,养老金,保险精算顾问,信息技术服务商,风险顾问,律师行,会计、税务以及审计和资产评估事务所等专业服务机构。

表 3-1 私募股权融资中部分中介机构的职能

中介机构	职能
专业顾问	该类公司皆在为各投资人寻找投资于私募股权基金的机会。其在企业技术、管理、运作、商业以及战略等方面有卓越的洞察力,并为他们取得了客户的信赖
融资代理商	主要管理整个筹资过程。虽大多投资银行同样提供相同的服务,但许多代理商是独立运作商
市场营销、公共关系、数据及调查机构	随着市场营销、社交战略的日渐复杂化,形成私募股权基金管理公司对数据以及调研的大量需求,进而催生了一些团队或专家专为其提供支持
人力资源顾问	随着私募股权投融资市场的发展,人力资源方面的服务需求越来越多。其主要职能是招募融资企业管理团队队员或私募股权基金管理公司基金经理等主管人员
股票经纪人	股票经纪公司在提供为融资企业上市、售出股权方面服务的同时,还为私募股权基金提供融资服务

正是这些中介机构的存在和蓬勃发展,降低了私募股权投融资各方相关信息成本,使得私募股权市场更加活跃和有效。他们不仅帮助私募股权基金募集资金、搭建融资企业与私募股权基金的桥梁,还为投资人评估私募股权基金的表现。

(三) 私募股权融资公司的分类

1. 按公司发展阶段分

按照融资公司发展阶段,私募股权融资公司可分为初创期、成长期、扩展期、成熟期融资公司,其私募股权融资需求依次递减。初创期公司由于尚未开展经营活动,因而资金需求量不大。此阶段公司自有资本较少,难以从银行获得贷款支持,又不能通过上市融资,因此对私募股权融资依赖性最强。成长期公司自有资本增加,能够通过银行贷款获得资金支持,但基于公司扩张需要,仍然需要通过私募股权融资满足公司发展的资金支持。扩张和成熟期公司私募股权融资需求量最小(见图 3-4)。

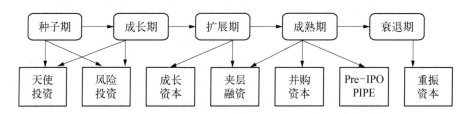

图 3-4 不同发展阶段的私募股权融资公司与私募股权投资的对应

2. 按融资用途分

按照私募股权所融资金的用途,私募股权融资公司可分为创新型公司、创业型公司、并购扩张型公司、财务危机型公司。创新型公司因对新产品新技术研发所需资金数额大,且多处于公司初创期,因此对私募股权融资需求最旺。创业型公司在创业初期既无能力进行内源融资,也无能力通过外源融资获取公司发展所需资金,因此,私募股权融资是企业融资重要途径。并购扩张型公司以兼并收购其他公司为目标,在缺乏并购资金时可通过私募股权方式融资,以满足并购资金需求。财务危机型公司由于经营管理不善而导致公司生产经营活动陷入危及公司生存与发展的严重困境,此状态下根本无法获得银行贷款,只能通过私募股权融资筹集资金,使企业摆脱困境并谋求新发展。公司所融资金用途不同,使国家对私募股权融资扶持力度有所差别。绝大多数国家对创新型公司的私募股权融资持积极态度,从融资条件、优惠政策、资金用途等方面给予鼓励。

3. 按公司所属行业分

按照融资公司所属行业,私募股权融资公司可分为传统行业公司与高科技公司。传统行业公司融资需求多是解决并购资金不足或财务危机。高科技公司融资需求是为研制开发新产品提供资金支持,而银行贷款因技术开发风险高而将高科技公司拒之门外,因此,私募股权融资成为支持科技研发的资金动力。

(四) 私募股权融资对象——投资者的分类

1. 按融资对象对控制权的要求分

私募股权融资对象是资金供给方,即私募股权投资者。按照投资者对融资企业的控制权分,投资者可分为战略投资者与金融投资者。战略投资者主要是指具有资金、技术、管理、市场及人才等优势,能够促进产业结构升级,增强企业核心竞争力和创新能力,拓展企业产品市场占有率,致力于长期投资合作,谋求获得长期利益回报和企业可持续发展的境内外大企业、大集团。战略投资者具有资金雄厚、投资期限长、积极参与公司控制管理等特点。战略投资者往往是融资企业的同行或相关企业,因此易成为企业潜在竞争者。金融投资者又称为财务投资者,一般指私募股权投资基金。较之战略投资者,金融投资者投资期限较短,以出资并获取高额投资回报为目标。除参与公司重大决策外,一般不参与企业日常经营管理,因而不太可能成为企业潜在竞争者。

2. 按融资对象的身份分

按照私募股权投资者身份分,投资者可分为自然人投资者与机构投资者。自然人投资者也称个人投资者,是指从事私募股权投资的富有的社会公众个人,包括一般投资者与天使投资者。国外将具有一定的净财富,对具有巨大发展潜力的初创企业进行早期直接投资的富有个人投资者称为天使投资者(投资天使、商业天使或天使投资家),用于投资的资本称为天使资本,包括三类人群:一是医生或律师等高所得族群;二是民营企业成功的创业家;三是大企业的高层管理人员。天使投资属于权益资本投资,由天使投资者以其资本直接从事私募股权投资,是自发而又分散的民间投资。私募股权融资发展早期以个人投资者为主,虽然单个投资者受资本和投资能力的限制,投资额不可能太大,但众多个人投资者资金集合总额不容忽视。因个人投资者抗风险能力有限,其在私募股权融资中的主要地位逐步为机构投资者所取代。机构投资者是用自有资金或者从分散的公众手中筹集的资金专门进行有价证券投资活动的机构,包括法人型与非法人型机构投资者。法人型机构投资者包括银行、证券公司、投资公司、保险公司、社保基金、养老基金、私募股权基金等。非法人型机构投资者包括个人独资企业与合伙企业。机构投资者既可以直接将资本投资于融资公司成为直接投资者,也可以通过私募股权基金成为间接投资者。因私募股权流动性差,回报周期长,因而资本能够被长期锁定,且有能力承受大量资金损失风险的机构投资者是私募股权融资的主要融资对象。由于直接投资风险大,因此间接机构投资者又成为最主要的融资对象。从全球范围看,私募股权所融资金主要来源于机构投资者,并且日益多元化,特别是一些养老金、捐赠基金、保险公司、商业银行和公司等机构投资者,个人所占比例一般不超过10%。

3. 按融资对象是否直接投资分

按照投资者是否直接投资于融资公司分,投资者可分为直接投资者与间接投资者。直接投资者是直接认购融资公司以私募方式发行的股份。包括个人直接投资者与机构直接投资者,其中机构直接投资者包括私募股权投资企业与私募股权投资基金。间接投资者将其资金交给投资中介机构进行直接投资,通常是私募股权投资企业或私募股权投资基金的投资者。

4. 按融资对象是否专业分

按投资者投资行为的专业性分,投资者可分为专业投资者与非专业投资。专业投资者一般包括风险投资公司、创业投资公司、股权投资公司、股权投资基金等。非专业投资者一般并不以投资为主业。

此外,按照投资者国籍还可将投资者分为国内投资者与国外投资者。

融资公司在选择融资对象时应结合企业自身需要,从公司控制权、投资者退出时间、企业竞争、投资专业性等方面对投资者进行选择。目前实践中的私募股权投资者多为机构直接投资者,即以私募股权基金形式存在的金融投资者为主。

二、私募股权融资中介——私募股权基金的含义、类型与特点

(一) 概念

1. 定义

私募股权基金是指通过私募方式向少数特定投资者募集资金而形成基金资产,主要投资于非上市企业的股权,或者上市公司非公开交易股权,它将伴随企业成长发展,股本增值后通过退出实现获利,因而它对企业的成长期和扩展期都发挥着比较大的作用。虽然目前私募股权基金业务呈现多元化,但投资于非上市公司股权仍是其主要业务。

2. 与相关概念的比较

私募股权基金常与私募基金、私募证券基金、风险投资基金、创业投资基金、产业投资基金等在不同场合交替使用且易产生概念混淆,因此,有必要通过上述概念的比较,明确私募股权基金概念。

(1) 私募股权基金与私募基金的区别。私募股权投资基金不能被笼统地等价于私募

基金。"私募基金"的概念属于中国制造,英文文献中没有对应的词组。私募基金是指通过非公开方式,面向特定少数个人或者机构投资者募集资金而设立的投资基金。私募基金与公募基金相对应,同为资本市场融资方式,私募基金根据投资对象的流通性,可分为私募股权投资基金和私募证券投资基金,这两种基金在资本市场上所起的作用是不同的。因此,私募股权基金是私募基金的一种。

(2) 私募股权基金与私募证券基金的区别。私募证券基金是私募证券投资基金的简称,是指通过非公开方式向少数机构投资者和富有的个人投资者募集资金而设立的基金,主要投资于已上市的证券,它的销售和赎回都是基金管理人通过私下与投资者协商进行的,它主要通过所投资证券在二级市场上的价格波动来实现获利。私募证券基金与私募股权基金同为私募基金组成部分。

(3) 私募股权基金与创业投资基金、风险投资基金的区别。创业投资系指向创业企业进行股权投资,以期所投资创业企业发育成熟或相对成熟后主要通过股权转让获得资本增值收益的投资方式。英国将创业投资界定为为未上市企业提供股权资本但不以经营产品为目的的投资行为。创业投资基金是指由不特定投资者以集合投资方式设立基金,投资于具有发展潜力以及快速成长公司的基金。如果创业投资基金投资对象具有高风险、高收益性时,创业投资基金也被称为风险投资基金。私募股权基金强调基金的资金募集方式及投资一方式,创业投资基金强调投资目的,风险投资基金强调投资对象的风险性。由于创业投资基金及风险投资基金的资金募集方式及投资方式符合私募股权基金特征,因此,两者均属于私募股权基金,是私募股权基金不同的存在形式。

(4) 私募股权基金与产业投资基金的区别。产业投资基金与私募基金同属中国制造。产业投资基金是一种借鉴西方发达国家规范的私募股权投资基金运作形式,通过发行基金受益券募集资金,交由专家组成的投资管理机构运作,基金资产分散投资于不同的未上市企业股权,并提供增值服务,按投资约定分享投资收益的金融工具。产业投资基金以新兴的创业企业、基础设施、支柱产业企业为投资对象。由于同样采取资金私募方式投资于未上市公司股权,因此,亦属于私募股权基金的一种。

(二) 私募股权基金的特点

1. 投资期限较长

私募股权投资基金一般在企业的发育期,甚至是初创期介入企业,待企业发育较成熟或者成熟之后通过股权转让或者上市的方式退出,时间一般较长,短则两三年,长则五六年,甚至长达十年以上。

2. 投资对象为有发展潜力的企业

投资对象偏向于高新技术企业,以及有效率的基础产业,如城市公共设施建设、电力建设等,追求的是高风险、高收益。

3. 投入货币和非货币资金

对企业注入的仅仅是资金还有企业家才能,即在向投资对象提供资本的同时,还参与所投资企业的经营管理,向所投资的企业提供专业化的管理经验,管理人员,以及其他的资本经营和增值管理服务,这是区别于单纯的投资行为的。

(三) 性质——金融中介

投资与融资之间是互动关系。既可以是两个不同主体之间的相对经济活动，又可以是同一主体在同一经济活动过程中不同阶段的表现。基于此，私募股权可以从投融资互动角度进行研究。投资人与融资公司之间存在以私募股权为连接的投融资互动。投资人作为投资方以购买股份方式投资于融资公司而获取股权，融资公司作为融资方以非公开的私募方式出售股份而融资。私募股权的资金来源于个人投资者及机构投资者。由于受资金性质及资金所有者投资能力所限，实践中鲜有投资人以直接购买股份的方式投资于融资公司，多数投资者通过具有专业投资优势的私募股权基金作为投资中介机构，由投资者将资金投入到私募股权基金，再由该基金选定投资项目与企业进行投资，最终通过股权退出获利并分配给投资者。因此，在投资人与投资中介机构——私募股权基金之间亦存在投融资互动。私募股权基金作为融资方向少数特定主体融资以取得资金进行投资，而投资人作为投资方将其资金以股份、合伙出资及信托财产的形式投资于私募股权基金，以获取较直接投资更大的收益。基于此，私募股权基金不仅是集合投资形式，亦是投融资双方的金融中介。由此可见，在私募股权融资关系中存在两重投融资关系。以投资人与融资公司间的投融资关系为主，辅之以投资人与投资中介机构间的投融资关系。对于投资人与融资公司、投资人与投资中介机构而言，投融资属于两个不同主体之间的相对经济活动。对于投资中介机构而言，投融资是同一主体在同一经济活动过程中不同阶段的表现，即先融资后投资（见图3-5）。

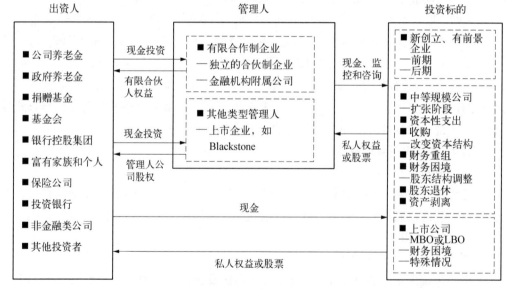

图3-5 私募股权资本市场中"金融中介"的作用

（资料来源：刘勇私募股权投资基金：中国模式及应用研究）

(四) 分类

1. 按投资对象的融资目的分

依据私募股权基金投资对象的融资目的，私募股权基金可分为创业类私募股权基金和非创业类私募股权基金。创业类私募股权基金以创业企业为投资对象。非创业类私募股权基金以创新型、并购扩张型、成长发展型和财务危机型公司为投资对象,相应地可分为创投基金、并购基金、成长投资基金、夹层投资基金以及破产投资基金。创业投资基金又称为风险投资基金,是指以一定的方式吸收机构和个人的资金,通过私募股权方式投向于不具备上市资格的中小企业和新兴企业,尤其是高新技术企业。并购基金是通过收购目标企业股份,获得目标企业的控制权,然后对目标企业进行整合、重组及运营,待企业经营改善之后,通过上市、转售或管理层回购等方式出售其所持股份而退出。成长投资基金以资本长期增值为投资目标,其投资对象主要是市场中有较大升值潜力的小公司和一些新兴行业。夹层投资基金是杠杆收购特别是管理层收购中的一种融资来源,提供介于股权与债权之间的资金。破产投资基金的投资目标通常是那些处于危机之中或临近破产的企业。

2. 按组织形式分

依据私募股权基金组织形式,私募股权基金可分为公司制、合伙制、契约制、信托制私募股权基金。

(1) 公司制私募股权基金。这是投资者以营利为目的设立的,以公司企业法人形式从事非证券类股权投资活动的集合投资制度。公司制私募股权基金较之一般公司,有特殊性:一是基金公司发起人既可以是投资者,又可以是基金管理人,以后者居多。二是基金公司采取非公开发行方式股份。三是基金公司股东为少数特定主体,以机构投资者为主。四是基金公司经营范围限于非证券类股权投资活动及相关咨询服务,以前者为主。五是基金财产是否交由金融机构托管,由基金公司自行决定,法律无强制性要求。六是基金公司投资管理活动既可以由董事会内部直接进行,又可以由董事会委托外部投资管理公司进行,以后者为主(见图3-6)。

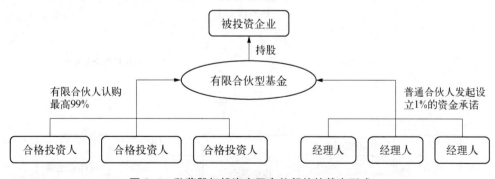

图 3-6 私募股权投资有限合伙契约的基本形式

(2) 合伙制私募股权基金。这种形式的私募股权基金可以分为普通合伙制和有限合伙制,以有限合伙制为主。有限合伙制私募股权基金是投资者以营利为目的设立的,以有限合伙形式从事非证券类股权投资活动的集合投资制度。有限合伙制私募股权基金特点:一是合伙人出资比例悬殊。有限合伙人是基金实际出资人,其出资通常占到总出资的99%,普通合伙人是基金实际管理人,其出资仅为满足合伙人出资要求,是形式意义上的出资,通常占到总出资的1%。二是合伙人身份不同。有限合伙人为特定投资者,以机构投资者为主,普通合伙人多为基金管理人,通常是基金管理公司。三是合伙人责任不同。有限合伙人以其认缴的出资额为限对基金债务承担有限责任,普通合伙人对合伙企业债务承担无限连带责任。四是合伙人管理权限不同。有限合伙人不得参与合伙基金日常经营管理,仅享有经营状况知情权及重大基金事务投票表决权。普通合伙人负责合伙基金股权投资的日常管理工作,受有限合伙人监督。五是合伙人收益不同。若企业产生收益,在任务利润没有达成前,所有利润由有限合伙人获得,超出任务利润以外的收益,有限合伙人和普通合伙人按照或某个特别比例的比例分配。普通合伙人收益一部分是作为管理分红的合伙基金利润分配,另一部分是按其所管理基金资金总额一定百分比收取的管理费(见图3-7)。

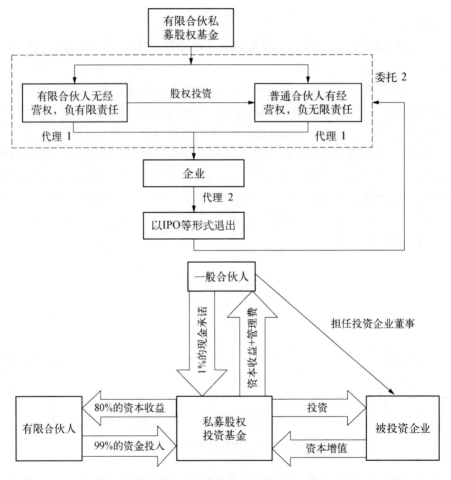

图3-7 典型有限合伙型私募股权投资基金的组织结构

(3)契约制私募股权基金。这种形式的私募股权基金是指投资者与基金管理人签订委托协议,将具有股权投资目的和用途的资金交给基金管理人管理而形成的集合投资制度。其特点:一是本质为平等主体之间的民事委托代理理财关系。二是不成立实体基金组织,仅以契约规定当事人的权利义务。三是资金以委托人名义开户,资金所有权并不移转,没有形成信托财产。

(4) 信托制私募股权基金。这种形式的私募股权基金是基于信托关系而设立的由投资者、受托人和托管人三方之间订立契约而形成的集合投资制度。广义契约制私募股权基金包括信托制私募股权基金。其特点：一是基金组织形式的虚拟性。契约制私募股权基金并不成立实体企业,而是仅以契约作为集合投资的纽带,采取信托方式进行股权投资。二是基金财产的独立性。基金财产所有权与经营权自信托契约生效时一并转让给受托人,形成信托计划财产。信托计划存续期间,信托公司应当选择经营稳健的商业银行担任信托计划财产保管人。信托计划财产独立于信托公司的固有财产,信托公司因信托计划财产的管理、运用或者其他情形而取得的财产和收益,归入信托计划财产。三是由信托公司作为受托人发行资金信托计划,按照委托人意愿,为受益人利益,以自己名义亲自管或委托其他管理人管理基金财产。四是信托计划财产收益依照信托契约所约定比例在基金投资人与受托人间进行分配。此外,受托人信托公司还可以收取一定的管理费作为收益。

公司制、契约制、有限合伙制的私募股权投资基金的比较如表 3-2 所示。

表 3-2 公司制、契约制、有限合伙制的私募股权投资基金的比较

基金组织形式	公司制	契约制	有限合伙制
法律依据	公司法	信托法	合伙企业法
法律地位	独立法人	非独立法人	未明确规定
投资者的法律地位	股东	委托人	合伙人
基金管理人	专业基金管理公司或者自己设立的管理公司	受托人	普通合伙人
投资额度	投资者共同出资	投资者出资	有限合伙人提供99%资金,普通合伙人提供1%资金
政府监管力度	政府监管较多	较松	轻松
投资收益分配	基金管理公司收取固定比例的管理费和投资成功后一定比例的基金净收益提成;投资者分享剩余的投资净收益	基金经理人获得约定比例的管理费,投资者获得基金投资运营的资本增值收益	普通合伙人每年可以收取净资产2%的管理费和全部投资净收益20%的投资收益提成;有限合伙人分享剩余的投资净收益
投资回收	不能回收,只能以交易方式转让	存续期结束即可收回投资	存续期结束即可收回投资
税收负担	二级税负制	一级税负制	一级税负制

资料来源：吴琨,私募股权投资基金的组织机制研究[D],西北大学,2008年。

不同私募股权投资基金组织形式的比较如表3-3所示。

表3-3 不同私募股权投资基金组织形式的比较

	信托型	有限合伙型	公司型
企业所得税	暂时免征	免征	双重征税
出资方式	一次性募集,不灵活	承诺出资,灵活	可分几次出资,不太灵活
收益分配	可按项目分配,灵活	可按项目分配,灵活	年度分配
本金回收	一次性退还,不灵活	可按项目返还,灵活	清算,复杂烦琐
资产登记制度	制度缺位	明确	明确

此外,依据基金注册地、募集地和目标市场是否一致,可分为在岸私募股权基金和离岸私募股权基金。在岸私募股权基金是指在本国通过私募方式募集资金并投资于本国证券市场的证券投资基金。离岸基金是指一国的私募股权基金在他国发售私募股权基金份额,并将募集的资金投资于本国或第三国证券市场的证券投资基金。当然还可以依据基金来源地和目标市场是否一致,可分为本币私募股权基金和外币私募股权基金。

私募股权基金分类之间存在交叉关系。考察国际私募股权基金发展现状,创投基金与并购基金是重点,但如果从私募股权融资角度出发,应该将并购基金排除在外。并购基金是通过收购目标企业股份,获得目标企业的控制权,然后对目标企业进行整合、重组及运营,待企业经营改善之后,通过上市、转售或管理层回购等方式出售所持股份而退出。此时并购基金是收购主体,作为融资公司希望通过私募股权方式融资,虽然私募股权基金是私募股权融资的机构投资者,但无论是初创期、成长期与成熟期的融资公司,还是创新型、创业型、并购扩张型与财务危机型的融资公司,均未有成为目标公司通过被收购而使公司存续发展之意。这里特别需要辨别的是并购基金与并购扩张型融资公司的关系。并购基金并不是为并购扩张型融资公司融资而产生的私募股权基金类型,而是以私募股权基金形式存在的并购关系中的收购方;并购扩张型融资公司亦是另一重并购关系中的并购方。因此,应该将并购基金排除在作为融资公司投资对象的私募股权基金之外。离岸私募股权基金涉及国家主权与经济利益,无论创投基金还是并购基金都需要规范。外币私募股权基金可能造成对东道国经济的把持,因此其组织形式与投资对象要受到东道主国的审批与监督。

三、私募股权融资的特点

(一) 非公开性

私募股权融资的最大特征就是非公开性。其与公开融资最大的不同点是私募股权融资不必强制公开操作,而仅要求投资方和融资方双方达成协议,就能实现投资,并且交易过程不必公开。私募股权投资的资金筹集是通过长期合作之间的信任度来进行的,持币待投的投资者和需要融资的企业必须依靠个人关系、行业协会或中介机构来寻找对方。虽然该种募集的渠道较窄,募集也都是非公开性地向指定企业或个人进行募集。通常是利用投资人的私人关系,且涉及的范围也较小,但是募集资金的对象一般属于资金存款较多的个人和机构,如富有的个人、风险基金、杠杆收购基金、战略投资者、养老基金、保险公司等。

(二) 财务成本低,引入非货币资源

私募股权融资可以大大降低企业的财务成本,程序相对简单,易操作。所融资金一般不需要抵押、质押和担保。所融资金通常不需要偿还,由投资方承担投资风险。

私募股权融资不仅引入货币资金,还引入非货币资源。投资方不同程度地参与企业管理,并将投资方的优势与公司结合,为公司发展带来科学的管理模式、丰富资本市场运作经验以及市场渠道、品牌资源和产品创新能力等,可为企业和原股东带来很大的资本收益。投资方可以为公司的后续发展提供持续的资金需求,解决企业的瓶颈,实现企业超常规发展。

没有上市交易,所以没有现成的市场供非上市公司的股权出让方与购买方直接达成交易。投资者一般不会长期持有股权,在一定时期和一定条件下会通过转让的方式退出。

(三) 高风险性

私募股权融资的第三个特征是高风险性。企业进行私募股权融资在不同阶段会遇到不同的风险,企业首先必须明确进行私募股权融资的目的,是单纯地为了融资、套现部分股权、引入战略合作伙伴,还是为了上市。融资要实现的目标不同,拟选择引入的投资者也应该不同。如果事先不清楚私募股权融资的目的而跟风操作,会在后续的私募股权投资者介入进程中迷失方向,从而使企业处于被动地位,甚至可能失去控制权。

在私募股权融资中,私募投资者与企业及股东形成了利益共同体,共同承担风险。投资者在选择投资对象时,对投资对象所处行业的前景、企业往年的盈利、企业未来的发展潜力、企业所处的发展阶段都有所要求。通常,投资者为获得较大的投资收益,使资本发挥最大的效益,选择处于朝阳行业的企业尤其是高新技术企业进行股权投资。行业只有面临宏观环境乐观,发展前景良好,才能保证企业未来发展不受外界环境政策的限制,甚至得到宏观政策的支持。同时,为保证资本的盈利空间足够大,投资者热衷于选择在企业的扩张期投入私募股权基金。若投入时间过早,造成资金闲置,资本收益率下降,投入过晚,企业的增长空间有限,资本的利润空间下降。因此私募股权融资的企业是否能在急需资金时获得私募股权投资者的青睐,存在着很大的不确定性,风险很大。

对私募股权融资的投资方而言,投资周期长,这就是较为重要的风险因素。一般而言,最需要吸引投资的公司为具有较大潜力的公司,投资方注入资金后,被投公司如果能够得到良性发展,那么投资方也能从中获得增值利润。反之,也有投资失败的可能。因为私募股权融资的投资方寻找的投资对象主要是处于成长期或者扩张期的高科技企业,一般投入期都要在3~10年,存在着信息不对称和不确定因素,同时企业发展的高风险决定了私募股权投资具有高风险性,同时伴随着高风险,投资者要求高收益。此外,投资成本偏高也会造成其风险较高,因为私募股权融资不同于其他融资方式。债务融资,通常债权人侧重关心企业的偿债能力,而私募股权融资的投资者不仅关心企业的偿债能力,更加注重企业未来的发展能力,企业管理水平及与企业原股东之间的融合等方方面面。当找到目标企业后,投资者还需要对其进行全面的调查和分析,考核一家企业是否值得私募机构的进入,需要从企业所处行业、企业近年财务数据、对未来收益预测、内部控制等方面,进

行详细的尽职调查。同时,投资者更需要通过各种技术手段来评估私募股权融资的风险。所以,私募股权融资之前,融资企业要经受私募股权投资者相当严格的考察,经过私募股权投资者对宏观和微观各个层面包括细节的理性分析后,才能被选入值得投资的企业行列。在这些环节中,投资企业还需要支付相应的中介费用,以及整个环节的企业费用等。在运行的过程中,还会有较多的不确定因素影响整个运行的风险。因为投资的风险相对较高,所以投资者会要求高于公开市场的回报。

(四)流动性差

私募股权融资的第三特征是流动性差,因此其退出机制非常重要。进行私募股权融资的企业在获得融资的同时还可以获得投资方的非货币支持,包括获取经验和资源,从而更好地发展自身。但对于投资方来说其投资的主要对象是还未公开上市的公司,投资模式还是以股权为主,由于企业股权通过变更等各种不稳定的因素,资本的增值需要较长的时间,投资时间相对就较长,这使得私募股权投资基金的投资缺少流动性。而私募股权投资最根本的目的依然是自身投入资金的回报,扩大资本,并不十分在意融资企业的股权占据份额(通常只保持在7%~25%左右),因此私募股权的投资者尤其是财务投资者通常不准备长期持有,而更需要保证自己的资金具有流动性,他们在投资一家企业后,往往需要在合适的时间将所占股份转让,从而实现资产增值。他们会十分关注资金的退出机制,退出机制设计得不好可能会给投融资双方带来风险。

四、私募股权融资的作用

(一)满足中小企业融资需求,拓宽企业融资渠道

企业的生存和发展离不开资金的支持,而我国大量中小企业在起步阶段就面临着资金短缺的问题,经营的不确定性和信用状况的不稳定性使它们他们无法通过传统融资方式获得资金。相对于国有企业或其他大中型企业,大量中小企业处于新兴行业,很多都具有极大的发展潜力和广阔的发展前景,若能取得资金和管理支持,企业就有机会获得高额利润。私募股权投资偏向于高风险、高回报率的企业,中小企业尤其是高科技企业恰好属于高风险、高回报率的企业,所以中小企业恰好符合私募股权的投资偏好。私募股权投资针对具有发展前景的中小企业提供不同的融资方案,在较长的时期内为其提供资金支持,满足它们多样化的融资需求,因而中小企业可以不再局限于传统的融资方式,只要具备价值创造性,在初创阶段也能获得全面的资金支持,并且这种资金支持比传统融资渠道更有优势。私募股权融资因其私募性,使得企业的融资程序大大简化,相应地也就节约了大量的融资成本,并且这种融资方式周期长,没有定期的付息压力,有利于企业的长期稳定发展。

(二)改善企业治理结构,提高经营绩效

中小企业在公司治理方面存在诸多不足,主要为所有权和经营权集中在实际控制人手中,导致两权高度集中。私募股权融资与传统融资方式最大的区别在于,私募股权融资在引入资金的同时,还会将专业的和有经验的机构投资者引入企业治理层,取得融资企业一定比例的股权,有效地缓解"一股独大"问题,对原有股东形成制衡。私募股权投资机构持有融资单位股权后通常在前十大股东之列,有效地将部分股权转移到具有投资专长和

管理经验的机构投资者手中,从而在一定程度上克服了股权分散引发的管理不到位等问题,为企业完善治理机制提供了一个有效快捷的途径。私募股权投资机构进入公司治理层是为了参与企业经营管理决策,优化企业治理水平和运营能力,从而提升企业价值,这样投资机构才能在投资周期结束后将股权转化为收益。就融资单位而言,由于投资方和融资单位在利益上存在高度相关性,融资单位相当于引进了专业内部投资者,建立了双方在资金、管理等方面的互动关系,在长期的投资周期内,这种稳定的双边关系能够维系企业的治理结构,为企业的长远发展提供决策和治理上的有效保障。

(三)提升企业市场表现,促进企业价值增值

企业获得私募股权融资也就证明了其经营模式和未来发展能力得到了专业投资机构的认可,在一定程度上向市场传递了积极的信息,尤其是获得高声誉投资机构的支持,为企业发展注入一股强心剂。

(1) 私募股权融资能够帮助融资单位树立信心。目前我国尚未形成健全的信息披露制度,造成融资单位与投资机构之间存在严重的信息不对称问题,导致投资者对企业信心不足。私募股权投资机构作为专业的投资机构,在资本市场中形成的良好声誉能够帮助企业得到各方市场主体的信任。因此企业获得私募股权融资能够吸引更多优秀的投资机构和个人投资者,市场对企业的信心增强了,企业价值也就相应地提高了。

(2) 私募股权融资能够帮助企业在股市中形成合理稳定的价格。机构投资者属于资本市场的重复博弈者,声誉对其至关重要。在声誉机制下,当融资企业的市场价值被高估时,机构投资者为了防止出售高估股票对其声誉的负面影响,会继续持有企业股权直至价格接近企业真实价值。同时私募股权机构作为融资企业的大股东,争取更高的股票发行价格是其追求的目标之一,但作为专业的投资机构,私募股权投资机构并不会为了一次短期利益而牺牲声誉,而是会理智地控制企业在上市时追求更高发行价格的目标,使发行价格趋于企业真实价值。

(3) 私募股权融资促进企业价值增值的作用还体现在促进企业上市上,其为拟上市企业及时提供了充裕的发展资金,降低了企业资产负债率,企业的资产结构和股权结构更加科学合理,为企业上市奠定良好基础。

私募股权融资除了对企业上市时的市场信心和发行价格的有促进作用外,在企业上市后的一定时期内也会进一步提供增值服务,如帮助企业制定战略和经营策略、优化企业管理、引进专业人才等,并继续发挥监督管理作用,从而帮助企业快速定位,实现企业价值创造和价值增值。

第二节 私募股权融资的运作流程

私募股权融资的运作流程一般分为五个阶段,筹备阶段、市场推介阶段、签约阶段、运营阶段和退出阶段,整个是一个非常复杂的过程,时间长短不一(见图3-8)。

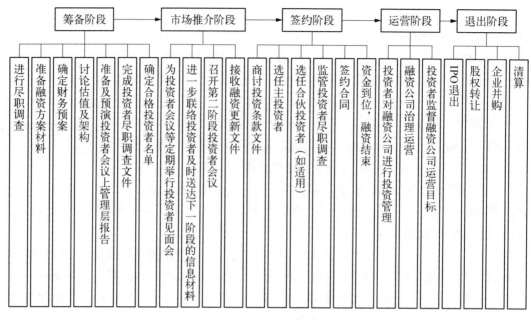

图 3-8 私募股权融资的运作流程

一、筹备阶段

(一) 信息收集和融资需求调研

融资方在确定融资前,首先需要进行信息收集,了解宏观经济市场情况,了解私募股权投资市场情况等。其次要根据公司商业模式,竞争策略和发展战略来明确公司私募股权融资的目的和必要性。依据公司的发展战略和财务状况,决定选择私募股权融资的目的和必要性:一是募集公司业务和产品扩展所需的资金;二是引入战略投资者或是财务投资者的比较和必要性;三是能否有助于建立公司良好声誉或树立公司在资本市场的优质形象;四是是否有助于建立长期通向资本市场的通道;五是能否完善股东结构,扩大资本及投资者基础;六是能否引进国际化的管理和技术;七是测试资本市场的接受程度。

(二) 召开决策层会议

根据信息收集和融资需求调研情况,由决策层确定融资战略,包括私募股权融资模式和融资规模等。

(三) 寻找确定中介(投资银行或融资顾问)

调研中介市场,筛选有品牌信誉好的融资中介,融资方和投资银行(或者融资顾问)签署服务协议。这份协议包含投资银行(融资顾问)为企业获得私募股权融资提供的整体服务。值得注意的是,市场上好的中介(投资银行或融资顾问等)是会对融资公司进行初步的筛选,他们对融资公司进行初步调研后,如果觉得融资公司合规之后才会接受这项服务。

(四) 准备融资材料文件

签订好服务协议后,投资银行或融资顾问会立刻开始和融资公司组建专职团队,准备专业的私募股权融资材料文件。准备私募股权融资文件资料一定要做到准确、清晰、简洁、完整和及时。私募股权融资材料文件一般包括以下内容：

（1）投资者推介材料/私募信息备忘录（见表 3-4 和表 3-5）。主要是商业计划书，包括融资公司的简介、结构、产品、业务、市场分析、竞争者分析等等的投资者推介资料，以及其他工商注册、税务、商业合同等法律文件的私募融资备忘录。

表 3-4　投资者推介资料

序　号	主　要　内　容	要　　求
1	投资亮点	
2	公司概况	
3	业务描述	
4	行业概览	逻辑性强
5	竞争分析	内容翔实
6	发展战略	信息精确
7	管理团队	用词精准
8	财务信息	字斟句酌
9	结论	

表 3-5　私募股权融资备忘录

序　号	主　要　内　容	要　　求
1	法律声明	
2	执行概要	
3	业务描述	
4	行业概览	
5	竞争分析	
6	发展战略	逻辑性强
7	管理团队	信息披露翔实
8	股权结构	数据准确
9	财务信息	文字简练、准确
10	资金用途	
11	风险因素	
12	投资亮点	
13	附：审计报告	

（2）历史财务数据。主要是融资公司过去三年的经审计后的财务报告。

（3）财务预测。主要是指在融资资金到位后，企业未来三年销售收入和净利润的增长。

由于私募股权投资者通常是依赖这个预测去进行企业估值,所以这项工作是非常关键的。

(4) 其他投资人要求的文件。

(五) 设立目标估值

投资银行与企业共同为融资公司设立一个目标估值,即融资公司愿意出让多少股份来获得多少资金。融资公司为了尽量减少股权稀释,一般出让的股份不会超过25%,以保证融资公司原有股东对企业的经营控制权。

(六) 准备管理层报告

(七) 确定合格投资者名单

二、市场推介阶段

企业在市场推介阶段主要应该聚焦于以下几方面：第一,企业应该积极联络有意向的投资者,建立良好关系,并传达相关信息。第二,企业需要为投资者安排档期,举行投资者会议,通过会议这一平台帮助投资者了解公司,同时公司也可借此进一步了解投资者。第三,企业需要进一步联络投资者并传送下一阶段的信息材料。第四,召开第二阶段的投资者会议,加深彼此的了解;第五,接收融资条款文件。

三、签约阶段

在此阶段,企业与投资者首先需要商讨融资条款文件,企业可以根据与各投资者进行深入沟通与谈判,保证自身利益。同时企业需要进一步确定主投资者,如有需要可以选择合伙投资者。确定投资者之后,企业需要监管投资者尽职调查,同时准备相应的文件。一旦资金到位,此次融资便结束。

四、运营阶段

投资者在此阶段一方面需要监督企业日常经营,另一方面同样需要协助企业进行经营发展,同时需要监督融资企业完成融资条款中的运营目标。

五、退出阶段

最后一阶段,投资者可以通过多种方式进行退出,具体包括融资企业 IPO 退出、股权转让、并购或者清算。

第三节 私募股权融资的风险与防范

一、私募股权融资的潜在风险

私募股权融资的一大特征就是高风险性,企业进行私募股权融资在不同阶段会遇到不同的风险,主要包括以下几种：融资目的不明确风险、企业价值低估风险、商业机密泄露风险、不合理协议所造成盲目扩张风险以及丧失控制权风险。

(一) 融资目的不明确风险

企业在进行私募股权融资前明确自身融资目的,是单纯地为引进融资或者是引入战略合作伙伴,还是单纯套现部分股份,针对不同融资目的应该合理选择投资人以及确定融资规模。例如,企业为进一步发展扩张,需要进行私募股权融资,因此就必须确定合理的融资规模,若融资规模较大,则会造成资金闲置,而如果融资规模较小,则限制企业的进一步发展。与此同时,由于私募股权融资周期较长,面临财务危机或者需要进行扩张的企业利用私募股权基金筹集资金,未必能够满足企业所需。

(二) 企业价值低估风险

企业在进行私募股权融资前,需要合理评估自身企业价值。合理估值是基于企业未来经营和发展的准确预判基础上。同时私募机构会参照二级市场同行业企业的估值情况对企业进行估值,但是二级市场具有不确定性特点,不同时间点之间存在明显波动。同时不同企业、不同商业模式之间存在明显差别,不能一概而论,尤其是针对新兴行业企业。如果企业价值被低估不仅会造成本轮融资让渡过多股权,同时也将影响本轮以及后续融资效率,甚至影响企业控制权。

(三) 商业机密泄露风险

在进行私募股权融资时,私募机构会对企业进行详细的尽职调查,包括财务、法律以及技术等相关情况告知投资者,在此过程中,企业相关信息将会涉及多次传输、引用,这就容易导致企业商业机密泄露。

(四) 不合理协议所造成盲目扩张风险

一般而言,企业在进行私募股权融资时会与投资方签订特定协议,其中可能会包括要求企业业绩达到一定程度增长、企业在何时需要上市等内容。虽然这类对赌协议解决了企业融资问题,但是企业可能存在对企业前景判断失误或者是缺乏对于对赌协议的正确认知,最终产生无法如期完成对赌协议的风险。而企业为完成这些对赌协议,可能会采取不合理经营战略进行盲目扩张,影响了企业整体经营效率。

(五) 丧失控制权风险

企业在进行私募股权融资时需要过渡一定控制权,投资者进入企业后,通常会占据一定的董事会席位,参与企业日常经营管理,但是由于企业与投资者利益诉求不同,经营目标上会产生冲突。为进一步实现自身利益,投资者可能会联合若干股东将创始股东踢出董事会。与此同时,企业可能出现无法按时完成对赌协议的情况,因此为实现私募股权基金退出,可能需要再让渡一部分股份引入新的投资人实现股权退出,这就会造成企业创始人团队丧失企业控制权。

二、私募股权融资风险的防范

为合理规避私募股权融资所产生的风险,企业可以采取以下若干防范手段。

(一) 明确自身融资目的,合理确定融资规模

企业在进行私募股权融资之前应该明确自身融资目的,究竟是单纯进行融资去套现

部分股权抑或是引入战略投资者助力企业发展,在此基础上企业应该基于过去5年的经营发展状况以及企业发展战略,并以降低融资成本为目的结合各类融资工具确定合理的融资规模。

(二) 合理选择估值方式,准确进行企业价值评估

准确的企业价值评估是企业股东利益的基础。在进行私募股权融资过程中,企业应该基于自身情况,对于同行业各类企业,运用科学合理的估值方式进行价值评估。通常情况下,投资方会采用更有利于其自身的估值方式,这样在与企业谈判过程中就会占据优势,因此企业可以聘用专业人员协助对各种情况进行客观分析。

(三) 与融资过程所涉及的各方利益主体签订保密协议

企业在进行私募股权融资要合理适当披露相关信息,并应与融资过程中所涉及的各利益主体签订保密协议,确保自身商业机密不泄露。同时企业应该与融资过程中所涉及的各方利益主体签订保密协议,确保自身商业机密不出现泄露风险,具体内容应该包括保密范围、保密期限以及保密主体与纠纷方案等。

(四) 正确认识对赌协议的利弊

规避对赌协议可能产生的风险的核心在于对于企业发展前景的正确判断。融资企业应恰当合理评估自身价值,对于企业经营状况与未来发展前景做出较为客观的判断,切勿盲目乐观,对企业给予不切实际的承诺。

(五) 对控制权设置保障条款

努力对控制权设置保障条款,保证管理层控制权独立性以及最低限度的控制权。融资企业应该把握好自己的原则与底线,通过合理的协议安排规避风险,确保不丧失控制权。

本章小结

本章主要介绍了私募股权融资的相关概念,参与私募股权融资的相关主体,私募股权融资投资者分类、私募股权融资的运作流程及私募股权融资的风险与防范。重点介绍了企业的私募股权融资的相关主体,私募股权融资需要多方参与及来自各方的协作和配合。在这个运作链中,融资企业、基金或基金管理公司、基金投资人、中介机构往往成为私募股权融资过程中的市场主体参与者。融资企业需要资金,私募股权投资人即企业融资的资金提供者,投资人并不直接将资金投入进行私募股权融资的企业,而是同基金管理公司订立相关权益合约。此外,随着私募股权市场的发展、完善,衍生并成长壮大起一批第三方中介服务机构,中介机构的存在使得私募股权市场更加活跃和有效。私募股权融资的运作流程一般分为五个阶段:筹备阶段、市场推介阶段、签约阶段、运营阶段和退出阶段,整个是一个非常复杂的过程,时间长短不一。同时,私募股权融资也存在一定的风险,企业需要采取措施合理规避私募股权融资所产生的风险。

习题

一、名词解释

（一）私募股权融资

（二）私募股权基金

二、简答题

（一）简述私募股权融资主要有哪些投资者

（二）简述私募股权融资的特点

（三）简要论述如何防范私募股权融资的风险

思考题

私募股权融资对企业创新能力的影响有哪些？

第四章

上市融资理论与实践

学习目标：

1. 了解上市融资的概念和企业资本层次的划分
2. 掌握IPO相关流程及其三种上市方式，以及多种股权结构设计方案
3. 熟悉企业股权再融资方式、上市融资的风险以及上市失败的原因和风险防范

关 键 词： 企业基本层次　IPO　股权结构　上市融资风险

第一节　公开发行上市融资概述

一、上市融资概念

上市融资是指将经营公司的全部资本等额划分，表现为股票形式，经批准后上市流通，公开发行。通过投资者的直接购买，使得公司短时间内可筹集到巨额资金。上市公司融资渠道包括发行新的股票、定向发行新的股票、利用公司的资产抵押向商业银行举债、利用大股东资金优势向大股东借取股东贷款等。图4-1和图4-2分别是IPO融资金额和融资数量。

二、企业资本层次

企业的资本层次按发展阶段分为初期和中后期。初期的资本层次包括天使资本、股权众筹、风险投资（VC）和私募股权投资（PE）。天使资本一般由富有的个人直接向初创

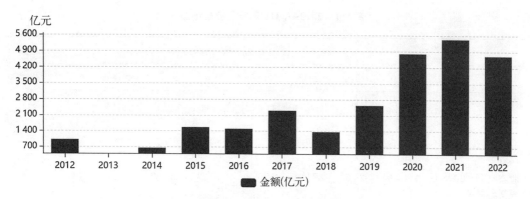

图 4-1　2012—2022 年 IPO 融资金额

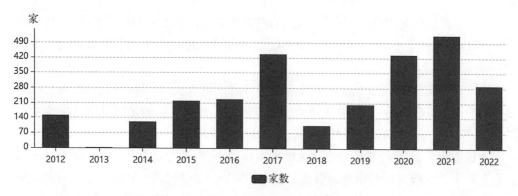

图 4-2　2012—2022 年 IPO 融资数量

企业投资,投资对象是一些尚处于构思状态的原创项目或小型初创企业。它共有 5 种模式,包括天使投资人、天使投资团队、天使投资基金、孵化器型的天使投资、平台型天使投资。股权众筹与传统创业融资环境中单一、门槛高的融资选择不同。股权众筹的单笔金额小并且股权众筹的参与者多,专业性不高等的特点为很多有创意、无资金的创意者提供了一种低门槛融资方式。所谓的风险投资是职业金融家为创业者提供持续的资金,主要投资阶段包括种子轮、天使轮、A 轮及后续轮次的融资,特点是高风险、高潜在收益,主要通过股份增值收益。私募股权投资是指对具有成熟商业模式的未上市企业进行的股权投资,它主要针对的是 Pre-IPO 时期的成熟企业。

企业中后期资本层次包括新三板、创业板、中小板、北交所、主板、科创板。其中,新三板全称为"全国中小企业股份转让系统",面向的是中小微型非上市股份有限公司,是非上市股份有限公司股权交易平台,定位于为科技创业创新型的中小微企业提供投融资服务。挂牌新三板对中小微企业来说挂牌门槛低,对利润没有硬性要求,有效解决了中小企业融资难题,使其远期战略会更加多样化。表 4-1 为 2012—2021 年新三板市场概况。

2009 年 10 月 30 日,中国创业板正式上市。创业板也叫二板市场,即第二股票交易市场。创业板作为主板的补充,专为暂时无法在主板上市的科技成长、自主创新型企业提供融资途径和成长空间。在中国,创业板特指深圳创业板。

表 4-1　2012—2021 年新三板市场概况

	新三板市场概况									
	2021	2020	2019	2018	2017	2016	2015	2014	2013	2012
挂牌公司数量	6 932	8 187	8 953	10 691	11 630	10 163	5 219	1 572	356	200
股票发行次数	587	716	637	1 402	2 725	2 940	2 565	330	60	24
股票交易成交金额（亿元）	2 148.16	1 294.64	825.69	888.01	2 271.8	1 912.29	1 910.62	130.36	8.14	5.84

中小板面向的是中型稳定发展企业，有些企业的条件和主板相差不多，但无法在主板上市，所以只能在中小板市场上市。中小板市场是创业板的一种过渡，在资本架构上从属于一板市场。

北京证券交易所（北交所）于 2021 年 9 月 3 日注册成立，是经国务院批准设立的中国第一家公司制证券交易所，受中国证监会监督管理。其设立目的是继续支持中小企业创新发展，深化新三板改革，打造服务创新型中小企业主阵地。

主板也称一板，主要指传统意义上的股票市场，主板市场分为上海证券交易所和深圳证券交易所。主板上市对企业的营业期限、股本大小、盈利水平、最低市值等方面的要求非常高，所以服务于行业龙头和骨干企业。科创板是独立于现有主板市场的新设板块。

2019 年 6 月 13 日，科创板正式开板；7 月 22 日，科创板首批公司上市。该板块主要服务于符合国家战略、突破关键核心技术、市场认可度高的科技创新企业。重点支持新一代信息技术、高端装备、新材料、新能源、节能环保以及生物医药等高新技术产业和战略性新兴产业。2012—2022 年各板块详情可见图 4-3 和图 4-4。

时间	公司家数				
	上证主板	深证主板	科创板	创业板	北交所
2022-09-23	1,665	1,500	468	1,194	111
2021年	1,655	1,488	377	1,090	82
2020年	1,580	468	215	892	41
2019年	1,495	471	70	791	—
2018年	1,443	473	—	739	—
2017年	1,389	476	—	710	—
2016年	1,175	478	—	570	—
2015年	1,073	478	—	492	—
2014年	986	480	—	406	—
2013年	944	480	—	355	—
2012年	944	484	—	355	—

图 4-3　2012—2022 年各板块公司数

时间	总市值占比（%）				
	上证主板	深证主板	科创板	创业板	北交所
2022-09-23	51.76	26.91	7.18	13.92	0.24
2021年	50.43	27.88	6.13	15.26	0.30
2020年	63.65	14.67	5.05	16.50	0.13
2019年	70.18	15.66	1.75	12.41	—
2018年	73.88	15.03	—	11.09	—
2017年	71.55	17.38	—	11.08	—
2016年	69.49	17.75	—	12.76	—
2015年	69.07	17.84	—	13.08	—
2014年	75.89	17.31	—	6.80	—
2013年	74.87	17.66	—	7.47	—
2012年	78.74	16.93	—	4.33	—

图 4-4　2012—2022 年各板块总市值占比

三、IPO 流程

IPO 前期筹备时，企业一般需要组建上市工作小组以及选择中介机构。其中小组成员一般由董事长任组长，董事会秘书、公司财务负责人、办公室主任、相关政府人员组成。4 大中介机构包括证券公司（保荐机构/主承销商）、会计师事务所、律师事务所、资产评估师事务所。其次开展尽职调查并制定上市工作方案。所谓尽职调查是拟上市公司在开展上市工作之前，由中介机构按照本行业公开的执业标准、职业道德等从法律和财务两方面对公司各个有关事项进行现场调查和资料审查的过程，这有助于拟上市公司更全面了解自身情况以及中介机构评估项目风险，提高公司业务的风险防范和风险管理水平。最后是公司进行增资扩股，包括了公司未分配利润、公积金，公司原股东增加投资，新股东入股三种方式。2022 年上半年 IPO 保荐机构融资总额排名 TOP20 如表 4-2 所示。

表 4-2　2022 年上半年 IPO 保荐机构融资总额排名 TOP20

排　名	保荐机构	融资总额(亿元)	占　比	上市项目家数
1	中信证券	942.35	30.21%	23
2	中金公司	412.76	13.23%	11
3	中信建投	404.61	12.97%	20
4	海通证券	238.35	7.64%	14
5	国泰君安	237.31	7.61%	14
6	华泰联合	142.51	4.57%	12
7	光大证券	80.88	2.59%	3

续表

排 名	保荐机构	融资总额(亿元)	占 比	上市项目家数
8	招商证券	74.51	2.39%	5
9	东兴证券	72.81	2.33%	3
10	民生证券	51.71	1.66%	8
11	安信证券	48.84	1.57%	7
12	东方承销	48.25	1.55%	3
13	申万宏源	35.96	1.15%	5
14	国金证券	28.00	0.90%	2
15	申港证券	26.91	0.86%	1
16	华林证券	26.01	0.83%	2
17	中航证券	21.84	0.70%	1
18	国信证券	21.51	0.69%	3
19	长江承销	20.95	0.67%	2
20	兴业证券	17.75	0.57%	2

前期筹备工作完成后，企业准备设立股份公司。首先需要进行改制，因为只有股份有限公司才能发行上市，所以有限责任公司在申请上市前必须改制为股份有限公司。在注资、验资完成后，发起人需要在30天内主持召开公司创立大会。创立大会顺利结束意味着董事会、监事会成员诞生。之后，发起人需要组织召开股份有限公司的第一届董事会会议、监事会会议，并在会议上选举高级管理人员。股份公司成立后进行公告并进入三个月的上市辅导。辅导工作结束后进行申报与核准，最后发行上市。

首次公开发行股票，应当通过向特定机构投资者询价的方式确定股票发行价格。发行人及其主承销商应当在刊登首次公开发行股票招股意向书和发行公告后向询价对象进行推介和询价，并通过互联网向公众投资者进行推介。询价分为初步询价和累计投标询价。发行人及其主承销商应当通过初步询价确定发行价格区间，在发行价格区间内通过累计投标询价确定发行价格。首次发行的股票在中小企业板上市的，发行人及其主承销商可以根据初步询价结果确定发行价格，不再进行累计投标询价。公开发行股票的公司通过路演公开方式向社会推介自己股票的说明会来吸引投资人，路演分为三个阶段，分别是一对一路演、三地公开路演、网上路演。最后刊登上市公告书并上市交易。

四、IPO方式

IPO共有三种方式。第一是境内上市。境内上市公司的市盈率长期高于其他市场交易的同行业股票市盈率，能让上市公司发行同样的股份融到更多的钱。到目前为止，境内股票发行制度经历了审批制—核准制—注册制的历程。审批制是股票市场发展初期采用的股票发行制度，主要使用行政和计划的方式分配股票发行的指标和额度。核准制是审批制向注册制过渡的一种中间形式,其取消了审批制的指标和额度管理,引进了证券中介机构的责任,让证券中介机构判断企业是否达到发行股票的条件;另外证券监管机构还需对企业的发行条件进行实质性审查。注册制,是股票市场相对成熟时采用的股票发行制度。证券监管部门首先公布股票发行的必要条件,若企业满足条件,就可以申请发行股票。

境内交易币种有 A 股和 B 股。我国 A 股市场诞生于 1990 年底。A 股名为"人民币普通股",是指中国境内企业发行的供境内机构、个人以及境内居住的港澳台居民以人民币认购和交易的普通股股票。上海证券交易所和深圳证券交易所发行用人民币进行买卖的股票市场统称为 A 股市场。B 股是指人民币特种股票,又称"境内上市外资股",设立于 1992 年,目的是吸引外籍投资者。它由中国境内公司发行,以人民币标明面值,以外币认购和买卖。B 股主要供中国港澳台地区及外国的自然人、法人和其他组织,定居在国外的中国公民等投资人买卖。图 4-5 为 A 股市场近 10 年发展趋势。

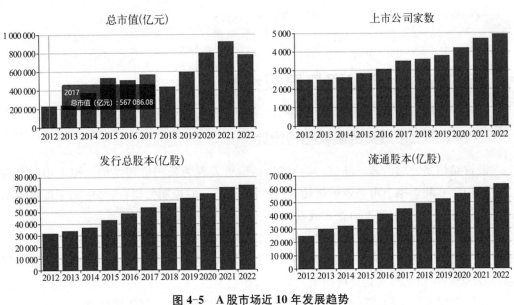

图 4-5　A 股市场近 10 年发展趋势

IPO 的第二种方式是境外直接上市,即中国企业以境内股份有限公司的名义向境外证券主管部门申请登记注册、发行股票,并向当地证券交易所申请挂牌上市交易。它包括 H 股、N 股、S 股。H 股也叫"国企股",是在内地注册,在香港上市的股票。个人投资者不能直接投资 H 股,只有机构投资者才能投资 H 股。N 股是在内地注册、在纽约上市的外资股。S 股有两个含义:一是指注册地在内地、上市地在新加坡的外资股;二是指在我国尚未进行股权分置改革或者已进入改革程序但尚未实施股权分置改革方案的股票。

IPO 的第三种方式是境外间接上市,也是大家通常说的境内公司海外"借壳上市"。境内公司和境外上市公司的联系是资产或业务的注入、控股。境外借壳上市包括两种模式:境外买壳上市、境外造壳上市。两种模式的本质都是将境内公司的资产注入壳公司,达到国内资产上市的目的。

1. 境外买壳：收购海外上市公司

境内公司找到合适的海外上市公司作为壳公司，然后境内公司对壳公司注资，获得其部分或全部股权。买壳上市优点：一是合法规避了中国证监会对申请境外上市公司的烦琐审批程序；二是买壳上市对于公司财务披露的要求相对宽松，缩短实际上市时间。

2. 境外造壳：海外注册中资控股公司

境内公司在境外证券交易所所在地或其他允许的国家与地区开公司，境内公司以外商控股公司的名义将相应比例的权益及利润并入海外公司。

> **讨论与思考：**
> 请根据国内外企业上市融资对比，分析我国企业在上市融资策略选择中的不足之处。

第二节 上市融资与股权结构

一、拟上市融资的股权结构设计

股权结构是公司治理的基础，其具体运行形势表现为公司治理结构。拟上市融资的股权结构一有利于拟上市企业的创始人/控股股东有效的控制公司；二是更利于得到资本市场的认可；三是利于拟上市企业成功过会。

常见的股权设计方案有股权预留制度、双层股权架构、虚拟股权激励制度。公司在发展过程中会不断招揽新员工，或者有新的合伙人加入，这时就需要解决新合伙人的股权问题，因此公司在创立初期就要提前制定好股权预留制度。

所谓双层股权架构，就是"同股不同权"的一种表现形式。具体做法如下：将公司股票分为两类：A类股和B类股，两类股票在利益分配上是对等的，但在股票表决上，A类股1股只能代表1票，而B类股1股可以代表N票。在这种股权结构下，即便B类股的股东持股比例不足50%，也拥有对公司的绝对掌控权（见图4-6）。

图4-6 双层股权示意图

双层股权结构案例

（一）百度

2005年百度在纳斯达克成功上市，李彦宏在百度上市后作为创始人和CEO持股22.4%，另一位创始人徐勇持股6.9%，为防止公司被恶意收购，公司采取了牛卡计划的股权设置，即上市后的百度股份分为A类和B类，将在美国新发行的股票称作A类股票，在表决权中每股为1票；而原始股份为B类股票，在表决权中每股为10票。在任何情况下，A类股票不能转换为B类股票，而B类股票可以转换为A类股票，只要持有人出售B类股，那么该股票自动转换为同等数量的A类股。此时只要李彦宏等创始人大股东所持的股份在11.3%以上，就能获得对公司的绝对控制权。

此外，上市招股说明书还提到，一旦李彦宏及其团队合计持有的B类股占已发行B类股比例不足5%，所有B级股将立即转为同等数量的A类股，并且公司从此不再发行B级股。这一举措直接杜绝恶意收购者购买原始股获取控制权的行为。

（二）京东

在京东的双层股权结构下，A、B两类股权除表决权及转换权外，享有相同的权利。股东每持有1股A类股对应享有1票表决权，不同的是，每持有1股B类股则对应享有20票表决权（20倍表决权）；B类股可以转化为A类股，而A类股在任何情况下都不能转化为B类股。

所谓虚拟股权激励制度，是授予目标者一种虚拟的股票，假如公司达到业绩目标，被授予者可以享受一定价值的分红及部分增值收益。但虚拟股票没有所有权和表决权，且不能转让和出售，一旦被授予者离开公司就会自动失效。持有虚拟股权的员工享有特定公司的"产权"，从员工变为"股东"，降低道德风险和逆向选择的风险。

在众多的股权架构设计中需要避免持股比例过于均衡（"五五"式）、股权过于集中或股权过于分散。

持股比例过于均衡（"五五"式）是公司大股东之间的股权比例相当接近，没有其他小股东或其他小股东的股权比例极低的情况。这种情况容易形成股东僵局，无法形成有效的股东会决议，也容易激化股东矛盾。

 【案例分析】 真功夫

真功夫前身是168快餐店，初创阶段，潘宇海负责全面管理，掌握公司的主导权，占股50%；其姐潘敏峰管收银，占股25%；其姐夫蔡达标负责店面扩张，占股25%。1997年，由于借助"电脑程控蒸汽设备"，攻克了中式快餐业"速度"和"标准化"两大难题，他们的业务在东莞迅速扩张，他们将168快餐店改组为"东莞市双种子饮食有限公司"，初期由潘宇海担任双种子公司董事长和总裁,股权结构和比例不变。随着企业规模的扩大,蔡达标的能力得到了释放,企业的主导权从潘宇海的手中转到了蔡达标手中。2003年,双种子公司的总裁改由蔡达标担任,两人口头协议,5年换届一次。次年,启用"真功夫"新品牌取代"双种子"。2006年,蔡达标与潘敏峰离婚,潘敏峰持有的25%股权转归蔡达标所有。于是,真功夫只剩下两个股东,且各占50%股权。

真功夫出色的商业模式和发展业绩,以及中式快餐市场的广阔发展前景,吸引了众多股权投资基金的青睐。2007年10月,今日资本和中山联动两家私募股权投资基金投资真功夫,估值高达50亿元,各投1.5亿元,各占3%股权,真功夫的股权结构变为蔡达标、潘宇海各占41.74%,双种子公司占10.52%(其中蔡、潘各占5.26%),蔡达标和潘宇海的在真功夫实际股权比例都是47%。

这种股权架构中,蔡达标、潘宇海双方都没有超过50%,因此对真功夫都没有绝对控制权。由于投资方看重蔡达标的能力,潘宇海被边缘化。2008年,蔡达标未兑现5年前的轮流执掌公司的承诺,继续担任真功夫的总裁,两人的矛盾和争斗开始公开化。最终,潘宇海将蔡达标告上法庭,蔡达标被警方以"涉嫌经济犯罪"的名义带走。此后,潘宇海独掌真功夫。

真功夫的问题根源就在于股权结构。真功夫的股权结构是股东各占50%,一旦股东意见不一致,决策就难以进行,引发信任危机。

很多民营企业由家族内部控制所有股权,股权过于集中,没有员工股权激励,没有引进外部投资机构。在这种一股独大的情况下容易让监管机构认为公司治理结构不健全,董事会、监事会、股东会形同虚设。另外,有的企业由于创始人实际资金不足,只能引入外部投资,导致股权过于分散,造成创始人股权不断被稀释。

二、上市公司的股权再融资

上市公司再融资方式包括配股、公开增发(狭义的SEO)、非公开发行(定向增发)、可转换公司债券(因其具有转股特性,也可归类为股权融资,具体在债券融资中阐述)。

配股是上市公司根据公司发展的需要,依据有关规定和相应程序,旨在向原股东进一步发行股份、筹集资金的行为。按照惯例,公司配股时新股的认购权按照原有股权比例在原股东之间分配,即原股东拥有优先认购权。

当上市公司高价配股时,将使公司每股净资产增加,因此,大股东选择放弃配股将使其拥有的净资产财富增加,从自身利益的角度出发,大股东有动机选择放弃配股权。未全流通以前,大股东放弃配股一般是想在股市里圈钱,因为当时不能全流通,大股东配股一样没法上市变现,所以大股东一般会放弃配股。另一方面,小股东以高于净资产低于市价的价格获得配股,还可以通过在二级市场上以更高的价格卖出实现资本利得,而大股东如果选择配股,就只能以高价格持有低价值的股票,从这个角度来讲,也会出现大股东放弃配股,小股东选择配股的情况。

为了实现资本的优化配置,提高资本的利用效率和收益率,我国证监会对上市公司配股作出了规定,公司必须满足一定的条件才能配股。该条件主要体现在对公司净资产收益率要求上,因此,公司有足够的动机对于其净利润进行操纵。具体操作为:在配股前,公司通过与控股股东的关联交易增加利润,以使企业达到配股资格;在配股结束后,公司又会通过关联交易,将利益输出给控股股东。这种大股东侵占公司资金的行为也对小股东的利益造成了损害。

图 4-7 和图 4-8 为 2012—2022 年配股融资金额和配股数量。

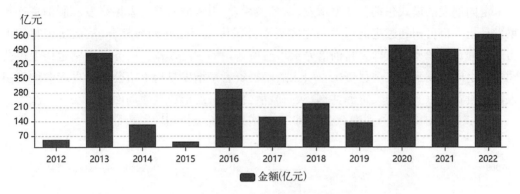

图 4-7　2012—2022 年配股融资金额

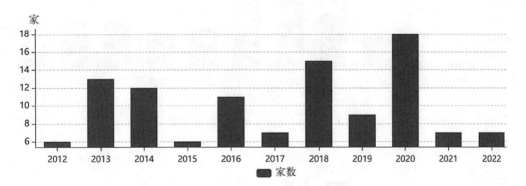

图 4-8　2012—2022 年配股数量

增发新股和 IPO 是相似的,也就是向市场公开再次发行股票融资。由于再次发行股票,股本扩大了,总的所有者权益当然就增加了。增发新股使得原有股东的股权比例下降,起到了股份稀释的效果。对于原有股东的控制权来讲,其控制力可能会下降。

实现增发新股要具备以下条件:第一,上市公司必须与控股股东在人员、资产、财务上分开,保证上市公司的人员独立、资产完整和财务独立。第二,前一次发行的股份已经募足,募集资金的使用与招股说明书所述的用途相符;或变更募集资金用途已履行法定程序,资金使用效果良好,本次发行距前次发行股票的时间间隔不少于《公司法》的相应规定。第三,公司在最近三年内连续盈利,本次发行完成当年的净资产收益率不低于同期银行存款利率水平;且预测本次发行当年加权计算的净资产收益率不低于配股规定的净资产收益率平均水平,或与增发前基本相当。

定向增发是指非公开发行,即向特定投资者(机构)发行新股,实际上就是海外常见的私募。定向增发指向的是特定机构,其目的往往是引入该机构的特定能力,如管理、销售渠道等。定向增发的对象可以是老股东,也可以是新的投资者。总之,定向增发完成之后,公司的股权结构往往会发生较大变化,甚至发生控股权变更的情况。关于非公开发行,证监会规定发行对象不得超过 10 人,发行价不得低于市价的 90%,发行股份 12 个月内(大股东认购的为 36 个月)不得转让,以及募资用途需符合国家产业政策、上市公司及其高管不得有违规行为。

定向增发的模式包括资产型增发、财务型增发、引入战略投资者型增发。所谓资产型增发是指上市公司通过定向增发来完成集团公司优质资产并购与整合,从而实现整体上市的过程。资产型增发即为目前借壳上市时所采用的主流模式。财务型增发是指上市公司通过定向增发来募集项目资金。引入战略投资者型增发是指上市公司通过定向增发引入特定投资者以实现与其资源共享,从而激活公司,最终形成双赢局面。

图 4-9 和图 4-10 分别为 2012—2022 年增发融资金额和增发数量。

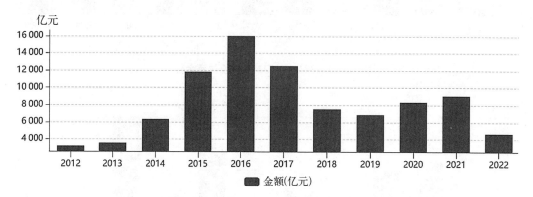

图 4-9　2012—2022 年增发融资金额

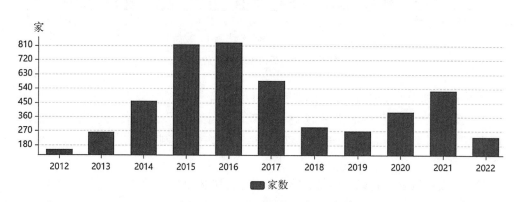

图 4-10　2012—2022 年增发数量

现有研究普遍发现中国上市公司热衷于利用增发或配股从资本市场筹措资金且募集资金使用效率低下,公司再融资后经营业绩不升反降。理论分析和实证检验表明,大股东利用控制权获取私有收益可能是导致中国上市公司热衷于股权再融资和再融资后经营业绩持续下降的根本原因。

三、上市融资股权结构的优化

目前我国上市公司国有股"一股独大"的局面没有改变,股权集中度仍然较高,使小股东不能很好地制约大股东,对管理层的监督也难以实施,国有法人股占据统治地位的现状没有得到较好的改善,股权结构不够合理,这对于公司经营绩效和治理效率都有影响。

针对股权结构优化,可以进行以下措施。第一,配股和增发新股是我国上市公司在资本市场进行再融资的主要方式。在当前国有股股东普遍放弃上市公司配股权的条件下,配股和增发新股本身都能够改善上市公司的股权结构,使上市公司股权结构进一步优化,即流通股比例的相对上升和非流通股比例的相对下降。第二,实现股权分散,降低控股比例,变绝对控股为相对控股。第三,引进战略投资者,建立起相互制衡的内部治理结构。第四,继续开展股权收购活动,以较少资金控制更多社会资产。第五,实现股权的有进有退,对于集团公司的非主业企业的股权,应本着有进有退的原则实现逐步退出,将辅业由控股变为参股。第六,适度引入职工股份,将个人利益与企业利益相捆绑。发展职工持股制度,有利于实现股权多元化,建立新型分配机制,增加企业发展动力。对于经营管理人员,可建立一定的激励体制,以经营业绩考核情况授予一定的股份。

> **讨论与思考:**
> 请思考双层股权结构在我国资本市场的适用性,以及分析双层股权结构对不同类型企业的治理有什么影响。

第三节 上市融资的风险与防范

上市融资有一定的风险,主要是花费巨大,费用包括企业重组费用、中介费用、券商承销费用、路演费用等,巨大的花费可能给企业带来经营风险;其次,上市融资会使得企业信息透明化,导致股价波动,削弱企业主的控制权,增加监管成本,加剧财务风险。财务风险是企业因举债筹资而产生的风险。财务风险加大了普通股东承担的经营风险。由于很多上市公司业绩水平不高,过高的负债比例必然导致财务杠杆出现负效应,加重公司财务负担,甚至出现到期不能偿还债务本金和利息的财务状况恶化现象。

以往常见的上市失败原因主要在于企业持续盈利能力不足。主要表现为拟上市企业经营模式、产品或服务的品种结构、所处行业的经营环境发生重大变化;拟上市企业没有核心竞争优势;拟上市企业的净利润并非来自主营业务;拟上市企业经营业绩对政府补助和税收优惠等非经常性损益存在重大依赖或者存在其他可能构成重大不利影响的情形等。例如,2022年3月29日北京某科技股份有限公司因其境外销售收入占比较高且主要为经销收入,说明国际形势变化对公司的持续经营能力可能造成重大不利影响导致IPO被否决。

另外,公司独立性存在严重缺陷也是上市失败的重要因素。发行上市条件要求发行人资产完整,业务及人员、财务、机构独立,具有完整的业务体系和直接面向市场独立经营的能力;与控股股东、实际控制人及其控制的其他企业间不存在同业竞争,以及严重影响公司独立性或者显失公允的关联交易。独立性不足包括两种情况:一方面是内部独立性不足,表现为关联交易非关联化、存在非必要关联交易、非关联方利益输送、明显关联方利益输送、关联方披露不充分、与控股股东或实际控制人持续存在关联交易和资金拆借、同业竞争;另一方面是对外独立性不足,表现为后者存在对主要客户、市场和供应商重大依赖。例如,广州酒家集团IPO申请在2014年9月10日被证监会否决原因之一就是对广东本地市场存在重大依赖。

最后,财务会计处理、会计资料的真实性、募集资金运用问题、企业的信息披露存在缺陷以及企业的董事、高管不稳定,经常变动等问题也会导致最终上市的失败。

针对上市融资风险,可以通过确定最佳融资期限、优化资本结构、解决股权分置,完善公司治理结构等方式来防范。公司的总资金需求可分为长期资金需求和短期资金需求,公司的资金来源也可分为长期资金来源和短期资金来源。不同偿债期限的资金来源的不同组合,构成公司不同的融资期限结构。一般说来,短期融资成本较低,风险较大,长期融资则相反。因此,上市公司应根据资产的变现日期安排相应的融资期限结构。

关于优化资本结构,公司首先应提高资产收益率,使留存盈余融资额提高。其次,提高融资结构中债券融资的比重。最后,创新融资方式,一方面包括品种的创新,如股票品种、债券品种的创新;另一方面包括融资体制的创新。

股权分置是指上市公司的一部分股份上市流通,另一部分暂不上市流通。股权分置导致上市公司股权被人为地割裂为非流通股和流通股两部分,非流通股股东持股比例较高,并且通常处于控股地位。结果是同股不同权,使流通股股东特别是中小股东的合法权益遭受损害,所以完善公司治理结构是上市融资风险防范的重要工作。

专题讨论 中国中小企业上市融资问题

中小企业在国民经济发展中有重要地位,截至2021年末,全国中小微企业数量达4 800万户,10年增长2.7倍(见图4-11)。2021年我国规模以上工业中小企业平均营业收入利润率达6.2%,比2012年末高0.9个百分点,发展质量效益不断提升。

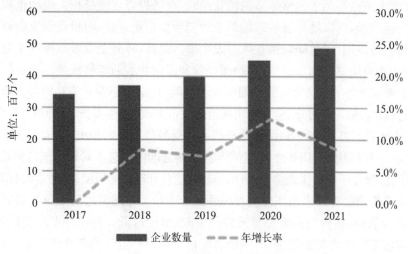

图4-11 中国SMB企业数量

(数据来源：IDC)

中小企业发展实力不断增强,随着资本市场支持力度的加大,上市公司群体中中小企业数量持续增加。截至2021年12月19日,A股中小企业数量达1 454家,占A股上市公司总数的31.2%,这1 454家中小企业IPO募资合计8 779.5亿元,占整个A股上市公司募资额的20.7%。

创新型中小企业上市融资难点在于,第一是我国上市融资的限制。科创板和创业板注册制试点落地显著提升了资本市场对中小企业创新发展融资的支持,但在支持"更早、更小、更新"的创新型中小企业方面仍有提升空间。首先,科创板和创业板对拟上市企业营业收入、净利润等指标要求较高,难以惠及规模较小、业务模式较新且急需资金的中小企业。其次,科创板和创业板再融资等方面资本运作成本对中小企业而言仍相对较高。

第二在于我国科技融资担保体系不够健全。科技型中小企业的有形资产较少,知识产权又不易评估。由于科技融资担保体系不够健全,银行很难给予其大规模授信额度,特别是初创期的企业,由于企业资信不足,融资更为艰难。

第三是间接融资难度较大。银行贷款是我国企业进行间接融资的主要渠道。创新型中小企业规模比较小,存在较大的经营风险且能够抵押的资产很少,无法向银行提供足够的贷款担保。虽然近年来各商业银行加大对中小企业融资贷款力度,但在贷款过程中仍面临资产抵押、风险偏好、资金风控等方面压力,对中小企业间接融资支持仍存有不足。

创新型中小企业因筹资成本、市场环境、商业效应等因素会选择海外上市。筹资成本包括直接成本和间接成本。直接成本是指上市时的发行费用和上市后的维护费用。间接成本是指企业上市从申请到批准的时间成本,以及发行失败的风险成本。通常情况下,境内上市的直接成本低于境外上市,但国内证券市场的间接成本却很高,综合下来境外上市综合成本更低。

境外资本市场融资环境相对成熟且具备以机构投资者为主的专业水平极高、经验极为丰富的投资人,这些投资人也更加认可创新型企业的未来价值。境外证券市场经过长期发展,监管人员已积累了非常丰富的监管经验,市场投资者或是相关机构也积累了很丰富的风险管理经验,所以境外证券市场敢于对创新型企业开放,而投资者也能够对风险管理方法进行有效应用,尽量降低潜在风险发生率。此外,海外上市可以提高企业的国际知名度,有利于企业拓宽国际市场,打破跨国经营和跨国并购的贸易壁垒。

中小企业在海外上市融资可能会面临众多风险,包括中小企业为在海外上市时把首次公开发行的股票价格定得过高,就很有可能遭遇发行失败、好景不长、后劲不足等危机;再融资风险,因为经营不善、管理不到位而让投资者蒙受股价下跌的损失,造成信任危机并影响企业的再融资;由于国内与国外之间、企业与投资者之间的信息不对称造成价值被低估的风险;上市后的监管责任与法律风险;上市地与经营地分开造成的风险;被恶意收购的风险。

中小企业为预防海外上市风险应在海外证券市场上市融资之前要预先做好成本和收益分析并合理估价,估价过高容易导致发行失败,估价过低又会使企业遭受损失。其次,中小企业应加强投资者关系管理,与投资者保持密切而稳定的长期合作关系,同时谨慎挑选上市地点和时机。最后,我国的中小企业要按照国际化的标准来规范自身的公司治理和内部控制。

讨论与思考:

如何看待当前国内和国际形势下我国科创型中小企业上市融资的机遇与面临的风险?对于可能面临的风险有何对策?

本章小结

本章围绕企业不同资本层次的发展对企业上市融资展开全面介绍,了解了 IPO 的流程和方式,通过百度、京东和真功夫的案例来探讨拟上市融资的股权结构设计。此外,本章还分析了上市公司股权再融资的方式、股权结构的优化,以及上市融资的风险与防范,最后专题讨论了中小企业在上市融资过程中可能出现的问题。

一、名词解释

(一)双层股权结构

（二）股权分置

二、简答题

（一）简述企业的资本层次

（二）上市公司股权再融资方式有哪些？

（三）上市融资的风险和主要失败原因有哪些？

我国多层次资本市场改革对企业上市融资的影响有哪些？

第五章  信贷融资理论与实践

学习目标:

1. 了解商业银行信贷融资分类标准及其基本流程和商业银行信贷风险类型
2. 熟悉商业银行供应链融资的模式、并购贷款融资的基本交易模式与商业银行信贷风险管理策略
3. 掌握商业银行供应链融资的特征与优势以及并购贷款融资的特点和风险类型

关 键 词: 供应链融资 并购贷款融资 应收账款融资模式 预付账款融资模式 库存质押融资

第一节 商业银行贷款融资概述

商业银行信贷是指商业银行凭借自身实力和信誉,按照一定的贷款原则和政策,并以赚取客户利息为目的,向客户提供资金融通的和债务承担的借贷行为。贷款行为主要包括六大要素,分别是对象、条件、用途、期限、利率以及方式。狭义上的商业银行贷款融资,主要是指借款人凭借自身信用或者以自有资产为抵押向商业银行进行贷款的行为,但是广义上的商业银行贷款融资,还应该包括借款人凭借商业银行信用作为担保向第三方借贷资金的行为。

一、商业银行贷款融资分类

商业银行贷款融资是银行向企业提供的资金支持服务,通常用于企业扩充流动资金、

设备购置、扩张投资等方面。商业银行贷款的主要特点是金额相对较大,借款人需要提供足够的担保或者抵押物,同时需要通过银行的信用评估和风险控制审批。

根据企业贷款用途不同,商业银行贷款融资可以分为流动资金贷款、投资性贷款以及特殊用途贷款。流动资金贷款是指商业银行向企业提供的用于经营运转和日常开支的资金支持服务。流动资金贷款通常用于支付员工工资、采购原材料、支付账单等方面,帮助企业保持正常运营。流动资金贷款的特点是贷款金额相对较小,还款期限相对较短,需要定期归还本金和利息。投资性贷款是指商业银行向企业提供的用于投资项目和扩张的资金支持服务。投资性贷款通常用于购买设备、扩建工厂、新建生产线等方面,帮助企业实现扩张和发展。投资性贷款的特点是贷款金额相对较大,还款期限相对较长,需要提供足够的担保或抵押物,同时需要通过银行的信用评估和风险控制审批。特殊用途贷款则是指商业银行向企业提供的针对特定用途的资金支持服务。特殊用途贷款通常包括农村信用、小微企业、环保项目等方面的贷款。特殊用途贷款的特点是根据不同的用途设定不同的贷款利率、还款期限和担保要求等,帮助企业实现特定目标和发展需求。

此外,根据贷款期限,可以分为短期贷款、中期贷款与长期贷款;根据利率是否变动还可以分为浮动利率贷款与固定利率贷款;按照贷款币种还可以分为人民币贷款与外汇贷款;按贷款条件可以分为信用贷款、担保贷款,而担保贷款又可以细分为抵押贷款、质押贷款与保证贷款;而从银行角度来看,根据贷款质量可以分为正常贷款、关注贷款、次级贷款、可疑贷款与损失贷款,其中次级贷款、可疑贷款与损失贷款合称为不良贷款;此外还有一些其他的一些分类方法。

企业可以根据自身的需求和情况选择适合自己的贷款类型和形式。银行在为企业提供贷款和融资服务的过程中,会根据借款人的信用状况、担保条件、还款能力等因素进行风险评估和定价,从而确定贷款的利率、期限和额度等具体条件。在选择贷款类型和申请贷款时,企业需要考虑以下几个因素,具体包括贷款金额、还款期限、贷款利率和担保条件。首先,企业需要根据自身的资金需求和还款能力确定贷款金额。如果贷款金额过大,可能会增加还款压力和风险,如果贷款金额过小,则无法满足企业的实际资金需求。其次,企业需要根据自身的经营周期、现金流情况和还款能力等因素,合理选择还款期限。短期贷款利率相对较高,还款期限较短,适用于企业短期资金周转的需要;中期贷款还款期限适中,利率相对较低,适用于企业设备购置和扩建项目的融资;长期贷款还款期限较长,利率相对较低,适用于企业大型投资项目的融资。再者,企业需要根据自身的风险和还款能力等因素,合理选择贷款利率类型和水平。固定利率贷款利率不变,借款人可以预测并安排好还款计划;浮动利率贷款利率随市场变动而变动,借款人需要关注市场利率变动情况,并及时调整还款计划。银行会根据借款人的信用状况和还款能力等因素,要求提供相应的担保条件,以降低风险。担保条件通常包括质押、抵押、保证、信用等多种形式。

总之,商业银行贷款融资是企业获得融资支持的重要方式之一,企业可以根据自身的实际情况选择合适的贷款类型和形式。企业需要认真审视自身的还款能力和风险承受能力,在申请贷款前充分准备好相关材料和资料,积极与银行沟通,并合理安排还款计划,以确保贷款的安全和有效使用。

二、商业银行贷款融资与公司债券的区别

商业银行贷款融资也属于债权融资的一种,相比于直接发行债券融资,商业银行贷款融资具有灵活性高、融资规模较小、融资期限短、融资成本高以及需要抵押物或担保等特点。

由于我国商业银行种类繁多,同时商业银行网点分布广,截至2022年6月,根据中国银保监会金融许可证信息数据显示,全国银行网点数量共223 383个。与此同时,商业银行贷款类型多、期限结构可选择性丰富,能够满足大多数企业的生产经营活动,开展融资活动更加便利。同时相比于发行公司债,商业银行贷款融资门槛较低,能够满足大多数中小企业的融资需求,同时也是大多数中小企业所能获得的主要融资渠道。发行公司债券必须向国务院授权的部门或者国务院证券监督管理机构报送相关材料,同时原《证券法》中明确规定发行公司债券必须具备的净资产规模。

然而,相比于发行债券,一般银行贷款融资规模较小,并且融资期限较短以及融资成本高。同时,商业银行贷款按照贷款条件一般可以分为信用贷款与担保贷款,担保贷款可以进一步细分为抵押贷款、质押贷款与保证贷款。除去信用贷款不需要借款人提供担保之外,其余贷款方式都需要借款人提供担保。而信用贷款一般银行只会发放给银企关系好、实力雄厚的大型企业或国有企业,对于中小企业而言,由于缺少可抵押资产以及信用缺失情况,容易面临较为严格的贷款条件。公司债券可以根据是否提供担保细分为担保债券以及无担保债券,其中担保债券主要是以发债公司的不动产或者动产(如商品、银行存款、股票等)作为担保,或者也可以信誉好的银行或者发债公司的母公司作为担保人。由于担保债券的风险相对于无担保债券而言更低,因此其利率一般而言也更低。除去上述区别外,商业银行贷款融资与发行公司债券还在偿还方式、资金使用范围以及流动性等方面存在区别。表5-1为商业银行贷款与公司债券的几个区别点。

表5-1 商业银行贷款与公司债券的区别

区别点	银行贷款	公司债券
灵活性	可及性高,门槛低	可及性低,门槛高
融资规模	一般较小	一般较大,与公司可分配利润相关
期限	一般较短	一般较长
融资成本	较高	较低,与市场环境密切相关
是否需要担保	一般需要	可担保,也可以不担保

三、商业银行信贷融资的基本流程

商业银行信贷融资的基本流程可以细分为以下几个阶段:贷前申请和受理、贷前审查和审批、签订合同、贷款发放与贷后管理。

（一）贷前申请和受理

本阶段，借款人需要和商业银行提出贷款申请，与此同时商业银行应该派出相关职员与借款人进行详细面谈，主要目的在于了解借款人的主体资格以及基本条件等。并且，借款人应该提交相关材料协助商业银行对公司情况开展初审，一般而言，公司需要提交营业执照、税务证、法定代表人身份证等基本资料，同时还应该提交企业近三个月的财务报告、本年度的对外担保情况以及特殊行业生产经营许可证等相关公司生产经营材料。

通过商业银行工作人员与借款人面谈以及初步审核相关公司材料，商业银行应该充分了解公司基本情况、贷款用途、还贷能力以及是否存在抵押物等信息，并且初步判断企业生产经营是否合理、公司经济效益以及还贷风险等。

（二）贷前审查和审批

商业银行在本阶段一方面需要利用中国人民银行企业信用基础数据等了解公司及其关联公司基本信息和财务信息以及公司法人、股东以及高管等的个人贷款情况、对外担保情况以及是否涉及诉讼案件等信息。

除了通过联网数据掌握公司及其相关人员信息外，还需要对公司提交的材料进行进一步审核，判断企业贷款申请书内容是否真实合法、基本资料是否真实以及公司是否有能力如约偿还等。

（三）签订合同

根据我国《商业银行法》第三十七条规定："商业银行贷款，应当与借款人订立书面合同。合同应该约定贷款种类、借款用途、金额、利率、还款期限、还款方式、违约责任和双方认为需约定的其他事项。"一般而言，商业银行贷款合同中会包含贷款种类、借款金额、借款用途、借款本金及利率、还款期限、还款方式、担保、违约责任以及其他双方需要约定的事项。

同时根据我国《商业银行法》第三十五条规定"商业银行贷款，应对借款人借款用途、偿还能力、还款方式等进行严格审查"，这就要求商业银行应该根据合同规定，严格监管贷款资金的用途，一旦发现挪用资金现象，商业银行有权按照相关规定对公司进行处罚。

（四）贷款发放与贷后处理

银行在发放贷款前需要再次确认借款人是否满足各项借款条件以及借款合同是否准确无误，之后按照合同约定，可以通过受托支付或者自主支付的方式对贷款资金进行管理。受托支付是指银行根据借款人的支付委托，将资金通过借款人账户支付给借款人的交易对象。自主支付是指借款人自主支付给借款人的交易对象。

在发放贷款之后，银行还需要定期对贷款使用情况进行跟踪调查，主要调查内容包括：贷款运作是否合法合规、借款人是否存在挪用资金问题以及抵押物保管情况等。与此同时在贷款即将到期时，银行需要提前通知借款人，并按照合同约定从借款人指定账户划转本金与利息。若借款人无法按时如约偿还贷款，需要进行展期，则借款人需要提前告知商业银行并提出申请，并出具各项证明供商业银行进一步审核。

第二节　商业银行的供应链融资

供应链是 20 世纪 80 年代所提出,在全球化趋势下,随着制造业分工协作深化,在制造业管理中迅速得到普遍应用。供应链是指以核心企业为中心,从生产要素供给、中间产品制成直至最后通过销售网络将最终产品送到消费者手中为止,中间所涉及的信息流、物流、资金流等所构成的一个网络结构,其中包括供应商、制造商、分销商以及所涉及的其他服务提供商。

上游企业为下游企业提供生产要素,而下游企业的最终产品通过销售网络送到消费者手中,上下游企业中间环环相扣,一旦一个环节出现问题,势必将影响整个网络中所有企业的生产经营活动。因此供应链管理作为一种新的管理模式在几乎所有行业中都得到广泛应用,一些知名企业,诸如苹果公司、丰田公司等在供应链管理中产生巨大示范作用。例如我国 A 股市场中有 45 家苹果供应链企业,总市值达到 2.6 万亿元。

而供应链融资是指商业银行通过审查整条供应链,基于对供应链管理程度和核心企业的信用实力的掌握,对核心企业以及上下游多个企业提供灵活的金融产品和服务的一种融资模式。供应链融资解决上下游企业融资难、担保难的问题,通过打通整条供应链上下游的资金流,降低融资成本的同时还可以提高核心企业竞争力。与此同时,供应链融资模式可以改变商业银行过分依赖大客户的情况,培育一批处于成长期的优质中小企业,不仅可以分散银行信贷风险,同时由于增强对供应链中物流和资金流的控制,可以强化银企关系。而对于中小企业而言,供应链融资不仅解决了融资难问题,同时供应链质量的提升对于企业经营发展有着促进作用。

一、供应链融资的特征

供应链融资借助供应链中核心企业信用,基于对供应链中交易过程的控制,对供应链各环节参与者提供全面金融服务,其区别于传统融资模式主要体现在以下几点。

第一,多层次。供应链融资是一种涉及多个企业之间的融资方式,包括上游原材料供应商、中游生产企业、下游销售企业等多个环节,各个环节的融资需求不同,银行也会根据企业的不同需求提供不同的融资方案。供应链融资的多层次特征体现在多层次的融资主体、多层次的融资产品、多层次的风险管理以及多层次的协同合作。具体而言,供应链融资涉及的主体不仅包括企业本身,还包括与其相关的供应商、经销商和客户等多个环节。商业银行通过抵押不同环节的应收账款、存货等财产,为多层次主体提供融资支持。同时,商业银行针对供应链融资的多层次需求,推出了多种融资产品,包括单笔、中期、长期贷款,保理融资,供应链融资计划,等等,以满足不同层次企业的不同融资需求。此外,供应链融资的各个环节都有可能面临风险,如财务风险、信用风险、供应风险等。商业银行需要通过严格的风险评估、多元化的风险控制手段、及时的风险提示等多层次的风险管理方式，保障融资的安全性和稳定性。供应链融资需要各个环节企业之间的协同合作，商业银行需要与企业建立长期合作关系，通过信息共享、风险共担等多层次的协同合作，实现供应链融资的共赢。

第二，风险共担。由于供应链上下游企业之间存在紧密的业务联系，因此商业银行在为其中某一环节提供融资时，往往需要考虑整个供应链的风险，因此各个环节的企业需要承担相应的风险共担责任。供应链融资的风险共担特征主要表现在以下几方面。首先，在供应链融资中，商业银行通过与供应链各个环节企业合作，将风险分散到多个环节，降低了单一企业面临风险的概率。其次，商业银行对供应链各环节企业的财务状况、信用记录、业务运营等情况进行全面评估，并据此制定风险控制措施，使风险得到有效控制。再者，商业银行与供应链各环节企业共同承担风险，如商业银行承担的信用风险、供应商承担的产品质量风险、经销商承担的市场风险等。最后，商业银行通过风险共担，使得供应链各环节企业获得更多融资支持，但同时也需要从企业中获取风险补偿，以弥补自身承担风险所带来的成本和损失。

第三，闭合性。供应链融资的另一特点就在于其真实性与闭合性，其融通资金主要用于盘活供应链中企业生产经营的各个环节。这种模式能够将贷款风险控制转移到企业生产、存储、交易环节，以有效地控制供应链整体风险来强化节点企业的风险个案防范。

第四，抵押物多样化。商业银行在供应链融资中通常会要求借款企业提供抵押物，但由于供应链上下游企业之间的业务往往是以订单或合同等形式进行的，因此抵押物形式也较为多样化，如订单、应收账款、存货等。商业银行可以采用不同类型的抵押物，如商品、库存、应收账款、机器设备等，使得抵押物的种类更加多样化。同时商业银行可以要求供应链不同环节的企业提供不同类型的抵押物，以保证资金的安全性和还款能力。此外，商业银行对不同类型的抵押物采取不同的管理方式，例如对于存货可以采取监管仓库等方式进行管理，对于机器设备可以采取定期检查等方式进行管理。

二、供应链融资模式

供应链融资的发展历程大致可以分为四个阶段，第一阶段是银行以核心企业为中心，为上下游企业提供金融服务；第二阶段则是利用信息技术赋能供应链，使得企业之间信息交互更迅速更透明，但是仍然是银行以核心企业为中心；第三阶段则是随着互联网技术的蓬勃发展，银行可以较为便捷与全面获得企业的信用信息，银行不再需要核心企业提供信用支持。根据目前部分研究认为，随着大数据、云计算、人工智能等技术的推动，利用数字科技赋能供应链融资形成供应链金融。供应链融资可以按照主导地位、企业经营流程等分为若干类别。

（一）按照核心参与者分类

1. 核心企业主导模式

核心企业主导模式是供应链融资中的一种模式，主要由核心企业来负责供应链中的融资安排和资金管理。在这种模式下，核心企业起到了整合供应链上下游企业、协调风险和资源的作用。商业银行则作为核心企业的融资合作伙伴,为供应链中的上下游企业提供融资服务。在核心企业主导模式下,商业银行的主要职责是提供融资服务,但风险评估和管理主要由核心企业来负责。核心企业可以通过与商业银行签订合作协议,向供应链中的上下游企业提供融资担保,这有助于降低上下游企业的融资成本和融资难度。

核心企业主导模式具有以下特点。第一,核心企业有较强的话语权和决策权,可以通过整合资源和协调风险来促进供应链的发展。第二,商业银行主要负责提供融资服务,但风险评估和管理主要由核心企业来负责,商业银行通常会要求核心企业提供担保或抵押物。核心企业可以通过与商业银行签订合作协议,向供应链中的上下游企业提供融资担保,有助于降低上下游企业的融资成本和融资难度。核心企业主导模式下的供应链融资通常是多层次的,融资额度和融资方式根据不同层次和环节的风险和融资需求而定。总之,核心企业主导模式是一种供应链融资的重要模式,核心企业在供应链中发挥着关键的作用。商业银行则可以通过与核心企业的合作,提高供应链中的融资效率和风险管理能力。具体可以参考图5-1。

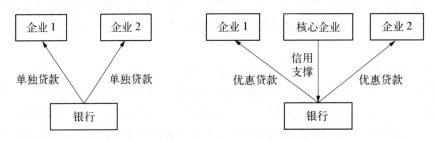

图5-1 传统贷款模式与核心企业主导模式的对比

2. 商业银行主导模式

中小企业对于商业银行而言是一个庞大的新市场,但是由于信用不透明以及抵押物缺乏等原因使得商业银行望而却步。但是,商业银行提供以自身为核心的供应链融资服务可以解决这一问题。以商业银行为主导的融资模式主要是商业银行通过参与上下游企业的交易过程,控制交易中资金流的流动运转,从而为上下游企业提供融资服务。商业银行作为供应链融资的主导者,对供应链中的融资安排和资金管理负有主要责任。商业银行在供应链中拥有较强的话语权和决策权,可以通过整合资源和协调风险来促进供应链的发展。供应链融资中的风险管理主要由商业银行来负责,上下游企业通常需要提供担保或抵押物。

3. 物流企业主导模式

以第三方物流企业作为核心参与者引入,主要是基于物流企业对于交易过程中商品的控制权。一般而言,需要融资的企业将货物转交给物流企业之后,由物流企业对货物进行验收与估值后,向需要融资的企业提供抵押或担保证明。需要融资的企业可以根据物流企业出具的抵押证明或信用担保证明向银行进行融资,而物流企业在此过程中应该承担起商品保管的责任,具体可以参考图5-2。

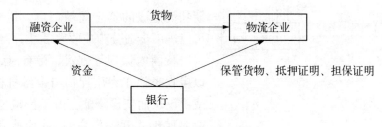

图 5-2 物流企业主导模式

(二) 按照企业经营流程分类

大多数学者根据供应链中企业经营流程将供应链融资划分为预付类、库存类以及应收类,以此为切入点结合企业经营过程可以分为预付账款融资、库存质押融资以及应收账款融资。

1. 预付账款融资

预付账款融资是以企业未来提货权进行短期融资。在该融资模式下,企业一般以未来销售收入来偿还贷款,在供应链中,这类融资模式一般用于下游环节。下游企业向核心企业购买产成品,并且此进行融资,待将来销售完毕时,以销售收入来偿还(见图 5-3)。这一融资模式,不仅帮助下游企业缓解因全款采购而造成的资金压力,同时有助于帮助核心企业扩大销售。但是正如马克思在《资本论》中所说:"从商品到货币是一次惊险的跳跃。如果掉下去,那么摔坏的不仅是商品,而是商品的所有者。"如果未来下游企业销售情况并不理想,势必影响商业银行能够如约按时回收贷款。

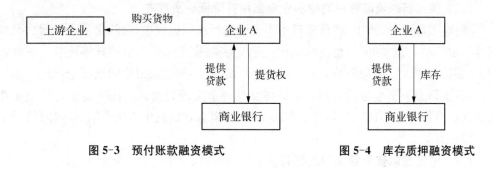

图 5-3 预付账款融资模式　　　　图 5-4 库存质押融资模式

2. 库存质押融资

库存质押融资是以企业存货质押进行融资,以未来商品销售收入所得资金进行偿还,一般来说还需要提供第三方物流信息进行担保。库存质押融资包括原材料仓单融资、半成品库存融资、存货仓单融资等方式。在企业经营生产过程中,不仅机械厂房等固定资产投资会占据大量资金,而且生产过程中的半成品与存货同样会挤压大量资金。库存质押融资模式对于供应链中存货占比大而担保资源不足的企业有着重要作用。库存质押融资不仅可以帮助盘活中小企业资金流,同时能够帮助银行拓展业务,可以起到稳定供应链的重要作用(见图 5-4)。

3. 应收账款融资

应收账款融资是以企业应收账款进行短期融资,从而缓解销售环节中的因回款周

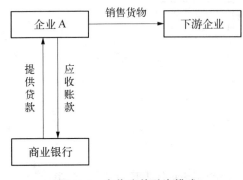

图 5-5 应收账款融资模式

期长而造成的资金短缺问题。应收账款融资可以进一步细分为应收账款质押融资、订单融资以及国内保理等方式。持有应收账款企业以应收账款作为质押物与金融机构签订合同或协议从而获得贷款。由于供应链的上游企业多属于要素提供商,因此应收账款融资能够解决供应链上游企业销售回款慢而造成资金短缺问题,但是应收账款并不一定能够完全收回,因此企业相当于将部分风险转移给信贷机构(见图5-5)。

三、供应链融资的优势分析

(一)供应链融资能够降低融资风险

一条完整的供应链涉及多方参与主体,上下游企业之间一般存在大量的赊销行为,因此会加剧企业资金压力以及经营风险,而供应链中的中小企业由于缺乏抵押物品以及信用缺失面临融资难问题。供应链融资模式一般以供应链中的核心企业为主,以此作为信用担保为中小企业融资提供信用支撑,与此同时,供应链融资模式涉及具体交易环节,银行对于资金流、信息流以及物流掌握有充分信息。因此在融资风险方面,供应链金融会大幅度降低融资风险。

(二)供应链融资能够提高中小企业信用并降低融资成本

在供应链融资模式中,银行在对中小企业进行授信过程中,会淡化企业经营状况以及财务状况门槛,会更加关注企业的具体每笔交易以及在供应链中的具体环节。在融资过程中,银行会更加注重与贷款企业相关的上下游企业,对供应链中的核心企业进行信誉评估,并且银行贷款资金会投入到企业具体交易环节实现封闭式管理。由于有核心企业信誉担保以及以企业具体交易环节为判断基准,可以有效提高中小企业信用,同时给予中小企业降低贷款成本。

(三)供应链融资能够实现互惠共赢

由于供应链融资模式更加关注整体供应链生产经营活动,淡化中小企业信用问题,因此银行能够扩大业务范围,增加中小企业贷款发放额度,促进银行发展。而对于中小企业而言,供应链融资模式提高企业信用情况,增加企业获得银行贷款可能性,有效缓解中小企业所面临的融资难问题,有力支撑中小企业发展。同时供应链融资模式还能够起到稳定供应链整体经营生产活动的作用。

(四)供应链融资能够有效解决中小企业抵押担保不足问题

供应链融资通过将中小企业与核心企业作为整体评估单位,不再强调企业个体的财务状况与生产经营情况,针对企业具体业务交易流程包括应收账款、预付账款以及存货等提供各类融资服务。这种融资模式符合中小企业真实生产经营过程,即可能存在较多赊销赊购活动与存货,并以此作为抵押物,解决了中小企业缺乏抵押物的问题。

第三节 并购贷款融资

并购贷款是指商业银行向并购企业发放用于受让现有股权、认购新增股权或者收购资产、承接债务等方式以实现并购或实际控制被并购方的贷款。因此并购贷款融资模式主要是服务于并购企业用于支付并购股权全款而产生的资金需求。

我国商业银行并购贷款起步于2008年底。根据中国人民银行1996年颁布的《贷款通则》,商业银行将贷款投入股权领域。由于企业并购面临较大生产经营风险,因此其贷款风险高于一般贷款。然而随着并购活动的日趋升温,传统融资渠道难以满足并购企业大额并购所需资金。中国银行业监督委员会在2008年发布《商业银行并购贷款风险管理指引》,放开商业银行贷款不能投入股权领域这一禁令。根据图5-6可以清晰发现,我国上市公司参与的股权并购活动的数量从2012年1 780例增加到2021年10 319例,十年时间股权并购活动的数量增加了近6倍,这说明股权并购活动变得越发常见,成为企业扩张的一大利器。

图5-6 2012—2021年上市公司并购数量

(数据来源:国泰安数据库,CSMAR)

一、并购贷款的特点

并购贷款融资不同于一般贷款融资行为,所融资金不是用于满足日常经营生产活动的流动资金需求也不是用于固定资产投资,而是用于企业并购。并购贷款融资与一般贷款融资一样,商业银行仍然会关注日常经营活动现金流是否能够覆盖贷款本息,但是由于涉及多个交易主体,商业银行会更加关注被并购方的生产经营活动。并购贷款融资主要具有以下几方面特点。

(一)并购贷款融资不确定性高

并购贷款融资一般可以分为资产收购、债务承担以及股权收购。而目前股权并购在资本市场中十分受投资者青睐,主要目的在于通过股权并购取得被收购对象的控股权,从而获得目标公司的核心技术或者人才。然而股权不同于资产收购,不仅需要对公司资产、债务等做出详细评估,同时还需要关注企业为未来运营状况。而全面评估目标公司未来经营状况本是不易,尤其是在缺乏充分信息的情况下,与此同时,一般而言,并购贷款主要是以并购目标的未来收益作为偿还来源。因此商业银行在向并购方提供并购贷款时会充分考虑目标公司的整体经营状况,避免出现较大风险。而当目标公司为上市公司时,更加容易将二级市场的金融风险转移至信贷市场,造成金融系统动荡。

(二)贷款发放的预期性

与一般贷款融资相比,在并购贷款融资模式中,商业银行不仅关注并购方的生产经营状况,同时还关注被并购方的生产经营状况。对于任何贷款项目而言,商业银行最关注的便是借款人的生产经营状况与财务状况以此判断借款人是否能够按时如约偿还贷款。与一般贷款相比,并购贷款融资中被并购方未来的收益将是很重要的还款来源,由于并购后目标公司的生产经营状况具有较大的不确定性,因此商业银行通常需要对被并购方的发展前景做出充分评估。

(三)并购风险的复杂性

并购贷款的风险存在于并购过程的各个环节,涉及战略风险、整合风险、法律合规风险、政策风险、经营风险以及财务风险等。与此同时,并购活动还可能涉及跨境交易,因此地缘政治风险、汇率风险等都会对并购贷款的偿还造成较大风险。与传统贷款融资活动相比,并购贷款所面临的风险更加复杂更加多样,同时对于商业银行的风险评估能力也提出更高要求。

二、并购贷款融资基本交易模式

并购贷款的基本交易模式可以按照是否由并购方直接进行融资并进行并购行为分为两类。

(一)直接由并购方进行融资并进行并购行为

并购方直接向商业银行进行并购贷款融资,然后进行开展并购活动,这类模式是比较常见的并购贷款融资模式。具体可以参考图5-7。并购方按照目标公司的股权作价支付,目标公司向并购方转让股份,而商业银行向并购方提供并购贷款。

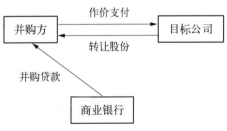

图 5-7 并购方贷款融资模式

(二)并购方新设主体进行融资并进行并购行为

由于在大多数并购活动中,并购方可能是上市公司,在进行并购活动时需要董事会或者股东大会审批,同时需要将并购活动进行披露或者公告,与此同时,直接进行并购贷款融资,会增加企业负债,影响资产负债表,因此并购方会新设特殊目的公司(SPV)向商业银行进行贷款融资并进行并购活动。《商业银行并购贷款风险管理指引》第三条规定,并购可由并购方通过其专门设立的无其他业务经营活动的全资或控股公司进行。其中第四条规定,商业银行可以向并购方或者其子公司发放并购贷款。虽然从法律与监管角度而言,新设公司向商业银行进行并购贷款融资是不存在限制,但是由于新设公司并无实质经营活动,因此商业银行一般而言需要母公司进行贷款担保并要求将并购后股权作为质押物。具体交易过程可参考图5-8。其中商业银行向新设子公司发放贷款,由子公司开展并购活动,而母公司需要为子公司进行贷款担保,同时子公司可能还需要将并购后目标公司的股权向商业银行进行质押。

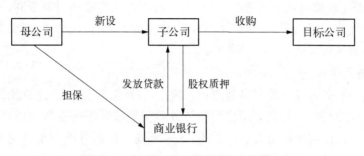

图5-8 并购方新设主体贷款融资模式

三、并购贷款的风险管理

相比于商业银行所发放的流动资金贷款、固定资产贷款等,并购贷款所面临的风险更复杂且多样化。由于并购交易活动本身容易受到目标公司股权估值、公司整合、法律政策等因素影响,更有甚者,若被目标公司是境外企业,则还会受到地缘政治风险以及汇率风险等,因此并购贷款所面临的风险更加复杂多变。主要的风险包括以下几个方面。

(一)战略及整合风险

由于并购双方在企业文化、行业前景、发展战略等诸多方面存在差异,因此准确评估并购双方在发展战略、组织文化、业务能力等方面完全整合的可行性以取得协同效应存在较大难度。根据有关统计表明,50%以上的并购交易没有达到管理层预期目标,其中一个重要原因就是整合低效,没有产生协同效应,反而目标公司成为并购方的累赘,迫使并购方持续追加投资,影响并购方的日常经营活动。

企业整合主要是包括人和物的整合,目标是在保证目标公司经营稳定性的同时实现并购双方实现协同效应。但是由于企业文化、组织人员流动的情况,导致整合后并没有达到预期效果,这种现象在跨国并购中尤其常见。例如我国白色家电和液晶面板巨头TCL2004年并购法国汤姆逊彩电业务,由于缺乏足够人才对并购后的企业进行人力资源、组织体制、技术等方面进行整合,结果导致并购而来的法国汤姆逊电子有限公司2005年亏损6亿元,2006年亏损26亿元,差点动摇了母公司的生产经营活动。

(二)法律合规风险

并购交易牵涉面广,不仅需要交易双方内部决策机构同意,往往还涉及国家产业政策、行业准入、反垄断等事项,除此之外,跨国并购还可能涉及不同地区的产业政策与反垄断等审批事项,如果未能按时通过政府审批,直接可能影响最终并购交易是否能够执行。除此之外,并购贷款融资还涉及并购交易各方、并购交易等各方面的依法合规性,例如交易主体是否具备主体资格、是否履行了必要登记以及并购或者并购融资是否符合国家政策。

(三) 经营风险

企业并购后的经营风险主要是指并购后企业是否能够保持稳定增长、公司治理是否有效、企业是否能够保持竞争力等。一般而言,由于并购类型和对象不同,不同并购活动所造成的经营风险有所不同。横向并购相较于纵向并购而言,风险要低;大企业并购小企业所面临的经营风险要低。

(四) 财务风险

企业并购的财务风险主要来自两方面:其一,并购前双方由于自身经营和财务特点不同所带来的风险;其二,并购中所使用的债务融资手段对于企业生产经营造成的风险。如果企业进行大规模债务融资去进行并购,未来所发生的利息将对企业现金流造成较大压力,企业的财务风险容易受到诸如利率、汇率、通货膨胀等因素的影响,将会加大并购企业的财务风险。

(五) 国别风险

对于跨境并购而言,并购风险还涉及由于目标企业所在国法律限制、市场环境、商业规则等变动所带来的风险。例如目标企业所在国发生社会动荡、经济衰退或者爆发战争等,并购企业所投资金都有可能面临较大损失风险,这类风险广泛存在于跨国并购交易中。

除此之外,并购贷款融资还包括汇率和利率风险、资金过境风险等。其中汇率和利率风险主要是涉及跨境并购,由于目标企业的经营范围在国外,因此主要币种的汇率变化对于企业自身的经营财务状况将造成一定影响。同时由于并购贷款的贷款期限较长,利率变化将会涉及企业债务偿还问题。而对于跨国并购而言,并购方还可能遭受资金过境风险。并购方向目标企业支付并购款项时,可能会受到外汇管制的影响,同时目标公司的资金过境时,也可能受到东道国外汇管制的掣肘。

第四节　信贷融资的风险与管理

商业银行信贷融资风险是指商业银行在发放贷款的过程中,由于无法预料的不确定因素存在而造成商业银行蒙受经济损失。具体而言,商业银行信贷风险在数量上表现为贷款部分甚至完全无法收回,而在时间上则表现为贷款本息无法按期如约收回。商业银行的主营业务就是吸收存款并发放贷款,安全投放并回收贷款便是商业银行主营业务良性发展的表现。而商业银行的信贷风险管理则是指商业银行对于信贷风险能够进行识别、度量并评价,并在此基础上能够采取有效措施尽可能防止信贷风险发生以及在信贷风险发生后能够最大程度维护银行自身利益。

商业银行必须能够清楚地认识信贷风险的基本特征,第一,风险的客观性。信贷活动的风险是客观存在的,不以任何人的意志而发生转移,只要存在借贷活动就势必会存在信贷风险,承担风险是商业银行不可避免的事情,无风险的信贷活动在现实生活中是不存在的。第二,风险的可控性。商业银行的信贷风险是客观存在,无法避免的,但是信贷风险却是可控的,只要采取一定措施,按照一定流程开展信贷活动,就可以对风险进行事前甄别,事中管理以及事后化解,能够最小化风险所带来的损失。第三,风险的隐蔽性。信贷活动风险是由无法预料到的不确定因素而导致,如果信贷风险可以清楚地识别,那么在发生信贷活动之前就可以完全扼杀在摇篮中。但是由于信贷风险的隐蔽性,导致信贷活动本身的风险难以被清楚发现,这就要求银行在信贷活动中要做到事前识别,事中防范以及事后总结。第四,风险的联动性。商业银行的信贷风险一方面不仅会造成银行资金损失,另一方面对于商业银行自身发展可能也会造成银行。除此之外,不同信贷业务之间也存在风险联动性,一笔业务的风险可能会蔓延到另一笔业务上去,造成了连锁反应。

一、信贷风险分类

(一) 信用风险

信用风险又称违约风险,是指借款人无法按期如约归还贷款,造成银行资金损失的风险。信用风险的产生一般来说有以下几种原因:第一,银行在发放贷款之前未能清楚识别企业信用,将贷款发放给不符合资格或者是信用较差的客户,这类借款人本身就没有足够的经济实力去偿还贷款,而导致借款之后无法如约偿还贷款。第二,当经济运行周期处于紧缩期时,借款人会由于各种宏观因素的变化而无法如约偿还贷款。第三,由于企业经营状况恶化,而导致企业没有经济实力去如约偿还贷款。信用风险是商业银行贷款风险中的主要风险,信用风险存在于一切信用活动中。对于商业银行而言,为了规避信用风险,必须在贷款前,详细审查企业基本资料、财务信息以及生产经营信息,确保企业符合贷款资格以及信用良好或有足够的抵押物。而在发放贷款之后,商业银行应该密切关注客户生产经营情况,在出现违约征兆之前就采取一定措施去防范风险发生,例如可以要求借款人增加抵押物等。

(二) 流动性风险

流动性风险是指商业银行掌握的流动资金无法满足存款用户提款需求而产生的挤兑风险。商业银行产生流动性风险产生的原因主要有以下几点:第一,商业银行资产配置不合理。商业银行的主要利润来源便是存贷利差,部分银行可能为了追求高收益而采取"借短贷长"的手段,造成资金错配。与此同时,在中小银行经营活动中占据一定比例的同业业务更是放大了这一风险。第二,突发事件。商业银行的主要现金流出为客户提取存款,一般而言,定期存款的到期时间是可以预估的,因此这类资金流出容易被纳入管理,但是客户的临时性提款一般难以预测,特别是银行存款来源单一的情况下,头部客户一旦需要大额集中提取,就容易造成风险。而更严峻的情况是发生银行信用问题,在这种情况下,容易出现挤兑风潮。2022年5月发生的河南村镇银行事件,就充分展示了在银行商业信用败坏情况下所出现的流动性风险。第三,信用风险所造成的流动性风险。银行信贷风险具有连锁特性,信用风险可能进一步会转化为流动性风险。

(三) 法律风险

商业银行法律风险是指商业银行在开展信贷活动时,因与个人或组织发生法律纠纷而造成的经济损失风险。商业银行法律风险产生的原因主要有以下几点:第一,个人或者企业在办理信贷业务时,由于合同条款不符合国家相关规定,而导致合同不能履行。商业银行法律风险的发生一般都集中在商业银行的信贷活动违反了相关规定,而这类违规行为一般而言并不会立刻造成法律风险,存在时间滞后性,大多是在信贷活动后期管理阶段或者是参与双方发生争执的情况下。第二,商业银行在办理信贷业务时侵害了贷款人权益而产生法律纠纷。为规避此类风险,商业银行在开展信贷活动时,依法依规办理信贷业务。

(四) 操作风险

操作风险是指由于银行信贷管理系统不完善以及内部程序存在问题等造成的风险。商业银行信贷融资操作风险出现的主要原因就是银行内部控制不完善、公司治理机制失效或者员工技能水平难以满足业务要求。商业银行应该加强完善内部程序、提高治理机制并定期强化员工职业素养,以此规避可能出现的操作风险。

二、信贷融资风险的识别

(一) 贷款风险来源

识别信贷融资风险的前提在于清楚信贷融资风险的来源。一般而言,信贷融资风险会随着贷款时间的增加,如图5-9所示。

1. 经济环境变动与政策影响

商业银行信贷活动与宏观经济环境之间密切相关。当处于经济紧缩期间,企业生产经营绩效变差,一方面,企业投资需求降低,对于资金变低。商业银行为了竞争客户,可能出现各种违规操作,或者将资金贷给信用

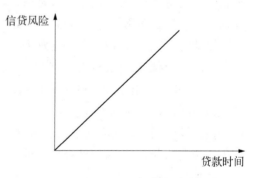

图 5-9 信贷风险与贷款时间变化趋势

较差的企业,造成信贷风险。另一方面,企业生产经营绩效变差,企业的还款能力降低,融资造成信用风险。

除此之外,政策变动同样会造成信贷风险。例如产业政策调整会改变商业银行的资金投放方向,但是,一旦该类产业没有蓬勃发展,势必导致银行贷出去的资金难以回收。除此之外,金融政策变动同样会造成信贷风险。例如利率市场化改革加大银行竞争,对于银行的定价能力提出更高的要求。

2. 商业银行内部风险

尽管规避风险一直以来就是银行日常工作的重点。但是在开展信贷活动时,还是会出现各种风险。最容易出现的便是操作风险,主要表现为银行工作人员的违规操作、风控

意识不强或者业务素质不高。不少商业银行的内部缺少科学的风控操作流程,导致风险管理工作并没有可量化的标准,同时在办理贷款时,同样缺乏贷后管理这一环节。

(二) 贷款风险预警

贷款风险预警是指在贷后管理工作中,通过贷后检查发现贷款风险可能发生的征兆,通过定性定量相结合的方法,尽快识别风险来源、程度、原因以及变化趋势,并按相关程序采取针对性措施。

贷款风险预警是对未来可能发生贷款风险的提前预测,不同于风险发生后的处理手段,风险预警需要结合大量信息,采取各种方法,对相关贷款业务进行评判。一般而言,贷款风险预警信号有以下几类。

1. 客户缺乏合作诚意

客户缺乏合作诚意具体表现在以下几个方面:第一,与关键客户失去联系或者企业负责人采取各种手段躲避银行;第二,不愿主动提供公司相关资料,具体包括:公司定期报表、交易流水以及纳税单等资料;第三,故意隐瞒与某些商业银行的关系或者是没有如何告知自身资产负债信息,具体包括:未在资产负债表中列示相关负债或者资产。

2. 企业生产经营状况出现变化

企业生产经营状况出现变化主要体现在以下几个方面:第一,企业库存水平急剧变化;第二,企业销售收入减少,市场份额下降;第三,出现重大生产安全隐患或者出现重大产品质量危机等;第四,设备老化严重。

3. 企业资金链条紧张

企业资金链条紧张主要体现在以下几个方面:第一,企业在商业银行中的现金存款不断减少;第二,资金管理错配,出现"短贷长投"现象;第三,贷款需求增加或者长期透支用款;第四,应付票据增加并且出现大量展期;第五,借款人存在其他大额债务或被索取赔偿。

4. 外部评价变差

企业外部评价变差主要体现在以下几点:第一,同行企业对借款企业评价不佳;第二,上下游企业对借款企业存在负面评价;第三,企业职工对于借款企业存在负面评价;第四,其他商业银行降低借款企业授信或者存在负面评价等。

5. 企业内部管理混乱

企业内部管理混乱主要表现在以下几点:第一,财务管理人员更换频繁;第二,管理层更换频繁或者管理层缺乏足够能力维持企业正常运作;第三,销售、技术等核心部门人员流失严重;第四,企业内部主要股东之间存在产权纠纷;第五,企业内部存在严重侵吞企业资产现象。

6. 产生法律纠纷

企业产生法律纠纷主要表现在以下几点:第一,企业因诚信问题而产生的法律纠纷,主要包括重大产品安全问题、售后问题等;第二,企业因管理原因而产生的法律纠纷,主要包括重大生产安全问题;第三,企业因履约能力不足而产生的纠纷,主要包括履约能力下降而造成违约。

7. 企业财务状况恶化

企业财务状况恶化主要表现在以下几点：第一，企业负债过重，存在多次债务展期或者违约，或者是存在"拆东墙补西墙"的现象；第二，企业资产结构配置不合理，流动资产规模与占比不断下降；第三，存货或者应收账款增加，并且可能伴随着预付账款增加，企业资金链条紧张；第四，多次延误提交财务报表或者财务报表信息存在弄虚作假。

8. 资产发现明显减值

企业资产发生明显减值主要表现在以下几点：第一，企业抵押或质押资产存在明显减值，可能资产价值会低于贷款本金；第二，企业投资亏损或者投资项目存在明显减值；第三，抵押品或质押品被企业不合理使用导致商业银行失去控制权。

（三）信贷风险管理策略

1. 完善健全风险预警机制

商业银行必须要完善健全信贷风险预警机制，充分发挥其有效作用，做到早预警、早识别、早发现、早处置。在目前信息技术蓬勃发展的情况下，商业银行应该积极拥抱大数据、人工智能等先进技术手段，将风险监测贯彻到信贷业务全生命周期中，起到实时预警。具体而言，商业银行可以构建相应数据库，将企业基本资料、财务状况、信贷记录等全部录入，同时可以进一步采用人工智能等手段，将风险量化指标嵌入到信贷业务的全流程，及时掌握可能出现的信贷风险。同时对于不同客户，根据客户资料，将其划分为不同信用等级，针对不同信用等级客户采用不同贷款发放标准，要做到信贷业务全流程科学客观。

2. 加强内控机制建设

内控机制存在缺陷容易引发信贷业务操作风险，导致银行员工与贷款企业产生利益输送关系，从而对银行造成损害。因此商业银行应该加强内部控制机制建设，将信贷业务贷款、审查、风控、管理各个环节相分离，确保不同职能部门之间相互监督，减少操作风险。同时应该积极提高员工自我修养与职业技能水平，树立正确价值观，杜绝损害集体利益行为。

3. 完善贷后管理，提高风险管理主动性

要紧抓信贷风险管理，尤其是贷后管理，牢固树立稳健、审慎与合规观念。避免出现"贷前积极，贷后放松"的现象，要提高贷后管理意识，让贷后管理各项工作真真正正地落到实处。同时商业银行应该强化员工考核指标，不能仅仅以贷款数量作为考核标准，同样应该将贷款纳入考核，建立长效有效的激励机制，以合理的业务考核标准来约束员工行为。

专题讨论　中小企业融资机制的创新

中小企业是中国国民经济运行与发展的重要基础，在国民经济中占据十分重要的位置。中小企业在保持经济增长、维持社会稳定、吸纳劳动力、提高居民收入等众多方面具有重要作用,在全国工商企业注册中,中小企业数量占比达到99%以上,与此同时,中小企业贡献了60%以上的GDP,提供了近70%的城镇就业岗位。企业的经营与发展不能缺少资金,由于中小企业所面临经营规模小、企业信用缺失、银企之间信息不对称等诸多问题导致中小企业面临严峻的融资约束问题。而资本市场的高门槛又直接阻挡了中小企业直接融资渠道,导致中小企业需要通过民间金融获取资金支持。

目前中小企业新型融资方式主要是在传统融资方式的基础上结合新技术或者新方法而形成新型融资方式,例如通过互联网技术赋能传统融资方式,解决中小企业融资过程中所面临的信用缺失问题。

一、网络众筹融资模式

网络众筹融资模式是一种新型的互联网金融模式,在该种模式下,融资者可以在众筹平台上发布自己的创意、产品或者服务,并以股权、产品或者服务的方式回馈给投资者。投资者可以通过众筹平台了解项目情况并进行合适的投资,从而实现中小企业尤其是科技型企业与创意服务型企业向社会直接募集资金。网络众筹模式种类丰富,投资门槛低,资金来源广泛,主要适合企业在早期阶段进行资金募集。

网络众筹主要可以分为商品众筹和股权众筹,商品众筹是指投资者将以获得商品的形式收取投资回报,是一种类似于预售的商品销售机制,这种众筹模式更加适合于创意服务型公司,对于企业而言,不仅解决了资金困难问题,同时还帮助培育了一批核心消费者。而股权众筹则是以获得相应股权作为投资回报方式,重点在于扶持小微企业发展。

网络众筹模式诞生于2011年左右,兴于2014年,在2015—2016年达到顶峰,但是随着互联网金融监管力度的加大,产品众筹不能完全排除非法集资的嫌疑,越来越多的违规众筹平台被关闭,网络众筹平台数量出现急剧下滑。

二、投贷联动融资模式

投贷联动融资模式是指基于银行通过采用成立基金或者风险投资公司的方式,对初创企业进行股权投资,与此同时,银行机构还通过债权投资的方式为中小型科技企业提供信贷服务。投贷联动模式的主要服务对象是科技创新企业,这种融资模式能够从原动力上有力推动科技创新企业的成长,解决其资金需求问题。

2016年4月中国银行业监督委员会、科技部以及中国人民银行三部门联合发布《关于支持银行业金融机构加大创新力度开展科创企业投贷联动试点的指导意见》,该意见明确定义了投贷联动融资模式的内涵,具体而言,就是银行业金融机构以"信贷发放"与本集团设立的具有投资功能的子公司"股权投资"相结合的方式,通过相关制度安排,由投资收益弥补信贷风险,实现科创企业信贷风险和收益的匹配,为科创企业提供资金支持的融资模式。该文件明确了第一批试点地区以及试点银行。这种模式的具体操作流程可参考图5-10。

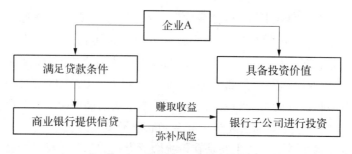

图 5-10　投贷联动融资模式

一般而言,由商业银行出资设立具有股权投资资格的子公司,在经过风险投资机构评估之后,如果该企业具备投资价值,则商业银行子公司会通过股权投资的方式对企业进行注资,与此同时,商业银行也会配套提供信贷资金。在这种过程中,商业银行可以通过赚取股权收益来弥补信贷风险,实现了企业、银行双方互惠互利。

第二种投贷联动模式则是选择权贷款,具体可以参考图 5-11。选择权贷款这一模式是在上一种模式的基础上进一步改进。在选择权模式下,商业银行在对企业进行传统信贷的基础上,同时和投资银行建立一定的选择权,即双方约定可以将贷款作价转为一定数量的股权期权,在企业实现 IPO、并购或者股权转让等实现股权增值时,由投资机构抛出所持的该部分股权,而实现收益由双方共同分享。

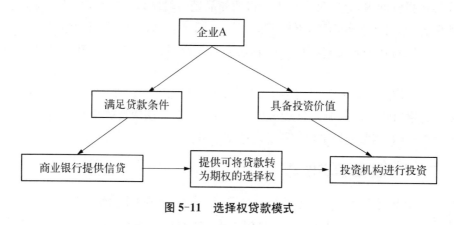

图 5-11　选择权贷款模式

第三种投贷联动模式则商业银行通过债券发行筹集资金,设立专项基金,并将由该基金进行直接股权投资或者是和地方投融资基金合作进行股权投资。

三、中小企业集合债券

中小企业集合债券是由牵头人组织,集合多个中小企业,以多个中小企业为发债主体,若干中小企业分别确定债券发行额度,再通过集合债券的形式采用统一的债券名称以一个总和额度向投资人发行的债券种类。中小企业集合债券是我国融资活动实践中的创新模式,它不同于欧美国家中小企业贷款证券化,而是由一个牵头人组织,集合若干中小企业,以集体名义发行债券。

中小企业集合债券的牵头人一般都是政府部门,深圳市 2007 年所发布的《深圳市中小企业集合债券组织发行实施细则》中提及中小企业集合债券采取"政府牵头、企业自愿、集合发行、分别负债、统一担保、统一组织、市场运作"的模式。政府牵头组织中小企业集合债券主要是为了解决当地中小企业融资难、信用缺失问题。中小企业集合债券的发行旨在通过直接融资降低中小企业融资成本,同时通过集合企业作为一个整体,能够满足债券发行门槛,同时能够提高信用程度。中小企业集合债券与一般公司债券的区别可见表 5-2。

表 5-2 中小企业集合债券与一般企业债券的区别

区　　别	中小企业集合债券	一般企业债券
发行主体	多家企业	一家企业
发行难度	能够降低发行难度	对于企业资产、财务状况存在一定要求
发行期限	较短	较长
利率	市场利率	市场利率

中小企业集合债券的优势主要有以下几点:第一,拓展中小企业融资渠道。由于中小企业资产规模小、信用缺失等问题,中小企业较难从商业银行进行间接融资。而直接融资门槛过高,中小企业难以企及。中小企业集合债券将中小企业集合为一体,作为一个整体发行债券进行直接融资,降低了直接融资门槛,拓展了中小企业融资渠道。第二,融资成本降低。直接融资相较于间接融资而言,具有融资成本低、融资规模大的特点。中小企业集合债券进行直接融资大大降低了中小企业的资金成本,有助于节约财务成本,助力企业生产经营活动。第三,倒逼企业规范运作。债券发行上市后,企业需要定期披露相关信息,受到广大投资者的监督,这能够倒逼企业规范运作,提高自身管理水平。

本章小结

本章的核心内容主要是围绕商业银行贷款融资、供应链融资以及并购贷款融资进行详细探讨。这些融资方式在现代商业环境中扮演着重要角色,对企业发展和运营至关重要。在本章中,我们介绍了商业银行贷款融资的几种类型及其基本操作流程。同时本章对比了商业银行贷款融资与公司债券融资,以便更清楚地展现两者的异同点。本章其次深入探讨了供应链融资模式,不仅详细介绍供应链融资的特征和优势,同时详细介绍了供应链融资的几种不同模式和运作流程。同时,本章还介绍了并购贷款融资的特点和风险,并进一步介绍了并购贷款融资的几种模式和运作流程。本章最后围绕信贷融资的风险管理,介绍了商业银行信贷融资存在的风险及其来源,并着重介绍了信贷融资的风险识别和管理策略。

习题

一、名词解释

（一）供应链融资

（二）并购贷款融资

二、简答题

（一）简述供应链融资的基本特征和优势

（二）简述直接由并购方进行融资这种并购贷款融资模式的运作流程

（三）简述信贷融资风险

 思考题

"双循环"新发展格局下银行供应链融资的发展方向有哪些？

第六章 债券融资理论与实践

学习目标：
1. 了解债券本金偿还设计、债券到期时间设计、债券发行币种设计与发行地点选择、债务移除设计、债券融资创新的其他特殊设计
2. 掌握债券利息支付的设计、附认购权证债券融资、结构性债券、可转换债券融资
3. 熟悉债券融资的概念与结构、债券融资分类、债券融资的风险与防范

关 键 词： 债券融资　衍生债券　债券融资风险

第一节　债券融资概述

一、债券融资的概念与结构

债券融资是指项目主体按法定程序发行的、承诺按期向债券持有者支付利息和偿还本金的一种融资行为。债券是社会各类经济主体为筹集资金而向债券投资者出具的、承诺按一定利率定期支付利息并到期偿还本金的债权债务凭证。与股票融资一样，债券融资属于直接融资。债券的主要购买人有保险公司、商业银行、投资公司或投资银行，以及各种基金组织。除此之外，公司、企业及个人也可以购买债券。债券的主要发行人则包括政府、公司和金融机构等。

债券融资的结构较为简单，一般由债券的发行者、投资者和承销者等构成。债券的发行者是资金的需求者，通常称之为债务人。投资者是资金的供给者，通常称之为债权人。

承销者即代发行者,是办理债券发行和销售业务的中介人。

二、债券融资分类

(一) 按发行主体划分

按债券的发行主体划分,债券融资可分为政府债券融资、金融债券融资和公司债券融资等。其中,政府债券的发行主体为政府,是指政府财政部门或者其他代理机构为筹集资金,以政府的名义发行的、承诺在一定时期支付利息和到期还本的债务凭证。中央政府发行的债券称为中央政府债券或者国债,地方政府发行的称为地方政府债券,有时也可以将两者统称为公债。金融债券的发行主体为银行或非银行金融机构,是指银行以及非银行金融机构依法发行并在一定期限内还本付息的有价证券。发行期限常以中期为多见,主要目的是筹集资金用于某种特殊目的或改变本身的资产负债结构。公司债券的发行主体是股份公司,但有些国家也允许非股份制企业发行债券。公司债券是公司依照法定程序发行、约定在一定期限内还本付息的有价证券。它反映了发行债券的公司和债券投资者之间的债权债务关系。通常而言,政府债券的风险小于金融债券,金融债券风险小于公司债券。

(二) 按发行方式划分

按发行方式划分,债券融资可以分为公募债券融资和私募债券融资。其中,公募债券(Public Offering Bond)是指在证券市场上公开发售的债券。私募债券(Private Placement Bond)是指向特定投资者发行的债券,不能上市交易转让。

(三) 按利率方式划分

按利率方式划分,债券融资可分为固定利率债券融资、浮动利率债券融资和无票息债券融资。其中,固定利率债券(Fixed Rate Bond)是指在发行债券时就将债券的息票率固定下来的债券。浮动利率债券(Floating Rate Bond)是指债券息票率根据市场利率波动的债券。无息票债券是指不付息票,不逐年支付利息,到期一次性支付本息的债券。一般以贴现方式发行,如只按票面金额50%~60%价格出售,到期按票面值还款。它对投资者的吸引力在于其收益事先确定,没有重新投资风险,而且在税收上具有优势,可以逃避利息所得税。

(四) 按可转换性划分

按可转换性划分,债券融资可分为直接债券融资、可转换债券融资、附认购权证债券融资和可转让贷款证券融资。其中,直接债券(Straight Bond)是指传统的债券,有固定利息息票和到期日。在利息率相对稳定的情况下是比较通行的,但是当利息率不断发生较大变化时它的发行就会受到影响。可转换债券(Convertible Bond)是指投资者有权把对债券发行者的债权转换成股权。这种债券具有普通债券的优点,只是利率较低,反映转换选择权(Conversion Option)的价值。附认购权证债券(Bond with Warrant)是指能获得购买企业股票权利的债券。可转让贷款证券(Transferable Loan Securities)记载了借款、条件等信息,将这种可转让贷款证券售予贷款银行即可获得贷款。

第二节 债券融资设计与价值确定

一、债券利息支付的设计

(一) 零息债券的设计

零息债券(Zero Coupon Bond)是指不支付利息的债券,通常在到期日按面值支付给债券持有人。投资者通过以债券面值的折扣价买入来获利。这类债券可以在发行时加入折扣,或由银行除去息票,然后包装为零息债券发行。零息债券没有债息再投资风险,适合利率风险免疫的操作。

(二) 递延债息

名目上为付息债券,但实际上无须定期付息。债息在到期时与本金一并支付。投资人无债息再投资风险。

(三) 实际债券付息

以等值面额的债券替代债息的支付,投资人无债息再投资风险,发行公司也可免除债息支出的资金需求。

(四) 递增/递减债息设计

债息逐期增加,减轻初期债息支出(将部分债息递延支付)。同时发行递增与递减债息的债券(如表 6-1 中的甲券和乙券),使资金成本维持在固定水平。

表 6-1 递增/递减债息设计

	第一年	第二年	第三年	第四年
甲券	2.51%	3.81%	11.16%	12.16%
乙券	11.65%	10.35%	3.00%	2.00%
平均利率	7.08%	7.08%	7.08%	7.08%

(五) 浮动债息的设计

浮动债息中,票面利率随指标利率定期重设,票面利率=指标利率+基点加码。其中,基点加码的幅度反映出融资者的信用风险。而浮动利率债券的存续期间为距离下次利率重设的期间。事实上,可将浮动利率债券视为一个零息债券,期限等于距离下次利率重设日的期间。

(六) 反浮动与超浮动债息设计

反浮动利率债券的票面利率是由一个固定利率减去指标利率,如 14.5%－CP 或 8.35%－LIBOR。债息会随市场利率作反方向的变动,利率风险会超过相同期限的固定利率债券。超浮动利率债券的票面利率针对指标利率增加杠杆效果,利率风险会扩大。

超正浮动债息:3×CP—250 bps;超反浮动债息:25.6%—4×LIBOR。

(七) 荷兰标债息设计

类似浮动利率债券,但是在每期债息重设时,是由市场投资人以竞标方式决定基点加码的额度。在市场上也称作竞标利率债券(Auction-Rate Securities)。可实时反应(调整)发行人的信用风险变动,确保债券价格在利率重设日时会回复至面额。

二、本金偿还设计

债券融资存在多种本金偿还方式,至少包括以下几种:第一,一次偿还或到期偿还,是指融资者在债券到期前仅支付债息,在到期后全部本金一起清偿。第二,分次偿还,指债券到期前便开始定期偿还本金,有助于减轻到期时须筹措大笔资金的压力。第三,偿债基金设计。融资者定期提存一定比例的债券本金,作为将来偿债之用。这样有助于降低信用风险。第四,交割选择权,让发行公司使用所提存的基金,以面额或市价来赎回在外流通的部分债券。第五,加速选择权,让发行公司选择加倍赎回原定之偿债数量,债券可能提前到期。第六,连动本金设计,将本金的偿还金额与预定指标连动。本金偿还额度配合融资者的偿债能力。连动标的与企业营收相关:如降雪量、降雨量、油价、股价指数等。

三、到期时间设计

(一) 提早赎回设计

在提早赎回设计中,主要包括:第一,提早赎回条款。容许发行人在债券到期前,依赎回条件将债券提早清偿。第二,赎回溢酬。赎回价格超过债券面额的部分。第三,赎回保护期。不得执行赎回的期间。第四,不得融资赎回条款。容许发行公司在赎回保护期间内有条件赎回债券,但是用以赎回债券的资金不得来自新债的发行。

(二) 期限延长与提早卖回设计

可延长期限债券。债券投资人在债券到期日时,可以选择以约定之票面利率继续持有债券一段时间。赋予投资人决定投资期限长短的权利,有助于降低发行公司的融资成本。

提早卖回债券。赋予投资人在债券到期之前,将债券卖还给发行公司并取回本金的权利。与相同发行条件的普通债券相比,其市场价格较高(殖利率较低)。

四、发行币种设计与发行地点选择

(一) 双币别设计

双币别设计是指,在发行债券时以一种币别取得资金,但是在到期时以另一种币别偿还本金。其中,汇率可以预先订定或以现金流量发生时之汇率为准。对于币别选择权债券来说,赋予债券发行人或持有人选择币别之权利。

(二) 发行地点选择

发行地点选择的考量因素包括:发行地点的资金情况,投资人的偏好,以及主管机关的要求与限制。

五、债务移除设计

发行公司将一笔足以偿还该债券未来现金流量的资金,交付给信托机构,由该信托担负起清偿债务的责任。将债权人与发行人的权利义务关系转换为债权人与信托机构之间的关系。债券发行人可将该债务自其财务结构中去除,达到提早偿债之目的。

第三节 衍生债券融资设计与价值确定

一、附认购权证债券融资

(一)附认购权证债券

附认购权证债券是一种特殊的债券,除了向投资者承诺在到期日支付本金和利息外,还附带有认购权证。认购权证是指持有该债券的投资者在未来一定时间内有权以预定价格认购发行人的股票或其他证券。认购权随同债券发行,投资人除了可获得债券本身的投资报酬(债息、本金偿还),还可享有额外获利的机会。认购权证的行使通常需要支付一定的费用,即认购价。附认购权证债券也是一种混合型证券,融合了债券和认股权证的特点。附认购权证债券的设计通常涉及债券发行数量、认购权证的种类和行权价格等多个因素。发行人会根据市场需求和预期收益等因素来决定附认购权证债券的具体设计。投资者应当在购买附认购权证债券前了解其发行人、认购权证的种类和行使条件等信息,并进行风险评估,以做出理性的投资决策。

附认购权证债券融资具有如下特点:第一,认购权可单独执行,债券则继续流通于市场(也有例外情形);第二,国内目前仅有附认股权公司债;第三,可转债及可交换债的附认股权为不可分离型,执行认购后,原债券自动消失。

(二)结构性债券(Structured Note)

结构性债券是一种复杂的金融工具,结合了债券和衍生品等多种金融产品的特点。与普通债券不同,结构性债券通常包含多种不同的资产,其收益和风险取决于这些资产的表现和交易策略。结构性债券通常由两个基本部分组成:固定收益部分和衍生品部分。固定收益部分一般是一种债券或债务证券,如零息债券或抵押贷款支持证券(MBS)。衍生品部分则可以包括期权、掉期、期货等各种金融衍生品,用于对固定收益部分的风险进行对冲或增强收益。结构性债券的设计可以非常灵活,可以根据不同的市场需求和投资者需求来制定不同的产品。例如,结构性债券可以根据资产的类型和地理位置等因素进行分类,如股票结构性债券、货币市场结构性债券和商品结构性债券等。结构性债券通常由金融机构发行,其风险和收益取决于其内在的资产组合和交易策略。由于结构性债券具有较高的复杂性和风险,投资者在购买前需要充分了解其产品特点和潜在风险,以做出明智的投资决策。

结构性债券以各种赋予债券的选择权来创造出多样化的报酬形态,主要分为保本型债券(Capital Guaranteed Notes)以及股票连结债券(Equity Linked Note)。

1. 保本型连动式债券

(1) 保本型连动式债券的基本设计架构。

$$零息债券\rightarrow债券到期时的(保本)收益$$

$$选择权部位\rightarrow额外收益的来源$$

$$投资人看多\rightarrow买进买权$$

$$投资人看空\rightarrow买进卖权$$

(2) 保本型连动式债券的价值。

保本型连动式债券的价值＝保本率×零息债券价值＋参与率×选择权价值。其中，保本率为保障投资人原始本金的比率，参与率为投资人参与选择权价值的比率。保本型连动式债券的价值可以通过保本率及参与率两方面来调整。

(3) 保本型连动式债券设计案例——SPIN 的设计。

四年期保本型连动式债券，到期赎回金额＝赎回金额＝面额×[1＋92.2％×Max(指数成长率－8.5％,0)]，100％保本，8.5％价外买权，92.2％参与率。若在到期时，指数成长14.01％，投资人可领回的金额是多少？

$$赎回金额 = \$100\,000 \times [1 + 0.922 \times (0.1401 - 0.085)]$$
$$= \$100\,000 \times 1.050\,8 = \$105\,080$$

2. 股票连结债券

基本设计架构为：股票连结债券＝零息债券＋选择权的卖出部位。卖出选择权的权利金是提升债券收益率的来源，投资人需承受下档风险。

二、可转换债券融资

(一) 可转换债券概述

可转换债券(Convertible Bond)是一种特殊的债券，具有可以转换为股票的权利。这种债券结合了债券和股票的特点，允许持有者在一定条件下将债券转换为发行公司的普通股股份。可转换债券通常在发行时定价，其价格是债券和股票价格之间的权衡结果。债券持有者可以在一定时间内按照约定的比率将债券转换为公司的股票。这个比率被称为转换比率，通常是一定数量的股票对应一定面值的债券。转换比率还可以根据债券发行人和债券持有人之间的协议进行协商。

(二) 发行可转换债券的动机

可转换债券能够吸引投资者的兴趣，同时为公司筹集资金，提供了一种比股票更具灵活性的融资方式。具体来说，可转换债券具有两种资产属性，即债券和股票。在债券市场上，它们通常会提供较高的利率和更稳定的收益。但是，如果公司业绩好，股票价格上涨，债券持有人可以选择将债券转换成公司股票，从而参与公司的股权收益。因此，可转换债券的持有人既可以享受固定收益,也可以参与股票价格的上涨。此外,可转换债券的利息成本较普通债券低;可以向投资者传递积极的信号;可将期权价值货币化;可取得高度灵活的资金;可以提高发行人的声誉;可以扩大投资群体;相当于以较低的发行成本获得了新股发行的好处;公司发行可转换债券可以募集更多的资金。

(三) 可转换债券的定价技术

1. 影响可转换债券价值的影响因素

影响可转换债券价值的因素有很多,主要包括以下因素:(1)股票价格:可转换债券的转换权是建立在公司的股票价格上的。如果股票价格上涨,可转换债券的转换权的价值也会随之上涨。因此,股票价格上涨会提高可转换债券的价值。(2)债券利率:可转换债券通常提供比普通债券更高的利率,因为它们具有转换为股票的权利。债券利率越高,可转换债券的价值也越高。(3)债券到期时间:债券到期时间越长,可转换债券的价值也越高。这是因为长期债券具有更长的转换期限,使得债券持有人可以更有机会在未来把债券转换成股票。(4)市场利率:如果市场利率上升,可转换债券的价值通常会下降。这是因为高市场利率意味着可转换债券的利率不再具有吸引力,从而降低了债券的价值。(5)债券的信用评级:如果公司的信用评级下降,可转换债券的价值通常会下降。这是因为更低的信用评级意味着公司的财务状况更加脆弱,从而增加了债券违约的风险。因此,投资者会对这种风险进行折价。(6)转换比率:转换比率指的是可转换债券可以转换成多少股票。转换比率越高,可转换债券的价值也越高。

2. 可转换债券的价值评估

可转换债券的价值评估共有三种方法。其一,将可转换公司债券视为普通债券与股票期权的有机结合体,即将可转换债券价值看作纯粹债券的价值、转换股票期权的价值、发行人赎回期权价值和债权人回售期权的价值的总和。其二,将可转换公司债券视为股票与固定收入的组合体,即看成相应股票和利率的衍生物。其三,将可转换公司债券视为带有不确定性的普通债券。

三、债券融资创新的其他特殊设计

(一) 巨灾债券

巨灾债券支付高于市场一般水平的债息,每期债息或到期可领回之本金金额与重大灾难或事件的发生相关联,当合格的重大灾害发生时,投资人的债息可能停止发放,或是本金无法得到偿还。巨灾债券可以进一步分为分段式债息债券和区间计息债券。前者是指将浮动、反浮动,以及固定利率债券的票面利率形式加以整合,提供投资人多样化的报酬形态。后者设有预定的计息区间,只有当指标利率落在该计息区间内时,投资人才能获得当期的债息,如表6-2所示。

(二) MBS:住房抵押贷款支持证券(Mortgage Backed Security)

MBS是指金融机构把自己所持有的流动性较差,但具有未来现金收入的住房抵押贷款汇集重组为抵押贷款群组,由证券机构以现金方式购入,经过担保或信用增级后以证券的形式出售给投资者的融资过程。

表 6-2　区间计息

期间	债券 A		债券 B	
	利率区间	票面利率	利率区间	票面利率
1	0%~3.5%	5.0%	1.5%~2.5%	4.5%
2	0%~3.5%	5.5%	2.0%~3.0%	4.5%
3	0%~3.5%	6.0%	2.5%~3.5%	4.5%
4	0%~3.5%	6.5%	3.5%~4.0%	4.5%
5	0%~3.5%	7.0%	4.5%~5.5%	4.5%

(三) CMBS：商业抵押担保证券 (Commercial Mortgage Backed Security)

CMBS 是指将传统商业抵押贷款汇聚到一个组合抵押贷款池中，通过证券化过程，以债券形式向投资者发行的融资方式。

(四) 按揭贷款担保债券 (CMO: Collateralized Mortgage Obligation)

金融机构购买转手证（或整个按揭贷款），再发行以它们为担保的特种债券。这些债券被分成不同的组，这些组叫做片 (Tranche)。不同的片的现金流是不同的。这样，CMO 就使单一的金融工具（如按揭贷款本身或转手证）转换成多级金融工具。

(五) CMO 与转手证的区别

(1) 转手证具有单一性。投资于转手证的投资者拥有同样的证券，它们的现金流相同、期限相同、权利相同。不能满足投资者的不同需求。而 CMO 则发行多级化证券。

(2) 转手证的购买者如果对收到的现金流没有即刻的需求，就会产生再投资风险。同时也要承担提前偿付的风险。CMO 的购买者可以根据自己的需要选择期限合适的片，可以极大地降低再投资风险和提前偿付的风险。

(3) CMO，尤其是带有自然计值债券片的 CMO，会产生剩余值。该剩余值可能为正，也可能为负。CMO 的发行人可以自己保留剩余值，也可以将其卖给那些愿意承担终值不确定风险的投资者。

(4) CMO 的发行者对抵押资产具有直接的权益，但其发行的 CMO 则构成其对 CMO 投资者的负债。而转手证并非其发起者的负债，同时，发起者也并不具有对抵押资产的权益。

CMO 的所有片的总体价值高于生成它们的按揭贷款（或转手证）的价值，这一价值差在投资银行的利润来源中占很大一块。另外，投资银行还作为 CMO 的交易商，赚取买卖差价。在基本的或普通的 CMO 中，每片均按比例分享利息，但一次只有一个片收到本金。例如，在期初，只有第一个片收到本金，这一片因此被称为最快支付片，最快支付片要收取所有由服务机构收到的所有片的分期偿付本金。然后，第一个片就终止，而第二个片成为最快支付片。

CMO 有许多变形产品。例如，有些 CMO 在某一时刻，不止一个片收到本金；有的

CMO 带有零息票型的片；有的 CMO 是基于可调利率的按揭贷款的。在零息票型的 CMO 中，一个或多个片以自然计值形式出现（也叫增值债券或 Z-债券），是一种与零息票债券类似的递延付息债券。直到前面的片完全被偿付后，它才能收到利息和本金。在这期间，利息通常以应计方式被计入片的价值。

第四节 债券融资的风险与防范

尽管和股票相比，债券的利率一般是固定的，但人们进行债券投资和其他投资一样，仍然是有风险的。因此正确评估债券投资风险，明确未来可能遭受的损失，是投资者在投资决策之前必需的工作。

一、信用风险与防范

信用风险又称违约风险，是指发行债券的借款人不能按时支付债券利息或偿还本金，而给债券投资者带来损失的风险。在所有债券之中，财政部发行的国债，由于有政府做担保，往往被市场认为是金边债券，所以没有违约风险。但除中央政府以外的地方政府和公司发行的债券则或多或少地有违约风险。因此，信用评级机构要对债券进行评价，以反映其违约风险。一般来说，如果市场认为一种债券的违约风险相对较高，那么就会要求债券的收益率要较高，从而弥补可能承受的损失。

违约风险一般是由于发行债券的公司或主体经营状况不佳或信誉不高带来的风险，所以，避免违约风险的最直接的办法就是不买质量差的债券。在选择债券时，一定要仔细了解公司的情况，包括公司的经营状况和公司的以往债券支付情况，尽量避免投资经营状况不佳或信誉不好的公司债券，在持有债券期间，应尽可能对公司经营状况进行了解，以便及时做出卖出债券的抉择。同时，由于国债的投资风险较低，保守的投资者应尽量选择投资风险低的国债。

二、利率风险与防范

债券的利率风险指的是投资者可能因利率波动而遭受的损失。毋庸置疑，利率是影响债券价格的重要因素之一：当利率上升时，债券价格下降；当利率下降时，债券价格上升。由于债券价格受利率变动影响，即使是没有违约风险的国债也会存在利率风险。为了防范此类风险，我们应该分散债券的期限，以长短期配合为原则。这样，在利率上升时，短期投资可以迅速找到高收益的投资机会；而在利率下降时，长期债券则能够保持高收益。总之，正如古语所说，不要把所有的鸡蛋放在同一个篮子里。

三、通货膨胀风险与防范

通货膨胀风险，又称为购买力风险，是指由于通货膨胀而导致货币购买力下降的风险。在通货膨胀期间,投资者实际的利率应该是票面利率扣除通货膨胀率后的结果。举例而言,如果债券利率为10%,通货膨胀率为8%,则实际收益率只有2%。购买力风险是债券投资中最常见的风险之一。实际上,在20世纪80年代末至90年代初,由于国民经济一直处于高通货膨胀状态,我国发行的国债销路并不好。为了规避通货膨胀风险,最好的方法是分散投资,以此分散风险,使由于购买力下降带来的风险能够被某些收益较高的投资所弥补。通常采用的方法是将一部分资金投资于收益较高的投资方式上,如股票、期货等,但也会伴随着相应的风险增加。

四、流动性风险与防范

流动性风险即变现能力风险,是指投资者在短期内无法以合理的价格卖掉债券的风险。如果投资者遇到一个更好的投资机会,他想出售现有债券,但短期内找不到愿意出合理价格的买主,要把价格降到很低或者很长时间才能找到买主,那么,他不是遭受降低损失,就是丧失新的投资机会。针对变现能力风险,投资者应尽量选择交易活跃的债券,如国债等,便于得到其他人的认同,冷门债券最好不要购买。在投资债券之前也应考虑清楚,应准备一定的现金以备不时之需,毕竟债券的中途转让不会给持有债券的人带来好的回报。

五、再投资风险与防范

再投资风险是指投资者以定期收到的利息或到期偿还的本金进行再投资时市场利率变化使得再投资收益率低于初始投资收益率的风险。对于这一风险,应采取的防范措施是分散债券的期限,长短期配合,如果利率上升,短期投资可迅速找到高收益投资机会;若利率下降,长期债券却能保持高收益。也就是说,要分散投资,以分散风险,并使一些风险能够相互抵消。

六、经营风险与防范

经营风险是指发行债券的单位管理与决策人员在其经营管理过程中发生失误,导致资产减少而使债券投资者遭受损失。对于这一风险,选择债券时一定要对公司进行调查,通过对其报表进行分析,了解其盈利能力和偿债能力、信誉等。由于国债的投资风险极小,而公司债券的利率较高但投资风险较大,所以,需要在收益和风险之间做出权衡。

专题讨论　保利地产债券融资案例

保利房地产(集团)股份有限公司是中国保利集团控股的大型国有房地产企业,是中国保利集团房地产业务的运作平台,国家一级房地产开发资质企业。2006年7月31日,公司股票在上海证券交易所挂牌上市,成为在股权分置改革后,重启IPO市场的首批上市的第一家房地产企业。

为了优化公司债务结构,补充公司流动资金,2008年7月8日保利房地产(集团)股份有限公司公布了有关公开发行公司债券的公告,公告中详述了本次公司债券发行的发行对象、发行总额、票面利率及发行方式等内容。7月16日,保利房地产(集团)有限公司公布了本次债券的发行结果,网上一般社会公众投资者的认购数量为4.30亿元人民币,占本期公司债券发行总量的10%。网下机构投资者认购数量为38.70亿元人民币,占本期公司债券发行总量的90%。

与股票相比,企业发行债券的成本较低,一是债券发行的费用较低,二是债券利息在所得税之前支付,可以为企业带来节税收益,故企业实际负担的债券成本一般低于发行股票的成本。同时,债券持有者不直接参与公司的经营管理,故债券筹资不会分散企业的控制权。更重要的是,企业向债权人按期还本付息是由法律和合同规定了的硬约束。企业经营者必须在债务到期时,以一定的现金偿还债务本息,否则面临的将是诉讼与破产。负债融资对经营者的这种威胁,促使经理有效地担负支付未来现金流的承诺。因此,因负债而导致还本付息所产生的现金流出可以是红利分配的一个有效替代物,从而更好地降低自由现金流量的代理成本,提高资金使用效率。

请结合保利地产的资产负债表,分析其债券融资的风险,可从信用评级、债券融资条款,以及保利地产自行公布的偿债保障措施等方面进行分析。

 本章小结

资金是稀缺资源,通过发行债券融资就是集中资金的过程。债券融资可以按照发行主体、发行方式、利率方式、可转换性等划分为不同的种类。不同的债券具有不同的利息支付设计、本金偿还设计、到期时间设计、发行币种设计与发行地点选择、债务移除设计,从而具有不同的价值。而附认购权证债券融资、可转换债券融资等衍生债券融资设计的价值确定更加复杂。尽管和股票相比,债券的利率一般是固定的,但人们进行债券投资和其他投资一样,仍然是有风险的,如信用风险、利率风险、通货膨胀风险、流动性风险、再投资风险、经营风险等。因此正确评估债券投资风险并采取相应的防范措施,是投资者在投资决策之前必需的工作。

 习题

一、名词解释

(一)零息债券

（二）附认购权证债券

二、简答题

（一）债券融资可以按照哪几种方式进行划分？每种划分方式可将债券融资具体划分为哪几种类型的债券融资？

（二）简要回答 CMO 与转手证的区别

（三）债券融资时面临哪些风险？

思考题

绿色债券融资能否发挥"鲇鱼效应"？

第七章 融资租赁的理论与实践

学习目标：
1. 了解融资租赁的概念、特点及类型
2. 掌握融资租赁的盈利模式与定价体系，掌握租金定价原理与构成
3. 熟悉融资租赁发展情况，熟悉融资租赁业务的风险管理与控制

关 键 词： 融资租赁　盈利模式与定价　租金定价原理　融资租赁风险

第一节　融资租赁概述

一、融资租赁的概念和特点

（一）融资租赁的概念

融资租赁，也被称为金融租赁，是指企业需要购置某些技术设备却缺乏资金时，由出租人代其购买或租赁所需设备，然后出租给承租企业使用，按期收取租金。租金的金额相当于设备价款、贷款利息和手续费的总和。当租赁期满时，承租人通过支付象征性的付款即可获得设备的所有权。融资租赁业在1952年8月诞生于美国，由于其兼具输出资本与吸收资本、货物和引进先进技术、设备的双重职能，因此无论在经济危机或繁荣期间，其每年的发展速度均在15%～25%以上。到20世纪60年代中期，美国政府正式批准美国金融界进入融资租赁市场，这一决策推动了美国融资租赁行业的迅猛发展，同时也促使欧洲和日本等国家的金融界纷纷效仿。进入20世纪80年代，融资租赁在亚洲和发展中国家

得到了广泛应用。融资租赁之所以能够引起国际金融界的广泛关注和迅速发展,关键在于它能够为企业提供100%的融资,帮助企业扩大流动资金需求,促进科技的深入发展,推动各种先进的技术设备的问世,加快社会经济的发展步伐。

现代租赁是以融资租赁为其重要标志的租赁信用形式,承租人不仅可以通过租赁获得设备的使用权,而且可以把租赁信用作为一种融通资金的手段。正是由于融资租赁这种既融资又融物的特殊功能,使其在短短三十年间迅速地发展起来,并且在全世界广为普及。同时,融资租赁在发展中国家用于引进外资时,取得了良好的成效,如通过融资租赁绕过贸易保护主义的壁垒,突破发达国家对某些先进技术设备的输出所做的种种限制,引进到自己所需的资金和技术设备,所以融资租赁越来越引起众多国家的重视,从而在税收、贷款、保险等方面给予一系列的鼓励措施,为其顺利发展创造了良好的政策环境。

(二) 融资租赁的特点

融资租赁是以资金形态和商品形态相结合的信用形式,它把"用资"和"融物"结合为一体,在向企业出租设备的同时,也解决了企业的资金需求,因此具有金融、贸易双重性。具体来说,融资租赁具有以下几个基本特点。

(1) 租赁物件的所有权与使用权分离。在融资租赁的交易中,虽然设备是承租人指定的,由出租方出资购进,但在约定的租期内,设备的所有权仍属于出租人,承租人获得的是设备的使用权,并且承租人对租用设备负有维修、保养以使之处于良好状态的义务。租期满之后,承租人可享有留购、续租、退租等多种选择。

(2) 租金的分期归流。在租金的偿还方式,融资租赁与银行信用、消费信用一样,取分期归流的方式。这种租金分期归流的特征,对承租人来说,一是能以较少的投入,取得较大的经济效益;二是只需支付一定的租金,就可超前获得设备的全部使用价值,有利于企业提高效益。

(3) 融资租赁至少涉及三个方面的关系,包括两个合同或两个以上的合同。出租方向供货方购买设备,同时将其向承租方出租。由此而产生了出租方与供货方订立的购买合同和出租方与承租方订立的租赁合同。除了这两个基本的合同以外,当遇到杠杆租赁的情况时,还会增加一个出租方向金融市场融资而签订的融资合同,通常是贷款合同。

(4) 承租人对设备和供货人有选择的权利,也承担设备的保护、维修和保险等责任。

(5) 租赁合同一旦签订,承租人不得中途退税或要求退租,出租人也不得单方面要求撤销合同,这是由用货物的专用性和租赁期限的长期性决定的。

(6) 在会计处理上,租赁物要纳入承租人的资产负债表。

(7) 正是由于以上基本情况决定了融资租赁不同于其他租赁方式,其承租的目的,不是短期使用,而是为了添置设备供长期使用,因此租赁物件也主要是寿命较长的大型专用设备。

二、融资租赁的类型

融资租赁的具体形式包括以下几种。

（一）直接租赁

直接租赁是指由租赁公司以自有资金向供应厂商购进技术设备，向承租企业出租，或由租赁机构通过向国外借款方式向国外厂商招股集资等方式，筹集外汇资金，购进外国技术设备，向承租企业出租。直接租赁的特点是，租赁公司需要自己承担租赁物的采购或生产、维护、保险等费用和风险，因此需要对租赁物进行评估、定价等，来确保自身的利益不会受到损失。同时，直接租赁通常适用于高价值、大型设备等领域，如船舶、飞机、铁路车辆等。

（二）委托租赁

委托租赁是指租赁机构接受企业单位或其他租赁机构的委托，为其设备联系、宣传、寻找承租单位。在委托租赁业务中，租赁机构作为中介人出现，当承租单位确定之后，由租赁中介单位、委托单位和承租单位商洽租赁条件，并由三方共同签订租赁合同。在委托租赁中，租赁公司通常不需要承担租赁物的采购和保险等费用和风险，因此其租赁费用可能会相对较低。

（三）回租

回租也称返租赁，这是承租人将自制或外购的机器设备先按账面价格或重估价卖给租赁机构，然后再通过租赁的方式将这些资产租回来，继续使用这些资产，并按照协议支付租金。在回租过程中，租赁公司作为新的所有者，对资产进行评估，然后根据资产的价值和租赁期限等因素来确定租赁费用。回租的主要特点是可以帮助企业将已经拥有的资产转化为资金，从而获得融资。同时，由于企业可以继续使用这些资产，因此可以保持其业务的稳定性和连续性。此外，由于回租的资产通常是企业已经拥有并已经使用一段时间的资产，因此这些资产的折旧、损耗等风险已经降低，租赁公司的风险也会相应减少，从而使租赁费用相对较低。

回租在实际应用中主要适用于需要大量资金的企业，如制造业、房地产业等。但需要注意的是，回租也存在一定的风险，如租赁公司的信誉风险、租赁物的市场价值变化等，因此企业在选择回租时需要谨慎评估风险和利益，选择可靠的租赁公司，并制定合理的租赁合同。

（四）转租赁

转租赁是指租赁公司在租赁期内将自己租赁来的资产转租给第三方使用，以获取额外的收益。在转租赁中，租赁公司与客户之间仍然存在租赁合同，但租赁公司在其中扮演的是租赁物的中间人或代理人的角色，而非所有者的角色。转租赁的主要优点是可以帮助租赁公司减轻风险，提高资产的利用率，增加收益。同时，租赁公司还可以通过转租赁来扩大其市场份额和业务规模，从而增强自己的竞争力。转租赁业务一般适用于引进外来的物品或设备。由于对同一台技术设备，产生了两次租赁业务关系，使设备的所有者与设备的使用者之间没有任何直接的经济或法律关系。

当然，转租赁在实际应用中也存在一定的风险。例如，如果租赁物的使用者不按照租赁合同规定使用、维护租赁物，导致租赁物价值下降或损坏，租赁公司需要承担相应的责任和损失。此外，租赁公司在转租赁时还需要谨慎评估市场风险和信用风险，选择可靠的第三方使用者,并制定合理的租赁合同和管理制度。

(五) 杠杆租赁

杠杆租赁是指一家租赁公用(出租人)先出小部分资金,一般占租赁设备价款的20%～40%,其余的通过把租赁物件作抵押,以转让收取租金的权利作附加担保,联合若干其他金融机构共同提供一项租赁融资,形成较大的资金规模,以购买大型资金密集型设备,提供给承租人使用。设备出租后,承租人要向贷款人支付租金,以替出租人偿还借债务。杠杆租赁还有其他几个特点:出租人最多仅能将设备价值的80%租给承租人;租金不得预付或延期偿付;各期所付租金多少相差不得太悬殊;出租人对承租人使用设备不得加以任何限制;租赁期满,出租人必须将设备的残值按当时的公平市价售与承租人,或按在融资租赁的各种具体业务形式中,由于杠杆租赁涉及第三方贷款,因此通常被认为此价格续租。

在融资租赁的各种具体业务形式中,由于杠杆租赁涉及第三方贷款,因此通常被认为是法律关系最复杂、操作程序最烦琐的一种租赁形式。

三、融资租赁交易的构成要素

在租赁业务中,直接当事人除租赁双方还有供货人,如果是杠杆租赁,则还有贷款人介入。因此租赁业务的合同要比一般的买卖合同复杂得多,它往往由几个合同组成,如租人与供货人签订的进出口销售合同;出租人与承租人签订的租赁合同;出租人与金融机构订立的贷款合同;等等。

(一) 贷款合同

在融资租赁交易中,租赁公司通常会与金融机构合作,由金融机构提供资金支持,以实现融资租赁交易的资金需求。贷款合同是租赁公司与有关金融机构之间达成的协议。主要内容包括融通资金的双方当事人名称、借款的目的、借款的金额和期限、借款的利率、还款资金的来源和还款的方式、借贷双方的权利和义务、担保条款及违约的责任等。

(二) 进出口购销合同

进出口购销合同是出租人作为买方,按照承租人与供货商就买卖某项设备各自应有的权利和应承担的义务进行磋商,代承租人与供货商签订的,并由承租人签字确认的协议。进出口购销合同的基本内容和性质与一般进出口合同类似,但其中有一些是直接与租赁相关的条款,这些条款包括如下内容。

(1) 在进出口合同中确认合同标的物是作为买方和承租人之间签订的租赁合同中的标的物,由买方向承租人出租。

(2) 向买方和承租人保证合同标的物的规格、质量全部符合承租人的使用目的。

(3) 卖方需对合同期间的质量保证、提供的服务和应承担的义务,均由卖方直接向承租人负责。

(4) 与租赁有关的特别条款。

(5) 合同由买卖双方签字,但承租人要同意并确认此合同条款,一般要求承租人在合同中附签。

(三) 租赁合同

融资租赁中的租赁合同是租赁公司与承租人之间签订的合同,用于规定租赁设备的租赁事宜。租赁合同是融资租赁交易的核心组成部分之一,它规定了双方在租赁过程中的权利和义务,具有法律约束力。租赁合同通常包括以下主要内容。

(1) 租赁设备的描述:租赁合同需要明确租赁设备的种类、数量、规格、质量、用途、安装地点等详细信息。

(2) 租金和支付方式:租赁合同需要明确租金的金额、支付方式、付款期限、逾期罚款等相关事宜。

(3) 租期和续租:租赁合同需要明确租赁设备的租期、租期届满后的归还、续租、转租等事宜。

(4) 设备维修和保养:租赁合同需要明确设备的维修、保养和保险责任,以及租赁公司和承租人在维修、保养和保险方面的义务和责任。

(5) 保证金和押金:租赁合同需要明确保证金和押金的金额和支付方式,以及保证金和押金的退还事宜。

(6) 违约责任:租赁合同需要明确租赁双方在违约情况下的责任和赔偿标准,以及双方在解决争议方面的协商和仲裁等相关事宜。

(7) 其他条款:租赁合同还可以包括其他相关条款,如租赁设备的保密条款、知识产权条款等。

四、融资租赁发展情况

20世纪80年代初,融资租赁作为利用外资的一种渠道而被引入中国。1981年2月,中国国际信托投资公司、北京机电设备公司、日本东方租赁公司共同组建了中国东方租赁有限公司,这是中国第一家中外合资租赁公司。同年,中国第一家融资租赁公司——中国租赁有限公司成立。这两家租赁公司的成立标志着现代租赁业及现代租赁体制在中国的兴起。中国融资租赁业的发展大致可以分为四个阶段:

1980—1986年,初创阶段。此段国家的融资租赁尚处于探索阶段。融资租赁公司的注册资本金很低,并且脱离主业,租赁资产比例很低。

1987—1996年,快速发展阶段。一方面,融资租赁业开启了高速发展,但另一方面,法律监管和会计准则还没有健全,不断成立的融资公司处于盲目发展中,全行业呈现一片"繁荣"的景象。

1997—2000年,由于多年累积的问题,隐含的风险全面爆发。高息揽存使资产总量急剧扩张。业务的急剧扩张导致资本充足率普遍偏低。另外,各租赁公司的资金管理出现了严重问题,短期拆借的资金占很大比重,存款的期限与租赁项目的周期严重脱节。融资租赁公司面临严重的经营危机,全行业进行清理整顿增资扩股工作。进入1997年后全行业陷于困境,广东国际租赁有限公司、海南国际租赁有限公司、武汉国际租赁有限公司、中国华阳融资租赁有限责任公司等由于严重的资不抵债相继倒闭。

2001年至今,关税建设完善和融资租赁的理论与实践经验不断积累的条件下,我国的融资租赁业开始走向规范、健康发展的轨道。2002年《融资租赁公司管理办法》颁布后,创新租赁业务不断涌现,呈现良好的发展态势。目前增资扩股后正常经营的公司主要从事公交、城建、医疗、航空、IT等产业。《中华人民共和国银行业监督管理法》自2004年2月1日起施行,从此银保监会依法对在中华人民共和国境内设立的融资租赁公司进行监督管理。

然而,中国融资租赁业也面临诸多难题。其主要原因是:

第一,与租赁业务有关的法律、法规尚不健全。租赁业务需要签订各种合同时,应依据相应的法律法规。我国在这方面的工作尚不完善,有关约束租赁业务的法律法规主要散见于各主管部门制定的一些规章制度当中,对融资租赁业务没有科学的界定,加之社会信用观念淡薄,融资租赁经济关系中的各方当事人的合法权益难以得到保护。

第二,国家没有为租赁业的发展提供更多的优惠政策。租赁业比较发达的国家,在租赁业发展初期均有财政和金融政策的扶持。例如,投资减税、加速折旧、减免关税、发行租赁债券、允许银行向租赁公司发放高额贷款、发行租赁基金、实行租赁信用保险等措施,韩国还制定了专门的《租赁促进法》。相比之下,我国目前还没有形成一项针对租赁业发展的扶持政策。

第二节 融资租赁的盈利模式与定价

一、融资租赁的盈利模式

不同的融资租赁公司具备的优势、资金来源渠道、市场定位和服务的客户群体的租赁需求都不尽相同,主要的业务模式也会有很大的差异,盈利模式必然是"有定规,无定式"。那种认为融资租赁公司就是单纯靠利差挣钱,是利率掮客,是放高利贷的看法是一种误解,是不正确的。融资租赁公司的盈利模式是灵活多样的。

(一) 债权收益

融资租赁公司通常会通过向客户提供融资租赁服务而形成债权,债权收益是指融资租赁公司从这些债权中获得的回报,一般以租金和利息收益的形式体现。融资租赁公司开展全额偿付的融资租赁业务,获取利差和租息收益理所当然是融资租赁公司的最主要的盈利模式。利差收益视风险的高低,一般在1%~5%。

采用融资租赁的方式配置信贷资金,对中小企业银行可以通过提高利率或租赁费率控制风险,对优质客户也可不必降低利率。因为租赁的会计和税务处理与贷款不同,客户的实际融资费用并不会比贷款高或高得不多。

(二) 余值收益

融资租赁公司在融资租赁期满后,从出租的资产中所获得的收益称为余值收益。在融资租赁合同中,通常会规定承租人在融资租赁期满后可以选择购买租赁资产或者将租赁资产归还融资租赁公司。余值收益是融资租赁公司盈利的重要来源之一,特别是在租赁的资产具有较高的价值和长期使用寿命的情况下,余值收益更为显著。融资租赁公司通常会根据资产的类型、品质、使用寿命、市场价值等因素,对租赁资产的余值进行评估,并在租赁合同中明确规定承租人在融资租赁期满后所应支付的余值。需要注意的是,余值收益的实现并不是一定的,因为租赁资产在融资租赁期间可能会受到损耗、磨损等因素的影响,从而影响其市场价值。此外,市场的供需关系和行业竞争等因素也会对租赁资产的余值产生影响。因此,在进行融资租赁业务时,融资租赁公司需要对资产的质量和市场风险进行全面的评估和控制。根据融资租赁合同的交易条件和履约情况以及设备回收后再租赁、再销售的实际收益扣除应收未收的租金、维修等相关费用之后,余值处置的收益一般在 5%～25%,有些大型通用设备如飞机、轮船等收益会更高。

鉴于此,提高租赁物的余值处置收益,不仅是融资租赁风险控制的重要措施,同时也是融资租赁公司(特别是厂商所属的专业融资租赁公司)重要的盈利模式之一。厂商所属的专业融资租赁公司对设备具有维修、再制造的专业能力和广泛的客户群体,可以提供全方位的融资租赁服务,特别是客户欢迎的经营租赁业务。租赁物的余值处置对专业租赁公司来说,不应该是风险,而应该是新的利润再生点,租赁物经过维修、再制造后通过租赁公司再销售、再租赁可以获取更好的收益。这正是厂商融资租赁公司的核心竞争力之所在。

(三) 服务收益

在融资租赁中,融资租赁公司向承租人提供的与租赁资产相关的增值服务所产生的收益构成了服务收益。这些增值服务通常包括资产的维修、保养、升级等服务,以及与资产相关的培训、咨询、管理等服务。服务收益在融资租赁中具有重要的意义,可以帮助融资租赁公司提高客户满意度,增加客户黏性,从而提高客户留存率和重复业务率。此外,增值服务也可以帮助融资租赁公司提高租赁资产的使用效率和寿命,降低资产损耗和维修成本,从而提高公司的盈利水平。较为重要的服务收益有以下几项。

1. 租赁手续费

租赁服务手续费是所有融资租赁公司都有的一项合同管理服务收费。但根据合同金额的大小、难易程度、项目初期的投入的多少、风险的高低以及不同公司运作模式的差异,手续费收取的标准也不相同,一般在 0.5%～3%。

2. 财务咨询费

融资租赁公司在一些大型项目或设备融资中,会为客户提供全面的融资解决方案,会按融资金额收取一定比例的财务咨询费或项目成功费。视项目金额大小,收取比例、收取方法会有不同,一般在 0.25%～5%。

财务咨询费可以成为专业投资机构设立的独立机构的融资租赁公司在开展租赁资产证券化、融资租赁与信托、债券与融资租赁组合、接力服务中重要的盈利手段之一。也可以成为金融机构类的融资租赁公司的重要的中间业务。

3. 贸易佣金

融资租赁公司作为设备的购买和投资方,促进了设备的流通,使生产厂家和供应商扩大了市场规模,实现了销售款的直接回流。收取销售的佣金或规模采购的折扣或是保险、运输的佣金是极为正常的盈利手段。

收取贸易环节的各种类型的佣金往往市场上设立的专业化的融资租赁公司,或是与厂商签订融资租赁外包服务的大型贸易机构等财务投资人设立的独立机构类型的融资租赁公司主要的盈利模式。

4. 服务组合收费

厂商背景的融资租赁公司在融资租赁合同中会提供配件和一定的耗材供应、考察、专业培训等服务。这些服务有的打着免费的招牌,其实任何服务都不会有"免费的午餐",融资租赁公司要么单独收费,要么包括在设备定价之内。组合服务是专业融资租赁公司重要的盈利模式。

(四) 运营收益

1. 资金筹措和运作

(1) 财务杠杆。融资租赁公司营运资金的来源可以是多渠道的,自有资金在运作时,可以获取一个高于同期贷款利率的收益,如果一个项目运用部分自有资金,再向银行借款一部分,租赁公司有了一个财务杠杆效应,不仅自有资金可以获取略高于同期贷款的租息收益,借款部分也可以获取一个息差收益。

(2) 资金统筹运用。融资租赁的租金费率一般都是相当于或高于同期贷款利率,但融资租赁公司作为一个资金运作的平台,在资金筹措的实际操作中,完全可以根据公司在不同时段购买合同的对外支付、在执行融资租赁合同租金回流和对外偿还到期借款的现金流匹配程度的具体情况、确定新的融资数额和期限,安全合理地获取资金运用和资金筹措之间的差额收益。

2. 产品组合服务

融资租赁公司加强与其他金融机构合作,在资金筹措、加速资产周转、分散经营风险和盈利模式四个方面开发不同的产品组合和产品接力,同样可以获得很好的收益。

3. 规模效益

规模经营是融资租赁公司提高股东的投资回报重要的举措。例如:一个有1 000万美元注册资金的融资租赁公司,经过三年的运作,获得银行9 000万美元的贷款额度,形成了稳定的一亿美元的租赁资产规模。平均融资成本为6%,平均租赁费率为8.5%,净收益为2%。则每年自有资金可以获取8%的收益为80万美元,借款9 000万美元,每年可获取2%的利差收益为180万,合计为260万美元,股东回报每年为26%。

(五) 节税收益

在成熟的市场经济国家,非全额偿付的融资租赁业务(会计上的经营租赁业务)往往占到全部融资租赁业务的很大比例,特别是有厂商背景的专业融资租赁公司可以达到60%到80%。显然这种由出租人提取折旧、承租人税前列支的双赢举措正是经营租赁业务出现巨大活力的原因所在,节税或延迟纳税也是融资租赁公司的收益来源之一。

1. 自身节税

在融资租赁公司有一定的税前利润的前提下,融资租赁公司采用经营租赁的方式承租自身所需要的办公用房、车辆、信息设备,租金在税前列支,可以获取节税的好处。

2. 折旧换位

为客户提供的经营租赁服务，出租人对租赁物提取或加速提取折旧做税前扣除，可以获得延迟纳税的好处。

(六) 风险收益

1. 或有租金

或有租金是指金额不固定、以时间长短以外的其他因素（如销售百分比、使用量、物价指数等）为依据计算的租金。或有租金在实际发生时可以作为费用直接在税前列支。对出租人来说，融资租赁公司更多地介入了承租企业的租赁物使用效果的风险，参与使用效果的收益分配。融资租赁公司风险加大，可能获取的收益也比较大

2. 可转换租赁债

开展可转换租赁债业务是专业投资机构采取的一种控制投资风险获取投资收益的新的投资方式。融资租赁公司对一些高风险的投资项目，可以对其所需设备先采用融资租赁方式，同时约定在某种条件下，出租人可以将未实现的融资租赁债权按约定的价格实现债转股。这样做，可以获取项目成功后股权分红或股权转让的增值收益。

二、融资租赁定价体系

融资租赁的定价体系通常是基于资产的成本、承租人信用评级、租赁期限、租赁利率等因素综合考虑的结果。首先，资产成本是融资租赁定价的基础。融资租赁公司需要考虑资产的采购成本、保险费用、运输费用、税费等成本，以及资产的预计使用寿命和余值收益等因素，来确定资产的总成本。其次，承租人信用评级是定价的重要因素之一。融资租赁公司需要评估承租人的信用状况、还款能力等因素，并将其纳入定价模型中，以便确定合适的租赁利率和租赁期限。此外，租赁期限也会影响定价。最后，租赁利率也是定价的重要因素之一。租赁利率通常是根据资产成本、承租人信用评级、市场利率等因素来确定的。在实际操作中，存在租赁标的定价体系和租赁营销定价体系两种模式。

(一) 租赁标的定价体系

(1) 成本主导型折扣式定价体系。设备定价的原则是生产成本加利润。

(2) 批发主导型递增式定价体系。制造企业不管流通中的零售价，随销售环节和服务内容增多，设备价格随着流通链条的延伸逐步递增。

(3) 服务主导递减式定价体系。厂商根据客户不同服务需求，不同的支付方式，给予不同的销售折扣。

(4) 制造商控制零售服务定价。建立租赁营销体系是制造厂商维护自身设备市场经营秩序的重要保证，是实现利益在厂方控制下进行合理分配的核心，是与租赁公司、销售公司合作建立现代营销体系的关键前提和基础所在。

(二) 租赁营销定价体系

(1) 在设备的租赁销售中的租赁报价，除了成本定价、服务定价和品质定价外，还会根据融资租赁合同中一些具体的交易条款实行风险定价。

(2) 成本定价和品质定价是厂方收回投资、实现利润的保障，服务定价和风险定价是

销售商、租赁服务商收回投资、实现利润的保障。

（3）厂商所属融资租赁公司往往会掌握和控制全部的定价权，控制在研发制造、流通销售、金融服务、售后服务、维修再利用的各个环节中的成本、费用和利润的负担和分配。

（4）金融机构所属融资租赁公司和独立机构类的融资租赁公司不可能具有对租赁物的终端定价制定的话语权，但可以利用自己的购买权，特别是规模采购的地位，与供应商建立战略合作关系形成一种互赢的盈利模式，可以更好地行使和利用自己的租金风险定价权。

三、租金定价原理与构成

（一）全额偿付的租金定价

全额偿付的融资租赁业务是一种租赁债权的投资。租赁期满，承租人以一个象征性价款取得租赁物的所有权。承租人应付的租金是租赁债权最主要的部分。其次才是手续费、贸易佣金等其他应收款。即：

$$融资租赁收入＝租期内租金收入＋租赁服务手续费$$

租金的计算方法是依据租赁物实际购置成本，或融资租赁公司实际提供的融资额度，根据合同规定的租金偿还方式（如租金等额法，本金等额、余额计息法）按租赁费率分别计算出每期应付租金额。租赁费率一般按同期银行贷款利率上增加 0.5％～5％不等风险费率。

委托租赁业务或是无追索的融资租赁债权直接保理融资，由于融资租赁公司不承担风险责任，融资租赁公司除了按委托方或与资金提供方商定的融资利率收取融资租赁本息外，不会再增加风险费率，一般只按购置成本或租赁总额的大小收取租赁服务手续费，一般为 0.5％～3％。

（二）非全额偿付的租金定价

非全额偿付经营租赁业务，实际上是部分的租赁债权投资和余值再处理收益的投资。

租金确定，一般先对租赁期满租赁物的余值进行风险定价，然后从购置成本或实际融资额中扣除余值作为计算租金的基数，在融资利率上再加一定比率的风险费率，根据融资租赁合同规定的租金偿还方式，计算出每期应付租金。即：

$$融资租赁收入＝租金收入＋余值处置收入＋租赁服务手续费$$

厂商附属的专业融资租赁公司，对设备在承租人在不同工况、不同期限使用后，整机甚至每一个部件的余值或再利用的价值都有明确的定价，可以根据用户的要求，迅速报价。这就是专业租赁公司的优势所在。

如果承租人为了表外融资，租赁期满有可能按公允价值留购租赁物，融资租赁公司可以与承租人事先商定公允价值的确定方法（出租人账面法、二手市场成交价法）。

（三）短期租赁租金定价

融资租赁公司将其回收的租赁资产进行销售、租售、租赁服务，实际是进行二手设备的销售和租赁服务的投资业务，是实现租赁物余值价值获取投资收益的主要方式。

租赁服务的定价不是一个单纯的理论问题，因素很多、变数很大，完全是一个市场的化的定价行为。主要影响因素是同质产品的市场供求关系和出租率,其次是出租人的成本费用、管理和服务质量水平的高低。

1. 成本法

年租金收入＝[(租赁余值/未折旧年限)/出租率＋年使用维护成本＋各项费用税收]＋预期利润

2. 市场法

租金收入＝市场租金/出租率

专业的租赁公司会根据设备的使用特点和用户的需求,确定不同的租金定价的方法,如台时法、日租法、月租法、工作量法、使用次数法、干租法、湿租法、收益分成法等。要根据市场供求关系,及时调整租金,提高出租率。

四、租金计算方法

(一) 固定租金计算法

在融资租赁业务中,由于设备购置投入在先,租金回收在后,因此现值理论为租金计算的基础。最常见的租金计算方法有本金法和年金法。

1. 本金法

根据承租人希望选择的租金支付方法,本金法又分为等额还本法(先付法/后付法)和非等额还本法。

2. 年金法

年金法在我国银行设备贷款业务中用得比较少,近年来在住房贷款中有些应用。我国外商投资的融资租赁公司大多采用年金法计算租金。年金法又可分为等额年金法、递增年金法、递减年金法。

(二) 或有租金计算法

或有租金是指每期租金额不固定、以时间长短以外的因素(如销售百分比、使用量、物价指数等)为依据计算的租金。

1. 或有租金的计算基数确定方法

收入法:要明确销售收入的确认原则和方法。

利润法:要明确利润计量期、计量原则、计量方法。

节约提成法:必须明确如何计量、谁来计量和采集、计量数据丢失的处理办法等。

使用次数法:适合本身有使用记录装置的设备。

采购价格法:以设备使用的原料或产品的采购价格指数和使用量为租金计算依据。租赁双方要明确基础价格指数及使用量如何确定。

工作量法:以设备使用载荷、里程、加工数量为计算基数。

2. 合理确定或有租金的收取期限和比例。

(1) 期限的确定。

或有租金的租赁期限一般比固定租金的期限要长。租金提取的比例越高,期限就会短些,租金提取的比例低,期限就会长。或有租金支付的频率一般也比固定租金要高,多为按月、按周收取。

(2) 租金提取比例的确定。

前高后低法:收入、利润、使用次数和节约提成法这种方法采用的比较普遍。

等比例法:工作量法则会采取同比例提取的方法。

浮动比例法:采购价格指数法采用此法,价格指数上浮或下浮,租金提取的比率也作相应的浮动。

(三) 违约租金计算法

1. 延迟租金的租息计算

承租人支付租金违约,出租人同意不收罚息,则应以迟付租金中所含本金额为计算基数(也有按迟付租金额为计算基数的做法),按合同约定的租赁费率和截至租金计算日承租人迟付的实际天数和迟付期间所含的复利计算日,按复利法计算应付的本息和。如果迟付天数没有含复利计算期,则不必进行复利计算。

2. 迟付租金的罚金计算

承租人支付租金违约,出租人按合同约定征收罚息,一种是按前面规定计算出来的延迟支付的本息和直接乘以合同规定的日罚息率和天数。另一种是直接以日罚息率按前款计算方法直接进行计算。

第三节 融资租赁的风险管理

一、融资租赁业务的信用评估

融资租赁业务的信用评估是指对租赁客户的信用状况进行评估,以确定其还款能力和违约风险,从而决定是否接受该客户的租赁申请,以及如何定价和制定租赁条件。

(一) 融资租赁业务中信用评估的特点

1. 传统交易信用条件存在两难处境

授信人掌握的受信人信用信息不完整、不对称的均没有典当融资、和出租服务那样可靠的物权保障。授信人降低信用评估标准,会增加应收未收债权,加大信用风险;提高信用标准,又会流失客户,出现销售难、放款难和融资难的情况。

2. 融资租赁公司信用身份的两重性

融资租赁公司既是租赁方,也是融资方,因此需要进行双重的信用评估。作为租赁方,融资租赁公司需要对租赁客户进行信用评估,以确定其还款能力和违约风险,从而决定是否接受该客户的租赁申请,以及如何定价和制定租赁条件。作为融资方,融资租赁公司需要向银行等金融机构融资,因此也需要进行信用评估。银行等金融机构会对融资租赁公司的资产负债表、经营状况、还款记录等进行评估,以确定其还款能力和信用状况,从而决定是否向其提供融资支持,并制定相应的融资利率和条件。因此,融资租赁公司需要同时考虑租赁客户的信用状况和自身的信用状况,既要评估债权的安全,更要评估租赁资产的安全,从而保障自身的经营稳健和利益安全。

3. 交易信用条件的灵活性

融资租赁交易中的融资额度、租赁期限、租金支付(先付、后付、支付频率、支付金额、支付方法、支付工具等)、租赁费率、手续费等交易条件和租赁保证金、资产抵押、第三方担保等信用保障措施以及租赁期满租赁资产转移的定价、租赁资产未担保余值的定价等等都是融资租赁信用条件的具体反映。

4. 最关键的两个制约条件

第一,融资租赁公司及承租人能否满足资金提供人的信贷信用条件;第二,融资租赁公司的未来租金收益与融资租赁公司未来应付资金提供人本息是否相匹配。这是两个保证融资租赁业务流程得以成功实施的关键因素,也是融资租赁公司得以生存发展的重要课题。

(二) 区别经营方式,改善评估方法

不同类型、不同经营方式的承租企业的融资租赁交易的信用评估的理念和原则也不尽相同。

1. 大型服务运营商

信用评估重点在于对服务运营商未来盈利能力的评估判断和融资租赁公司对设备余值风险的定价和处置能力。设备采购环节的资金支付和融资租赁公司设备抵押、租金收益权质押或保理是融资租赁交易信用保障的关键措施。融资租赁公司是资金的运作平台,不应是评估的重点。

2. 品牌制造商

(1) 企业技改,信用评估的重点主要在于设备制造企业本身的负债比例、可享有的授信额度、经营业绩、信用记录以及可抵押的资产、可提供的第三方担保等,同时又要考虑未来订单形成的自身偿债能力。

(2) 融资租赁销售服务,则主要是看承租人本身的负债比例、可享有的授信额度、经营业绩、信用记录以及可抵押的资产、可提供的第三方担保等,同时考虑承租人和未来订单形成的自身偿债能力。

(3) 如果承租企业满足不了资金提供方设定的信用条件,在融资租赁公司设备抵押、租金质押的前提下,则可以要求设备制造商或融资租赁公司提供设备回购承诺、第三方担保等信用保障措施,避免承租人欠租和余值处置风险,保障债权安全,满足资金提供方的信用条件。

3. 优势产品生产(加工)商

(1) 要借用银行的信贷业务的信用评估要关注企业以往业绩、信用记录、成长前景、市场份额、行业中的位置、设备的通用性及二手市场等。同时要考虑未来市场订单、委托方的信用和支付能力。

(2) 控制设备购置支付、建立销售、加工、承包款的回收代扣机制是信用保障的重点措施。

4. 高科技创新企业和中小企业

（1）扶持高科技创新企业和中小企业的发展，关键在于发展专业的投资机构和完善租赁产业链，特别是发展专业化的融资租赁公司和规模化、专业化、连锁化经营的租赁服务公司。

（2）投资、担保、银行等机构与专业化的融资租赁公司、租赁公司合作，实现优势互补、分散风险、互利共赢的融资机制，共同为高科技创新企业和中小企业提供服务，才可以有效地解决此类企业融资的信用瓶颈。

（三）完善租赁经营链，构建信用保障链

租赁机构有不同的类型和经营方式，信用评估重点和交易的信用也不尽相同。

（1）金融机构所属的融资租赁公司、实力雄厚的独立机构类型的融资租赁公司，主要业务模式为全额偿付的融资租赁业务，是资金的批发窗口，租赁链条中的负债平台。其信用评估的重点在于对租赁债权的管理能力以及未来的租金收益、余值处置收益与还本付息是否匹配。

（2）厂商类的专业融资租赁公司，主要业务模式一般为中长期的经营租赁业务，既从事租赁期内的债权投资，又承担着租赁物余值处置的风险。他们是资金提供者最主要的机构客户，设备配置的窗口，租赁链条中的物权管理平台。其信用评估的重点在于对租赁资产的管理能力以及未来的租金收益、余值处置收益与还本付息是否匹配。

（3）具有规模化、专业化、连锁化经营的出租服务机构，主要业务模式是批量采购、专业管理、连锁经营、出租服务。他们是各类融资租赁公司的新设备和二手设备的规模采购者，为中小企业提供租赁服务的窗口，是租赁产业链的市场终端。其信用评估的重点在于租赁物的出租率、租金标准变化趋势以及未来租金收益、余值处置收益与还本付息是否匹配。

（4）不同类型的融资租赁公司形成一个完整的租赁产业链，租赁资产抵押及抵押权益的转让、租金收益权的质押和质押权益的转让是租赁产业链中普遍采用的信用保障措施，形成了一个互相制约、可以传递的租赁信用链，实现了机构客户的优势互补，大大提升了融资租赁业务流程中的信用保障，降低了对最终用户的信用保障的要求。

（四）利用中介服务，实现信用增级

融资租赁公司在开展业务时需要股东和多个中介服务机构的支持，包括律师事务所、信用评级、资产评估、财务咨询、信用担保、信用保险等。通过利用中介的专业服务，可以提升最终用户和融资租赁公司的信用，满足资金提供者和融资租赁公司的信用条件。银行和融资租赁公司在开展融资租赁业务时，要把提高产业集中度、促进产业整合作为不可推卸的使命，也是净化市场信用环境必不可少的措施。对于无法满足租赁信用条件的企业，融资租赁公司应该通过与所在行业或相关优质企业的合作，开展转租赁、委托租赁、租赁资产托管等中介业务，提升信用、控制风险。如果最终承租企业出现欠租风险，优质企业可以通过债权购买和租赁债权转股的方式回收租赁债权并促进产业整合。

（五）培育二手市场、优化信用条件

租赁物的安全使用和退出机制的建立也是影响租赁信用评估和交易信用条件的重要因素。融资租赁公司在租期内不仅要关注租金的支付，同时要关注租赁物的价值变化。

具体来看,出租人在给承租人设计租金支付方式时,要保障租赁资产在租赁使用期内租赁资产的实际使用或回收处置价值高于应收未收的租赁债权。此外,在租赁资产管理时要监督客户对租赁物的正常使用和维修保养;在租赁期满或企业欠租发生时,要及时收回租赁物。构建和培育完整的二手设备市场,为融资租赁公司,特别是没有专业能力的融资租赁公司锁定租赁物余值风险,提供了风险定价的参照标准和租赁物的退出机制,会大大简化融资租赁公司对承租人租赁信用的评估和降低信用条件的标准,更便于融资租赁业务推广和健康发展。

二、融资租赁业务的风险管理与控制

(一)风险管理体系的异同

不同类型的租赁公司,自身资源优势不同,导致公司的资金来源、经营理念、业务运作模式、市场与客户定位、盈利模式也不相同。不同类型的租赁公司面临的经营风险也不完全相同,风险控制的重点也不可能完全相同。

1. 银行类融资租赁公司的风险管理

这类公司的资金来源主要是银行,主要的业务是全额偿付的直接融资租赁和融资性出售回租,利差和租赁手续费是主要的盈利模式。其经营理念与银行相近,风险控制是以企业的信用记录、以往业绩为基础,以企业的资产负债比例管理为轴心,以租赁物权为保障,"鸡蛋不能放在一个篮子里",风险最小化为目标。银行控股的租赁公司通常并不设置专门的风险控制部门,往往是利用银行自身的项目评估和风险控制部门对租赁项目进行评估和风险控制。租赁公司的管理运作更像一个银行的一个业务部门。

2. 非金融类融资租赁公司的风险管理

此类融资租赁公司的业务运作模式呈现多样化,如直接融资租赁、经营租赁、出售回租、委托租赁、杠杆租赁、风险租赁(或有租金租赁)、项目融资租赁等。其经营理念与投资银行更为接近,对经营风险的控制往往是企业或项目的未来现金流为基础,以收益与风险对称与否为轴心,以租赁物权为保障,不熟悉的行业不投,会在风险控制的前提下,以做大资产、利益最大化为目标。公司运营资金的来源也是多渠道的,包括资本金、股东借款、银行贷款、资产保理融资、委托租赁资金,以及企业债券、租赁信托计划、上市等。

(二)风险责任承担的性质和程度的差异

融资租赁公司运作时,由于资金性质和来源不同,最终的风险承担者也不相同。当以自有资金和企业债券进行运作时,融资租赁公司要独立判断和承担投资风险。若使用信托计划或委托租赁资金进行业务运作,纯属投资人和租赁公司之间的企业家的商业投资活动,投资人要最终承担项目的投资风险。在利用银行贷款进行运作时,融资租赁公司与银行的关系是借贷的客户关系,银行要承担信贷资金安全的风险。在租赁公司利用银行的授信额度,自主运营时,银行除承担信贷安全的风险,还必须承担租赁公司资金运营时的操作风险,如资金挪用。

(三)资金供给是风险控制和管理的关键环节

银行和投资人与独立类融资租赁公司或专业化的厂融资租赁公司合作时,在没有形成一定规模的租赁资产、没有一定的行业规模,没有对租赁物处置的专业能力,也没有形成独立评审和控制项目的能力之前,不能把其当作风险转移的防火墙,要依靠自己对项目和承租人偿债能力的独立判断。其中,银行和投资人风险控制的关键环节包括:(1)对承租人偿债能力和项目的评估;(2)租赁物购买环节的资金支付和租金收取的控制;(3)租赁物的控制手段及租赁债权回购或回收租赁物处置变现途径及收益控制的退出机制的安排;(4)租赁公司自身经营状况和租赁业务的专业能力的考察;(5)租赁公司对外担保的审查。

(四)主要风险种类的管理与控制

1. 交易主体的信用风险管理与控制

(1)交易主体的合法性和信用风险。包括各交易主体是否依法设立,有无经营执照、是否进行并通过了年检;资金供给方是否是合法的金融机构,委托资金的来源是否合法、支付渠道是否正常;租赁公司是否有融资租赁的经营范围和融资渠道;供应商和承租人的信用记录等;在正式交易之前,取得相应的合法有效的法律文件副本并妥善存档保存。

(2)交易主体的变动和续存风险。企业的分立合并、股东变换、改制、破产、停业整顿时有发生,会对租赁的风险产生重大影响。在租赁期内,交易主体的变动和续存风险是企业进行合同和风险管理的重要内容。合同中要规定上述信息的及时告知义务,客户经理与相关的交易主体要保持经常性的联系和现场检查,掌握对方的变化情况十分重要,一旦出现不利的变化要及时报告,管理部门要立即要求对方提供相应的书面说明材料,研究可能出现的风险、应该采取的对策,及时主张和维护自己的合法权益。

2. 交易法律的风险管理与控制

融资租赁交易可能面临法律诉讼、法律纠纷等风险。因此以下几个环节中的法律风险是融资租赁公司需要特别关注的。第一,规范交易合同。融资租赁公司要根据主要业务模式、不同租赁标的、不同行业制定完善、规范的融资租赁合同。对目前法律法规没有明确规定或规定不明晰,甚至有冲突的地方,比如:租赁物是用于消费还是商用,第三方损害的赔偿,租赁期满或违约租赁物的取回方式、费用负担,租赁物所有权的法律文件,等等。一定要制定权责利清晰、可操作的合同条款。第二,明晰法律关系。每一个交易环节的各当事人之间的法律关系和逻辑关系要清晰、合理。都应该有独立的法律合同或文件,切不可以一个包罗万象的合作协议来替代。第三,审查模式的合规性。业务模式创新需要注意交易主体、交易会计、交易税收的合规性。第四,加强法律时效和业务流程实时管理。融资租赁业务期限长、合同种类多,文本多,具有时效性质的条款也比较多。保证每个环节的合同及时生效、资金的按时支付和各方权益有效性和时效的连续性十分重要。一定要通过信息化技术,对融资租赁业务的业务流程中的关键环节实现实时管理,做到事前提示、同步控制、事后反馈。利用计算机代理技术对法律规定的各种时效进行规范。

3. 租赁资产的风险管理与控制

(1)租赁资产的购买风险。在融资租赁业务中,承租人有租赁物和供应商选择权,但出租人有否决权。这种以物为载体的融资行为存在虚高租赁物购买价格的风险,因为这会导致租赁物的价格和价值不匹配。投资过大、租赁物配置不合理或出现质量问题等因素都可能影响承租人的使用和偿还租金的履约能力。此外,租赁物供应渠道环节太多或皮包公司也可能影响租赁物的售后服务和配件供应,从而对融资租赁合同的履行带来不利影响。为了有效管理和控制这些风险,租赁公司应该与专业厂商建立长期合作协议,以减少中间环节,并了解市场行情。对于技改项目和不熟悉的行业,租赁公司应该通过各种方式了解和验证项目的设备选型和工艺配置的合理性,避免出现不可行的可批性研究报告。

(2) 租赁资产的灭失风险。租赁物在运输、安装和使用过程中面临各种风险,如灭失、损坏、转移、藏匿、转卖等。为了保障租赁资产的安全,应根据合同及承租人的实际情况选择投保相应险种,如运输、安装、盗窃和机损等。此外,还应在合同条款中增加针对承租人人为损坏或灭失租赁物的处罚条款和保障措施。采取卫星定位、关机控制等技术措施,并委托专业机构对租赁物进行现场管理和定期巡查,以避免资产的转移和藏匿。对于法定登记的租赁物,应及时办理登记,而对于非法定登记的租赁物,可以通过所有权公证或将其作为向银行融资的抵押物办理抵押登记。同时,还要妥善保管相关的产权和登记文件。

(3) 资产价值与债权的不匹配风险。为了保障融资租赁业务中租赁债权的安全,需要让租赁债权接近或小于租赁物的实际价值。融资租赁公司可以通过租金先付或收取租赁保证金等方式,在锁定租赁前期的债权大于租赁价值可能产生的风险。此外,经营租赁业务时,需要根据租赁物的使用状况合理预估租赁期内不同时点的租赁物的实际价值,并采取倒推法确定租赁期限和租金支付额度和支付方法。如果承租人不能按期偿还租金导致租赁债权接近租赁物的实际价值时,应果断行使租赁物的所有权,收回租赁物,以确保租赁债权的安全。

(4) 租赁资产的退出风险。尽管融资租赁公司的主要业务模式不是设备的短期租赁服务,但不可避免地会遇到因承租人违约收回租赁物或是经营租赁期满收回租赁物的情况。因此,尽可能保证应收租赁债权小于融资租赁物的资产价值,是降低租赁资产退出风险的前提。为应对这一问题,融资租赁公司可以与设备厂商签署战略合作协议,委托厂商对收回租赁物进行维修和再销售。此外,融资租赁公司还可以进行二手设备的融资租赁,或与专业拍卖公司、二手设备市场建立合作关系,并按约定原则承担风险和收益。

4. 交易货币的风险管理与控制

(1) 币种选择和汇率风险控制。在进口设备融资租赁和跨境融资租赁业务中,外商投资的融资租赁公司可以筹措与购买合同币种相同的外汇,内资的融资租赁公司可凭进口合同用人民币购汇对外支付。若购买合同和融资租赁合同的外汇币种相同,且人民币有升值趋势,应该选择美元作为融资租赁合同的币种。若人民币有贬值趋势,承租人应按租金支付的总额,办理人民币对融资租赁合同或进口购买合同的外汇币种的远期买卖。如果购买合同和融资租赁合同的外汇币种不同,承租人应根据不同时限对外支付,立即用融资租赁合同的币种通过银行办理相应时限的外汇币种的远期买卖,以锁定汇率风险。

(2) 租赁费率选择和风险控制。融资租赁合同的租赁费率既反映了出租人对承租人或租赁项目的风险判断和预期收益,也是双方在风险和收益方面的谈判结果。通常,租赁费率的确定参照同期银行贷款利率,分为固定和浮动费率。如果承租人选择固定费率,出租人就要承担市场利率波动风险。出租人在同期市场利率的基础上增加的利差一般高于浮动费率。为避免利率变化带来的租赁收益波动或损失,出租人应在资金筹措和运用过程中采取利率调整等措施。如果承租人选定浮动费率,就要承担租赁期内市场利率变动可能导致的租金支付额增加或减少的风险。此外,承租人也可以运用利率调期等措施来锁定实际支付的租金水平,以规避潜在的风险。

5. 财务管理风险——流动性风险控制

融资租赁公司的资金流动性风险与资产负债匹配密切相关。银行所属或其他金融机构控股的融资租赁公司由于资金来源渠道较多,较容易解决租金分期回流或因租金拖欠产生的与支付到期贷款的时限和金额的不匹配的问题,从而更容易控制资金流动性风险。而非金融机构控制的融资租赁公司在业务初期,应该将对外借款期限与租赁期限匹配,避免过度采取短款长用的策略。此外,自有资金存款也应与对外借款余额保持一个合理的比例。随着资产规模的扩大,融资租赁公司应根据租金回流和新业务对外支付的情况,对不同期限的借款额度和自有资金现金保有比例进行合理调整,以适应业务需求并有效地控制风险。

6. 防范风险的教训和经验

(1) 重视模式设计。分散风险、合理利润、实现双赢是经营模式设计的宗旨。经营模式上不要企图利益一家独吞。对自己不熟悉的行业和业务领域,对自己没有能力控制的风险,一定要借助专业机构,与风险控制能力的机构合作。不仅关注承租人和项目的评估和选择,还要关注对供应商、进出口商、中介机构(会计、律师)的资信审查。融资方式、货款支付的方式选择、租金偿还的设计要根据具体情况做出符合实际,各方有利的方案。片面追求债权风险的最小化和高获利,不会有稳定的客户和市场,甚至在实际执行中出现潜在风险。与厂商专业融资租赁公司和传统的租赁公司合作,培育这些机构做大做强应该成为他们的主要的业务模式。

(2) 重视租赁物的价值安全。融资租赁是以实物为载体的融资,保障租赁物的价值安全是租赁公司防范风险最可靠的措施。必须了解租赁物的价格行情,使自己的债权建立在合理的基础上。要与供应商、二手市场、拍卖机构建立比较密切的合作关系,形成通畅的租赁物退出渠道。要自行或委托机构建立定期的现场巡查制度,关心租赁物的使用状况。对专用设备的租赁要特别加强对承租人的资信和还款能力的审查。合同中要严格租赁物在租赁期内的保险责任和保险的连续有效性。

专题讨论　租凭公司案例分析

【案例分析】　奔驰租赁公司

奔驰租赁公司是中国首个面向个人和企业客户提供汽车租赁服务的豪华汽车品牌,

目前主营业务包括融资租赁产品和经营租赁产品。2012年,奔驰租赁公司推出标准融资租赁产品,这种产品具有灵活的租赁期限,可根据客户的需求进行定制,同时零首付也成了可能。此外,客户可将车价的50%作为尾款支付,而该公司则不收取其他任何额外手续费。2014年4月,该公司又推出了保值融资租赁产品"先享后选"。截至2014年7月底,该公司的汽车融资租赁合同总数接近4 500份,平均每台车的增长率达到12%,总融资租赁金额超过10亿元,汽车融资租赁的平均渗透率约为1.1%。

"先享后选"的融资租赁方案为客户提供了更多选择。具体操作是:客户选择"先享后选"后,车辆行驶证登记在客户名下,产权名义上归属于客户,再通过车辆抵押登记将该车辆抵押给奔驰租赁公司。前期支付20%、中间支付25%~35%,到期末尚有45%~55%的价款,此时客户拥有三重选择权,可选择购买、可选择置换、也可选择返还。根据客户反馈,选择"先享后选"的原因包括:首付低、月供低,期末可以保值,期末能够更换车型、满足新鲜感,等等。

对于奔驰租赁公司来说,这种模式消化了过多的库存,能够维持车辆零售价格的稳定,同时,通过经销商回收返还的车辆也能够作为二手车资源再次出售。事实上,随着融资租赁业务渗透率的提升,汽车金融的渗透率和汽车金融信贷总额也大幅提高。

当然,融资租赁模式的选择离不开市场环境的影响。请试着从融资租赁业相关政策支持,以及市场环境的发展这两个角度分析奔驰租赁公司在中国实行融资租赁的可行性。

【案例分析】 北京银建汽车租赁公司

北京银建汽车租赁公司成立于1992年,注册资金500万元,旗下员工1 000余人,是一家专门从事汽车租赁业务的企业。2013—2015年,银建公司营业收入、营业利润以及总资产不断增加,但与此同时,负债也逐年增长,并且主要依靠信贷机构进行融资。

银建公司的规模较大,拥有上千部品牌、价位不同的车辆。即便如此,仍难以满足客户需求,所以公司决定再购入一批车辆。但银建公司面临着较大的流动性约束,并且没有可以用来抵押的资产,从而难以贷款。最终银建公司选择融资租赁的方式扩充车辆。根据经营需要,公司共需租赁车辆35辆,融资总额635万元,首付金额127万元,租期4年,每期租金3.41万元,采用等额月付的方式付款。

在融资租赁之前,截至2015年底,银建公司的借款总额已达600万元,净利润为36万元。可见,银建公司在融资租赁前的盈利额并不足以支付每月3.41万元的租金。当然,若公司在融资租赁之后经营稳定,利润有所增加,则不会产生风险。但若新租入汽车无法全部投入运营,企业还要计提折旧、影响最终收益。从市场风险来看,银建公司的租期为4年,在这段时间内银行的基准利率会发生变化。若市场出现波动、银行利率上调,银建公司所付租金也将水涨船高,增加了经营成本。人们在讨论融资租赁风险时,往往更关注租赁公司存在的经营风险,但作为承租方的租赁风险更值得关注。

思考一下:银建公司为了防范租赁风险的发生,可以做出哪些应对措施?

 **本章小结**

本章主要介绍了融资租赁的概念、特点及类型、融资租赁的盈利模式与定价体系、融资租赁的盈利模式与定价、融资租赁业务的风险管理与控制等几个主要部分内容。融资租赁使得承租人不仅可以通过租赁获得设备的使用权,而且可以把租赁信用作为一种融通资金的手段。融资租赁包括直接租赁、委托租赁、回租、转租赁、杠杆租赁等形式。融资租赁主要的构成要素包括贷款合同、进出口购销合同、租赁合同。融资租赁的定价体系通常是基于资产的成本、承租人信用评级、租赁期限、租赁利率等因素综合考虑的结果。同时融资租赁也存在一定的风险,不同类型的租赁公司面临的经营风险也不完全相同,风险控制的重点也不可能完全相同。

 习题

一、名词解释
(一)融资租赁
(二)融资租赁业务的信用评估

二、简答题
(一)简述融资租赁的盈利模式
(二)简述融资租赁业务中信用评估的特点
(三)简要论述如何防范融资租赁风险

 思考题

如何管控融资租赁公司的经营风险?

第八章 政府融资理论与实践

学习目标：
1. 了解政府融资的概念和必要性
2. 掌握政府融资政策的发展演变，预测未来的发展趋势
3. 熟悉国债、地方债和城投债，政府背景贷款存在的问题及隐患

关 键 词： 政府融资模式　地方政府债务　融资工具创新　融资平台

第一节　政府融资概述

一、相关概念

地方政府是一种地域性政府，它同全国性政府（中央政府）存在上下从属关系，是全国性政府的分支机构。我国是单一制国家，国家最高权力由中央政府行使，地方政府就是由中央政府为治理国家一部分地域而依法设置的政府单位，通常是指中央政府以下的各级政府，具体包括省（自治区、直辖市）、市（地市级、地区）、县（县级市）和乡镇四级。

近年来，随着"乡财县管"体制的逐步推广，乡镇政府原负责的事权和支出责任不断减少，转移出来的事权和支出责任大都由县级政府承接，乡镇财政已经不是原来意义上完整的一级财政，一律不得为经济活动担保，不得举债搞建设。在缺乏预算自主权的条件下，乡镇政府基本失去了正常的融资功能。另外，我国未来行政体制改革的方向是减少政府间层级划分，推行"省直管县"改革，辅之以"乡财县管"体制，政府财政和行政层级将逐步简化为中央、省和县(市)。因此,本书主要关注的是县级以上、省级以下地方政府融资,不涉及乡镇政府融资问题。

从最一般的意义上讲,融资是指资金从供给者向需求者转移的过程。按照融资过程中储蓄与投资是否由同一主体完成,可以把融资分为内源融资和外源融资。内源融资是指相关主体把自己的储蓄用于投资活动的融资方式;外源融资是指储蓄与投资分开,投资主体需要从外部筹集资金的融资方式。按照融资过程中投资主体是否借助金融中介机构,可以把融资方式分为直接融资和间接融资。直接融资是通过证券市场向金融投资者出售股票和债券而获取资金;间接融资是通过银行等金融中介获取资金。按照融资过程中形成的不同资金产权关系,可以把融资分为股权融资和债务融资。股权融资是向其股东筹集资金的融资方式;债务融资是通过银行贷款或发行债券融资。

在现有研究中,专家学者对地方政府融资的认识还是比较一致的,从内涵方面看,认为地方政府融资就是地方政府为经济建设(资本性投资)筹措资金的过程。从外延方面看,梅尔维尔·麦克米兰认为,地方政府的资本支出通常由自有资金、上级政府拨款和举债联合提供资金支持。哈里·基钦认为,从世界范围的实践来看,地方政府从内源收入和外源收入两个途径为资本支出提供资金支持。内源收入包括一般性的运营收入(地方税收和公共服务使用费)、专项税、储备、开发费。外源收入来源于上级政府的拨款、借款和公私合作。杨志勇认为,我国地方政府融资可以归纳为以下形式:(1)地方预算直接拨款;(2)地方政府借款;(3)地方政府通过下属公司的股权和债权融资;(4)项目融资;(5)土地融资。

我们认为,地方政府融资是指地方各级政府为实现经济和社会发展目标,通过财政、金融等渠道筹措建设资金的行为、过程和活动。按照地方政府融资的基本依据和性质划分,主要可分为财政拨款、债务性融资、资产(资源)融资和权益性融资几大类财政拨款既包括地方本级的预算拨款(主要来源于各级政府的税费等),也包括来自上级政府的转移支付。债务融资包括地方政府贷款收入、地方政府债券收入、政府性投资公司贷款和债券收入等。资产(资源)融资是指各级地方政府利用手中掌握的政府资产和公共资源筹措的资金,既包括有形资产(资源)融资,也包括无形资产(资源)融资。权益性融资指政府投资公司在资本市场上发行股票融资或自筹资金。

二、政府融资的必要性

(一) 满足了各个主体的利益需求

基本融资模式的形成是适应现有财税、金融体制及经济发展阶段性要求的必然选择,充分满足了中央政府、地方政府、商业银行各方利益诉求。地方政府肩负着提供地方公共服务和基础设施的重任,有着强烈的融资需求,但是,由于法律限制,地方政府不得发债或直接向银行借款;中央政府为了避免地方财政风险,防止经济的大起大落,不允许地方政府发行债券,也不允许地方政府采取显性担保获得融资;而对于面临流动性过剩的银行来讲,基础设施建设固有的政府背景及其稳定收益非常具有吸引力。基本融资模式恰好满足了上述三方的利益需求。对于中央政府而言,在没有大规模举债的情况下发挥了地方政府的积极性,推进了城市化进程,一定规模的基础设施建设实际上成为宏观经济持续稳定增长的重要因素;对于地方政府而言,信贷资金支持了基础设施建设,满足了地方经济发展的需求;对于银行而言,只要政府的现金流不出现问题,政府背景贷款相对来说还是有一定的安全性和收益性。

(二) 增强了地方政府的融资能力

在基本融资模式中,地方政府对融资平台有着直接的财政投入,与此同时,对今后的财政投入有一个承诺,即承诺对未来无偿还能力的项目进行拨款。这样就容易获得商业银行,特别是国家开发银行的认可和支持。由于直接投入和未来承诺都是以土地财政为基础的,随着土地收益的不断增加,注入融资平台的资本金规模也不断扩大,这从根本上增加了融资平台的资本实力,即使杠杆率不提高,也会扩大银行资金的投入规模。融资平台和单个项目相比,抗风险能力大很多。

一方面,有些基础设施行业只有公益性,没有财务收益,如农村公路的修建没有收费补偿;但也有一些行业收益比较稳定,如燃气、水务、高速公路等。这两类行业整合在同一个平台上,可以以丰补歉,使两者都能顺利融资。另一方面,同一个行业的项目周期不同,有的已经归还完了贷款,还在不断收费;有的则刚开始筹建,可能缺少资本金而难以立项。但是,如果放在同一平台上整合,拟建项目未必就不能融资。

(三) 形成了一定的风险防控效应

基本融资模式在地方政府和商业银行之间构建起了风险控制机制。融资平台建设之初,地方政府通过对平台注入各种资源、投资补助、项目回购、赋予经营权等多种手段提升平台的经济实力、信用能力和还款能力。国家开发银行则积极推动融资平台加强治理结构建设、法人建设、现金流建设和信用建设。通过支持地方资源整合和信用能力整合,形成借款以政府信用和企业信用为依托、资金运用以市场规则为基准的运作式。国家开发银行对地方政府财政实力的评价较为严格,具有针对性和可操作性。国家开发银行给地方政府的贷款都要有明确的还款来源和抵押物。尽管采取统一授信的形式,但是,国家开发银行仍需开展具体项目的核准手续的审查、项目自身收益分析和还款机制设计。在申请每一笔国家开发银行贷款之前,地方政府也要认真考虑还款来源,明确具体的抵押物,融资方案经过当地政府反复研究后,还要报省市人大审批。显而易见,国家开发银行和地方政府双方都十分珍惜业已形成的合作关系,从而建立了相互捆绑、相对稳定的风险防控体系。

(四) 提高了地方政府的投融资效率

以地方政府投资公司为主体实现基础设施建设的投融资,有利于加强对政府投资的有效监督和管理,提高了政府的投资效率。以往地方政府的财政性建设支出基本上由政府各主管部门分别安排和管理,国家发展和改革委员会与行业主管部门确定项目,财政负责安排资金,往往缺乏项目投资建设上的统筹安排,更缺少资金使用过程中的有效监督和跟踪管理。这样的资金管理体制造成了政府财政性资金使用分散、建设不配套、政府投资浪费。通过组建政府性投资公司,将政府安排的财政性建设支出统管起来,由投资公司进行专职的经营和管理,原则上有助于消除现实中存在的财政资金分散安排、市政建设部门分割、政府投资缺乏有效跟踪管理的问题和弊端,从而提高了政府投资的效果和效率。另外,根据政府投资和国有资产管理体制改革的总体需要,地方政府组建起相应的基础设施建设投资公司,是整个国有资产经营管理体系的一个重要组成部分和环节。建立政策性融资平台有利于完善地方政府投资与国有资产经营管理体系,实现国有资产保值增值。

三、我国政府融资的发展演变

(一) 早期的政策调整

从 2010 年开始,伴随着地方政府融资平台债务管理和不规范运作问题的凸显,有关管理部门陆续出台了一系列的清理规范政策措施。

针对地方融资平台带来的债务问题,国务院于 2010 年 6 月出台了《国务院关于加强地方政府融资平台公司管理有关问题的通知》。通知要求将"地方融资平台公司直接借入、拖欠或因提供担保、回购等信用支持形成的债务纳入债务的清理范围,对其进行一次全面清理,并按照分类管理、区别对待的原则,妥善处理债务偿还和在建项目后续融资问题"。同时,通知明令禁止只承担公益性项目融资任务并且主要依靠财政资金偿还债务的平台公司今后再承担融资任务,这类公司在履行完偿债责任之后不能再保留融资平台的职能。此外,通知还严格禁止政府部门以财政收入为信用担保进行融资的行为。

为进一步规范投融资平台公司的债券融资行为,有效防范投融资平台公司和地方政府债务风险,更好地发挥债券融资对地方基础设施建设的积极作用,促进企业债券市场健康发展,2010 年 11 月,国家发展和改革委员会出台了《国家发展改革委办公厅关于进一步规范地方政府投融资平台公司发行债券行为有关问题的通知》,提出继续支持符合企业债券发行条件的地方融资平台公司发行债券融资,提高直接融资的比例,规范地方投资平台的融资担保行为,确保资产的真实有效,同时要强化对债券募集资金在使用过程中的监管。

2011 年,为进一步做好地方政府融资平台贷款风险监管工作,中国银行保险监督管理委员会(以下简称银监会)发出《中国银监会关于切实做好 2011 年地方政府融资平台贷款风险监管工作的通知》,提出继续按照"逐包打开、逐笔核对、重新评估、整改保全"十六字方针,明确以"降旧控新"为目标,严格加强新增平台贷款管理,严格信贷准入条件。该通知还提出,要全面推进存量平台贷款整改,对于到期的融资平台贷款本息,一律不得展期和以各种方式借新还旧。该通知要求,对融资平台贷款的抵押担保进行整改,各银行应严格执行相关规定,对于地方政府及其部门、机构以直接或间接形式提供的原有担保,应重新落实合法的抵押担保。

2012 年初,银监会发布《中国银监会关于加强 2012 年地方政府融资平台贷款风险监管的指导意见》,要求 2012 年各银行业金融机构按照"政策不变、深化整改、审慎退出、重在增信"的总体思路,以降旧控新为重点,继续推进地方政府融资平台贷款风险化解工作。该指导意见提出,对仍按平台管理类的新增贷款进行重点监管,对退出类贷款的变动情况进行跟踪监测,以实现全年融资平台贷款"降旧控新"的总体目标;通知还要求,各银行要将从"压缩类"平台中减少的贷款额度用于投向"支持类"平台,以在融资平台贷款总量不增的情况下实现贷款结构调整。除"控新"外,为缓释融资平台的存量贷款风险,该指导意见还对"降旧"提出了五项具体措施,包括及时收贷、收回再贷、据实定贷、引资还贷和只收不贷等。

2013年4月银监会又发布了《中国银监会关于加强 2013年地方政府融资平台贷款风险监管的指导意见》,主要内容包括四个方面:一是严格控制平台信贷融资增长。规定融资平台新发放贷款必须满足一系列条件,并规定当年平台贷款余额不增长。二是缓释存量风险。通过"及时收贷、收回再贷、据实定贷、引资还贷、只收不贷"等方式,逐步缓释存量平台贷款风险。三是隔离风险。针对非信贷融资明显发展的情况,要求各银行和各级监管机构建立包括银行贷款、企业债券、中期票据、短期融资券、信托计划理财产品等在内的全口径融资平台负债统计制度,各银行审慎持有融资平台债券。四是严格退出条件。融资平台退出需满足一定条件,即属于按照商业化原则运作的企业法人;资产负债率在70%以下;各债权银行对融资平台的风险定性均为全覆盖;存量贷款中需要财政偿还的部分已纳入地方财政预算管理并已落实预算资金来源等。

(二)后续政策调整

2014年9月,国务院发布了《国务院关于加强地方政府性债务管理的意见》,提出赋予地方政府依法适度举债权限,明确划清政府与企业界限,政府债务只能通过政府及部门举借,不得通过企事业单位等举借。地方政府举债采取政府债券方式。没有收益的公益性事业发展确需政府举借一般债务的,由地方政府发行一般债券融资,主要以一般公共预算收入偿还。有一定收益的公益性事业发展确需政府举借专项债务的,由地方政府通过发行专项债券融资,以对应的政府性基金或专项收入偿还。鼓励社会资本通过特许经营等方式,参与城市基础设施等有一定收益的公益性事业投资和运营。投资者按照市场化原则出资,按约定规则独自或与政府共同成立特别目的公司建设和运营合作项目。

2017年5月,财政部等六部委发布《关于进一步规范地方政府举债融资行为的通知》,重申要加强融资平台公司融资管理,推动平台公司尽快转型为市场化运的国有企业,依法合规开展市场化融资。地方政府及其所属部门不得干预平台公司日运营和市场化融资。该通知提出,地方政府不得将公益性资产、储备土地注入平台公司不得承诺将储备土地预期出让收入作为平台公司偿债资金来源。金融机构为融资平台公司等企业提供融资时,不得要求或接受地方政府及其所属部门以担保函、承诺函、安函等任何形式提供担保。按照上述文件严格执行,融资平台原有的债务融资途径基本被废掉了。

同月,财政部发布了《关于坚决制止地方以政府购买服务名义违法违规融资的通知》,提出严格按照规定范围实施政府购买服务,严格规范政府购买服务预算管理,严禁利用或虚构政府购买服务合同违法违规融资。该通知通过"负面清单"的方式限定了政府购买服务的范围,重点将"工程设施建设"类排除在外,严将铁路、公路机场等基础设施建设,土地前期开发,农田水利等建设工程作为政府购买服务项目。按照文件负面清单严格执行,也在很大程度上堵死了地方政府通过政府购买服务举债融资的渠道,这对融资平台参与政府公益性项目建设的影响很大。

(三) 融资平台转型发展趋势

从国外经验看，承载政府投融资功能的融资平台从未离开过人们的视线。未来地方政府仍可以发挥融资平台在投资、融资、运营方面的作用。

1. 作为社会投资者参与PPP

根据财政部文件，政府可指定相关机构依法参股项目公司，作为政府出资主体参股PPP项目公司，发挥市场化的股东监管职能；融资平台公司与政府脱钩和市场化改制后，可作为社会资本参与到本地或附属地区的PPP项目。因此，融资平台完全可以参与PPP的全过程。

未来融资平台可以通过以下方式介入PPP：第一，根据政府投资要求，被动式发起PPP项目，全面负责或协助推进PPP项目的前期立项、识别、准备和采购工作，配合完成政府出资责任。第二，以追求财务投资回报和发展主动投资业务为导向，以政府投资主体或非牵头社会资本联合体成员身份介入，与其他社会资本共同推进项目运作。第三，独立或牵头作为合格社会资本，主动发起PPP项目，公开、公平参与本地或外地的PPP项目竞标，全面介入PPP市场竞争，实现真正的市场化主体身份的确立。

2. 作为社会投资者参与政府购买服务

财政部发文禁止将"工程设施建设"纳入政府购买服务范围，但是，这也为棚户区改造、易地扶贫搬迁等极少数政府项目纳入政府购买服务留下口子。除此之外，其他在政策层面明确可以纳入政府购买服务范围的项目还包括地下综合管廊建设、海绵城市小城镇建设等，而地方基础设施大多包含上述工程建设内容。这意味着平台公司仍可以参与到与国家战略密切相关的工程设施建设的政府购买服务中，由政府根据服务数量和质量向其支付费用。

根据财政部、民政部、国家市场监督管理总局联合印发的《政府购买服务管理办法（暂行）》，纳入政府购买服务指导性目录的服务内容包括：基本公共服务、社会管理服务、行业管理与协调性服务、技术性服务、政府履职所需辅助性事项、其他适宜由社会力量承担的服务事项等。因此，平台公司可以利用自身项目运营方面的经验以市场化方式参与政府购买公共服务的业务。

3. 作为政府引导基金的发起人或管理人

政府引导基金的设立主要以下几种方式：一是地方政府通过财政出资独立完成；二是政府与商业银行联合出资设立；三是政府与其他外部机构、商业银行联合出资设立。在这里，融资平台可以代表政府行使出资人的职能。另外，政府也可以委托平台公司负责引导基金的管理运作。例如，石家庄市创业投资引导基金委托石家庄发展投资有限公司负责具体投资运作。

政府引导基金可以采用平行投资结构化设计，融资平台和商业银行平行出资，同等享受产品到期后的投资收益。也可以采用优先/劣后分层结构化设计，商业银行以理财等资金出资作为优先级，融资平台及其他外部机构（或有）出资劣后。其中，优先级投资者享受产品到期后的预期固定收益，由一般投资者的资金来保证优先投资者的本金和预期固定收益；劣后级投资者在承担风险的同时，享受预期固定收益之上的投资收益。

4. 作为社会投资者参与政府工程项目建设

平台公司先与地方政府签订及时足额履行付款义务的合同,一种形式是平台公司通过政府采购招标获得基建工程项目,另一种形式是平台公司按照正规招标形式拿PPP项目。

第二节 政府融资工具与应用

在我国政府融资过程中,无论是以直接的还是间接的方式,各类基本融资工具都有着不同程度的运用。政府是融资工具的创新主体,庞大的建设资金需求迫使政府不断寻求新的融资工具。而特殊的背景与地位,又使政府的融资工具创新更容易为市场所接受。

一、国债与地方债

(一) 国债

国债,又称国家公债,是国家以其信用为基础,按照债的一般原则,通过向社会筹集资金所形成的债权债务关系。国债是由国家发行的债券,是中央政府为筹集财政资金而发行的一种政府债券,是中央政府向投资者出具的、承诺在一定时期支付利息和到期偿还本金的债权债务凭证,由于国债的发行主体是国家,所以它具有最高的信用度,被公认为是最安全的投资工具。国债是国家信用的主要形式。中央政府发行国债的目的往往是弥补国家财政赤字,或者为一些耗资巨大的建设项目,以及某些特殊经济政策乃至为战争筹措资金。由于国债以中央政府的税收作为还本付息的保证,因此风险小,流动性强,利率也较其他债券低。我国的国债专指财政部代表中央政府发行的国家公债,由国家财政信誉作担保,信誉度非常高,历来有"金边债券"之称,稳健型投资者喜欢投资国债。其种类有凭证式国债、实物式国债、记账式国债三种。

1. 国债的主要特点

国债是债的一种特殊形式,同一般债权债务关系相比具有以下特点:从法律关系主体来看,国债的债权人既可以是国内外的公民、法人或其他组织,也可以是某一国家或地区的政府以及国际金融组织,而债务人一般只能是国家;从法律关系的性质来看,国债法律关系的发生、变更和消灭较多地体现了国家单方面的意志,尽管与其他财政法律关系相比,国债法律关系属平等型法律关系,但与一般债权债务关系相比,则其体现出一定的隶属性,这在国家内债法律关系中表现得更加明显;从法律关系实现来看,国债属信用等级最高、安全性最好的债权债务关系。

2. 发行国债的目的

发行国债大致有以下几种目的:在战争时期为筹措军费而发行战争国债。在战争时期军费支出额巨大,在没有其他筹资办法的情况下,即通过发行战争国债筹集资金。发行战争国债是各国政府在战时通用的方式,也是国债的最先起源;为平衡国家财政收支、弥补财政赤字而发行赤字国债。一般来讲,平衡财政收支可以采用增加税收、增发通货或发行国债的办法。以上三种办法比较,增加税收是取之于民、用之于民的做法,固然是一种好办法但是增加税收有一定的限度,如果税赋过重,超过了企业和个人的承受能力,将不利于生产的发展,并会影响今后的税收。增发通货是最方便的做法,但是此种办法是最不可取的,因为用增发通货的办法弥补财政赤字,会导致严重的通货膨胀,其对经济的影响最为剧烈。在增税有困难,又不能增发通货的情况下,采用发行国债的办法弥补财政赤字,还是一项可行的措施。政府通过发行债券可以吸收单位和个人的闲置资金,帮助国家度过财政困难时期。但是赤字国债的发行量一定要适度,否则也会造成严重的通货膨胀;国家为筹集建设资金而发行建设国债。国家要进行基础设施和公共设施建设,为此需要大量的中长期资金,通过发行中长期国债,可以将一部分短期资金转化为中长期资金,用于建设国家的大型项目,以促进经济的发展;为偿还到期国债而发行借换国债。在偿债的高峰期,为了解决偿债的资金来源问题,国家通过发行借换国债,用以偿还到期的旧债,这样可以减轻和分散国家的还债负担。

3. 国债的分类

按照不同的标准,国债可作如下分类:按举借债务方式不同,国债可分为国家债券和国家借款。国家债券是通过发行债券形成国债法律关系。国家债券是国家内债的主要形式,我国发行的国家债券主要有国库券、国家经济建设债券、国家重点建设债券等。国家借款是按照一定的程序和形式,由借贷双方协商,签订协议或合同,形成国债法律关系。国家借款是国家外债的主要形式,包括外国政府贷款、国际金融组织贷款和国际商业组织贷款等。

按偿还期限不同,国债可分为定期国债和不定期国债。定期国债是指国家发行的严格规定有还本付息期限的国债。定期国债按还债期长短又可分为短期国债、中期国债和长期国债。短期国债通常是指发行期限在 1 年以内的国债;中期国债是指发行期限在 1 年以上、10 年以下的国债;长期国债是指发行期限在 10 年以上的国债。不定期国债是指国家发行的不规定还本付息期限的国债。这类国债的持有人可按期获得利息,但没有要求清偿债务的权利,英国曾发行的永久性国债即属此类。

按发行地域不同,国债可分为国家内债和国家外债。国家内债是指在国内发行的国债,其债权人多为本国公民、法人或其他组织,还本付息均以本国货币支付。国家外债是指国家在国外举借的债,包括在国际市场上发行的国债和向外国政府、国际组织及其他非政府性组织的借款等。国家外债可经双方约定,以债权国、债务国或第三国货币筹集并还本付息。

按发行性质不同,国债可分为自由国债和强制国债。自由国债又称任意国债,是指由国家发行的由公民、法人或其他组织自愿认购的国债。它是当代各国发行国债普遍采用的形式,易于为购买者接受。强制国债是国家凭借其政治权力,按照规定的标准,强制公民、法人或其他组织购买的国债。这类国债一般是在战争时期或财政经济出现异常困难或为推行特定的政策、实现特定目标时采用。

按使用用途不同,国债可分为赤字国债、建设国债和特种国债。赤字国债,是指用于弥补财政赤字的国债。在实行复式预算制度的国家,纳入经常预算的国债属赤字国债。建设国债,是指用于增加国家对经济领域投资的国债。在实行复式预算制度的国家,纳入资本(投资)预算的国债属建设国债。特种国债,是指为实施某种特殊政策在特定范围内或为特定用途而发行的国债。

按是否可以流通,国债可分为上市国债和不上市国债。上市国债,也称可出售国债,是指可在证券交易场所自由买卖的国债。不上市国债,也称不可出售国债,是指不能自由买卖的国债。这类国债一般期限较长,利率较高,多采取记名方式发行。

4. 市场经济条件下国债的功能

弥补财政赤字是国债的最基本功能。就一般情况而言,造成政府财政赤字的原因大体上有以下两点:一是经济衰退,二是自然灾害。政府财政赤字一旦发生,就必须想办法予以弥补。在市场经济体制下,其弥补的方式主要有三种措施:增加税收、增发货币和举借国债。第一种方式不仅不能迅速筹集大量资金,而且重税会影响生产者的生产积极性,进而会使国民经济趋于收缩,税基减少,赤字有可能会更大。第二种方式则会大幅增加社会的货币供应量,因而会导致无度的通货膨胀并打乱整个国民经济的运行秩序。第三种方式则是最可行的办法,因为发行国债筹资仅是社会资金使用权的暂时转移,在正常情况下,一般不会招致无度的通货膨胀,同时还可迅速、灵活和有效地弥补财政赤字,所以举借国债是当今世界各国政府作为弥补财政赤字的一种最基本也是最通用的方式。

对财政预算进行季节性资金余缺的调剂。利用国债,政府还可以灵活调剂财政收支过程中所发生的季节性资金余缺。政府财政收入在1年中往往不是以均衡的速率流入国库的,而财政支出则往往以较为均衡的速率进行。这就意味着即使从全年来说政府财政预算是平衡的,在个别月份也会发生相当的赤字。为保证政府职能的履行,许多国家都会把发行期限在1年之内(一般几个月,最长不超过52周)的短期国债,作为一种季节性的资金调剂手段,以求解决暂时的资金不平衡。

对国民经济运行进行宏观调控。一国的经济运行不可能都永远处在稳定和不断增长的状态之下。相反,由于种种因素的影响如宏观政策的失误、国际经济的影响等,经济运行常常会偏离人们期望的理想轨道,从而出现经济过度膨胀(通货膨胀严重)和经济萎缩(通货紧缩)现象,这时候,政府必须采取相应的政策措施进行经济干预,以使经济运行重新回到较理想或预期的轨道。自凯恩斯宏观经济理论建立以来,运用经济政策对宏观经济运行进行调控已成为普遍现象,其中国债扮演着十分重要的角色。这也使得国债的宏观调控功能逐渐成为国债主要的功能。

(二) 地方债

地方政府债券是指地方政府根据信用原则、以承担还本付息责任为前提而筹集资金的债务凭证,是指有财政收入的地方政府及地方公共机构发行的债券。地方政府债券一般用于交通、通信、住宅、教育、医院和污水处理系统等地方性公共设施的建设。同中央政府发行的国债一样,地方政府债券一般也是以当地政府的税收能力作为还本付息的担保。正因为如此,国外没有将一般责任债券和收益债券构成的集合称为地方政府债券,而是市政债券。因此,如果将来地方政府可以获准发行财政债券,应该将其与中央政府债券一并纳入政府债券即公债的范围进行统一管理和规范,而不宜教条地与市政企业收益债券一起形成市政债券范畴。不少国家中有财政收入的地方政府及地方公共机构也发行债券,它们发行的债券称为地方政府债券。地方政府债券一般用于交通、通信、住宅、教育、医院和污水处理系统等地方性公共设施的建设。地方政府债券一般也是以当地政府的税收能力作为还本付息的担保。

1. 发行概况

20世纪80年代末至90年代初,我国许多地方政府为了筹集资金修路建桥,都曾经发行过地方债券。有的甚至是无息的,以支援国家建设的名义摊派给各单位,更有甚者就直接充当部分工资。但是,到1993年,这一行为被国务院制止了,原因是中央政府对地方政府的财政兑付能力有所怀疑。此后颁布的《中华人民共和国预算法》第28条,明确规定"除法律和国务院另有规定外,地方政府不得发行政府债券"。1998—2003年实施积极财政政策,中央政府代政府举债,并转贷地方用于国家确定项目的建设。1999年、2000年和2001年中央国债再转贷的数额分别达到300亿元、500亿元和400亿元。由于国债转贷地方是中央发债,地方使用,不列中央赤字,转贷资金既不在中央预算反映,也不在地方预算反映,只在往来科目列示,不利于监督。同时,由于举借债务与资金使用主体脱节,权责不清,增加了中央财政负担和风险。

2008年国家面临国际金融危机冲击,为解决新增中央投资公益性项目的政府配套资金困难,国务院同意地方发行2000亿元债券,由财政部代理发行,列入省级预算管理,期限为3年。2010年和2011年中央每年代理发行政府债券规模均为2000亿元,期限分3年和5年。2011年,地方政府自行发债试点开启,将上海市、浙江省、广东省和深圳市列入试点范围,四个试点地区的政府债券还本付息仍由财政部代办。2012—2013年政府债券发行总额增加到了2 500亿元和3 500亿元。2014年继续发行政府债券4 000亿元,其中财政部代发地方政府债券2908亿元,地方政府自行发债1 092亿元,并在10个地区顺利开展了政府债券自发自还试点。政府发债由中央代理到自行发售,有利于政府逐步建立稳定和规范的发债渠道。新《预算法》的出台为地方债的规范与快速发展创造了体制条件。2015年,地方新增债券6 000亿元,另外,地方政府还发行了3.2万亿元的存量置换债券。2016年,新增地方债11 698.4亿元,置换债券规模48 760亿元,合计60 458.4亿元。

2022年全年,全国发行新增地方政府债券47 566亿元,其中一般债券7 182亿元、专项债券40 384亿元。全国发行再融资债券26 110亿元,其中一般债券15 178亿元、专项债券10 932亿元。全国发行地方政府债券合计73 676亿元,其中一般债券22 360亿元、专项债券51 316亿元。2024年1—4月,全国发行地方政府债券19 178亿元,其中一般债券6 375亿元、专项债券12 803亿元,平均发行期限12.5年,平均发行利率2.51%。2024年4月,全国发行地方政府债券3 439亿元,其中一般债券1 335亿元、专项债券2 104亿元,平均发行期限11.6年,平均发行利率2.41%。

2. 优缺点

允许地方政府发行债券,无疑解决了地方政府财政吃紧的问题。地方政府可以根据地方人大通过的发展规划,更加灵活地筹集资金,解决发展中存在的问题。更主要的是,由于地方政府拥有了自筹资金、自主发展的能力,中央政府与地方政府之间的关系将会更加成熟,地方人大在监督地方政府方面将会有更高的积极性。

地方债的缺点在于,地方政府发行债券筹集资金总额面临着《预算法》的制约。地方政府发行债券将会产生一系列的法律问题,如果没有严格的约束机制,一些地方政府过度举债之后,将会出现破产问题。而我国尚未对政府机关破产作出明确的规定,一旦地方政府破产,中央政府将承担怎样的责任,地方人大将作出怎样的安排,所有这一切都必须通盘考虑。

二、城投债

城投债,是指为地方经济和社会发展筹集资金,由地方政府投融资平台公司发行的债券,包括企业债、公司债、中期票据、短期融资券、非公开定向融资工具(PPN)等。由于城投债的发行主体一般为当地地方投融资平台,发行方式一般为公开发行的企业债或者中期票据,城投债又可以被称为"准市政债"。

(一)城投债的特征

1. 完全按照企业债券的流程操作

城投债主要的发债类型为企业债,企业债占据绝大部分的城投债市场。从期限分布来看,大部分的城投债都为中长期债券,其中7年期的城投债最多。尽管城投债募集资金的投向是那些投资额大、回报期长、带有公益性特征的市政项目,与一般的企业债券差异很大,但从债券的设计、审批到发行、流通与清偿,其模式和企业债券是一样的。

2. 具有明显的政府行为特征

地方政府一方面在债券发行计划上给予发债企业极大倾斜,另一方面为发债主体提供诸如隐性担保、开发许可和税收优惠等各种政策。一旦出现兑付问题,地方政府有强烈的责任代为清偿。因此,城投债的发行并不是纯粹的企业行为,它带有很强的政府行为。2002—2010年,城投债发行主体多为二级城市,其次是省及直辖市,而县级主体发城投债只有1例。2011年以来,发行主体行政级别呈下降趋势,二级城市较以往大幅上升。省及直辖市、省会城市均下降较多,县级主体发行城投债的数量较以往有相当大的突破。

3. 信用级别高,筹资成本较低

以地方政府信用作为最终保障的城投债在信用级别方面具有相当优势,再加上大型国有企业和国有商业银行提供的直接融资担保,所以信用级别比较高,使得城投债的融资成本低于一般的企业债券。

(二)城投债发行的基本条件

企业经济效益良好,近三个会计年度连续盈利;现金定资产投资项目的,累计发行额不得超过该项目总投资的20%;最近三年可分配利润以支付企业债券一年的利息。城投债募集资金主要用于城市给排水管网设施、道路、桥梁、燃气、热力、垃圾和污水处理等市政基础设施、江河湖泊治理、保障房建设和棚户区改造、产业园区基础设施、城市轨道交通、城市文化和体育设施等领域。2011年开始,国家还控制了融资平台发债的范围,只有全国财政收入百强县的县级及县级以上融资平台公司,才能申请发行城投债。为了将城投债的发行与政府性债务风险的控制相结合,国家还规定,如果一个地方的累计政府性债务占财政总收入的比例超过100%,就不得再通过发行城投债新增政府性债务。

(三) 中国城投债的发展历程

1994年,中国财政和税收体制改革重新划分了中央和地方之间的财权与事权关系。改革后,税收收入向中央集中,地方财政占全国财政收入总额的比重不断下降。2008年,全球金融危机爆发,中国政府为应对危机,推出4万亿经济刺激计划,以及财政和货币"双松"的政策,各地地方政府相应出台各种扩大投资、加大基础设施建设的计划。投资计划所需的巨额资金促使城投债市场规模迅速扩大,债券市场迅速升温。2009年,地方财政支出高达全国财政支出的80%。地方财权与事权的不匹配使财政收支愈来愈失衡,城市经济发展中的公共设施建设投资的缺口越来越大。所以纷纷设立城投公司形式的地方融资平台,借助金融市场融资成为突破地方财政支出瓶颈的选择。2010年,财政部、发展改革委、人民银行、银监会联合发布《关于贯彻〈国务院关于加强地方政府融资平台公司管理有关问题的通知〉相关事项的通知》(财预〔2010〕412号),进一步明确地方政府融资平台是由地方政府及其部门和机构、所属事业单位等通过财政拨款或注入土地、股权等资产设立,具有政府公益性项目投融资功能,并拥有独立企业法人资格的经济实体,由此,地方政府融资平台成为国有资本参与地方基础设施建设、民生工程经营的重要形式。

2014年开始,国家陆续发布系列管控地方政府通过地方政府融资平台进行融资、推进地方政府融资平台转型的方案。2014年5月20日,《关于2014年深化经济体制改革重点任务意见的通知》(国发〔2014〕18号)明确提出要剥离地方政府融资平台公司的政府融资职能。2014年8月31日全国人大常委会审议并通过《预算法》修正案,允许地方政府规范举债。2014年10月2日国务院发布《关于加强地方政府性债务管理的意见》(国发〔2014〕43号),要求明确划清政府与企业界限,剥离地方政府融资平台公司的政府融资职能,并于10月8日发布《关于深化预算管理制度改革的决定》(国发〔2014〕45号),要求各级地方政府根据新修订的《预算法》,采取具体措施进一步深化预算管理制度改革。由此,地方政府融资平台进入以市场化为目标的转型阶段。城投债作为政府融资平台的一种融资方式,因其融资成本较低、资金使用效率高等优点而成为地方政府融资平台的主流方式。截至2016年末,全国存量城投债券4 580只,存量债券规模46 073.7亿元。我国城投债发行规模呈跳跃式增长态势。2005年,城投债发行28只,发行总规模386亿元,分别是上年的9.3倍和8.8倍;2009年,国际金融危机以后,当年城投债发行191只,发行总规模3 158亿元,分别是上年的2.9倍和3.1倍;2012年,城投债再次大幅增长,当年发行757只,发行总规模8 909亿元,分别是上年的2.6倍和2.4倍。2016年,城投债发行了1 804只,发行规模增加到17 352亿元。城投债的平均发行票面利率趋于上升,由2000年的3.9%提升到2013年的6.2%,大部分时期保持在5%左右。城投债的平均发行期限则有所下降,2002年曾经达到11.7年,到2023年,期限只有4.6年。

数据显示,2018—2020年,平台公司发行的城投债规模从2.5万亿元增长到4.5万亿元,每年保持20%以上的增速。与城投债发行规模放量增长相对应,平台公司信用等级上调与下调的比值保持在10倍以上,信用等级上调的平台公司数量较多,其中江苏、四川、浙江、安徽及山东地区的平台公司占比较高。虽然现阶段债务管理的思路为分割政府信用和平台公司信用、严控政府债务增长，但是平台公司业务的公益属性导致城投债扩容对地方政府构成一定的债务压力。平台公司的转型特征叠加地方政府投融资体系改革，导致城投债的风险进一步演化。

（四）中国城投债存在的主要风险

1. 规模风险

公司数、债券数及债务规模不断上升，可能带来地方政府债务规模风险。当地方政府隐性债务规模超过地方经济的承载能力时，不仅会给地方财政带来沉重的债务负担，还会影响地方甚至国内公共财政安全。当前以城投债为代表的地方政府隐性债务规模不断上升，大幅超过了国内生产总值（GDP）和地方财政收入增长速度。如不合理控制地方政府隐性债务规模风险，不将债务规模控制在经济体系可承受的范围内，可能加剧地方财力失衡，增大金融体系风险，甚至导致系统性财政风险和金融风险。

2. 营利风险

地方城投公司往往承担非营利性的公共项目，其现金流状况和营利性指标偏弱，有的甚至主营业务收入为零。为确保公共项目的顺利完成，地方政府会给予城投公司诸如资产注入、政府补贴、税收优惠等政策来支持其发展。城投债风险很大程度上取决于地方政府信用实力、对城投公司的支持意愿和持续性。因此，监管部门需在发行环节对发行规模与发行主体净资产的比例做出明确规定；发行后则需在城投债对市场的风险提示，如重大信息披露的及时性、详细程度等方面提出更高的要求。

3. 偿债风险

与规模庞大的债务相比，地方政府财政拨款金额基本难以偿还存量债务，多用于偿还债务利息。一旦地方财政拨款不足或未及时拨付，可能致使企业资金链断裂、债务违约，引发金融市场动荡。

4. 资产风险

地方政府为提高城投公司发债规模并提升其信用级别，会注入更多资产，包括土地使用权、公共事业公司、公益性资产等。其风险在于：一是土地使用权的虚高评估导致土地价值被抬高。二是在合并公司过程中，容易出现不合规的情形，如合并了不符合法律法规要求的事业单位、虚增资产或是发债企业合并无实际控制能力的当地企业。三是单纯为扩大企业资产规模而注入公益性资产，这对提升营利能力和偿债能力无实质性作用。

（5）管理风险

地方政府隐性债务多以企业为主体发行举借，债务管理属企业内部行为，信息不透明，债务管理、风险预警难度高，风险隐蔽性强。一些企业财务管理制度不健全、财务管理水平较低，财务信息不对外公开，使社会难以获得真实、全面、可靠的债务信息，难以预算地方政府隐性债务风险。可以说，目前全国大部分地方政府隐性债务规模及风险仍处于不透明状态。与地方政府显性债务相比，隐性债务由于信息不透明性和风险隐蔽性，使得风险隐患不断上升。

6. 信用风险

外部增信主要分为两类：第三方担保和资产类担保。在第三方担保中，要特别注意的是相互担保，这容易加大关联企业的资金链压力，容易诱发城投债连锁的信用风险。资产类担保主要包括土地使用权抵押、应收账款、股权质押等。对于第三方担保，可以出台法律法规禁止第三方担保中的相互担保行为，而对资产类担保要求更加充分的资产信息披露是比较有效的办法，如表明注入资产与当地财政的明确关系等。

7. 评级风险

由于有地方政府的大力支持与信用担保为依靠，城投债成为各信用评级机构竞相争取的"优质客户"。评级机构出于自身利益的考虑，可能会采用放大信用评级中政府担保的作用、提高对部分信用瑕疵的容忍度等手段，出具"不够客观"的评级结果，使得城投债的信用承诺打折扣。

（五）城投债风险的防范化解对策

1. 理顺中央与地方的财权和事权，抑制地方政府举债冲动

建议重新划分及分配中央与地方的财权和事权，使地方政府能够拥有与其事权相匹配的财权，以有效保障其经济发展的财政资金需求。中央政府应进一步提高财政资金分配的公平性和合理性，适当将政府转移支付向地方财政倾斜，使地方政府有更充足的财力投入区域经济建设中急于发展的公共基础设施、公共服务等社会民生项目。同时，应进一步深化税收制度改革，合理拓宽地方政府税基，科学构建地方税收体系，提高地方政府税收收入水平。

2. 完善地方政府债务预算体系和管理体系

当前的财政预算公开范围还过于笼统，需要进一步完善现行相关法律法规，对各项财政支出的规模、范围、用途做出详细界定，并对财政预决算报告的信息披露内容与详细程度做出明确的细节要求及规范。要下大力气规范地方政府的预算管理，尽最大努力将地方政府债务，尤其是隐性债务全部纳入预算管理范畴中，并在编制政府预算时，设置相应的科目，进行信息披露和科学管理。内容应覆盖全部地方政府债务的规模、结构、预算年度举债与偿还额度、偿还资金来源渠道、地方政府担保债务及其债务当期发生额与余额等。

3. 完善债券评级体系，推动地方政府融资平台市场化转型

在消除"城投信仰"对于债券市场的影响、打破城投债"刚性兑付"思想后，债券评级成为融资成本的重要影响因素，独立、准确的债券评级成为投资者的重要参考，也是城投债市场化的重要第三方保障，促进地方政府融资平台的融资定价逐步实现市场化。

推动现有融资平台转型，实现分类改革，化解隐性债务风险。对于具有竞争性质的业务，逐步整合向独立的法人治理公司转型，向生产性经营实体转型和发展。对于以融资为主而较少参与后期项目运营的融资平台，应积极推动其向为政府债务服务类公共机构转型，以发挥其现有的公共服务职能。融资平台资金回收期长，盈利模式缓慢，难以在短期内依自身实力化解和偿还全部债务。各级地方政府可以通过严密监控项目发展规模，统筹地区经济收入、成立地方资产管理公司、引入第三方社会资本、成立专项偿债基金等方

式,帮助和支持融资平台通过市场和法律手段逐步化解存量隐性债务。

4. 对地方政府隐性债务实行遏制增量、化解存量

严格禁止地方政府再继续发生与政策法规相悖逆的担保和融资行为,以及各种变相违法违规举债行为;推动各级地方政府积极化解存量隐性债务,政府不再为融资平台做信用背书,切断与融资平台之间的信用联系。

5. 加强政府部门和社会资本的合作

引入社会资本不但有利于化解地区经济在基础设施建设和发展等方面的资金短缺问题,还可以有效缓解地方政府财政支出压力,降低地方政府债务偿债压力。同时,有利于提高政府基础设施建设和公共服务供给的效率及效益,更便于加强对其运营的监管和审查,压缩运行成本,更好发挥政府的行政职能。

三、政府背景贷款

1. 现行概况

在全部银行贷款中,有一些是被政府部门、事业单位或者下属平台公司借去,用于政府项目建设,这部分贷款就是政府背景贷款。根据审计署的审计结果,到2013年6月底,在我国政府负有偿还责任的债务中,银行贷款达到5万亿元,占全部债务的74.8%,在政府或有债务中,银行贷款达到4万亿元,占86%。可见,银行贷款是政府的主要融资工具。

基础设施是政府的主要投资领域,基础设施信贷规模变化可以反映出政府间接融资状况。2006年,我国中长期贷款新增1.73万亿元,主要投向基础设施行业(交通运输、电力、水利、环境和公共设施)的中长期贷款增加了1.1万亿元,占63.6%;2007年,中长期贷款新增2.4万亿元,主要投向基础设施行业的中长期贷款增加了0.79万亿元,占32.9%;2008年3季度以后,国际金融危机对我国的不利影响明显加重,中央政府迅速推出两年4万亿元投资扩张计划。银行普遍把新一轮积极财政政策看作是重大机遇,向政府投资项目大量放款。2008年,主要投向基础设施行业的中长期贷款增加了1.1万亿元,占中长期贷款新增总额的48.2%,比例比上年提高了15个百分点;2009年,我国中长期贷款新增5.15万亿元,主要投向基础设施行业的中长期贷款增加了2.5万亿元,占全部新增中长期贷款的48.5%。[①]

银监会的数据表明,到2009年6月末,全国各省(自治区、直辖市)及其以下各级政府设立的平台公司合计达8 221家,其中县级政府平台公司4 907家,银行对这些政府融资平台授信总额达8.8万亿元,贷款余额超过5.56万亿元,几乎相当于中央政府的国债余额。根据有关统计,2009年2—3月,国家开发银行先后与湖南、河北、浙江等13个省级政府签署开发性金融合作协议,以1.2万亿元的贷款额度支持上述地方实施扩大内需战略。2009年4月,中国建设银行与陕西省政府签订了战略合作备忘录,以后三年,该行将向陕西省重点建设项目提供1 200亿元信贷支持。根据工行湖北省分行的统计,2009年

---

① 根据中国人民银行《2006—2009年第四季度中国货币政策执行报告》统计。

1月,湖北省工行累计新发放人民币贷款78.7亿元,其中中长期贷款45.8亿元,在中长期贷款中,由中央政府投资项目拉动的为3.1亿元,由政府投资项目拉动的为35.7亿元,政府项目贷款占中长期贷款的85%。据2009年三大行公布的年报,工行投向政府融资平台的贷款余额为7 200亿元,中行为4 243亿元,建行为6 463亿元。

(二)政府背景贷款存在的问题和风险隐患

尽管在相关政策出台后,各银行机构在政府背景类贷款发放方面进行了相应整改与规范,但是,仍旧存在存量政府背景类贷款集中度较高、或有负债金额大且集中、政府平台类企业市场化转型不到位、项目贷款到期面临断贷风险、准入标准执行不严等情况。

1. 贷款集中度较高,信贷结构相对失衡

该市部分银行机构政府背景类贷款余额占比达70%以上,加之政府背景类贷款项目用款周期普遍较长、贷款期限以中长期为主,银行存贷期限错配程度较高,不确定因素较大。尤其当前对地方政府隐性债务进行严控,部分银行机构会对借款人存量授信进行压缩,相关项目贷款到期后或面临抽贷断贷,导致借款人资金断裂,可能产生连锁反应,引发系统性风险。

2. 贷款还款来源单一,存在信用风险

政府背景类贷款用途多为公路建设、土地整理或新型城镇化建设等城市基础建设项目,项目收益性低甚至无收益,企业自有经营性现金流无法覆盖应还债务本息。对于项目政府购买资金由地方政府纳入财政预算和政府采购预算管理的,还贷来源主要依赖于地方财政,财政资金预算安排实质还是要依赖政府信用和可支配财力。部分城市建设投入较大,一旦财力无法跟上,到期债务可能会迫使地方政府主动违约,给银行资金带来较大风险。

3. 贷款方式多为信用保证类,风险缓释能力较弱

据调查,该市银行机构政府背景类贷款多以信用保证类为主;即使为抵押的政府背景类贷款,也存在抵押担保不稳定的情况。例如担保物基本上为国有土地抵押,但国有土地流转较快,不久就可能被政府拍卖或用于公共设施建设。对于存量政府贷款,难以通过补充抵质押担保等方式达到缓释风险的目的。

4. 企业形式化转型,贷后管理难度较大

现阶段已实现市场化运营的政府背景类企业较少,部分政府背景类企业,尤其是政府融资平台贷款借入后,由地方财政统一调配使用,而地方财政部门或项目建设主管单位同时运作的项目数量多,融资渠道多元化,账户资金进出频繁,且与政府下属关联公司资金往来密切,数据信息透明度不足,银行和地方财政之间存在着信息不对称,增加了银行对贷后资金的监控难度。例如前期,该市辖区某城投公司和某银行成立产业基金,投资购买某科技公司股份,约定由城投公司定期向银行支付溢价款项,其间银行对科技公司生产经营状况缺乏足够信息获取来源。后科技公司宣布停产,银行为维护债权,未经城投公司同意,直接对其实施了划扣存款项行为,从而引发纠纷。

5. 银行业绩压力驱动,易发生操作风险

目前政府背景类贷款在银行贷款总量占比较大,为维持贷款规模,部分银行在效益指标压力下,可能通过降低贷款条件、增加授信额度、放松贷款流程等方式营销政府背景类

贷款,导致部分政府类贷款融资情况与实际项目使用资金情况不匹配,加剧政府过度举债倾向。同时,受财政经常性开支增加等影响,地方财政收支波动较大,过度对政府授信,将导致风险无形中向债权银行转移。

四、政府专项建设基金

专项建设基金是国家发展和改革委员会为应对经济下行压力、缓解地方政府财政压力而设立的重要政策工具。它旨在发挥投资对稳定经济增长的关键作用,同时推动重大项目建设和产业升级。自2015年设立以来,专项建设基金的规模和影响力不断扩大,成为中国经济发展的重要支撑。

2015年8月,中国首批专项建设债由国家开发银行和农业发展银行向邮政储蓄银行定向发行。中央财政对这些债券的利率给予90%的贴息支持,大幅降低了融资成本。截至2023年,专项建设基金的投资范围已经扩大到包括5G通信、人工智能、工业互联网等新兴产业领域,以及传统的交通、能源、水利等基础设施建设。此外,基金还重点支持了新型城镇化建设、乡村振兴战略和区域协调发展等国家重大战略。

专项基金的运作机制经过多年发展已趋于成熟。主要操作方式包括:对项目公司进行资本金注资,获得部分股权,溢价部分计入资本公积金;在建设期内,公司向专项基金支付不超过1.2%的年息作为投资收益;专项基金不直接参与公司经营管理;建设期结束后,公司通过减资或股权回购等方式逐步退出专项基金的投资。这种机制既保证了资金的有效使用,又为项目公司提供了灵活的退出选择。

专项建设基金具有以下特点:第一,规模庞大、持续投放。自2015年设立以来,专项建设基金已经完成多批次投放。设立后的两年内即安排资金投放7批,金额超过2万亿元,成为支持中国经济发展的重要力量。第二,低成本、长周期。基金利率维持在1.2%的低水平,其余部分由中央财政按照专项建设债券利率的90%进行贴息。项目期限通常为10~15年,有利于支持长期性、基础性项目建设。第三,投资方式多元化,包括股权投资、股东借款、增资扩股和设立新公司等多种形式,为不同类型的项目提供灵活的融资选择。第四,投向广泛,覆盖传统基础设施、新型基础设施、社会民生、产业升级等多个领域。特别是在"十四五"规划期间,基金更加注重支持数字经济、绿色发展和创新驱动等战略性新兴产业。第五,专业化运营管理。主要由国家开发银行和农业发展银行负责具体运营,引入了市场化的投资约束和风险管控机制,不断提高投资效益和资金使用效率。第六,协同效应显著。专项建设基金的投入往往能带动更多社会资本参与,形成"四两拨千斤"的效果,有效放大了政府投资的杠杆作用。

总的来说,专项建设基金作为中国政府应对经济挑战、推动结构调整的重要工具,在过去几年中发挥了积极作用。未来,随着中国经济转型升级的深入,专项建设基金的投向和运作方式可能会进一步优化,以更好地服务于国家发展战略。

五、信托融资

改革开放后,中国的信托业开始恢复和发展。20世纪80年代,信托公司作为金融创新的产物,开始为地方政府和企业提供融资服务。20世纪90年代中后期,随着中国经济的快速发展,信托公司与地方政府的合作日益增多,信政合作业务迅速增长。21世纪初,信托公司在地方政府融资中扮演了重要角色,尤其是在基础设施建设和城镇化进程中。2008年全球金融危机后,中国政府开始加强对金融行业的监管,包括信托行业。随着监管部门对融资平台贷款的严格控制,2009年开始,信托公司就与地方融资平台进行了大量合作,以信托为主导的非信贷类融资总量呈现快速增长趋势。2010年,信托公司信政合作业务规模达到3 563亿元,占全行业业务规模的11.7%。由于国家政策逐渐加强对政府融资的管理,2010年以后,不少信托公司暂停了信政合作的增量业务,但加强对政府融资的存量管理。2012年起,信政合作重新抬头,信托公司开始转型,探索与政府合作的新领域和新模式。2014年,中国政府推出PPP模式,鼓励社会资本参与公共服务和基础设施建设,信托公司积极参与。2020年后,信政合作业务更加注重风险控制和合规性。

从信托资金的投向来看,2011—2016年,政府主导的基础设施信托资金的实施进一步得到新拓展,政府主导的基础设施信托资金总额分别达到10 155.3亿元、16 501.8亿元、26 028.5亿元、27 694.4亿元、26 288.2亿元和27 298.9亿元,分别占全部依托资金的21.88%、23.62%、25.25%、21.24%、17.89%和15.64%。从这些数字可以看出,尽管基础设施信托资金总额从最初的10 155.3亿元增至27 298.9亿元,但增速却明显下滑,而且基础设施信托资金占全部依托资金的比例呈现明显的下滑态势。

进入2017年,政府主导的基础设施信托资金总额达到了31 741.5亿元。这主要得益于GDP增速回升,即2016年下半年,随着供给侧结构性改革不断向纵深推进,国内消费需求和投资需求不断扩大。同期,受经济基本面的宏观驱动,信托资产规模同比增速也保持了较快增长。与此同时,《信托登记管理办法》出台,信托业正式建立了统一登记制度,市场规范化和透明度大大提升。各项监管政策、资管新规等对政信政合作业务产生较大影响,基础设施信托资金总额仅占全部信托资金的14.49%。2018—2019年,基础设施信托资金总额分别为27 640.1亿元和28 205.5亿元,占全部信托资金的比例分别为14.59%和15.72%。基建项目投融资需求有所上升主要是为了应对经济下行压力、实现"六稳"的政策目标,逐步加大了逆周期调节力度。

2020—2023年,资金信托投向基础产业的占比呈现持续下降势头。受规范政府平台融资、防控地方政府债务风险等政策影响,资金信托投向基础产业的占比自2020年开始下降,2021年底继续降至11.25%,同比下降了3.88个百分点。从实际数据来看,2020—2023年的基础设施信托资金总额分别为24 666.7亿元、16 874.9亿元、15 939.8亿元和15 176.7亿元,分别占全部信托资金的15.13%、11.25%、10.60%和8.73%。

信托公司在政府投资中的角色非常重要。通过多种合作和融资模式,信托公司不仅能够满足政府的资金需求,还能够为社会资本提供安全稳定的投资渠道。信托介入政府投资的常见模式有:一是银行理财资金模式,银行通过发行理财产品募集资金,然后与信托公司签订单一资金信托计划协议。银行将募集的理财资金交由信托公司,由信托公司为政府投资平台提供融资。这种模式利用了银行强大的资金募集能力,同时通过信托公司作为中介,规避了银行直接向平台融资的监管限制。二是银行自有资金模式,银行直接使用自有资金,与信托公司签订单一资金信托计划协议。银行将自有资金交由信托公司,再由信托公司为政府投资平台提供融资。这种模式使银行能够在不违反监管规定的情况下,利用自有资金参与政府平台融资。三是非标准化债券类资产交易模式,信托公司根据政府投资平台的融资需求,设计非标准化债券类产品,如信托资产收益权。多家银行参与这种资金交易,包括发起行、交易行、回购行等。这种模式通过创新金融产品,提高了融资的灵活性和效率,同时分散了风险。四是集合信托计划模式,信托公司发行集合信托计划,募集资金后为政府投资平台提供融资。由于集合信托计划受到募集人数、出资人资质等方面的限制,这种模式的募集资金规模相对较小,因此在实际操作中不如前三种模式普遍。

目前,信托参与政府平台融资的业务模式主要以前三种为主,尤其是第三种非标准化债券类资产交易模式最为常见。这反映了金融机构对创新产品和风险分散的偏好。

从地域分布来看,这类业务主要由异地信托机构为本地政府投资平台提供融资。这种跨地域合作有助于降低地方政府隐性债务风险,同时也促进了金融资源的全国性流动。

融资期限方面,大多集中在2~3年,最长期限为5年。这种中期融资结构既满足了政府投资项目的资金需求,又避免了过长期限可能带来的风险。融资成本一般在基准利率基础上上浮30%~50%,反映了这类融资的风险溢价。

从投资方向来看,资金主要流向土地储备、轨道交通、棚户区改造、园区开发、公路交通、水电气暖等基础设施和民生工程领域。这些投资方向既符合政府的发展规划,又能带来长期的社会效益和经济回报。

总的来说,信托参与政府投资平台融资的模式体现了金融创新在支持地方经济发展中的重要作用。然而,也应当注意控制融资规模,防范潜在的金融风险,确保资金使用效率和项目收益,以实现经济发展和金融稳定的平衡。

虽然信托公司介入政府投资能够带来可观的收益,但也存在一定的风险。特别是在地方政府的财政状况不稳定或项目运营不达预期的情况下,信托公司的资金安全可能受到影响。因此,信托公司在选择项目时需要进行严格的尽职调查,并设立相应的风险控制机制,如引入第三方担保、项目保险等。

六、政府引导基金

自2005年起,中国政府开始系统性地推动政府引导基金的发展,通过颁布《创业投资企业管理暂行办法》等一系列政策文件,确立了政府可以通过设立引导基金来支持创业投资企业的框架。这些基金主要通过参股和提供投融资担保等方式,旨在增加资金供给、克服市场失灵,并发挥财政资金的杠杆放大效应。这一时期,尽管私募股权投资市场在中国尚处于起步阶段,政府引导基金的发展主要集中在与土地财政相关的产业上,但其初步的探索为后续的发展奠定了基础。

随着时间的推移,特别是到了2014年,中国政府对投融资机制进行了深入的改革,出台了一系列重要文件,如《国务院关于创新重点领域投融资机制鼓励社会投资的指导意见》等,进一步明确了政府引导基金的角色和功能。《政府投资基金暂行管理办法》等文件的发布,不仅扩大了政府引导基金的支持范围,涵盖了从创新创业、中小企业发展到产业转型升级、基础设施和公共服务等多个领域，还规范了基金的设立和运作，促进了基金的快速发展。根据清科研究中心的统计，到 2019 年 10 月为止，中国共成立了 2024 个政府引导基金，计划的总规模达到 11.58 万亿元人民币，实际募集资金总额约为 3.8 万亿元人民币。在这些基金中，产业基金有 1 050 个，创业基金 464 个，PPP 基金 141 个，其他类型的基金 369 个。产业基金的目标总规模最高，达到 6.51 万亿元人民币，创业基金为 1.06 万亿元人民币，PPP 基金为 2.54 万亿元人民币。2023 年，在政策方面，国务院发布的《关于推进普惠金融高质量发展的实施意见》明确提出了"发挥好国家中小企业发展基金等政府投资基金作用，引导创业投资机构加大对种子期、初创期成长型小微企业支持"；财政部税务总局发布的《关于延续执行创业投资企业和天使投资个人投资初创科技型企业有关政策条件的公告》则延续了 2018 年《关于实施小微企业普惠性税收减免政策的通知》中减税优惠政策内容，且力度明显变强。

政府引导基金的运作模式主要分为三大类：创业投资引导基金、产业投资引导基金和基础设施及公共服务投资引导基金。创业投资引导基金主要通过扶持创业投资机构，带动社会资本支持创新创业和支持中小企业发展。产业投资引导基金则以扶持重点产业发展为方向，培育新兴产业，促进企业做大做强。基础设施和公共服务投资引导基金则专注于支持基础设施和公共服务领域，通过改革公共服务供给机制，创新公共设施投资投融资模式，鼓励和引导社会资本进入这些领域，加快推进重大基础设施建设，提高公共服务质量和水平。

以产业基金和创业基金的增长趋势为例，2014 年，产业基金新增 34 个，平均目标规模为 73.24 亿元人民币；创业基金新增 35 个，平均目标规模为 4.37 亿元人民币。自此，这两种类型的基金发展迅猛，尤其是产业基金，在规模和数量上的增长速度都显著超过了创业基金。2016 年，产业基金的设立数量达到 266 个，创下历史新高。尽管 2017 年基金数量有所减少，但平均目标规模却达到了 136.83 亿元人民币，同年创业投资基金的平均目标规模也达到了历史最高点，为 122.04 亿元人民币。然而，从 2018 年开始，新设立基金的增长速度开始减缓。截至 2019 年 10 月，产业基金和创业基金的目标规模分别降至 61.73 亿元人民币和 34.95 亿元人民币，创近四年来的最低水平。

按照财政出资和管理层级划分，引导基金还可以划分为国家级、省级、地市级、区县四个层级。从引导基金的管理层级看，以产业基金为例，国家级的数量少（共 20 只）、规模大，尤其是 2016 年设立的 4 只基金的平均目标规模已接近千亿元，但在 2019 年已不再设立新的国家级产业基金。而省级产业基金的平均目标规模在 2017 年和 2018 年都超过了 160 亿元，地市级在 2017 年的平均目标规模与省级相当。值得注意的是，2019 年，各层级的平均目标规模均在下降，但县级产业基金却开始回弹，达到了 69.53 亿元。

以 2015 年 1 月成立的国家新兴产业创业投资引导基金为例，该基金由三个实体组成：中金启元、国投创合和盈富泰克。这些实体基金由国家资本和社会资本共同出资，采用合伙制进行运作，其存续期设定为 10～15 年。通过基金合伙人协议和委托管理协议等法律文件，明确了政策方向，规范了投资行为，确保了政策目标的实现，并追求投资回报。截至 2017 年 3 月底，该引导基金的总规模为 760 亿元人民币，其中新设立的实体基金募集资金总额为 670.5 亿元人民币，国家承诺出资 135 亿元人民币，由财政部和国家发展和改革委员会按 1∶1 的比例通过中央财政专项资金和中央基建投资资金安排，社会资本出资 535.5 亿元人民币。此外，前期通过新兴产业创投计划投入的 90 亿元人民币参股资金也被转入该引导基金。

据 CVSource 投中数据，2023 年前三季度政府引导基金累计数量超 1 500 余只，华东地区累计规模已破万亿。一个突出的趋势是政府引导基金呈集群化发展。以杭州集群为例，政府引导基金形成了"3＋N"的产业基金集群，其中杭州科创基金、杭州创新基金、杭州并购基金各 1 000 亿元。杭州科创基金的投资方向为"投早、投小、投科"，以初创期的科创投资为主，重点为中小企业创新、专精特新企业发展、科技成果转化提供政策性投融资服务；杭州创新基金的投资方向为战略性新兴产业投资，以成长期私募股权投资（PE）为主，重点支持杭州产业生态圈规模化发展；杭州并购基金的投资方向为金融、金融科技、产业并购、重大项目协同投资，以成熟期的产业并购为主，重点支持杭州产业生态圈开展以补链、强链、拓链为目标的产业并购与协同投资。

以上三大母基金的资金来源主要包括：注入的存量基金、市财政预算资金、市属国有企业自有资金和其他盘活的存量资金等，最终通过国有资本的杠杆作用来完成引导社会资本进入战略性新兴产业的目的。

第三节　地方政府融资

中国的地方政府体系是一个多层级的行政管理结构，旨在实现有效的国家治理和促进地方经济社会发展。

在财政体制方面，中国实行中央和地方分税制，中央政府和地方政府各自征收和管理税种。中央政府通过转移支付制度支持地方政府，确保财政资源的合理分配和使用。地方政府在中央政府的监管下，可以发行地方政府债券，用于基础设施建设等公益性项目，同时严格控制债务风险。中国的地方政府体系和财政体制设计，旨在实现国家治理的有效性和地方发展的多样性，确保国家长治久安和社会经济的持续健康发展。通过这样的层级结构和财政安排，中国能够在全国范围内实现资源的合理配置，促进区域经济的均衡发展，并提供必要的公共服务。

然而在政府融资方面，随着"乡财县管"的逐步推进，乡镇一级的财政收入和支出管理权限上收到县级政府，乡镇财政不再是完整的一级财政，不得为经济活动担保，也不得举债搞建设。这意味着乡镇政府基本失去了正常的融资功能。另外，为了减少行政环节，降低行政成本，提高决策和执行的效率，"省直管县"改革应运而生。两项政策使得中国政府财政和行政层级逐步简化，因此，本书关注的政府地方政府融资指的是县级以上、省级以下的地方政府融资。

回到融资的定义上来说，融资通常指的是经济主体为了满足其资金需求，通过各种渠道和方式获取资金的行为。

内源融资和外源融资是融资的两种基本分类：内源融资指的是主体依靠自身积累的利润、折旧和摊销等内部资源进行资金筹集，这种方式风险较低，但资金规模有限；外源融资则是指主体通过发行股票、债券或获取银行贷款等外部渠道筹集资金，这种方式可以获取较大规模的资金，但可能伴随较高的成本和风险。

直接融资和间接融资则根据资金流动的路径来区分：直接融资是指主体直接向资金提供者发行证券或借款，如通过股票市场或债券市场直接向公众筹集资金；间接融资则涉及金融中介机构，如银行，主体通过这些机构间接获得资金。

股权融资和债务融资则是根据资金的性质来区分：股权融资是指主体通过发行新股份，出售公司所有权份额来筹集资金，这种方式获得的资金不需要偿还，但会稀释原有股东的控制权；债务融资则是指主体通过借款，如发行债券或获取贷款，来筹集资金，这种方式需要在未来偿还本金并支付利息。这些融资方式各有特点，主体会根据自身的财务状况、资金需求和市场条件来选择最合适的融资策略。

地方政府融资是指地方政府为了满足其提供公共服务、基础设施建设、经济发展项目等公共支出需求，通过发行债券、收取税费、获取上级政府转移支付、利用国有资产收益、吸引社会资本参与等多种渠道和方式筹集资金的行为，其内涵包括了融资的合法性、可持续性、风险控制等要素，而外延则涉及融资结构的优化、融资成本的控制、融资效率的提升以及融资渠道的多元化等，旨在实现财政资金的有效配置和地方经济的稳健发展。

地方政府为了满足其财政支出需求，通过各种融资活动筹集资金。这些融资活动包括内源收入和外源收入两个主要来源。内源收入主要指地方政府自有的财政收入，包括税收收入、非税收入、转移性收入等。税收收入包括地方税收以及中央与地方共享税收的地方部分；非税收入，如行政事业性收费、国有资产经营收益等；转移性收入则包括中央对地方的转移支付、地方政府间转移支付等。外源收入则是指地方政府通过发行债券、银行贷款、地方政府融资平台等方式从外部市场和金融机构获得的资金。地方政府债券包括一般债券和专项债券，用于资助地方政府的一般公共预算和特定项目；银行贷款是地方政府及其融资平台通过银行贷款筹集资金；地方政府融资平台则通过发行债券、信托、保险等多种金融工具筹集资金，用于支持地方基础设施和公共项目。

近年来，中国地方政府在融资方面进行了多元化尝试，从重点关注土地开发转向更多地投资于能够带来长期经济社会效益的领域，如高铁、5G网络等新型基础设施建设。同时，地方政府也在努力管理其债务负担，以确保财政的可持续性。随着中国经济的复苏，预计地方政府举债以缓解财政赤字的压力将减小。此外，地方政府也在尝试通过改革和创新，如推动融资平台公司的转型，提高融资效率和透明度，以建立更加健康和可持续的融资体系。

一、地方政府融资的基本模式与主要渠道

融资模式是指资金从盈余部门向短缺部门转移的具体途径和方法。简单来说，这是将储蓄转化为投资的过程。在地方政府层面，这一机制体现为政府作为资金需求方，通过多种渠道从资金供给方筹集所需资金。地方政府在选择融资方案时，需要权衡多个因素，

如成本效益、操作便利性、自主权保护以及资金使用期限等。这一点与企业或个人融资决策类似。然而,地方政府的融资决策更为复杂,因为它还需要考虑宏观政策环境、政府信用状况以及具体投融资项目的特性等因素。这种特殊性使得地方政府的融资模式选择面临更多限制和挑战,需要在多重约束下寻求最优解决方案。

地方政府融资的基本模式是由土地财政、政府性投资公司(通常称为融资平台)以及国有商业银行打捆贷款的组合构成的。这种模式在中国的经济发展中起到了关键作用,尤其是在推动基础设施建设和社会服务项目方面。土地财政是指地方政府通过出让土地使用权获得的收入,这是地方政府重要的财政收入来源之一。通过土地出让,地方政府能够筹集大量资金用于城市建设和公共设施的改善。政府性投资公司,即融资平台,是由地方政府设立或控股的公司,它们的主要职能是为地方政府筹集资金。这些公司通过发行债券、贷款等方式从资本市场和金融机构获取资金,用于投资地方的基础设施项目和其他公共项目。国有商业银行打捆贷款是指地方政府通过其融资平台与国有商业银行合作,由银行提供贷款支持地方政府的投资项目。这种贷款通常涉及较大金额,用于支持大型基础设施项目。

(一)基本模式

在地方政府的基本融资模式下,地方政府组建各种政府性投资公司,这些公司通常被称为融资平台。这些平台公司通过多种方式获得资金和资源支持,以代替地方政府行使投融资职能。地方政府通过将一部分财政资金直接注入到融资平台,作为其资本金,增强平台的资金实力和信用等级。同时,地方政府将其持有的国有资产(如国有企业股权、土地使用权等)注入到融资平台,增加平台的资产规模和融资能力。此外,地方政府通过出让土地使用权获得的收益,部分用于支持融资平台的运营和投资项目。地方政府还授予融资平台某些公共服务的特许经营权,如城市供水、供电、公共交通等,使平台能够通过这些服务获得稳定的收入来源。通过这些扶持措施,融资平台能够有效地筹集资金,用于投资地方的基础设施建设、公共服务项目以及其他经济发展项目。

国家开发银行和国有商业银行在地方政府融资中扮演着重要角色,它们通过大额授信和发放打捆贷款的方式,与地方政府建立了紧密的金融合作关系。在这种合作模式下,地方政府通常会做出承诺,并得到地方人大的同意,将贷款的本息纳入地方财政预算,以确保贷款的偿还。这种安排增强了银行的信心,因为它们知道贷款有地方财政的支持,从而降低了贷款的风险。

国家开发银行还协助地方政府完善信用体系,为融资平台的项目提供具有资本金性质的软贷款。这些软贷款通常具有较低的利率和较长的还款期限,有助于减轻地方政府的财政压力,并为基础设施建设等长期项目提供稳定的资金支持。

通过这种方式,一个地方政府、融资平台和商业银行之间相互依存、紧密相连的基本融资模式框架体系就形成了。在这个体系中,地方政府通过融资平台筹集资金,商业银行提供贷款支持,而国家开发银行则在信用体系建设和资金支持方面发挥着关键作用。这种合作模式有助于地方政府有效地调动资金,支持地方经济社会发展,同时也促进了银行与政府之间的长期合作关系。

在这个基本模式中,融资平台扮演着核心和枢纽的角色。作为地方政府在现有制度框架下为满足融资需求而采取的创新举措,融资平台具有以下显著特征:首先,它们通常由政府主导或绝对控股,是政府专门的投融资管理机构;其次,融资平台的主要职能是融入公共项目建设资金,具有政策性金融的性质;再次,它们由地方财政直接或间接承担偿债责任或提供担保;最后,所筹集的资金主要用于地方基础设施或公共服务项目建设。融资平台通过发挥市场化融资优势,将地方政府拥有的众多资产进行整合,实现了城市资源资本化,从而为地方经济发展和城市建设提供了强有力的资金支持。

土地财政在基本融资模式中扮演着引擎的角色,它是该模式运作的核心。如果没有土地收益,上述基本融资模式就失去了其存在的基础。在地方政府自有财力不足以满足建设需求的情况下,它们将公益性、准公益性项目与土地资源捆绑运作,通过土地的征收、整理、招拍挂等程序,获取土地收益。土地增值收益为城市建设提供了资金保障,实现了土地开发和城建基础设施的互动。土地储备成为融资平台筹集建设资金的重要来源,一方面,土地具有抵押和贷款融资的功能;另一方面,土地的深度开发也是土地收益增值的主要渠道。通过这种方式,土地财政不仅为地方政府提供了资金,还促进了城市的发展和土地资源的有效利用。

政府背景贷款是基本融资模式的重要源泉。这种贷款是基于政府信用获得的,由政府相关部门作为融资主体,其本息通常被纳入财政支出范围。当融资平台申请政府背景贷款时,政府作为实际投资者,往往会作出还款承诺,或者请求地方人大出具承诺函,以增强贷款的信用保障。各类金融机构都将政府背景贷款视为融资业务中的"优质业务",因为它们通常被认为是风险较低的投资。在政府背景贷款中,国家开发银行的打捆贷款应用最为广泛。这种贷款通常是国家开发银行与地方政府合作的结果,涉及将多个城市建设项目整合打包,由国家开发银行提供大额中长期贷款。通过这种方式,政府背景贷款不仅为地方政府提供了资金支持,还促进了城市基础设施建设和经济发展。

(二) 主要渠道

地方政府融资渠道多种多样,除了前节提到的基本模式以外(土地财政、地方政府融资平台、银行贷款),还包括发行地方政府债券(分为一般债券和专项债券)、PPP 项目、接受中央政府转移支付,以及采用资产证券化和融资租赁等创新方式。这些渠道各有特点:地方债券针对不同收益性项目;PPP 模式减轻财政压力并提高效率;转移支付制度体现中央支持;创新融资方式则有助于优化债务结构。地方政府可根据具体需求和条件,灵活选择和组合这些融资渠道,以支持地方经济发展和公共项目建设。

地方政府债券是我国地方政府融资的重要工具,分为一般债券和专项债券两种类型。一般债券主要用于无收益的公益项目,由政府财政收入偿还;专项债券则用于有收益的基础设施项目,通过项目收益或相关土地出让收入偿还。这些债券通常在银行间和交易所市场公开发行,期限和利率依市场情况而定。地方政府债券的发行和使用受到严格监管,以确保债务可持续性和风险可控。它不仅有助于地方政府筹集资金支持经济社会发展,还能吸引社会资本参与公共项目建设,同时促进中国债券市场的完善。

PPP 项目是地方政府融资渠道中的重要组成部分,它是指政府与社会资本方在基础设施和公共服务领域建立的一种长期合作关系。在PPP模式下,政府通过与私营部门或国有企业合作,共同投资、建设和运营项目,如交通设施、公用事业、环境保护、医疗卫生等。这种合作模式旨在利用社会资本的资金、技术和管理经验,减轻政府的财政压力,提高公共服务的效率和质量。PPP项目通常涉及特许经营权、风险分担、收益共享等机制,确保项目的长期稳定运营和财务可持续性。通过PPP模式,地方政府能够吸引更多的社会投资,促进公共资源的有效配置,同时也为社会资本提供了参与公共事业的机会,实现了政府与市场的双赢。

地方政府在融资过程中,除了通过发行债券、PPP项目等方式筹集资金外,还接受中央政府的转移支付,这是一种重要的财政支持方式。中央政府通过转移支付将一部分财政收入分配给地方政府,以平衡地区发展差异,支持地方公共服务和基础设施建设。此外,地方政府还采用资产证券化和融资租赁等创新融资渠道。资产证券化是将地方政府拥有的资产(如收费公路、桥梁、房产等)转化为可交易的证券,通过资本市场筹集资金。融资租赁则是地方政府通过租赁方式获取设备或资产使用权,同时分期支付租金,这种方式有助于地方政府在不增加负债的情况下,快速获得所需资产,提高资金使用效率。这些多元化的融资渠道为地方政府提供了灵活的资金来源,有助于推动地方经济社会发展和优化财政结构。

二、地方政府债务融资的规模与结构

地方政府债务融资的规模与结构是中国财政管理中的一个重要方面。随着中国经济的快速发展和城市化进程的加快,地方政府在基础设施建设、公共服务提供等方面的资金需求不断增加,因此地方政府债务规模也随之扩大。

(一)规模

地方政府债务规模主要包括显性债务和隐性债务两部分。显性债务是指地方政府依法发行的地方政府债券,包括一般债券和专项债券。隐性债务则包括地方政府通过融资平台、政府和社会资本合作(PPP)项目、政府购买服务等方式形成的债务。Wind数据显示,2023年地方债发行总计9.32万亿元,净融资规模5.66万亿元,双双创出历史新高。地方债发行规模相比往年大幅增加,主要因为再融资债发行增加约2万亿元。

截至2023年末,全国29发债主体共发行用于偿还存量债务的再融资债券1.39万亿元。这类再融资债券也被市场称为特殊再融资债券,实际用途一般用于置换隐性债务,即新一轮特殊再融资债券主要用于偿还拖欠款、纳入隐性债务的非标和城投债券。2023年特殊再融资债发行规模前三的地方为贵州、天津、云南,分别为2 263亿元、1 286亿元和1 256亿元。此外,湖南、内蒙古额度也超千亿。

地方政府债务融资发展历程中有两个关键时间节点值得关注。首先是2014年12月31日,它标志着新预算法实施的前夕。从2015年1月1日起,省级地方政府获准通过发行债券方式举债,但禁止通过企事业单位等途径借债。同时,此日期也是地方债务清理的分界线,此前的债务经过甄别后,很多城投债被纳入政府债务范畴,获得了偿还保障。其次是2017年7月14日,全国金融工作会议召开之际。会议强调了地方政府控制债务增量的重要性,提出了终身问责制和倒查机制。这一日期成为隐性债务认定的重要时间节点:此后新增的隐性债务将被追责,而存量隐性债务则要求在10年内化解完毕。这一政策也为被纳入隐性债务范畴的城投债的偿还提供了相当程度的保障。这两个时间节点反映了中国地方债务管理政策的重大转变,标志着更为规范和严格的债务管理体系的建立。

(二) 结构

中国地方政府债务规模持续扩大,截至2023年底达到401 011亿元,首次突破40万亿元大关。这一增长趋势反映了中国经济快速发展、城市化进程加速以及积极财政政策实施的结果。地方政府债务主要投向基础设施建设、公共服务项目和土地储备等领域,旨在推动地方经济发展。

地方政府债务形式多样,包括政府债券、银行贷款、信托融资、融资租赁和企业债券等。其中,政府债券是主要债务形式,分为一般债券和专项债券。2023年8月的数据显示,地方政府债券发行总额为13 159.39亿元,其中一般债券占比较小,专项债券占主导地位。

从债务期限来看,地方政府债券呈现长期化趋势,2023年8月的平均发行期限达12.55年。这种长期债务结构有助于减轻短期偿债压力,使财政支出更加平稳。债务资金主要用于市政建设、产业园区基础设施、社会事业、交通基础设施等多个领域,覆盖面广泛。

地方政府债务的地区分布呈现不均衡状态,经济实力较强、增长较快的省份债务规模普遍较大。2023年8月的数据显示,广东、山东和河北等地区的债券发行规模较为突出。

然而,随着财政收入增长放缓,尤其是房地产市场低迷导致土地出让收入下降,地方政府面临的债务偿还压力有所增加。尽管如此,中国地方政府债务风险总体可控。未来,中央政府可能会调整中央与地方债务结构,提高中央债务占比,以增强财政的可持续性。

三、地方政府债务融资的风险与防范

2023年5月,市场上开始流传一则关于昆明滇池投资有限责任公司10亿元超短融债券兑付的传言。该传言称兑付资金来源于社保资金和公积金,引起了广泛关注。这只债券是22滇池投资SCP003,于2022年9月22日发行,票面利率6.5%,原定2023年5月21日到期,因周末顺延至22日。对此,滇池投资相关负责人向媒体澄清,实际兑付资金来自市级兄弟公司的拆借,而非社保资金和公积金。随后,昆明市国资委于5月24日发布声明,指出部分微信群和网络媒体传播的"昆明银行口专家路演要点"和《昆明城投专家会议纪要》等信息不实,已造成不良影响,并表示将采取法律手段维护自身权益。

这一事件反映了地方政府融资模式的复杂性。虽然多元化的融资渠道有助于地方政府调动资金,支持经济发展和城市建设,但也带来了潜在风险,如地方债务水平上升和融资平台债务风险等。地方政府债务融资虽然在推动地方经济发展中发挥了重要作用,但也伴随着多方面的风险。

第一是债务规模风险。随着地方政府债务规模的不断扩大,部分地区可能面临债务负担过重的问题。过高的债务水平可能超出地方财政承受能力,增加违约风险,影响地方政府的信用评级和未来融资能力。

第二是债务结构风险。如果短期债务占比过高,地方政府可能面临较大的流动性压力和再融资风险。同时,如果债务期限与投资项目的收益周期不匹配,也可能导致资金使用效率低下和偿债压力增加。

第三是隐性债务风险。一些地方政府可能通过融资平台公司、PPP项目等方式形成隐性债务，这些债务往往缺乏透明度和有效监管，增加了整体债务风险的不确定性。

第四是项目收益风险。许多地方政府债务投向基础设施和公共服务项目，这些项目的收益可能不及预期或周期较长，影响债务偿还能力。特别是一些缺乏经济效益的项目可能加重财政负担。

此外，还存在利率风险和汇率风险。利率变动可能增加利息支出，而对于涉及外币债务的地方政府，汇率波动可能带来额外的财务压力。

最后，经济下行风险也不容忽视。如果地方经济增速放缓或出现衰退，财政收入可能下降，影响债务偿还能力。同时，房地产市场低迷可能导致土地出让收入减少，进一步加剧财政压力。

为防范地方政府债务融资的风险，可采取以下措施：首先，完善债务管理制度，建立健全法律法规体系，明确债务限额、用途和责任，实施全面预算管理，提高债务管理的透明度和可控性。其次，优化债务结构，合理安排长短期债务比例，使债务期限与项目收益周期相匹配，降低短期偿债压力和再融资风险。同时，强化风险评估，建立科学的项目评估机制，审慎评估投资项目的经济效益和社会效益，定期开展债务风险评估，建立预警机制。此外，规范隐性债务，全面清理和规范地方政府隐性债务，严格控制新增隐性债务，逐步化解存量隐性债务，加强对融资平台公司的监管。

提高资金使用效率也是关键，优化资金配置，重点支持能够提高经济效益和改善民生的项目，加强项目全生命周期管理，确保资金使用效率。多元化融资渠道，鼓励采用PPP模式、政府投资基金等方式，吸引社会资本参与公共项目建设，减轻政府财政压力。加强信息披露，定期公布地方政府债务情况，接受社会监督。建立问责机制，实行终身问责制，对违规举债、管理不善等行为严格追究责任。提升地方财政能力，优化地方税收制度，拓宽财政收入来源，提高财政资金使用效率，增强地方政府自身"造血"能力。

此外，防范地方政府债务融资的风险还需要加强金融监管，防范地方政府通过银行贷款、信托等渠道违规融资，加强对地方金融机构的监管，防范区域性金融风险。在制度方面，需要建立债务风险应急处置机制，制定债务风险应急预案，建立跨部门协调机制，及时处置可能出现的债务风险事件。从央地关系来看，推进财政体制改革，理顺中央与地方财政关系，合理划分事权和支出责任，减轻地方政府不合理的财政负担也是有效的防范风险措施。各级政府、金融机构和监管部门需要协同配合，共同构建防范化解地方政府债务风险的长效机制。

 本章小结

发展满足政府需要的融资工具和产品是实现政府投融资可持续性发展的重要方面。

从国内外经验看,没有政府单纯将内源收入作为长期建设性资金来源,通过金融市场的工具和产品创新,拓展融资渠道成为普遍的做法。金融体系改革与融资工具创新是相辅相成的。金融体系改革是融资工具创新的基础和条件,融资工具创新则是金融体系改革到指定的重要组成部分和成果。在政府融资工具创新过程中,要推进市政债券的发行,用好政府引导基金。

地方政府融资是政府融资体系中的重要组成部分,其基本模式为土地财政＋融资平台＋国有商业银行打捆贷款,其中融资平台扮演着核心和枢纽的角色。中国地方政府债务规模持续扩大,反映了中国经济快速发展、城市化进程加速以及积极财政政策实施的结果。地方政府债务主要投向基础设施建设、公共服务项目和土地储备等领域,旨在推动地方经济发展。地方政府融资模式较为复杂,伴随着多方面的风险,各级政府、金融机构和监管部门需要协同配合,共同构建防范化解地方政府债务风险的长效机制。

习题

一、名词解释

1. 政府融资
2. PPP 项目
3. 国债
4. 地方债
5. 城投债

二、简答题

1. 地方政府专项债券的主要用途是什么?
2. 地方政府融资平台的运作模式有哪些特点?
3. 市场经济条件下国债的功能?

三、讨论题

1. 如何防范化解城投债风险?
2. 政府背景贷款存在哪些问题和风险隐患?

思考题

请思考我国地方政府债务融资的问题与对策。

第九章 项目融资理论与实践

学习目标：
1. 了解项目融资的概念和基本特点及其风险与防范措施
2. 掌握项目融资的结构和框架
3. 熟悉项目融资的主要模式

关 键 词： 契约型合资结构　BOT 融资模式　ABS 融资模式

第一节　项目融资概述

一、项目融资的概念和特点

（一）项目融资的概念

项目融资（Project Financing）是指以项目的资产和所产生的现金流量为基础，筹集该项目建设所需资金的融资方式。项目融资是一种首先在美国发展起来，继而延续到欧洲金融市场，最近几十年又在发展中国家被采用的特殊的筹集资金的方式。从本质上来讲，项目融资是一种无追索权（或有限追索权）的融资贷款。贷款方在对经济实体提供贷款时，只查看该经济实体的现金流和收益，将此作为偿还债务的资金来源，同时将该经济实体的资产视为这笔贷款的担保物，如果对这两点都感到满意，则贷款方同意贷款。

从以特定项目为融资对象来看，项目融资和传统的企业长期融资是不同的。传统的企业融资,借款企业承担项目的风险,并用其财产提供担保,因此,借款企业要有一定的资信。在项目融资中,贷款人也要承担项目风险,风险担保则限于该项目,还款来源是该项目未来的收益,项目的成败对贷款人能否收回贷款具有决定性意义。

(二) 项目融资的特点

项目融资作为一种特殊的融资方式具有以下基本特点。

(1) 参与项目融资的至少有三方:项目发起人、项目公司和贷款方。

(2) 项目发起方以股东的身份组建项目公司。

(3) 贷款银行作为贷款人向项目公司提供贷款。

(4) 有限追索权。所谓追索,是指在借款人未按期偿还债务时,贷款人要求借款人用除抵押资产以外的其他资产偿还债务的权力。在传统融资方式下,贷款人对借款人提供的是完全追索形式的贷款,借款人偿债能力的主要依据是自身的资信状况,而非项目的经济强度。而作为有限追索权的项目融资,贷款人可以在贷款的某个特定阶段或规定的范围内对项目借款人实行追索。除此之外,不能对该项目除资产、现金流量及所承担的义务之外的任何形式的财产实行追索。项目融资中项目发起人以项目本身的资产和未来现金流量作为贷款偿还保证,对项目发起人项目以外的资产没有追索权。如果项目公司最终无力偿还贷款,贷款银行只能从项目本身获得资产和收益的补偿。

由于项目融资无追索权(或有限追索权)的特点给贷款银行资金回报带来更大的风险,贷款银行未来还款保证只能取决于项目本身的业绩,所以银行会更多地关注项目的可行性以及潜在的任何不利影响因素,从而派生出以下特点。

(1) 发起项目需要通过技术测试和经济测试,并有详尽的可行性报告和全面的专家评审。同时,贷款方对项目的后期管理会进行直接或间接的监督。

(2) 项目融资风险较大。项目融资作为一种新的融资方式,贷款双方在融资过程中会提交复杂的贷款和抵押文件。

(3) 成本较高。在项目融资中,贷款银行因为承担了较高的风险,而将贷款利率提高到普通贷款利率之上。其利息成本一般要高出同等条件公司贷款的 $0.3\%\sim1.5\%$。同时,项目融资要求烦琐的担保与抵押,每一次担保和抵押均要收取较高的手续费。另外,项目融资的筹资文件比一般公司融资要多出几倍,通常需要几十个甚至上百个法律文件才能解决问题。其结果不仅导致组织项目的时间较长,而且包括融资顾问费、成功费、承诺费、法律费等融资的前期费用也较高,通常占贷款金额的 $0.5\%\sim2\%$ 左右。此外,作为贷款方的银行也要求比较高的资金回报率,如果不能得到项目发起方的任何承诺,贷款银行不会轻易对该项目进行融资。

(4) 贷款方在决定是否发放贷款时,通常不把项目发起方的信用能力作为重要因素来考虑。如果该项目本身具有很大潜力,即使项目发起方现在资产比较少,收益情况不理想,项目融资也完全能成功;相反,如果项目前景不看好,即使项目发起方资产再多,项目融资也不一定会成功。

第二节 项目融资结构与框架

一、项目融资的结构

在通常情况下,一个有实力和经验的项目公司当然希望能够百分之百地拥有项目的股权,完全地控制项目的生产、原材料供应和最终产品的销售。但是,一方面,大型项目的开发有可能超出了一个公司的财务、管理或风险承受能力,尤其对于那些投资回收期长、资金需求量大的基础设施类项目来说,任何单个投资者都很难独立承担项目的风险。另一方面,由具有不同背景的投资者相结合进行投资,则可以利用各自的优势实现互补,从市场、资源、技术和管理技能、融资成本以及贷款的可获得性方面得到强有力的支撑,提高项目融资成功的机会。因此,许多大型项目都需要几家公司共同投入财力和专门技能才能建成和经营,除本国公司以外,一般还吸收外国公司参加。如果主办人是两家以上的公司,则它们必须通过谈判,采取适当的法律形式来实现拟议中的项目。项目投资者需要根据项目的特点与合资各方的发展战略、利益追求、融资方式选择最佳的组织形式。

（一）公司型合资结构

公司型合资结构的基础是有限责任公司,即由合作各方共同经营、共负盈亏、共担风险,并按股权份额分配利润。公司作为独立的法人,拥有资产所有权和处置权,其权利和义务受到国家法律保护。在公司型合资结构中,投资者的责任是有限的,仅限于其认缴的权益资本。在以项目融资方式筹措项目资金时,项目公司作为借款人,将合资企业的资产作为贷款的物权担保,以企业的收益作为偿还贷款的主要来源。项目发起人除了向贷款人作出有限担保外,不承担为项目公司偿还债务的责任。同时,公司型合资结构易被资本市场所接受,公司可以直接进入资本市场通过发行股票或债券的方式筹集资金,从而引入新的投资者并促进股权的合理流动。

（二）有限合伙制结构

合伙制结构是指至少两个合伙人之间以获取利润为目的、共同从事某项商业活动而建立起来的一种法律关系。它不是一个独立的法律实体,其合伙人可以是自然人也可以是公司法人。有限合伙制结构是在普通合伙制基础上发展起来的一种合伙制结构,它包括至少一个普通合伙人和至少一个有限合伙人。其中前者负责合伙制项目的组织、经营、管理工作,并承担合伙制结构债务的无限责任;而后者无权参与项目的日常经营管理,同时仅以其人到项目中的资本数量对债务承担有限责任。

（三）契约型合资结构

契约型合资结构是最常见的组织方式。合作各方不组成具有法人资格的合营实体,各方都是独立的法人,各自以自身的法人资格按合同规定的比例在法律上承担责任。合作各方可以组成一个联合管理机构来处理日常事务,也可以委托一方或聘请第三方进行管理。投资者在契约型合资结构中的关系是一种合作性质的关系,而不是合伙性质的关系。契约型合资结构与合伙制结构的最大区别表现在：契约型合资结构不是以获取利润为目的而建立起来的，合资协议规定每一个投资者从合资项目中获得的是相应份额的产品，而不是利润；每一个投资者都有权作出按其相应投资比例作出项目投资、原材料供应、产品处置等重大商业决策。

（四）信托基金结构

信托基金在英、美、法国家应用得较为普遍，通常表现为单位信托基金。它是将信托基金划分为类似于股票的信托单位，通过发行信托单位筹集资金，利用信托契约约束和规范信托单位持有人、信托基金受托管理人和基金经理的法律关系。信托基金不是一个独立的法人，而由信托管理人承担信托基金的起诉和被起诉的责任。因此，受托管理人作为信托基金的法定代表人，其所代表的责任与其个人责任是不能够分割的。信托单位持有人对信托基金资产按比例享有获取收益的权利。信托基金同样比较易于被资本市场所接受，通过信托单位上市方式筹集资金。

在项目融资中，项目公司是最常见、最普遍的项目经营方式。成立项目公司对项目发起人来说，其主要优势表现在：第一，把项目资产的所有权集中在项目公司，便于进行管理；第二，实现表外融资；第三，把项目的风险与项目发起方分离开来，防止因项目失败而受太大牵连；第四，项目公司作为东道国的法人，可以享受东道国政府赋予其法人的税收减免待遇；第五，便于吸收其他各方参加项目。

二、项目融资的框架

项目融资的参与者较多，并且各个参与者之间有着较为复杂的合同关系。项目融资的主要参与者包括如下几方。

（一）项目发起方

项目发起方可以是政府或企业，也可以是许多与项目有关的公司组成的企业集团组织。

（二）项目公司

项目公司也就是借款方，这是由项目主办人专为某项目筹资成立的一家独立运作的公司。项目公司是一个确定的法律实体，它的法律属性、法律形式和所在地区取决于很多因素。东道国的法律体制会对项目公司的结构产生直接的影响，有时法律界定的有限责任、合伙制、股份制等概念可能与发起方熟悉和理解的概念有所不同，这将会影响本已在合作协议和股东协议中确定了的所有制结构以及影响项目发起方之间的关系。另外，项目公司的结构还要受到东道国的税法和外汇管理条例的限制，也可能受到项目发起方所属国的法律制约。

（三）贷款银行

贷款银行可以是政府机构、出口信贷、国际金融组织，也可以是商业银行、保险公司等。项目融资的基建项目一般都十分庞大，在进行融资时必须寻找银团贷款，也称"辛迪加贷款"。辛迪加的成员来自尽可能多的国家，以防止东道国政府采取行动没收其贷款或干预项目的进程。银团最好能包括东道国的一些银行，特别是在外国银行受到限制，无法接受项目资产担保时。贷款银团可以签订一个按比例分配的协议,以便由东道国银行接受的项目资产担保可以由所有的贷款方共同承担。

(四) 项目使用方

项目产品的买主或项目的用户是项目的使用方。使用方通过签订长期购买或使用合同,为该项目的贷款提供重要的信用支持,所以他们也是项目贷款的参与者。使用方可以是主办人,也可以是其他第三者。

(五) 供应商

供应商包括设备供应商和原材料供应商,他们有一些短期的目标,希望设备、原材料的出售合同以及项目经营合同能够得以执行,他们真正的利润来自供应合同,因此他们对那些宏观经济指标并不十分敏感。供应商通过延迟付款安排,可以为项目提供一个重要的资金来源。

(六) 承包商

承包商是指项目的设计和承包公司。承包商负责工程项目的设计和建设,通常是通过固定价格的一揽子承包合同。一般情况下,承包商要为延误工程所造成的损失负责赔偿,但如果提前完工的话可以得到相应的奖励。另外,如果项目未能达到预期的各项性能指标,承包商也应赔偿相应损失。承包商拿到一个项目后,通常会就设备购买、设计和施工等事项与其他公司另外签订合同,并把自己的工作分包给次级承包商。

(七) 担保受托方

在大多数辛迪加贷款里,担保受托方由代理银行出任,但有些项目需要牵涉很多贷款银行,这些贷款银行都对担保非常关注并有严格要求,这时代理银行难以独立胜任担保受托业务。为了协调它们之间的利益,应该指定一家独立的信托公司充当担保受托方。

(八) 官方保险机构

在项目融资过程中,许多国家的政府设立官方或半官方的保险机构,如美国的海外私人投资公司、法国的法国保险公司、英国的出口信贷担保署等,对本国的对外投资或贷款等提供保险,承保一般商业保险公司所不承保的商业、政治和外汇风险。有些私营公司往往把取得这种保险作为向外投资或贷款的先决条件。

(九) 按差额支付协议的付款人

按差额支付的协议是由贷款人与项目公司以外的第三人订立的协议,按照这种协议,当项目的收益不足以清偿债务时,应该由第三人补足其差额。这个第三人通常就是项目的主办人,但也可以是其他人。

(十) 租赁公司

租赁公司获得项目公司的部分或全部资产,并将其出租给项目公司来换取租金收入,以抵销因工厂和设备的残值由资本减税而造成的资产成本。

(十一) 评级

项目融资的项目是通过银行支持的债券来筹集资金的,如果发行债券需要资信评级的话,那么在项目筹建的初期就应该向有关的评级机构进行咨询和申请。

第三节 项目融资模式

一、BOT 融资模式

BOT 模式是指国内外投资人或财团作为项目发起人,从某个国家的地方政府获得基础设施项目的建设和运营特许权,然后组建项目公司,负责项目建设的融资、设计、建造和运营。BOT 融资方式是私营企业参与基础设施建设的一种方式,从而向社会提供公共服务。在不同的国家,BOT 方式有不同的称谓,我国一般称其为"特许权"。BOT 方式融资具有以下几个优越性:

(1)可以减少对政府财政预算的影响,使政府即使在资金不足的情况下,仍能运营一些重要的基础设施项目。政府可以集中资源,对那些不受投资者青睐但对地方政府有重大战略意义的项目进行投资。BOT 融资不构成政府外债,增强了政府的信用,同时政府也无须为偿还债务而烦恼。

(2)引入私营企业的效率到公共项目中,可以极大地提高项目建设质量并加速项目建设进度。与此同时,政府也将全部项目风险转移到了私营发起人身上。

(3)通过吸引外国投资和引进国外的先进技术和管理方法,BOT 投资方式可以对地方经济的发展产生积极的影响。

BOT 主要用于建设收费公路、发电厂、铁路、废水处理设施和城市地铁等基础设施项目。

除了常见的 BOT 模式,BOT 还有 20 多种演化模式,其中比较常见的有:BOO(建设-经营-拥有)、BT(建设-转让)、TOT(转让-经营-转让)、BOOT(建设-经营-拥有-转让)、BLT(建设-租赁-转让)、BTO(建设-转让-经营)等。

二、TOT 融资模式

TOT(Transfer-Operate-Transfer)是"移交-经营-移交"的简称,指政府与投资者签订特许经营协议后,把已经投产运行的可收益公共设施项目移交给民间投资者经营,凭借该设施在未来若干年内的收益,一次性地从投资者手中融得一笔资金,用于建设新的基础设施项目;特许经营期满后,投资者再把该设施无偿移交给政府管理。TOT 方式与 BOT 方式是有明显的区别的,它不需要直接由投资者投资建设基础设施,因此避开了基础设施建设过程中产生的大量风险和矛盾,比较容易使政府与投资者达成一致。TOT 方式主要适用于交通基础设施的建设。

国外出现一种将 TOT 与 BOT 项目融资模式结合起来但以 BOT 为主的融资模式,叫做 TBT。在 TBT 模式中,TOT 的实施是辅助性的,采用它主要是为了促成 BOT。TBT 有两种方式:一是公营机构通过 TOT 方式有偿转让已建设施的经营权,融得资金后将这笔资金入股 BOT 项目公司,参与新建 BOT 项目的建设与经营,直至最后收回经营权。二是无偿转让,即公营机构将已建设施的经营权以 TOT 方式无偿转让给投资者,但条件是与 BOT 项目公司按一个递增的比例分享拟建项目建成后的经营收益。两种模式中,前一种比较少见。

长期以来,我国交通基础设施发展严重滞后于国民经济的发展,资金短缺与投资需求的矛盾十分突出,TOT 方式为缓解我国交通基础设施建设资金供需矛盾找到一条现实出路,可以加快交通基础设施的建设和发展。

三、PPP 融资模式

PFI 模式和 PPP 模式是几年国外发展得很快的两种民资介入公共投资领域的模式,虽然在我国尚处于起步阶段,但是具有很好的借鉴的作用,也是我国公共投资领域投融资体制改革的一个发展方向。

PPP(Public Private Partnership)即公共部门与私人企业合作模式,是一种公共基础设施的项目融资模式。在该模式下,鼓励私人企业与政府合作,参与公共基础设施的建设。PPP 的中文意思是:公共、民营、伙伴,其构架从公共事业的需求出发,利用民营资源的产业化优势,通过政府与民营企业合作,共同开发、投资建设,并维护运营公共事业,即政府与民营经济在公共领域的合作伙伴关系。通过这种合作形式,各方可以达到比单独行动更有利的结果。各方参与某个项目时,政府并不是将项目责任全部转移给私人企业,而是由各方共同承担责任和融资风险。

四、PFI 融资模式

PFI 的根本在于政府从私人处购买服务,这种方式多用于社会福利性质的建设项目,不难看出这种方式多被那些硬件基础设施相对已经较为完善的发达国家采用。比较而言,发展中国家由于经济水平的限制,将更多的资源投入到了能直接或间接产生经济效益的地方,而这些基础设施在国民生产中的重要性很难使政府放弃其最终所有权。

PFI 项目在发达国家的应用领域总是有一定的侧重,以日本和英国为例,从数量上看,日本的侧重领域由高到低为社会福利、环境保护和基础设施,英国则为社会福利、基础设施和环境保护。从资金投入上看,日本在基础设施、社会福利、环境保护三个领域仅占英国的 7%、52% 和 1%,可见其规模与英国相比要小得多。当前在英国 PFI 项目非常多样,最大型的项目来自国防部,例如空对空加油罐计划、军事飞行培训计划、机场服务支持等。更多的典型项目是相对小额的设施建设,例如教育或民用建筑物、警察局、医院能源管理或公路照明,较大一点的包括公路、监狱和医院用楼等。

五、ABS 融资模式

ABS 融资即资产收益证券化融资(Asset-backed Securities)。它是以项目资产可以带来的预期收益为保证,通过一套提高信用等级计划在资本市场发行债券来募集资金的一种项目融资方式。具体运作过程是:(1)组建一个特别目标公司。(2)目标公司选择能进行资产证券化融资的对象。(3)以合同、协议等方式将政府项目未来现金收入的权利转让给目标公司。(4)目标公司直接在资本市场发行债券募集资金或者由目标公司信用担保,由其他机构组织发行,并将募集到的资金用于项目建设。(5)目标公司通过项目资产的现金流入清偿债券本息。很多国家和地区将 ABS 融资方式重点用于交通运输部门的铁路、公路、港口、机场、桥梁、隧道建设项目;能源部门的电力、煤气、天然气基本设施建设项目;公共事业部门的医疗卫生及供水、供电和电信网络等公共设施建设项目。

第四节 项目融资的风险与防范

项目融资由于时间跨度长,涉及方面多,所以带来的风险也是巨大的。传统的方法是将项目分为建设阶段、试运营阶段和最后运营阶段,不同的阶段有不同的风险。在进行项目融资之前,就应该认真分析项目工程可能遇到的风险,以便在谈判时分清责任和义务,划分所应承担的相应风险;在利益分配的基础上设计风险承担结构,并投入保险,确保项目融资的成功。

一、项目融资风险分类

项目融资中的风险可分为两大类:商业风险和国家风险。商业风险主要包括自然风险、汇率风险、利率风险、经营管理风险以及包括通货膨胀在内的其他风险;国家风险主要包括主权风险和政治风险。在项目融资中主要涉及项目竣工和营运风险、信用风险、外汇交易风险、买卖风险的折算风险等。

(一)国家风险

国家风险一般指由于主权、政治状况变化等因素给项目带来的风险,可能给项目造成不利影响或经费超支等风险。该风险是国际项目融资中最重要的,因为它会对所有其他项目风险产生重要的影响。在一些发达国家,政治风险还包括其劳动力不稳定,建设设备被禁止进口和没收,导致工程在紧要阶段被迫停工等风险。例如,某国战争开始后,许多项目被取消或废弃,贷款银行支付的几百万美元开支费用只是白白浪费了。对国家风险进行识别,首先需要收集和处理大量的国家风险资料,由专业人士进行详细分析,但这样做的成本十分昂贵。只有少数大型银行或跨国公司才有能力进行这项分析工作。而大多数中小型企业和机构只能依靠间接情报来源或根据别人的分析结果作出自己的判断。

(二)商业风险

商业风险主要表现为利率风险和汇率风险两个主要方面,利率风险是指项目在经营过程中,由于利率的变动而造成的项目价值的降低或收益受到的影响。如果投资方采用浮动利率融资,若利率上升,项目成本会增加;如果投资方采用固定利率融资,利率下降又会造成机会成本的提高。汇率风险主要是指东道国货币的自由兑换、经营收益的自由汇出和汇率波动造成的货币贬值问题。例如,境外的项目发起方希望将项目的利润以本国货币或硬通货汇回国内,避免因东道国货币贬值而遭受损失,贷款方也希望项目能以同样货币偿还。

（三）项目竣工和运营风险

项目竣工风险是指承包商无法在原计划内完成项目建设的风险。实践中,项目延期完成的时间长短不一,短则1个月,长则20个月,有时甚至导致业主不得不放弃该项目,影响投资者的积极性。此外,项目未达到预期效果也是一种风险,通常由施工合同商和设备供应商提供担保书和运行维护合同中的性能保证条款来担保。这些风险在每个项目中都处于风险各方控制范围之内。与竣工风险类似,运营风险也由项目公司承担第二级风险。在项目建成后,业主或项目公司通常要求承包商提供保证期限,以修复设施建成移交后12个月内的缺陷。承包商必须提供资金担保以进行维修工作。项目运营风险是指项目设施投入运营后出现生产无效率或停机等现象危及整个生产流程的风险。此外,为了克服原材料短缺、价格波动对项目造成的影响并减少运营风险,一般要求项目东道国保证以市场竞争性价格按时、按质提供原料。

（四）信用风险

信用风险主要指各项目融资参与主体（主要为借款人和发起人）违约的可能性,即参与主体在取得合约的相关权益时,并没有履行其相应的责任。

二、项目融资风险防范

由于项目融资具有以上种种风险,贷款银行也只是拥有有限追索权。为了保证投资者能够及时收回本息,确保获得相应投资收益,必须尽可能地采取各种风险防范措施降低风险水平,加强各种风险管理,减少损失可能性。

（一）政治风险防范

在通常情况下,东道国政府最有能力承担政治风险,因此政治风险一般都由东道国政府来承担。例如,通过东道国政府与项目公司签订项目全面收购协议的形式,在政治风险发生时,由政府用现金收购项目,从而保障政治风险发生时由国家负责所有债务的偿还责任。另外,比较可行的办法还有：为政治风险投保或引入多边机构来减少损失,同时,东道国的项目参加者也是降低政治风险的关键,这主要是由于他们跟东道国政府的关系比较密切。

（二）市场风险防范

市场风险管理的关键在于防范,在项目融资初期应进行充分的市场调研和市场预测在可行性研究论证的基础上,减少项目融资的盲目性。在项目的建设和运营过程中,签订建立在固定价格基础上的长期原材料及能源供应协议和"无也付款"的产品销售协议可以减少市场价格波动等不确定因素对项目收入的影响。项目公司还可以通过获得当地政府或产业部门的某种信用支持的方式来降低风险。

（三）利率与汇率风险防范

在项目融资中,项目公司根据项目现金流量的特点安排利息偿还,通过浮动利率与固定利率之间的掉期、不同基础的浮动利率之间的掉期,或者不同项目阶段的利率掉期,可减少因利率变化造成项目融资风险的增加,起到减少风险的作用。而另一方面,货币掉期有助于降低项目的利率风险和汇率风险,改变那些有几种不同的货币和利率的项目的资产负债结构;同时,利率期权可帮助投资者避免利率上涨的风险,在合适的价格条件下获得利率下降的好处;在对汇率变化趋势掌握不准的情况下,采用货币期权将会为项目公司提供较大的风险管理灵活性。

(四) 完工风险防范

项目完工风险管理主要通过由项目公司与项目建设承包公司签订项目建设承包合同和贷款银行通过完工担保合同或商业完工标准来实现的,保证项目能够保质保量地完成。其中,在固定价格、固定工期的"交钥匙"合同中,项目的建设控制权和建设期风险完全由建设承包公司承担。由于贷款银行是项目完工风险的主要受害者之一,银行一般通过项目的"商业完工标准"来检验项目是否达到完工的条件,同时要求项目投资者或项目建设承包公司等其他参与方提供相应的"完工担保"作为保证。

(五) 生产经营风险防范

在项目融资中,生产经营风险主要包括生产风险、技术风险、能源原材料供应风险和经营管理风险等。这些风险主要是通过项目公司对经营者的约束来完成的,主要体现在一系列融资文件与协议中,如"无论提货与否均付款"的产品购买协议、原材料供应协议等。如果项目的经营协议建立在固定价格的合同基础上,经营者就会承担经营超过预算的风险。同时,选择经过市场检验的成熟技术、选择具有良好资信与管理经验的项目投资者都有助于降低或者减轻项目的生产经营风险。

(六) 信用风险防范

在项目融资中,贷款人除对主要为借款人和发起人约定一定的追索权外,还对参与方的信用、业绩和管理进行评估,以减少信用风险。

项目融资中的各种风险管理主要是通过各种合同文件和信用担保协议来实现的,这些文件和协议将项目风险在项目参与者之间进行分配,达到分散风险的目的,降低各方风险损失实现风险的最优配置分配。

专题讨论 BOT 融资

近年来,随着我国对基础设施建设的需求与日俱增,项目融资特别是 BOT 这种融资方式也日益受到各方面的瞩目。1983 年,香港投资商胡应湘带领他的合和集团在深圳投资建设了"沙角火电厂"项目,为我国运用 BOT 方式融资的开始。北京博拓公司经营的北京市区至通县的 16 公里高速公路工程、1994 年在建的连接黄浦江西岸的延安东路隧道复线工程、广西的来宾电厂、山东日照电厂、长沙旺城电厂、成都水厂都采用了这一方式。

中国为世界上运用 BOT 方式最广大的市场,外商有充分的选择余地,而 BOT 方式的项目都是基础产业,这一点又与我国吸收外商投资的重点相吻合。从国家目前的财力看,国家在短期内不可能拿出更多的资金用于基础产业的建设,而 BOT 项目所需要的资金全部由外商解决,不以项目作抵押,也无须政府保证或承诺支付项目借款,同时也无须国内配套资金。BOT方式之所以备受青睐,除项目融资所特有的优点之外,很重要的原因是它巧妙地回避了国有资产的流失问题,保证了政府对基础设施的控制权,易于满足我国特殊的经济及法律环境的要求,我们有理由相信BOT这种融资方式在中国数以百计的大型项目建设中一定会有广阔的前景,但是由于BOT方式本身的复杂性以及我国经济环境的特殊性,实际过程中BOT方式的运行将遇到多重的困难和挑战。为解除基础设施严重滞后对经济发展的瓶颈制约,需要通过投融体制的改革探索多种筹资途径。目前,传统的主权融资正在被新的项目融资代替,民间资本的介入已成为不可阻挡之势。

思考:

1. BOT融资方式为何能够在中国广泛应用?或者说,相比于其他融资方式,它有什么比较优势,又存在什么缺点?

2. 谈谈你对未来融资方式的展望。

本章小结

相比于传统融资方式,项目融资是一种新型的融资方式,本质上看,是一种无追索权或有限追索权的融资活动。项目融资具有项目导向性、追索有限性、风险分担性、融资成本高等特点。项目融资的组织结构需要根据项目特点和各合资方的发展战略、利益追求、融资方式等来选择,较常见的包括公司型合资结构、有限合伙制结构、契约型结构、信托基金结构等。选定组织结构之后,各种融资工具和方式的运用与组合形成了项目融资模式。本章主要介绍了BOT融资模式、TOT融资模式、PPP融资模式、PFI融资模式、ABS融资模式等。鉴于项目融资跨时长、涉及广,这带来了巨大的风险。因此,项目融资必须具备风险承担结构,以期实现降低各方风险损失实现风险的最优配置分配,保障融资顺利开展和完成。

一、名词解释

(一)有限追索权

(二)契约型合资结构

(三)BOT融资模式

二、简答题

(一)简述项目融资的参与者及各方职能

（二）简述 ABS 融资模式的步骤

（三）与传统融资相比,项目融资有何特点?

 思考题

请思考基础设施项目资产证券化融资的问题与对策。

第十章 无形资产融资理论与实践

学习目标：
1. 了解无形资产融资的概念，以及常见的几种无形资产融资模式
2. 掌握无形资产融资价格评估的主要内容与基本方法
3. 熟悉无形资产的风险防范措施

关 键 词： 无形资产融资　科技银行　无形资产评估

第一节　无形资产融资概述

一、无形资产的概念、特点与类别

（一）概念

无形资产是指那些不具有实物形态，但能够对生产经营持续发挥作用并带来经济利益的资产。无形资产并非虚无之物，也具有客观的性质、一定的表现形式，只是这种表现形式和存在形态较为特殊。

（二）特点

无形资产没有独立的物质实体，不像房屋、设备等可得见、摸得着，但必须以实物为依托才能体现其使用价值。如商标权必须以一定的商品为依托；商誉必须以企业的整体资产为依托；土地使用权必须以土地为依托；否则这些无形资产才真的虚无缥缈。

无形资产的使用具有排他性。企业部分无形资产可申请法律保护，受到保护的无形资产在规定期限内不再被其他主体使用,由此形成垄断、带来独占性收益。而对于未受法律保护的部分无形资产,企业只要保证其核心秘密不泄露于外界、使其他个人或企业难以随意获取,也可以维持其垄断地位。

无形资产的存在和使用,能够对生产经营持续发挥作用,并带来经济利益。通常情况下,无形资产能够为企业带来远高于其成本的经济收益,企业无形资产的丰富度直接影响企业的获利能力和在市场中的竞争力。

无形资产所代表未来经济利益具有高度的不确定性。一是由于技术发展日新月异,在瞬息万变的市场环境中,无形资产的价值评估存在不确定性,如:无形资产的价值转移方式是按其有效年限分期摊销,根据2021年6月前执行的《中华人民共和国专利法》,发明专利权的有效期限为20年、实用新型专利权的有效期限为10年、外观设计专利权的有效期限为10年。但随着专利法的修订,外观设计专利权的有效期限已延长至15年。由此可见,无形资产评估技术的不断进步、相关法律条款的更新等不确定因素均会带来无形资产价值的变动。二是技术的创新发展也让无形资产的垄断地位更加不稳固,由于企业存在被打破技术垄断的不确定因素,无形资产未来经济利益的不确定性会显著增加。

(三)类别

1. 可确指的无形资产

(1)专利权指对某一产品的造型、结构、工艺、配方、程序等所拥有的专门的特殊权利。专利权人拥有的专利受到国家法律的保护。

(2)商标权指专门在某类指定的商品或产品上使用特定的名称或图案的权利。商标注册人享有商标专用权,受法律保护。

(3)著作权即版权,指公民、法人依法对文学、艺术和科学作品享有的专有权。未经著作权人许可或转让,他人不得占有和行使。

(4)邻接权指传播者传播作品而产生的权利,被称作著作权的邻接权,邻接权与著作权密切相关,又是独立于著作权之外的一种权利;邻接权与著作权的区别在于著作权保护的主体是智力作品。

(5)土地使用权是指土地经营者对依法取得的土地在一定期限内进行建筑、生产或其他活动的权利。

(6)非专利技术即专有技术、技术秘密或技术诀窍,是指运用先进的、未公开的、未申请专利的,但可以带来经济效益的技术或诀窍。

(7)其他无形资产,如生产许可证、特许经营权等。

2. 不可确指的无形资产

商誉指具有经济技术属性,能够影响企业获得一定利润水平能力的一种特殊信誉,其价值是通过企业的收益水平与行业平均收益水平差额部分的本金化价格来体现的。商誉是一种不确指的无形资产,不能独立存在,只能依附于企业整体,不能单独进行交易,因此,其价格也要通过企业整体来实现。

二、无形资产融资类型

(一)为出资增资的融资

此类融资包括利用无形资产为企业增资注册,以及利用无形资产为合资合作出资。企业处于初创阶段时,利用无形资产获取天使投资、创业投资和风险投资是企业重要的融资方式。拥有新技术的企业,没有最初的创业启动资金,很难将技术迅速转化为商品,通过吸纳投资可以解决这一问题。在成长阶段,企业发展所需资金量逐渐增加。但由于其信誉度不高,企业的融资约束仍然存在。此时,可以利用无形资产为合资合作出资。

【案例】 无形资产入股光刻机企业

在北京建设全国科技创新中心的大背景下,北京经济技术开发区作为北京"三城一区"的重要一环,担负着打造具有全球影响力的科技成果转化承载区的重任。经过多年的积累,这里已经是全球领先的存储器、基带芯片和射频电路、电力电子及功率器件、集成电路代工及装备四大高精尖领域的研发制造中心,而且它还打通了上下游产业链,形成包括制造、封装测试、装备、零部件及材料、设计等完备的集成电路产业链,已成为国内规模最大、水平最高的集成电路产业基地。正因为有这样雄厚的产业基础,2018年6月,北京亦庄国际投资发展有限公司在北京市政府和北京经济技术开发区的支持下,斥资20亿元设立北京国望光学科技有限公司(以下简称"国望光学"),希望依托北京经济技术开发区在光刻机领域的资源聚集优势,吸引光刻机相关关键核心部件的研发与产业化资源,推动中高端光刻机整机的研发和量产。

有雄厚的资金实力,尚缺少制造光刻机的核心技术。为此,国望光学决定通过北京产权交易所(以下简称"北交所")以增资扩股方式征集具备技术实力一流的战略投资方。为做好这项工作,国望光学与北交所迅速组成项目组,对增资方案进行了科学周密的设计。增资方案明确,本次增资拟征集2家投资方,拟募资资金金额不低于10亿元,对应持股比例合计不高于34%,募集资金的用途为光刻机曝光光学系统、高端镜头、光电仪器、光学加工与检测设备的研发生产。同时,为匹配此次增资目的,最大程度确保能够征集到目标投资方,增资方案明确了融资方将采用竞争性谈判方式遴选和确定最终投资方、持股比例和增资价格,遴选的主要标准包括合格意向投资方提交的增资价格;合格意向投资方的行业声誉、企业背景、商业信誉、业务实力、资金实力以及公司治理能力等。

2018年12月10日,北京国望光学科技有限公司增资扩股项目在北交所正式挂牌。截至2019年2月3日挂牌期满,最终该项目征集到两家意向受让方,正是"02专项"项目组中的长光所和上光所。然而,两家投资方并非以现金方式,而是以持有的"中国首套全自主知识产权的高端光刻机曝光技术"部分发明专利所有权作价10亿元出资。以无形资产作价方式参与企业增资,这在产权市场的以往操作中并不常见,对于北交所也是新尝试。为了确保交易的公开透明和规范操作,北交所拟定了科学周密的无形资产评估和审核方案,得到融资方和两家意向投资方的认可。经过一系列程序,两家机构被确定为最终投资方。其中,长光所以49项发明专利作价入股,对应评估值为8.8亿元,股权占比29.33%;上光所以73项发明专利(申请)所有权作价入股,对应评估值为1.2亿元,股权占比4%,两者合计持股33.33%,成为全国产权市场首个以无形资产出资方式成交的增资扩股项目,成为科技成果顺利实现转移转化的典型案例。

(二)质押融资

1. 概念

知识产权质押融资是指企业或者个人通过拥有的商标、专利、版权等知识产权作为质押物,从银行获取贷款的一种融资方式。知识产权质押融资能够在一定程度上缓解企业"融资难、融资贵"的难题。

2. 模式

(1)质押模式。在企业信用基础之上,知识产权质押给银行,无须担保。评估机构和律师事务所承担连带责任,其通过保险公司进行风险防范。

(2)担保模式。引入担保公司,同时也需要利用有形资产进行反担保。

其他质押融资模式还有:知识产权认股权贷款、知识产权订单保理以及知识产权质押集合贷款等。

【案例分析】 专利权与商标权质押融资

安徽顺鑫盛源生物食品有限公司成立于2014年3月,注册资本5 800万元,总投资2亿元,是一家以优质大米为主要原料,生产经营大米蛋白粉、米乳粉、米乳饮料、大米淀粉、果葡糖浆、葡萄糖浆、麦芽糖浆等系列产品,集生产、科研、进出口为一体的公司。该公司以扩大原有糖浆及蛋白粉产量,同时新建多肽生产线,作为公司新建二期项目,该项目达产后,预计年产值达5亿元。二期项目总投资1.6亿元,分近期和远期项目来实施,其中近期项目拟投入资金8 000万元,已投入资金6 000万元。因二期项目建设占用了企业自身的经营周转资金,需要补充流动资金周转,该公司于2022年3月向中国光大银行申请流动资金贷款500万元。但该企业已向多家银行、租赁公司等申请过融资,目前已无合适的抵押物和担保方式。另外,尽管该企业符合贷款准入条件,但由于该企业与中国光大银行前期无任何授信和结算业务的合作,通过纯信用的方式难以授信。中国光大银行通过仔细研究发现,该公司目前有20笔专利信息和20笔商标信息。银行第一时间与担保公司取得联系,向担保公司说明了企业的一些基本情况,同时也向担保公司了解能否用专利权和商标权质押为该公司核准授信的情况,在得到担保公司意向后,银行组织担保公司一同拜访该企业,同时为该企业制定融资服务方案。最终通过省综合金融服务平台为客户提供500万元的流动资金贷款,贷款利率较低,节约了企业的财务成本。

知识产权质押融资直接促进企业"知产"变"资产",在带来现金流的同时更加坚定了企业保护知识产权的信心,有利于推动企业自主创新及知识产权保护形成良性循环,为企业长远发展注入活力。

(三) 转让融资

无形资产转让有两种方式:一是转让所有权,二是转让使用权。转让无形资产所有权所取得的损益作为企业的资产处置损益,转让无形资产的使用权所取得的收入作为企业的"其他业务收入",以此来达到融资目的。

【案例分析】 "i-phone"商标权转让融资

汉王科技股份有限公司成立于1998年,是全球文字识别技术与智能交互产品引领者。2004年,汉王向中国商标局申请"i-phone"商标,当时苹果公司还没有推出后来风靡全球的iPhone手机,汉王当时的想法是将该商标用于推广旗下的一系列手机产品。2009年6月,"i-phone"商标仍在汉王手中的消息被曝光,当时苹果iPhone也一直在寻找进入中国市场的机会。由于根据国际通用的商标注册原则,同一群组里的近似商标多半会被否决。苹果的iPhone如果想进军中国市场,将承担商标侵权风险。随后,在汉王科技招股意向书显示,2009年7月,汉王与苹果公司达成协议,将"i-phone"商标转让给苹果公司,协议金额大约为2500万人民币。这笔收入约占据汉王科技2009年净利润的近30%。

商标作为无形资产,在现在的社会中越来越重要,热门的一些商标高达百万千万甚至上亿。商标不仅具有标识商品的作用,也代表着商标权人经营的商誉价值,经营良好的商标是一笔巨大的财产。

第二节 几种新颖的无形资产融资模式

一、品牌无形资产变现融资

(一) 品牌无形资产的价值

"品牌资本是代表特定品牌象征的企业资本,是一种超越生产、商品本身和所有有形资产以外的价值。品牌资本尽管无形化,但它往往能带来和创造比有形资本还快的增值效应。"

国际会计准则在1985年对于品牌价值做了一个更进一步的规定。那么从这年的1月1日开始,购入的品牌价值可以作为一项无形资产,列入企业资产负债表里面。从这里我们可以看到品牌,它确实是一个实实在在的价值,并且品牌的价值在开销方面发生了很大的变化。根据以前的资产负债表,每年品牌要开销一部分。另外一方面,品牌的实际价值在增长,到了2001年7月1日,美国的会计规则就作出规定,除非这个品牌发生了重大的减值,品牌价值就不需要这种开销了。

我国新的《公司法》明确规定:"出资方式更灵活。允许股东以货币、实物、知识产权、土地使用权以外的其他财产出资,其登记办法由国家市场监督管理总局会同国务院有关部门规定。以知识产权等无形资产出资的,允许其比例最高可达到注册资本总额70%。"此规定举措,建立和完善了品牌企业以无形资产出资的制度,支持品牌企业将其驰名商标、省市著名商标品牌,经过合法评估后,可作为企业无形扩资注册资本、作为股资进行投资、参股,作为无形资产提供信贷担保。而我国的《担保法》也明确规定,商标专用权、专利权等权利可以质押。

说到品牌值钱,很多人都知道这样一个经典故事:可口可乐公司的总裁伍德拉夫曾自豪地对世界宣布,即使可口可乐公司在一夜之间化为灰烬,凭着可口可乐的品牌资产,可口可乐会在很短的时间内重建可乐帝国。这不是一个神话,凭着可口可乐的品牌价值,争先恐后给可口可乐贷款的银行有太多。在市场经济发达的欧美国家,一些大公司拥有强大的品牌资产,银行将其列为提供贷款的条件,好的品牌很容易获得贷款合同,银行的贷款实质上是把贷款建立在品牌资产价值基础上,而不是资本结构上。中国的民营企业,有一个很大的共同点,喜欢白手起家,自力更生,靠自己的力量把雪球滚大。可以说,资金渠道非常单一。但另一方面,经过多年的培养,这些企业手中都握着一个有影响力的品牌。奇怪的就是,这些品牌在别人眼里都是宝,在自己手中却沦落成闲置资产。2000年温州庄吉集团向温州建行用其品牌抵押获得4 000万贷款,成为中国首例以品牌抵押获得的贷款;七匹狼是另一个大家更熟悉的品牌,它的当家人在一次品牌评选活动中曾这样表示:在创办企业的过程当中,曾经就有过用品牌向银行融资的过程,如果不是在银行用品牌抵押融资的话,就没有今天的"七匹狼"。这表明,正在逐步金融化的社会已使公众经越来越承认无形资产的价值,就连最高人民法院也在表示对被执行人已无有形财产可供执行,而其尚有较好声誉的产品品牌或专有技术等无形资产的,可转让其无形资产清偿债务。将品牌无形资本变现是融资值得一试的方案。

(二)无形资产品牌的打造

中国作为经营中心的地位还没有确立,那么我们靠什么在世界参与竞争呢?而经营其实有很多是靠无形资产来进行的,比如微软并没有很大的固定资产,但在品牌的集聚下一大批有创造能力的企业为它们打工,他们在经营中获取巨大的利润,无形资产的滚动是呈几何级数增长的。

无形资产品牌之路无形资产品牌的打造迫在眉睫,更是企业创业"与生俱来"就应该迫切做的。

(三)先融品牌资,再用品牌融资

1. 准确定位法

为品牌融资之前,必须首先明确你想塑造一个什么样的品牌,要在消费者心中烙下一个什么样的痕迹。不同的品牌性格会吸引不同的消费群体,因此有必要了解在你的目标顾客群中,是哪些因素左右了消费者的购买心理和行为。比如我们在中央空调的营销中发现,消费者更看重的是产品本身的品质和服务,对价格并不十分敏感。因此就要将自己的品牌塑造成本行业中的技术专家的形象,对质量精益求精,给人感觉值得信赖。

2. 品牌平移法

明确了品牌的性格特征之后就要找出存在的哪些资源可以嫁接过来为你所用。系统地为品牌融资就是不放过任何一个可以为品牌做加法的机会,甚至主动地制造这种机会,"金六福"在进行品牌运作与品牌传播的过程当中,把在中国具有相当亲和力与广泛群众基础的"福"文化作为品牌内涵,最终促进了品牌文化与酒文化的比翼双飞,销售量也得到了大幅提升。

在确定好了需要借用的资源之后就需要深入了解资源的状况,包括资源现在所处的位置、存在的方式、现在被利用的状态等。了解资源目前距离能被借用还有多大的差距,用什么方式去缩短这些差距,而后针对所需要的资源设计一套系统的嫁接方案。

其他方法还有以量入为出为特点的科学量本法,以及涉及多环节的环节把控法等。

(四) 品牌融资的多样化

品牌融资的资本化并不狭隘地指"品牌抵押"这一种方式,还有多种渠道可以将品牌与资本联系起来,品牌资本化有以下几种模式。

一是在兼并、收购过程中,把品牌作为无形资产计入股本。珠江钢琴在资本扩张中,通过与对方协商,将品牌资产计价20%,注册到被购并企业的股本中。

二是使用品牌收取特许使用费。收取特许使用费是国际通行的做法,部分著名企业将其某一方面的生产和经营权卖给其他公司,获取品牌收益。像燕京啤酒集团,就是通过这种方式对集团内的控股公司,计件收取品牌使用费。把部分产品的生产和经营权拍卖出去,自己只管技术指标,只要达到一定的标准,就可以销售。

三是授信最大化。因为企业良好的经营,强大的品牌效应,金融机构在不需要企业具体资产抵押的情况下。强大的品牌效应,金融机构在不需要企业具体资产抵押的情况下,授予企业一定的贷款额度。

二、文化产业无形资产融资——以电视剧产业为例

(一) 以电视剧导演融资为代表的电视剧市场影响力信用融资模式

一个电视剧制作机构如果拥有知名度很高的制作团队,比如著名的制片人、编剧、导演、演员等,就很容易吸引业内外的资本投资融入。高品质人才的市场号召力可以保障电视剧顺利地融资、发行、销售,由此产生的信誉和影响力可以有效地带动资本的良性循环,甚至可以优先取得银行贷款或者上市融资的机会。

1. 中国导演工作委员会与中国民生银行首创"电视剧导演融资新模式"

2009年12月18日在北京人民大会堂,中国民生银行与中国电视剧导演工作委员会联合举办的"中国电视剧导演集体授信签约暨新闻发布会"。在签约仪式上,张国立、李少红、杨亚洲等国内23名优秀电视剧导演获得了每人500万元的授信额度,共计1亿多元人民币,用于导演本人或其公司投资制作电视剧。此次对导演的批量授信为无抵押信用贷款,引入专业投资公司进行封闭式资金管理,保证专款专用。

导演工作委员会与民生银行联手首创了"电视剧导演融资模式",用于导演本人或其公司投资制作电视剧,并且由此达成了长期的战略合作,试图在贷款形式、监管方式上摸索出更多的经验。此次民生银行对导演群体的集体授信仅仅代表了一个开始,该融资模式将深刻影响未来中国电视剧市场的格局与走向。商业银行与我国优秀的电视剧导演携手创新,共同推动我国电视剧行业的产业化发展,不单是某些导演,而是整个电视剧产业将会从这种新型融资模式中受益。

此次导演集体授信使得我国优秀电视剧导演群直接获得了大额创作资金,成为精品电视剧的主要投资人和版权收益人。

富有社会责任感的电视剧导演群能够掌控电视剧主流文化创作的主导权和话语权,成为电视剧创作市场的引领者,这样的融资模式所激发的创作热情必将使我国电视剧作品的品质得到大幅度的提升,为电视剧精品化发展铺就切实有效的市场途径。

2. 开辟了金融产业与电视剧产业对接的崭新渠道

对于电视剧产业界而言,导演融资新模式带来的是一次产业模式的创新。以艺术价值吸引资本介入,以资本介入提升艺术价值,这是面对市场机遇双方共担风险、双赢互利的合作。资本的本性在于增殖,资本方的授信不是一厢情愿的资助和扶持,而是要获得收益的投资,是资本增殖领域的一种新的开拓。从这一理性的角度去理解授信,会让这种合作获得更加稳固的基础从而得以持续发展。优秀的电视剧导演的艺术造诣、社会影响力可以预支高额的金融价值,资本方率先满足了导演对于拍摄资金的需求。尽管以往也不乏金融机构对电视剧产业的融资服务,但往往局限于传统的资产担保、抵押贷款模式,方式也多为针对某一电视剧项目或某一制作公司的点对点资金支持。而中国民生银行面向全国导演的批量授信从行业间合作的宏观高度着眼,用个人信用加专业公司封闭式资金管理模式取代了银行业多年以来传统的贷款操作方式,开创了金融产业与电视剧产业资本对接的新渠道。民生银行授信是商业资本介入电视剧生产的一种新的尝试。

(二) 以电视剧植入广告融资为代表的新型电视剧广告融资模式

如今广告在文化产业中占有相当大的份额,体现在电视剧产业也不例外。广告融资是电视剧产业外融资领域比较重要的一种融资方式,实际上是广告商希望在全国播放的电视剧上播出自己的广告,电视剧的融资是由广告商来完成的,制片公司和广告商能够同时获得商业利益。

电视剧的无形影响力可以吸引很多业外企业对电视剧制作进行广告投资,例如片头贴片广告、植入式广告、隐形广告、电视剧片尾广告、电视剧特约播出等广告形式。在电视剧中植入广告是制片公司与其他企业合作的主流方式之一,这种特殊形式的广告更易于整体性地利用电视剧的社会影响力来制造广告效应,效果非常显著。比如诺基亚、苹果等手机企业一度热衷于在青春偶像剧中植入广告,在这些剧中,作为青春时尚元素的手机得到了多角度全方位的展示,有的时候甚至还会出现非常详尽的功能阐释。

植入式广告(Product Placement)又称植入式营销(Product Placement Marketing),是指将产品或品牌的代表性视觉符号或者服务内容借助于艺术表现手法策略性地融入电视剧、电影或其他文化信息产品中,通过生动的情境再现,使受众对产品或者品牌产生完整深刻的印象,从而达到广告和传播营销的目的。

一部好的电视剧很容易吸引到企业以植入广告的方式进行资助,企业在对电视剧进行广告投资的时候,往往要先考察制作公司的社会影响力。如果制作公司以往拍摄的电视剧作品创造过很好的热播效应、收视率高、市场影响力巨大,那么很多企业都非常愿意在电视剧中植入广告。

1. 植入广告渐成电视剧融资新模式

我国电视剧的植入广告融资虽然起步较晚,但近年来也呈现出蓬勃发展的态势。

2021年,电视剧《赘婿》以其独特的古今融合题材吸引了大量观众。剧中,郭麒麟饰演的角色以其现代智慧,如"停车位"规划、技能培训等,在古代商业环境中大放异彩。同时,"苏宁毅购""拼刀刀"等谐音梗和品牌植入,不仅制造了强烈的古今冲突感,还巧妙地传递了品牌信息,使得剧情与商业宣传相得益彰,将品牌与观众情感紧密相连,实现了品牌效用的最大化。

爆款剧在招商方面的表现尤为突出,成为广告主争相投放的热门选择。例如,2023年的电视剧《以爱为营》在招商方面取得了显著成功,共有64个合作品牌参与,其中剧内植入了23个品牌,彰显了其在广告市场的强大吸引力。2024年,电视剧《繁花》更是将植入式广告推向了新的高度。这部剧创造了单集内植入11个广告的纪录。《繁花》中的广告覆盖美妆、饮料、食品等不同圈层,其中既有奢侈品牌,也有大众熟悉的国民老品牌。剧中,阿宝穿上阿玛尼西装变身宝总的场景,不仅展现了品牌的高端形象,还通过精心的打光和运镜,让观众仿佛置身于一场西装广告之中。此外,还有百事可乐、雅诗兰黛、美团等大量的产品植入。2024年蒙牛纯甄是《庆余年2》在腾讯平台的独家冠名赞助商。所谓独家就是除此品牌之外,绝不允许有其他品牌的介入。相当于这一家品牌的广告商承担了以往多个广告商共同支付的广告费用,将电视剧植入广告融资的规模和运作方式推向了一个新的高度。据央视官方数据,该剧首播以来,在央视八套的实时收视数据峰值破2,市场占有率高达12.8%,自播出后稳固地占据了各大视频网站点播排行榜的首位,累计正片播放量突破13亿。该剧播出后,在互联网搜索引擎上对"蒙牛纯甄"品牌的搜索率上升,"蒙牛纯甄"品牌消费者满意度为81.4,多数用户表示,相比过去大幅提高了对"蒙牛纯甄"品牌的关注度,进一步证明了植入式广告在电视剧营销中的巨大潜力。

2. 植入广告融资模式的市场优势分析

植入广告的性价比优势吸引广告商投资。广告商热衷于在电视剧中做广告投放,最主要的原因是植入式广告的价格比直接购买电视台时段广告的价格要低很多。从市场营销的角度看,相对于其他形式的广告,电视剧植入广告有着非常好的性价比优势。植入广告的费用已经包括了所有的制作费用和演员出演的薪酬,植入广告的费用里也已经包括了购买播出时段的费用,相当于一次投资可以获得永久性的广告收益,无论电视剧重播多少次,广告赞助商都无须追加任何投入和费用。

同时,植入广告的收视效果也带动了广告商投资。

(三)以电视剧版权抵押、版权信托为代表的新型电视剧版权融资模式

电视剧版权融资是电视剧无形资产融资的一种重要形式。电视剧作为一种文化信息

产品,它的本质是知识产权的创造,是拥有独立版权的文化商品。

电视剧产业属于知识密集型行业,电视剧产业的市场化发展本质上就是电视剧知识产权的市场化经营。版权融资符合电视剧产业的自身规律,又促进了电视剧融资的多元化发展,电视剧版权应该按照电视剧的市场价值规律在产业融资中发挥至关重要的作用。

1. 版权抵押融资成为金融业与电视剧产业进行资本对接的有效途径

版权是电视剧产品的核心价值,电视剧制作公司握有电视剧播映权、发行权等大量版权无形资产,在当今这个知识经济的年代,完全可以通过版权抵押的方式向银行申请贷款融资,为电视剧产业的发展带来充足的制作资金。

"影视通宝"业务是中国银行浙江省分行中小企业新产品线——"通宝系列"的新成果,是专门为影视企业打造的融资利器,允许企业拿影视作品的版权和应收账款质押向中国银行申请贷款。它对有一定发展潜力的电视剧企业进行整体评估和认定后综合授信,既解决了电视剧的融资难题,又盘活了企业的无形资产,可谓一举两得。

以往商业银行对于电视剧企业的贷款需要严格的资产抵押、担保,也极大地增加了电视剧制作公司的财务负担,也不符合电视剧产业的发展规律。电视剧项目"版权质押"融资贷款用全新的"创意融资"模式破解了长期困扰电视剧产业发展的抵押担保难题,使这一国际上通行的影视行业融资模式在国内电视剧制作行业得以逐步推广。商业银行的版权抵押贷款为电视剧产业大规模地引入了外部融资,使制片公司的资金压力大大减轻,还可以用较少的资金投入带动比较大的电视剧项目,为金融业与电视剧产业的双赢合作、共同发展开辟了一条崭新的道路。

2. 版权信托——版权交易中心与信托公司共同打造的版权融资新模式

在版权信托融资模式中,电视剧制作公司把作品版权信托给信托公司,信托公司凭借专业化人才队伍对无形资产及其相关行业的长期了解和经验,通过国际通用的专业技术手段对版权项目进行市场商业价值评估,再以信托资产做抵押物协助其申请贷款。

通过信托公司产业化运作的介入强化了商业银行对电视剧制作企业的融资监控。在资金一旦出现问题时,信托公司对信托资产有全权处置权,这样既降低了贷款的门槛,也降低了商业银行的资金风险。多年以来,以无形资产经营为核心的影视企业长期存在融资难。

三、科技银行融资

(一) 科技型企业的融资特点与现行金融支持体系的矛盾

1. 科技型企业的成长轨迹及资金需求特点

科技创新通常有一个规律的创新周期,它常常以一个产品的概念起始,然后进行产品原型开发和试验。再进行试生产,通过市场检验,才能形成产品的规模生产和销售。这一完整周期需要一系列的资金注入,如果周期的某一阶段不能得到足够的资金支持,可能就会导致创新的失败。

伴随着科技创新的周期,科技型企业从初创到成熟的成长过程,通常分为种子期、创业期、成长期、扩张期和成熟期五个阶段,如图10-1所示。在每一发展阶段,企业的规模、盈利能力、发展目标、技术创新活跃程度、抵御市场风险能力都不相同,因此企业的资金需求强度、资金筹措能力等也存在较大的差异。不同成长阶段的企业适用不同的融资策略，需要多层次的金融市场体系提供融资支持。整个过程中，处于创业企业和成长期企业的融资问题最为突出。

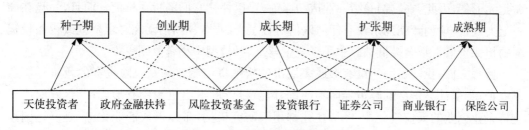

图 10-1　企业成长各阶段的融资方式

从科技型企业发展的资金需求链条看（见图 10-2），一般种子期是由创业者个人和亲属出资创业，或由天使投资人投资（政府和私人投资）；当企业进入创业期，最初拿到的启动资金用尽之后，企业普遍存在面临资金链条断裂的"死亡谷"，一些投资早期的风险基金对有发展前景的项目进行股权投资；进入成长期以后的企业，技术已经比较完善，产品或服务开始进入市场，销售收入不多但成长性较好，这时各种直接投资资金也在寻找成长性好的企业投资，但是在此阶段一方面包括风险投资在内的投资基金只能给予部分企业投资，大多数中小型科技企业还不能得到投资，另一方面很多成长性好的企业通常在这一阶段不愿意进行股权融资，希望将企业盘子做大、企业价值高些再引入投资者，然而这阶段的企业又缺乏贷款要求的抵押物和相应担保条件，商业银行等金融机构资金仍然不敢介入，于是就出现了很多非常有前景的企业由于缺乏资金错过了发展良机的情况；进入扩张期和成熟期的企业，则通过上市、并购或由商业银行进行债务融资。

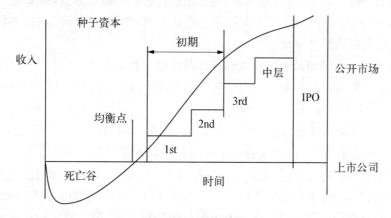

图 10-2　融资周期

2. 目前我国缺乏适合科技创新特点的金融支持体系

科技型中小企业具有创新活动的不确定性和技术本身信息不对称性的特点，使传统商业银行和投资者难以向科技型中小企业提供融资服务。第一，创新活动的回报常常是极不确定的。创新会涉及持续不断地开发新的产品，使用新的工艺，而这些产品和工艺尚未经受市场考验。因此,金融机构和投资者难以评估其风险特性及违约概率。第二,企业家可能比潜在的投资者掌握更多关于其产品和工艺性质和特点的信息。创新型中小企业和投资者之间可能存在的巨大的信息不对称,使得他们难以达成共识。第三,创新活动常常是无形的,因此,在它们获得商业成功以前,难以评估它们的货币价值。而且,一旦在商业上失败,一项创新就几乎没有任何残值可言了。因此,创新活动在寻求贷款或权益投资时的担保价值常常会被低估。中小企业融资难,科技型中小企业则更难。

另一方面,我国目前还没有形成多层次的投融资体制。一是风险投资的政策环境还不完善,吸引社会资金的政策导向不明确,风险投资的退出机制没有形成;二是政府用于支持企业创业的天使资金少,经费往往都用于研究机构,难以形成产业化;三是发达国家已经很成熟的各类私人股权投资基金(PE)在我国没有形成,例如私人股权投资基金可分为风险投资基金(Venture Capital Fund)、收购基金(Buyout Fund)、夹层投资基金(Mezzanine Fund)和直接投资基金(Direct Investment Fund)等;四是缺乏适应科技型企业特点的商业银行;五是政府部门设立的引导性母基金较少,不能很好地引导社会资本流向科技创新企业。

目前大量国外基金看好中国经济的潜力,一方面他们瞄准并购中国行业排头兵,另一方面看准有技术实力和发展潜力的科技企业。特别是那些处于成长期极有发展潜力的科技型企业,国内的融资环境无法支持他们,而国外投资者却能满足他们对资金的迫切需求。外国投资者在对这些科技企业的股权投资中不仅仅拿到了企业的资本产权,同时也拿到了弥足珍贵的知识产权。因此建立我国支持科技创新的金融体系是当前的迫切需要。

不应否认的是,向科技型中小企业提供资金是极具风险的,也是不确定的,很多商业银行或金融机构对科技型中小企业的融资望而却步也是一种客观的选择。因此,在现有的金融模式和条件下,很难有效地改变科技型中小企业的融资困难,需要进一步解放思想,改革我国的金融管理体制,建立多层次融资体系,探索试点一条与科技创新活动相适应的金融支持发展道路。

3. 探索支持自主创新的金融模式和设立科技银行的必要性

由于目前的商业银行和金融机构的金融活动很难满足支持中小型科技企业发展的目标,因此我们认为需要专门设立科技银行,探索我国支持科技创新的金融新模式。

(1) 设立科技银行可以弥补科技企业和金融服务之间的信息不对称问题。在科技与金融实际结合的过程中,经常出现的一个现象是:金融部门由于无法鉴别科技项目是否具有比较确定的商业化前景,其风险是否可控制在预定范围,而科技项目的拥有者则因不了解或不知道如何进行银行融资,以致常常导致金融与科技结合的失败。因此,虽然国家一直鼓励各商业银行要增加对科技型中小企业的扶持力度,但在现实的操作中则是困难重重,效果不佳。设立专业化的科技银行,将有效地解决科技部门不懂金融、金融部门不熟悉科技的问题。

(2) 设立符合科技型企业发展特点的科技银行,可以缩小科技型企业特点与传统银行经营规则之间的差距,解决科技企业在成长过程中的融资难问题。成长期是企业发展的关键时期,也是最有潜力、最需要资金支持的时期,但是销售收入较少,财务报表不符合商业银行的贷款条件,企业缺乏抵押物,而"低风险、高流动、稳定收入"是传统商业银行的基本经营原则,由此形成了银行要求与科技企业的需求成为一对不可调和的矛盾。因此,需要设立一个兼顾科技和金融特点、专业化的创新型科技银行。

(3) 设立科技银行是适应知识经济发展的需要。传统贷款模式服务于工业经济时代企业贷款需求的产物,在信息化时代,仅依靠传统方式已无法适应高技术企业的发展需要。特别是目前银行一般只承认地产、房产为有效抵押品,专利等知识产权的价值得不到承认,由此迫使科技企业达到一定规模后,不得不去买地盖房,以至于分散了企业技术研发的人力、物力和财力。

因此,设立科技银行要以潜在收入流量为评估基础,在可控风险下支持高风险、高收益为特征的科技企业,创造全新的银行商业模式和制度安排,培养和造就一批既熟悉科技创新并深谙金融管理的经营管理团队,建立科学的内控制度和信用鉴别体系,可消除信息不对称,有效地弥补现有银行体系及功能上的不足,解决金融创新和科技创新结合的难题。

(二) 科技银行的定位和制度安排

成立科技银行,通过有效的组织、制度和人员安排,针对科技型中小企业经营特点和融资需求,为其提供量身定做的金融服务,实现科技与金融的有机结合,促进科技型中小企业的成长,加快科技成果商业化和产业化的进程。

1. 科技银行的服务对象

科技银行的主要任务是扶持尚不能取得一般商业银行贷款但有良好发展前景的科技型中小企业。基于国际经验和我国实际状况,并考虑到银行的风险承受能力,科技银行主要服务于三种企业:(1) 有风险投资支持的创业期的科技型中小企业;(2) 处于成长期和扩张期的科技型中小企业;(3) 发展成熟的科技型企业。处于成长期和扩张期的科技企业应是科技银行的主要服务对象,在制度设计上,要使科技银行与这些科技企业共同成长。因此除了提供资金支持,科技银行也要帮助企业改进管理,建立健全财务制度,完善企业法人治理结构,防范和控制风险。

2. 科技银行的性质

鉴于科技创新存在着很大的不确定性和巨大的外部溢出效应,科技银行的性质应该定位在官助民办上。科技银行要坚持市场化运作、专业化管理的原则,由银行根据市场情况以盈利和控制风险为原则开展业务。政府不直接干预银行经营,而是针对其服务科技型中小企业的特定要求提供政策、资金、风险分担等支持。科技银行与传统银行以"安全性、流动性、稳定收入"的经营准则不同,科技银行要更加注重在风险可控的条件下,追求高收益、高回报的特征。

3. 科技银行的股东结构

科技银行的股东应该包括:(1) 中央政府资金,主要是用于调节科技银行运作,帮助其分担风险,发挥政府资金的示范效应,有利于吸引社会资金的进入;(2) 民间资本是科技银行的投资主体,主要是指民营企业和市场化的机构投资者,只有吸引民间资金进入,才能放大政府资金的使用效能,也是科技银行健康稳定发展的基础和保证;(3) 地方和国家高新技术园区政府或控股公司,高新技术园区是科技型中小企业最为集中的区域,而且经过多年发展,高新技术园区的经济实力有了比较大的增长,政府或控股公司成为科技银行股东,将更有利于银行的业务开展和运作。中央政府所持股份可以优先股的形式出现,不以营利为目的,确定一个合理的、较低的回报率,鼓励科技银行承担高风险,追求高回报,有利于吸引民间投资。

4. 科技银行的服务地域

科技银行要同各地高新技术园区中的科技资源紧密结合,因此可设在高新技术园区内,是区域性银行。建议首先在北京中关村科技园、上海张江高新技术园区和深圳高新区试点。科技银行在地理上同科技型企业接近,可以清楚、及时地了解企业各方面情况,为企业提供个性化服务,同时降低银行的经营风险。

5. 科技银行的资金筹集

因其有一定的风险性,成立之初可暂不开展对社会公众存款,但可吸收机构存款,并可以向商业银行发行金融债券。

(三) 科技银行的创新特点

根据科技型中小企业成长性、风险性的特点,科技银行要为这些企业提供融资服务,就要求科技银行要在经营理念上有所突破,在业务模式上有较大创新,是对现有金融体制改革的探索性试点。

1. 提供多种形式的融资服务、拥有多样化的投融资工具

对已进入稳定发展阶段的企业,可以发放一般贷款,取得固定贷款利息收益;对于创业期和成长期的企业,可以借鉴夹层基金的业务模式,贷款与股权投资相匹配,银行持有企业一定的股权,其目的不是控股,而是使科技银行能够从企业的高成长中获得较高股权收益,弥补成长期企业带来的高风险;对处在成长期,又不愿意出让股权进行融资的科技企业,可探索债转股的融资模式,使银行对企业的金融服务更加灵活。

2. 放宽贷款利率范围,创新利率收益方式

成长期科技企业的突出特点是成长性强、风险大,而科技银行的能力不在于回避风险,而在于找到与高风险匹配的高收益,并且使这种收益变成稳定可控的。因此,一是对应较高的风险,科技银行的贷款利率范围应更加适当放宽,在规定范围内,赋予银行贷款自主定价的权利;二是创新利率收益模式,针对成长性科技企业的特点,不设固定利率,而是将银行收益与企业发展挂钩,实现银行与企业共成长。

3. 创新担保模式

一般科技型中小企业以智力资源为主,固定资产较少,难以满足银行担保、抵押或质押条件,而且往往缺乏信用记录,在现行的企业贷款评价体系之下,难以得到银行贷款的支持。科技银行可以在传统贷款模式的基础上,结合科技型中小企业的特点,从抵押、担保、信用评估等几个方面进行创新,扩大抵押品范围,允许企业以技术专利等知识产权作为抵押担保,甚至可以探讨将担保由有限责任扩展到企业家个人的无限责任,有利于科技银行规避风险。

4. 与创业投资机构建立紧密的合作关系

创业投资机构识别企业的方式最重视的是项目前景和管理团队素质两个方面,可以

有效地早期发掘和支持有发展前景的创新型企业。而银行更重视企业当期现金流，抵押、质押和担保物，以及信用记录等。科技银行可以与创业投资机构建立紧密的合作关系，利用他们的人才、组织、识别和控制风险的能力，共享信息、开展多层次的合作。科技银行可以参照美国硅谷银行采取"投贷联盟"模式，银行与创投公司签署"投贷联盟协议"，银行为创投公司提供一定授信额度，创投旗下的高科技企业如需资金，可办理委托贷款，无须经过烦琐的审查。"投贷联盟"是银行很好地利用了创投公司的专业化能力，也使创投公司有持续的资金来源，为高科技企业提供增值服务；科技银行可以为创投公司和其所投资的企业提供商业银行服务；科技银行可以在创业投资基金中直接投资，成为他们的股东或合伙人，建立更加紧密、更坚实的合作基础。

5. 科技银行的风险控制

尽管科技银行以高风险、高回报为经营理念，但是风险控制是银行能够持续发展的第一要务。科技银行在风险控制上也要创新：一是要制定适合科技银行的经营准则和内控制度，建立适合科技企业的评价方法、风险评价标准和风险管理规范等；二是采取组合业务，要选择不同行业的项目、不同发展阶段的企业、不同风险程度的金融工具组合，分散风险；三是联合专业投资机构共同投资，与专业担保公司捆绑贷款，共同控制风险；四是开展对科技企业的结算业务、中间业务和咨询业务等，从企业业务流程和资金链上"实时监控"；五是建立科技银行对企业投资的退出机制，企业进入稳定发展期后，银行的股权投资要通过回购、转让、上市等方式逐步退出。

（四）科技银行贷款面临的挑战

1. 银行参与投资或持有股权的问题

我国法律原则上禁止银行直接持有工商企业的股权。现行的《商业银行法》第四十三条规定，"商业银行在中华人民共和国境内不得从事信托投资和证券经营业务，不得向非自用不动产投资或者向非银行金融机构和企业投资，但国家另有规定的除外"。但是我们也看到，我国已有商业银行通过政府特批设立了银行控股公司，如中国银行通过香港的中银国际，工商银行通过香港的工商东亚，分别控股了国内的一些非银行金融机构，建设银行经特批在境内控股中金公司等。

2. 扩大风险信贷的利率浮动范围问题

按照银保监会《银行开展小企业贷款业务指导意见》的要求，"银行应充分利用贷款利率放开的市场环境，在小企业贷款上必须引入贷款利率的风险定价机制。可在法规和政策允许的范围内，根据风险水平、筹资成本、管理成本、贷款目标收益、资本回报要求以及当地市场利率水平等因素自主确定贷款利率，对不同借款人实行差别利率，并在风险发生变化时，随时自主调整"。科技银行可按这一规定进一步扩大对科技型中小企业贷款利率浮动范围。

3. 资金来源中的金融债问题

科技银行的资金来源，除股本金外，可以采用发行金融债券的方式。按照2005年《全国银行间债券市场金融债券发行管理办法》，对政策性银行、商业银行、企业财务公司和其他金融机构发行债券有不同的要求，但没有要求必须采用担保方式发行。也就是允许具有不同信用风险级别的债券品种在市场出现,为债券品种创新和债券市场发展留出了空间。

4. 无形资产的担保问题

国家没有明确的规定限制无形资产的抵押,但是由于缺乏客观、公正、专业化的第三方评估机构,缺乏活跃的技术交易市场,使得专利等无形资产难以有公正的价格作为抵押品。所以发展为科技金融服务的中介机构,也事关重要。

第三节 无形资产融资的价值估算

在当前我国知识产权评估体系尚不健全的背景下,资金问题实质上反映出的是市场资源配置机制亟待转型的问题。通常情况下,无形资产的价值评估要比固定资产难度大得多,运用无形资产进行融资的经济从本质上说是一种信用经济,信用关系的正常运行是保障本金回流和价值增值的现实基础。

一、无形资产融资价值评估的主要内容及基本方法

(一)主要内容

无形资产评估的核心内容就是评定估算无形资产的重估价值。无形资产价值评估可从以下几方面进行具体的评估。

1. 鉴定无形资产性能状况

鉴定无形资产就是对被评估的无形资产的真伪进行判断,辨析其成熟程度,掌握无形资产主要经济技术参数,这是无形资产价值评估的一项基本内容和基础工作。

2. 确定无形资产形成的成本支出

确定无形资产的成本支出既是无形资产评估的一项重要内容,又是评估无形资产资本价值的重要环节。

3. 核定无形资产有效使用年限

这是无形资产价值评估的又一项重要的内容,因为无形资产的有效使用年限的长短直接影响到无形资产的重估价值的高低。

4. 预测无形资产的未来收益

无形资产获利能力越大,其转让价值越高;反之越低。

5. 确定折现率

折现率的内涵是指与投资于该无形资产相适应的投资报酬率,一般包括无风险报酬率、风险报酬率和通货膨胀率。一般来说,无形资产投资收益高,风险性强,对其评估的折现率往往要高于有形资产的折现率。

6. 评定估算无形资产的重估价值

这既是无形资产评估的出发点,又是无形资产评估的归宿点。如果说确定无形资产重估价值是目的的话,那么评定无形资产状况、确定无形资产成本、核定无形资产使用年

限、预测无形资产未来收益则是实现这一目的的具体资料和基本途径。

（二）基本方法

1. 重置成本法

该方法是以被评估无形资产的现行重置成本减去无形资产的损耗或贬值因素，从而确定被评估资产价格的一种方法。该无形资产的价值等于其重置成本减消耗和贬值后的价值。其理论公式为：评估价值＝重置成本－实体性贬值－功能性贬值－经济性贬值。其中，重置成本就是现行再取得资产的成本；实体性贬值是指资产由于使用磨损所导致的贬值；功能性贬值是指因资产相对其他同类资产呈现科技落后而发生的贬值；经济性贬值是指因资产外部环境因素变化而产生的经济性损耗，如企业开工不足或者是国家产业政策改变导致某些资产闲置、收益下降等给资产带来的贬值。由于无形资产通常不存在实体性贬值因此在实践中常使用另外一个公式：无形资产评估价值＝重置成本×成新率。表10-1列示了重置成本的计算方法及其应用条件。

表10-1 无形资产估值方法

	自创无形资产		外购无形资产	
	成本核算法	市价调整法	市价类比法	物价指数法
应用条件	能够获得被评估无形资产开发成本资料	无形资产的成本资料不全，市场上有类似资产的交易价	存在类似资产的交易市场，有大量可获得的交易数据	无形资产的物质耗费和人工耗费的构成能够合理区分
计算公式	重置成本＝直接成本＋间接成本（按成本构成以现行市价为标准计算）＋资金成本＋合理利润	重置成本＝类似资产交易价×调整系数	建立功能价格的回归函数关系：y＝a+bx。Y为价格，x为功能。根据 $\sum y = na + b\sum x$, $\sum xy = a\sum x + \sum x^2$ 求出a、b，将其代入价格和功能的关系式中，求得无形资产重置购价，重置购价加上支付的有关费用即为重置全价	重置全价＝无形资产账面价值×价格变动指数

一般使用年限法、摊销费用法来确认成新率。使用年限法是根据被评估无形资产的预计尚可使用年限与其总使用年限的比率确定综合成新率，其计算公式为：成新率＝预计尚可使用年限/（已使用年限＋尚可使用年限）。摊销费用法是通过计算未摊销额占应摊销总额的比率来确定成新率，其计算公式为：成新率＝（原应摊销总额－已摊销额）/原应摊销总额，这种方法适用于无形资产的效用是非线性递减的情况。

2. 现行市价法

该方法即市场价格比较法、销售比较法、市场法。它是最直接，最简便的一种资产评估方法。在使用市场法时应当考虑被评估无形资产或者类似无形资产是否存在活跃的市场,恰当考虑市场法的适用性;收集类似无形资产交易案例的市场交易价格、交易时间及交易条件等交易信息;选择具有合理比较基础的可比无形资产交易案例,考虑历史交易情况,并重点分析被评估无形资产与已交易案例在资产特性、获利能力、竞争能力、技术水平、成熟程度、风险状况等方面是否具有可比性;收集评估对象以往的交易信息;根据宏观经济发展、交易条件、交易时间、行业和市场因素、无形资产实施情况的变化,对可比交易案例和被评估无形资产以往交易信息进行必要调整。

3. 收益现值法

该方法又称收益法,是通过估算未来的预期收益,并采用适宜的折现率折算成现值,然后累加求和,得出被评估无形资产的价值的一种评估方法。收益法评估无形资产的具体应用形式包括许可费节省法、增量收益法和超额收益法。其中,增量收益法是基于对未来增量收益的预期而确定无形资产价值的一种评估方法。具体分为收入增长型和费用节约型两种形式,使用该方法时要注意分清楚是哪一种形式。在使用增量收益法的过程中,需要合理判断和计算被评估无形资产所产生的增量收益,既不能简单地把增量收益归为仅由无形资产形成的增量收益,也不能将实际由无形资产带来的增量收益错误归为其他因素,从而避免"多评"或"少评"。超额收益法是用归属于被评估无形资产所创造的收益的折现值来确定无形资产的评估方法。即通过测算出整体收益中扣除其他相关贡献资产的相应贡献,将剩余收益确定为超额收益,并作为被评估无形资产所创造的收益,再将上述收益采用适当的折现率换算成现值,从而获得无形资产价值。其他相关贡献资产一般包括流动资产、固定资产、其他无形资产和组合劳动力成本等。

(1) 无形资产收益的确定。通过分成率获得无形资产收益,是目前国际和国内技术交易中常用的一种实用方法。分成率法首先计算使用无形资产的总收益,然后再将其在被评估无形资产和产生总收益过程中做出贡献的所有有形资产和其他无形资产之间进行分成。通常,分成率的估算方法有经验数据法、要素贡献法、对比公司法、市场交易案例法。一般地,估算获得的分成率首先是被评估单位所有无形资产的分成率,获得的分成收益也是所有无形资产的收益,由于各无形资产经济寿命的差别,谨慎使用该收益折现计算所有无形资产的评估值。

(2) 收益年限的确定。通常依据法律或合同、企业申请书的规定确定无形资产的收益年限,可以采用法定年限法、更新周期法以及剩余经济寿命预测法确定。在实务操作中,需要关注无形资产所依托的产品的经济寿命。对于无形资产组合收益年限的估算应该分析各无形资产的剩余经济寿命,重点分析最短剩余经济寿命的无形资产在其"失效"后,对无形资产组合的影响,恰当估算无形资产组合的剩余经济寿命。

(3) 折现率的确定。无形资产折现率的常用测算方法包括风险累加法和回报率拆分法。

(1) 风险累加法。风险累加法的公式表示为:无形资产折现率=无风险报酬率+风险报酬率。其中,无风险报酬率可选取一年期定期存款利率,根据无形资产剩余经济寿命选择不等年期国债到期收益率的平均值。风险报酬率一般由技术风险系数、市场风险系数、财务风险系数及管理风险系数等之和确定。

(2) 回报率拆分法。以加权平均资本成本(WACC)为基础,对其他有形资产、无形资产的回报率逐一量化,从而推出评估无形资产的折现率。

$$R_i = \frac{WACC - W_c \times R_c - W_f \times R_f}{W_i}$$

其中,R_i 为投资无形资产期望回报率;W_c 为营运资金占全部资产比例;R_c 为投资营运资金期望回报率;W_f 为不含无形资产的长期资产占全部资产比例;R_f 为投资不含无形资产的长期资产期望回报率;W_i 为无形资产占全部资产比例。

4. 残值法

该方法通过用综合评估所确定的企业资产重置价值与单项资产评估加总方式所确定。

【案例分析】 成本法在无形资产价值评估中的应用①

某文化开发有限公司为了增资扩股,委托某评估事务所对其拥有的"尚具有演出能力和收益能力的藏羌风情歌舞节目以及将藏羌风情歌舞节目编排成晚会的方法与能力"的价值进行评估。其纳入评估范围的具体内容包括 5 个羌族歌舞节目、4 个藏羌合演歌舞节目及将藏羌风情歌舞节目编排成晚会的方法与能力。公司首先进行节目创作、经编排以后,再由其下属演出机构举办"藏羌风情歌舞晚会"演出活动,从门票收入中实现经营收益。2000 年以来,公司面临激烈的行业竞争形势,具体表现在该地区从事民族歌舞演出的演出机构数量较多,其中经该县计委、县文化体育局授予一、二、三级演出资质就达 13 之多,众多的小型演出团体举办的小型演出活动更是难以计数。在此状况下,各演出团体之间的竞争十分突出,互相挖抢演职人才、创作人才的现象层出不穷,特别是演出门票压价促销现象尤为突出。但公司作为该地区最早从事藏羌风情歌舞创作、演出的专业机构,因其演员素质优势、节目创作优势及经营管理优势,仍保持了良好的经营势态,演职人员队伍稳定、节目创作能力强、经济效益良好。公司 2004—2007 年分别实现营业收入 813 万元、542 万元、617 万元,分别实现利润 328 万元、134 万元、163 万元。根据评估对象的具体状况、市场交易状况、使用状况以及可取得的资料,可以采用成本法评估,原因在于:第一,从公司 2004—2007 年的利润来看,公司利润波动较大,收益不稳定,主要原因在于近年来该地区演出市场的迅速发展和日趋激烈的市场竞争同理据此,公司未来的经营前景也难以准确地把握,市场竞争状况经营方式、收入成本等多方面均存在较大的变数。因此不满足未来收益能够可靠地预测的条件,因此,不宜采用收益法对委估无形资产进行评估。第二,目前,在该地区真正意义上的节目转让、交易案例极少、转让市场更未形成,通过市场调查未能收集到此方面的有关资料。在此前提下,采用市场法对待评无形资产进行评估显然也是不可能的。第三,采用成本法进行评估较为可行。待评估无形资产是公司支付了相应的成本才取得的,且公司也是按商业模式来运作的,任何一项投资总是希望通过一定的形式收回成本并取得合理的报酬。通过对公司多年经营情况的调查和分析可

---

① 胡琴,郑向前.成本法在五行资产价值评估中的应用[J].财会通讯,2009(29):112-113.

以得出委估无形资产的形成成本；通过对文化经营行业和旅游经营行业的分析，可以量化投资所要求获取的利润。

(1) 无形资产成本法的基本计算公式为：无形资产重置成本＝直接成本＋间接成本＋资金成本＋合理利润，则评估资产的价值 $P=C\times n_1/(n_1+n_2)$。其中，P 为评估值；C 为重置成本；$n_1/(n_1+n_2)$ 为节目成新率；n_1 为节目尚余演出寿命；n_2 为节目已演出时间。

(2) 确定重置成本(暂不包括合理利润)。公司藏羌歌舞节目的创作内容包括节目作词、作曲、舞蹈编排设计三个方面。创作过程包括剧本创作、节目编排、节目排练三个阶段。参加创作的人员包括公司自己的创作人员、公司外部创作人员、演职人员、其他管理人员。创作过程的成本支付包括外聘创作人员的作词、作曲、舞蹈编排设计费用；公司自己的创作人员的创作奖励；指导教师的报酬及生活住宿补助；演职人员编排期间、排练期间的工资支出；编排排练期间的场地使用费；其他管理费用支出等。因此，重置成本＝外部创作人员的作词、作曲、舞蹈编排设计费用＋公司自己的创作人员的创作奖励＋指导教师的报酬及生活、住宿补助＋演职人员编排期间、排练期间的工资支出＋编排排练期间的场地使用费＋其他管理费用支出。参考文化艺术演出行业平均支付水平和委托方提供的资料得出总的重置全价 889 050.00 元。其中，节目剧本自创人员的自创奖励 38 000.00 元；节目编排排练成本 762 450.00 元(包括教师指导报酬教师生活、住宿补助和演员编排、排练期间的演员工资支出)；其他演职人员编排、排练期间的工资支出 58 400.00 元；编排排练期间的场地使用费 219 000.00 元；晚会设计编排方案 88 600.00 元。

(3) 确定合理利润。通过对该文化开发公司过去五年的财务状况分析，公司的收益状况良好，成本收益率在 30% 以上；结合评估无形资产具体的经营状况以及未来可能面临的竞争等问题，评估的成本利润率取 25% 较为合理。因此，利润额＝重置成本×成本利润率＝89×25%＝22.25 万元。

(4) 节目尚余演出寿命的确定。通过各节目的尚可演出寿命进行加权平均得出的尚余演出寿命。单个节目的尚余演出寿命通过调查分析确定。通过各节目的已演出时间进行加权平均得出所有节目的已演出时间。单个节目的已演出时间通过向委托方调查分析确定。经上述分析计算，节目尚可演出寿命为 5.31 年，已演出时间为 4.69 年。

(5) 评估值 $P=(89+22.25)\times 5.311/(5.31+4.69)=59.07$ 万元。

因此，在收益无法确定、不存在被估无形资产或与被估无形资产相似的资产的交易市场，而相关成本资料可获取的情况下，成本法不失为一种有效的评估方法。应用成本法时，首先搜集与评估资产有关的重置成本资料和历史成本资料，确定被评估资产的重置成本；然后估算被评估资产的各种贬值，确定被评估资产的成新率；最后根据重置成本和成新率确定被估资产的价值。应用成本法时要注意以下几个问题：一是注意成本法应用的前提，即资产继续使用；二是要估算包括资产开发和应获利润在内的每一项成本，而不能只考虑开发成本不考虑应获利润；三是成新率的确定要注意无形资产的使用效用与时间的关系，当这种关系不是线性的，就不能简单地采取直线折余法。此时，一般按成本摊销比例来确定成新率。

二、几个特殊的无形资产融资的价值估算

(一) 企业营销关系网络价值评估

企业营销关系网络是一组由经济关系和信用关系融合起来的,由社会组织或个人形成的,有一定规模且相对稳定的,某企业生产要素供给和产品销售的市场布点和流通渠道的总和,它主要由三大板块构成:一是供应商网络,二是销售商网络,三是顾客网络。下面仅就这三个方面的价值评估进行简单的介绍。

(1) 供应商网络的价值评估。一个企业的供应商网络,是和企业生产经营活动所需的人力、物力、财力、信息、技术相关的经济关系网络,这是任何一个企业的生存和发展都不能离开的生命线之一。对供应商网络价值的评估可以用以下公式得出:

$$供应商网络的价值 = \frac{联系和维持供应}{商所耗费的成本} \times 权数1 + \left(\frac{有固定供应商}{所获得利润额} - \frac{没有固定供应商}{所获得的利润额}\right)的预计年收益现值之和 \times 权数2$$

其中,权数1+权数2=100%。

(2) 销售商网络的价值评估 销售商关系是企业推销其产品和劳务的重要渠道,是企业占领区域性市场的重要手段,因而是企业一项重要的经济资源,技术复杂度高、对售后服务要求高的产品的销售尤其如此。它的评估方法可以同供应商网络的价值评估相同,即可以用上面供应商网络的价值评估的公式。

(3) 顾客关系网络的价值评估 顾客关系是指由广告、商标、独特的产品、优惠的服务和其他类似的原因而建立起来的顾客对企业的信赖关系。评估顾客关系最好是运用边际分析的方法按其贡献值确定收益现值;评估时,可先测算有顾客关系条件下的销售利润,再同无顾客关系条件下的销售利润相比较,其差额则可视为顾客关系的价值。

(二) 企业信息资源的价值评估

信息可泛指消息和数据的具体内容和意义。信息价值的评估方法,一种方法是成本加利润,各种形态的成本加上利润,利润的计算方法是(成本×利润率),利润率的确定则依据信息取得难易程度、信息的转让费和转让次数等因素来确定。还有一种方法是以市场需求作为估价基础。它可以是以历史上的市价为依据来确定,也可以是以收益分成的方法来确定,即在一定时期内按一定的比例分享根据信息使用方使用后取得的经济效益。这种方法也可以以产值为基础确定适当的分成比例。

(三) 企业文化的价值评估

企业文化是指一个企业或组织具有的价值观念体系及相应的文化教育活动的总和。企业文化由环境文化、经营广告文化、娱乐文化、制度文化和精神文化等层次构成的,这些层次的文化都具有一种很强的文化力,一旦转化为生产力,就能使企业在激烈的市场竞争中显示出较高的内在素质和整体优秀性品质。对企业文化进行价值评估可以根据上面的层次分别评估,如对环境文化进行评估,对环境文化改造完成后,可以用企业后3年的利

润现值之和减去前3年的利润再减去物价和国家政策等因素造成的利润额的增长额,即为该公司企业文化的价值。可以用公式表示如下:

$$该企业的环境文化价值 = 企业后3年的利润现值之和 - 企业前3年的利润之和 - 物价和国家政策性因素造成的利润的增加额$$

由以上推而广之,企业文化中其他层次的文化可以参照上面的环境文化的价值评估来分别评估其价值。

(四) 企业形象的价值评估

企业形象特指社会公众按照一定的标准和要求,对某个企业经过主观努力所形成和表现出来的形象特征所形成的整体看法和最终印象并转化成的基本信念和综合评价。对于形象价值的评估,我举一个代表性的公式来说明。企业识别的标志是企业用于象征子特征的标志,这种标志可以使企业印象明确化,使公众从中体验到企业的整体优秀性和鲜明的个性。企业识别的标志最常见的是各种图案、文字符号等。如我国红旗轿车的红旗标志,大众汽车的桑塔纳标志,福田集团的钻石标志等。那么可以由以下公式得出它们的价值:

$$标志的价值 = \sum DCBA$$

其中,A为标志所附产品当年产值的5%+该产品从诞生之日起累计产值的5%+该产品今后10年潜在经济效益的5%;B为企业培育该标志信誉所付出的广告宣传费;C为设计、注册该标志所付出的费用;D为保护该标志所付出的费用。以上就是企业形象的一个重要方面的评估公式,那么同样其他的企业形象的评估问题也迎刃而解。

第四节 无形资产融资的风险与防范

一、无形资产融资的风险

(一) 评估困难

从无形资产的特殊性来看就不难得出无形资产的价值比较难确定。而且以下几个方面也给无形资产评估带来了困难:一是国家有关法律规定,对于有形资产来说产权不转让不变更的不进行评估,传统的制度在无形中制约了无形资产的评估。二是不论是有形资产还是无形资产的资产价值通常都是很难把握的,谁也不能很精准地预测市场的未来需求。三是不能正确界定无形资产,不能把只符合无形资产一个特征的无形的资产都罗列在无形资产中,与真正的无形资产混淆,也需要注意不能遗漏了已经存在的无形资产。另外,从无形资产所满足的条件来看,它的成本是需要能够可靠计量的;有的无形资产虽可能有原始投入价值,但是随着社会经济的发展趋势,而使实际可能产生的未来经济利益流入远远不同于投入价值,这不能符合确定无形资产价值的条件。并且无形资产涉及了较多的行业和种类,资产价值评估体系不能够为计量每种无形资产量身定制,对于这个无形的资产对其监管的体制也不够完善,这就对评估的权威产生了很大的挑战。如果连价值都难以确定,那么银行是不愿意接受无形资产的融资,已经成为推广无形资产融资最大的一个障碍。

(二) 价值具有高度不确定性

经济市场一直是不稳定的市场,而且目前我国的市场机制还不够成熟,也没有建立起灵活的知识产权交易市场,这在无形之中就导致了无形资产的流动性差,并且变现困难。市场又是一个有供有需的竞争激烈的交易场所,市场的需求决定着无形资产的收益,而需求的不稳定性和激烈的竞争也给无形资产的收益带来了高度的不确定性。科学经济发展越来越快,技术的更新也就越来越快,无形资产就会因新技术的替代而发生贬值。若企业想要在竞争中保持自己的优势,就必须要投入大量人力、物力、财力来改变现状,就又会使得无形资产的价值增加。无形资产产生的价值的变化,直接关系到企业的获利能力。而因陷入侵权纠纷、因技术进步而被取代、因市场运营失败等诸多因素均会增加无形资产的贬值风险,而这种风险又恰恰是银行难以掌控的。无形资产价值难以保证的问题就会引起银行的纠结,很难接受无形资产融资的借贷方式。

(三) 相关的法律法规不健全

随着经济的发展,法律制度已在不断的修订和完善中发展。但是相对于无形资产融资的发展速度,关于无形资产保护的法律制度相对较缓慢,暂时还不能够全面保护无形资产融资的权益。而且虽然关于无形资产的立法速度加快了,但是由于人们的法律意识薄弱,造成了执法不严,很多法律的实施都趋于形式化,造成了一部分的无形资产的流失。另外,对于融资的担保中,相关的法律法规较为模糊。对于一些权利责任,也没有做出明确的规定。无形资产的复杂性,造就了其融资相应业务的复杂性。这就需要设置更详细可行的法律法规来保证无形资产融资的可行性。

二、无形资产融资的风险防范

无形资产融资的风险防范就是保护无形资产,加强对无形资产的管理,需要注意如下几点。

1. 要正确认识无形资产的价值,做好无形资产评估

一般来讲,具有一定经营历史和业绩的公司,都存在无形资产,具有无形资产优势。企业要充分重视这些无形资产,并让机构进行评定确认,并在公司财报上表现出来。选择能被社会投资者、国家资产管理部门认可的权威资产评估机构也非常重要,对无形资产使用情况的变化做好会计核算,防止资产流失。

2. 加强无形资产的风险管理

由于无形资产不像有形资产那样具有实实在在的价值实体,它的价值是不稳定的,一旦丧失,会给企业带来重大的利益损失,因此企业要加强无形资产管理。例如,加强对企业专业技术经营秘密、特殊工艺等资料的保护力度,采取严密措施,对于可以公开的工业产权要及时取得法律保护并取得专用权,同时通过法律途径对各种侵权盗用等依法追究违法者法律责任并要求赔偿经济损失。

3. 注重企业形象,恪守商业道德

良好可靠的商业信誉是企业存在与发展的无价之宝,良好的企业形象是企业无形资

产竞争优势的体现。企业要重视企业形象、公司标记、产品服务标记的设计,利用广告和其他营销工具来推广公司的经营理念与创新意识,建立良好的公共关系,以赢得社会各界的支持与信任,这也是支持企业股票价格,增加企业市场价值的重要因素。

4. 不断发展与创新企业的无形资产

发展无形资产与保护无形资产同样重要。发展无形资产的重要措施是加强对无形资产的投资。技术型无形资产,会随时间推移丧失其先进性,工业版权如计算机软件一样。例如,根据有关的研究,一般新技术在 5~7 年之后会丧失 50%的技能,一个技术人员如果跟不上时代的发展,其技能的 50%只要 2~3 年时间就会丧失,这就解释了一些大公司尤其是金融部门对知识技能型人才的需求动机,正如卢森堡证券交易所的总裁 Edmond Israel 在 1992 年所说的:"我们今天面对的最大危险来自人们不停地回想过去而不是未来。他们总是试图解决昨天,而不是今天和明天的问题。"商标、品牌、声誉虽不会随时间流逝而自然贬值,却也需要企业产品质量的保证和不断的产品创新以及企业创新来维护。所以,企业要保持长久的竞争优势,必须对无形资产进行投资。另外,要不断开发企业新的无形资产,如特许权、租赁权、营销网络、数据库等,企业经营者尤其是营销人员要理解拥有一个准确的关于现实和未来消费者的最新的消费数据库的价值,它不仅仅是为回答消费者的询问,更重要的是为了达到营销目的。比消费者数据库内容更丰富仔细的是营销数据库,它记录着企业或公司的消费者个体和群体、供应商、分销商或代理商等所有的必要资料。

【案例分析】 无形资产出资,活力 28 品牌被"雪藏"

1950 年,沙市第一家国营企业——沙市油厂开业,也就是活力 28 的前身。1982 年,沙市日用化工总厂在广交会上抓住信息,及时研制出当时国际上第三代最新洗衣粉——活力 28 超浓缩无泡洗衣粉。活力 28 超浓缩无泡洗衣粉的问世,开创了中国洗衣粉生产的历史新纪元。当时香港各大报纸就盛誉活力 28 为"我国内之首创,我民族之骄傲",全国日化市场占有率最高时曾达到 76%,是当之无愧的"中国第一日化品牌"。活力 28 是第一个在中央电视台做洗衣粉广告的企业,以一句"活力 28,沙市日化"的口号响彻全国。1996 年,活力 28 集团公司与德国美洁时合资成立公司。活力 28 以品牌和设备作价出资 9 000 万元占合资公司 40%的股份,合资公司享有活力 28 品牌 50 年的无偿使用权。此后活力 28 品牌并没有按照合资合同中设想的那样,努力将这一市场反映优秀、消费者口碑良好的国产品牌带上更高的目标,德国方面人为压制乃至不断缩减活力 28 的生产与销售,不断提高德国主导的合资品牌的生产与销售,导致活力 28 每况愈下,2000 年开始逐年销售额递减,活力 28 品牌被变相雪藏,到 2003 年已经到了入不敷出的地步。虽然 7 年之后,湖北天发集团回购"活力 28"商标成功,但昔日的日化巨头,已经在外资品牌的无情"冷宫"中元气大伤,无力回天了。随着活力 28 商标的持有者天发集团的没落,这个盛极一时的品牌算是走到了尽头。

活力 28 集团公司利用活力 28 品牌 50 年的无偿使用权为合资公司出资,在此过程中,其并未意识到品牌价值具有高度不确定性。德国美洁时的恶意打压,使得活力28产品销售量大幅减少,活力28品牌也不断下降。

因此,企业在利用无形资产进行融资时,第一,企业应正确及时识别风险。企业在发展经营过程中应随时备有风险意识,对风险进行判定、归类和鉴定。第二,在对风险进行识别和评估之后,应选择的转移和处理方式。要意识到方式的选择是否具有更大的隐藏更大的风险。第三,企业在加强风险管理能力的同时,应提高企业的竞争力和管理能力,加强创新,有足够能力进行对风险进行避免和抑制。

本章小结

以知识产权为代表的无形资产具有隐蔽性的特征,长期以来难以被用于企业融资。然而,随着科技主导经济时代的到来,大量科技企业呈现出"重无形资产、轻实物资产"的趋势,从而产生了以无形资产融资的需求。同时,无形资产市场的完善也为资产价值计量提供了条件。本章主要介绍了无形资产的概念、类别及常见的融资模式,其中重点阐述了科技银行融资及其对科技型企业融资的作用和意义。此外,本章也介绍了无形资产融资中价值评估的三种常见方法:重置成本法、现行市价法、收益现值法。最后,无形资产融资也存在较大的风险,包括评估困难、价值不确定、法律法规不健全等,因此必须在无形资产融资中注重风险防范、加强对无形资产的管理。

习题

一、名词解释

(一) 无形资产

(二) 质押融资

(三) 重置成本法

二、简答题

(一) 简述无形资产的类别

(二) 简述科技银行的创新特点

(三) 简述如何利用收益现值法评估无形资产价值

如何实现企业数据资产价值?

第十一章 互联网融资理论与实践

学习目标：

1. 了解互联网金融的含义，了解第三方支付、P2P 网络贷款平台、大数据金融模式、众筹、信息化金融机构、互联网金融门户的概念
2. 掌握众筹的模式和风险、P2P 网络贷款融资模式的类型及 P2P 的运作流程
3. 熟悉互联网金融背景下 P2P 网络贷款融资模式与传统贷款融资模式的异同、各类互联网金融的融资模式的发展现状

关 键 词： 互联网金融　众筹　P2P

第一节　互联网金融概述

一、互联网金融含义与模式

（一）定义

互联网金融(IT FIN)是指以依托于支付、云计算、社交网络以及搜索引擎等互联网技术和移动通信技术等一系列现代信息科学技术实现资金融通、支付和信息中介等业务的一种新兴金融模式。在此种模式下，市场信息不对称程度非常低，资金供需双方能够通过网络直接对接，交易成本大大减少。

互联网金融不是互联网和金融业的简单结合，而是互联网技术和金融功能的有机结合，依托大数据和云计算在开放的互联网平台上形成的功能化金融业态及其服务体系。

在实现安全、移动等网络技术水平上,被用户熟悉接受后(尤其是对电子商务的接受),自然而然为适应新的需求而产生的新模式及新业务。互联网金融不仅包括基于网络平台的金融市场体系、金融服务体系、金融组织体系、金融产品体系以及互联网金融监管体系等,还具有普惠金融、平台金融、信息金融和碎片金融等相异于传统金融的金融模式,是传统金融行业与互联网精神相结合的新兴领域。

互联网金融与传统金融的区别不仅仅在于金融业务所采用的媒介不同,更重要的在于金融参与者深谙互联网"开放、平等、协作、分享"的精髓,通过互联网、移动互联网等工具,使得传统金融业务具备透明度更强、参与度更高、协作性更好、中间成本更低、操作上更便捷等一系列特征。互联网金融并不是简单的"互联网技术的金融",而是"基于互联网思想的金融",技术作为必要支撑,其中的主语或者核心是参与者,是人,而不是技术。互联网金融是一种新的参与形式,而不是传统金融技术的升级。

理论上任何涉及广义金融的互联网应用都应该是互联网金融,包括但是不限于为第三方支付、在线理财产品的销售、信用评价审核、金融中介、金融电子商务等模式。互联网金融的发展已经经历了网上银行、第三方支付、个人贷款、企业融资等多阶段,并且越来越在融通资金、资金供需双方的匹配等方面深入传统金融业务的核心。

(二) 互联网金融特点

就成本收益而言,互联网金融具有成本低、效率高的特点,且互联网金融覆盖面广、发展快,但同时互联网金融也存在管理弱、风险大的问题。

(1) 互联网金融模式下,资金供求双方可以通过网络平台自行完成信息甄别、匹配、定价和交易,无传统中介、无交易成本、无垄断利润。一方面,金融机构可以避免开设营业网点的资金投入和运营成本;另一方面,消费者可以在开放透明的平台上快速找到适合自己的金融产品,削弱了信息不对称程度,更省时、省力。

(2) 效率高的特点。互联网金融业务主要由计算机处理,操作流程完全标准化,客户不需要排队等候,业务处理速度更快,用户体验更好。如阿里小贷依托电商积累的信用数据库,经过数据挖掘和分析,引入风险分析和资信调查模型,商户从申请贷款到发放只需要几秒钟,日均可以完成贷款1万笔,成为真正的"信贷工厂"。

(3) 覆盖面广。互联网金融模式下,客户能够突破时间和地域的约束,在互联网上寻找需要的金融资源,金融服务更直接,客户基础更广泛。此外,互联网金融的客户以小微企业为主,覆盖了部分传统金融业的金融服务盲区,有利于提升资源配置效率,促进实体经济发展。

(4) 依托于大数据和电子商务的发展,互联网金融得到了快速增长。以余额宝为例,余额宝上线18天,累计用户数就达到250多万,累计转入资金达到66亿元。但另一方面也存在一些问题。首先是管理弱。一是风控弱,互联网金融还没有接入人民银行征信系统,也不存在信用信息共享机制,不具备类似银行的风控、合规和清收机制,容易发生各类风险问题,已有多家如众贷网、网赢天下等P2P网贷平台宣布破产或停止服务。二是监管弱,互联网金融在我国处于起步阶段,监管和法律约束薄弱,缺乏准入门槛和行业规范,整个行业面临诸多政策和法律风险。其次是风险大。一是信用风险大,目前我国信用体系尚不完善,互联网金融的相关法律还有待配套,互联网金融违约成本较低,容易诱发恶意骗贷、卷款跑路等风险问题。特别是 P2P 网贷平台由于准入门槛低和缺乏监管,成为不法分子从事非法集资和诈骗等犯罪活动的温床。二是网络安全风险大。我国互联网安全问题突出,网络金融犯罪问题不容忽视。一旦遭遇黑客攻击,互联网金融的正常运作会受到影响,危及消费者的资金安全和个人信息安全。

(三)传统金融模式与互联网金融模式的比较

与传统金融模式相比,互联网金融在信息处理、风险评估、资金供求、支付、供求方、产品和成本方面都有些不同。在信息处理上,传统金融机构与互联网金融机构都在积极地运用互联网的技术,传统金融机构具有深厚的实体服务的基础,可从线下向线上进行拓展;而互联网金融多数是以线上服务为主,同时也注重从线上向线下进行拓展,在信息处理方面,互联网金融依托的现代信息科学技术拥有更多优势。在风险评估上,传统金融机构受到较为严格的监管,需要担保抵押登记、贷后管理等;而互联网金融的互联网特性决定了它的风险特性更加复杂、多变,除了传统的流动性市场风险和利率风险外,还存在基于信息技术导致的信息安全风险和虚拟业务的风险。在资金供求上,互联网金融模式下的资金供求双方通过网络平台自行完成信息甄别、匹配、定价和交易,无传统中介、无交易成本、无垄断利润。在支付方式上,传统金融采用的是物理网点分散支付,而互联网金融是超级集中支付系统和个体移动支付统一。在供求方上,传统行业中,贷款一般由各大银行提供,互联网金融借贷却不一样,由于其一般都是只存在于网络上的一些借贷平台,这些平台给予放贷者的利率相当高,因此很多有闲散资金的人都愿意将资金存放在这样的平台上来获取利益。互联网金融主要聚焦于传统金融业服务不到的或者是重视不够的长尾客户,利用信息技术革命带来的规模效应和较低的边际成本,使长尾客户在小额交易、细分市场等领域能够获得有效的金融服务。从产品上讲。传统金融主要是指只具备存款、贷款和结算三大传统业务的金融活动,以及利用传统手段开展的金融业务、金融产品和金融机构及金融体系,传统手段包括传统物理网点、独立部署的服务器、非大数据的数据处理、人工的风控措施等;互联网金融更强调运用互联网技术,比如云部署、大数据、区块链、人工智能等,基于此开发的产品、开展的业务、相应的机构和体系的金融活动。从成本上讲,互联网金融的交易成本低、运营成本低,交易双方在资金期限匹配、分担成本非常低,银行、券商和交易所等中介都不起作用,贷款、股票、债券等的发行和交易以及券款支付直接在网上进行。

二、互联网金融的创新模式

(一)第三方支付

第三方支付(Third-Party Payment)狭义上是指具备一定实力和信誉保障的非银行机构,借助通信、计算机和信息安全技术,采用与各大银行签约的方式,在用户与银行支付结算系统之间建立连接的电子支付模式。在第三方支付模式中,买方选购商品后,使用第三方平台提供的账户进行货款支付(支付给第三方),并由第三方通知卖家货款到账、要求发货;买方收到货物,检验货物,并且进行确认后,再通知第三方付款;第三方再将款项转至卖家账户。

根据中国人民银行2010年在《非金融机构支付服务管理办法》中给出的非金融机构支付服务的定义,从广义上讲第三方支付是指非金融机构作为收、付款人的支付中介所提供的网络支付、预付卡、银行卡收单以及中国人民银行确定的其他支付服务。第三支付已不仅仅局限于最初的互联网支付,而是成为线上线下全面覆盖,应用场景更为丰富的综合支付工具。

从发展路径与用户积累途径来看,目前市场上第三方支付公司的运营模式可以归为两大类:一是独第三方支付模式,指的是第三方支付平台完全独立于电子商务网站,不负有担保功能,仅仅为用户提供支付产品和支付系统解决方案,以快钱、易宝支付、汇付天下、拉卡拉等为典型代表。以易宝支付为例,其最初凭借网关模式立足,针对行业做垂直支付,而后以传统行业的信息化转型为契机,凭借自身对具体行业的深刻理解,量身定制全程电子支付解决方案。在这种模式中,平台分别与消费者、银行、商户签订合同并提供服务,是单纯的中介机构。一方面与商户及消费者构成选择与被选择的关系,另一方面与主流银行进行合作,与银行开展结算业务,实质上起到了一种"网关"的作用,但和早期纯网关型企业又有很大区别。二是以支付宝、财付通为首的依托于自有B2C、C2C电子商务网站提供担保功能的第三方支付模式。有交易平台的担保支付模式,是指第三方支付平台捆绑着大型电子商务网站,并同各大银行建立合作关系,凭借其公司的实力和信誉充当交易双方的支付和信用中介,在商家与客户间搭建安全、便捷、低成本的资金划拨通道。货款暂由平台托管并由平台通知卖家货款到达、进行发货;在此类支付模式中,买方在电商网站选购商品后,使用第三方平台提供的账户进行货款支付,待买方检验物品后进行确认后,就可以通知平台付款给卖家,这时第三方支付平台再将款项转至卖方账户。第三方支付公司主要有交易手续费、行业用户资金信贷利息及服务费收入和沉淀资金利息等收入来源。

比较而言,独立第三方支付立身于B(企业)端,担保模式的第三方支付平台则立身于C(个人消费者)端,前者通过服务于企业客户间接覆盖客户的用户群,后者则凭借用户资源的优势渗入行业。第三方支付的兴起,不可避免地给银行在结算费率及相应的电子货币/虚拟货币领域给银行带来挑战。第三方支付平台与商业银行的关系由最初的完全合作逐步转向了竞争与合作并存。随着第三方支付平台走向支付流程的前端,并逐步涉及基金、保险等个人理财等金融业务,银行的中间业务正在被其不断蚕食。另外,第三方支付公司利用其系统中积累的客户的采购、支付、结算等完整信息,可以以非常低的成本联合相关金融机构为其客户提供优质、便捷的信贷等金融服务。同时,支付公司也开始渗透到信用卡和消费信贷领域。第三方支付机构与商业银行的业务重叠范围不断扩大,逐渐对商业银行形成了一定的竞争关系。未来,当第三方支付机构能够在金融监管进一步放开,其能拥有目前银行独特拥有的"账户"权益时,那么带给银行的就不仅仅是"余额宝"的试点式竞争,而是全方位的行业竞争。

到目前为止,第三方支付主要还是通过网络平台来实现支付业务,因此对于网络平台的技术要求以及支付平台的信用安全有着非常严格的要求,除了与银行竞争,还存在支付安全问题和法律法规不完善的问题。一方面,互联网通信技术作为第三方支付的基础,在其网络传输支付过程中比较容易出现客户身份被冒用的问题。与银行电子支付相比,第三方支付容易遭受网络病毒的攻击,存在着较大的安全隐患问题。另一方面,由于第三方支付发展速度飞快,相关的法律法规监管没有及时同步,这就造成了被侵权者得不到完善的法律保护,存在一定的资金安全隐患。

2013年7月份中国人民银行又颁发了新一批支付牌照,持有支付牌照的企业已达到250家。在牌照监管下,第三方支付领域今后更多的是巨头们的竞争,一方面是类似支付宝、快钱、易宝支付等市场化形成的巨头,另一方面是依托自身巨大资源的新浪支付、电信运营商支付以及可能的中石化、中石油的支付平台。随着支付行业参与者不断增多,在银行渠道、网关产品以及市场服务等方面的差异性越来越小,支付公司的产品会趋于同质化,这意味着第三方支付企业需要不断寻找新的业绩增长点。移动支付、细分行业的深度定制化服务、跨境支付、便民生活服务将成为新的竞争领域,拥有自己独特竞争力及特色渠道资源成为众多第三方支付企业生存及竞争的筹码。随着互联网科技的进步与革新,第三方支付一步步从1999年到现在,人们的生活中处处充斥着它的影子。虽然中间可能出现一些监管类问题,但是有关部门颁发支付牌照让第三方支付规范化地成长,并扩宽线下市场更好地服务经济社会。

(二) P2P网络贷款平台

P2P(Peer-to-Peer lending),即点对点信贷。P2P网络贷款是指通过第三方互联网平台进行资金借、贷双方的匹配,需要借贷的人群可以通过平台寻找到有出借能力并且愿意基于一定条件出借的人群,帮助贷款人通过和其他贷款人一起分担一笔借款额度来分散风险,也帮助借款人在充分比较的信息中选择有吸引力的利率条件。

P2P平台的盈利主要是从借款人收取一次性费用以及向投资人收取评估和管理费用。贷款的利率确定或者是由放贷人竞标确定或者是由平台根据借款人的信誉情况和银行的利率水平提供参考利率。

由于无具体准入门槛、无行业标准、无机构监管,对P2P网贷还没有严格意义上的概念界定,其运营模式尚未完全定型。目前已经出现了以下几种运营模式:纯线上模式,P2P网贷平台本身不参与借款,只是实施信息匹配、工具支持和服务等功能。民间借贷搬到互联网上来运营的模式,是P2P网贷平台最原始的运作模式,是我国P2P网贷借贷的雏形。此类模式典型的平台有拍拍贷、合力贷、人人贷(部分业务)等,其特点是资金借贷活动都通过线上进行,不结合线下的审核。通常这些企业采取的审核借款人资质的措施有通过视频认证、查看银行流水账单、身份认证等。线上线下结合的模式,是指P2P网贷公司在线上主攻理财端,吸引出借人,并公开借贷业务信息以及相关法律服务流程,而线下则强化风险控制、开发贷款端客户。此类模式以翼龙贷为代表。借款人在线上提交借款申请后,平台通过所在城市的代理商采取入户调查的方式审核借款人的资信、还款能力等情况。另外,以宜信为代表的债权转让模式现在还处于质疑之中,这种模式是公司作为中间人对借款人进行筛选,以个人名义进行借贷之后再将债权转让给理财投资者。

从P2P的特点来看,其在一定程度上降低了市场信息不对称程度,对利率市场化将起到一定的推动作用。由于其参与门槛低、渠道成本低,在一定程度上拓展了社会的融资渠道。但从目前来看,P2P网贷暂时很难撼动银行在信贷领域的霸主地位,无法对银行造成根本性冲击。P2P针对的主要还是小微企业及普通个人用户,这些大都是被银行"抛弃"的客户,资信相对较差、贷款额度相对较低、抵押物不足,并且因为央行个人征信系统暂时没有对P2P企业开放等原因,造成P2P审贷效率低、客户单体贡献率小,以及批贷概率低等现状,并且很多异地的信用贷款,因为信贷审核及催收成本高的原因,不少P2P平台坏债率一直居高不下。

据网贷之家不完全统计,在2013年底活跃的P2P网贷平台达到1 500家左右。从目前整体P2P行业来看,先进入者因为有一定的知名度及投资者积累,相对大量的投资者来说,更多的是缺乏优质的信贷客户;而对于一些新上线的平台,因为缺少品牌知名度及投资者的信任,或者被迫选择一些虚拟的高利率的标来吸引投资者,或者是依托线下合作的小贷、担保公司资源将一些规模标的进行资金规模或者时间段的分拆,以便尽快形成一定的交易量,争取形成良性循环。

P2P网贷平台还处于培育期,用户认知程度不足、风控体系不健全,是P2P行业发展的主要障碍。少数平台在上线不长的时间内依靠高回报率骗取投资人的资金,而很少是因为真正的经营不善而倒闭。因此,不能因为少数害群之马的恶劣行为来彻底否定一个行业,而是要在逐步建立备案制以及相关资金监管的同时,对真正违法诈骗的行为进行严厉打击。

随着互联网金融的火爆,创业热情的高涨,众多的P2P网贷平台若想在竞争中取胜,一方面是要积累足够的借、贷群体,另一方面需要建立良好的信誉,保证客户的资金安全。随着对P2P平台的监管加强,平台资金交由银行托管,平台本身不参与资金的流动是必然趋势。另外,与第三方支付平台和电商平台合作利用互联网积攒的大数据来识别风险,以及各家P2P网贷平台共享借贷人信息,建立一个全国性的借款记录及个人征信都将是P2P网贷的发展方向,并将进一步加快利率市场化的步伐。

(三) 大数据金融模式

大数据金融是指集合海量非结构化数据,通过对其进行实时分析,可以为互联网金融机构提供客户全方位信息,通过分析和挖掘客户的交易和消费信息掌握客户的消费习惯,并准确预测客户行为,使金融机构和金融服务平台在营销和风控方面有的放矢。基于大数据的金融服务平台主要指拥有海量数据的电子商务企业开展的金融服务。大数据的关键是从大量数据中快速获取有用信息的能力,或者是从大数据资产中快速变现的能力,因此,大数据的信息处理往往以云计算为基础。目前,大数据服务平台的运营模式可以分为以阿里小额信贷为代表的平台模式和京东、苏宁为代表的供应链金融模式。

阿里小贷以"封闭流程+大数据"的模式开展的金融服务,凭借电子化系统对贷款人的信用状况进行核定,发放无抵押的信用贷款及应收账款抵押贷款,单笔金额在5万元以内,与银行的信贷形成了非常好的互补。阿里金融目前只统计、使用自己的数据,并且会对数据进行真伪性识别、虚假信息判断。阿里金融通过其庞大的云计算能力及数十位优秀建模团队的多种模型,为阿里集团的商户、店主实时计算其信用额度及其应收账款数量,依托电商平台、支付宝和阿里云,实现客户、资金和信息的封闭运行,一方面有效降低了风险因素,同时真正地做到了一分钟放贷。京东商城、苏宁的供应链金融模式是以电商作为核心企业,以未来收益的现金流作为担保,获得银行授信,为供货商提供贷款。

大数据能够通过海量数据的核查和评定,增加风险的可控性和管理力度,及时发现并解决可能出现的风险点,对于风险发生的规律性有精准的把握,将推动金融机构对更深入和透彻的数据的分析需求。虽然银行有很多支付流水数据,但是各部门不交叉,数据无法整合,大数据金融的模式促使银行开始对沉积的数据进行有效利用。大数据将推动金融机构创新品牌和服务,做到精细化服务,对客户进行个性定制,利用数据开发新的预测和分析模型,实现对客户消费模式的分析以提高客户的转化率。

大数据金融模式广泛应用于电商平台,以对平台用户和供应商进行贷款融资,从中获得贷款利息以及流畅的供应链所带来的企业收益。随着大数据金融的完善,企业将更加注重用户个人的体验,进行个性化金融产品的设计。未来,大数据金融企业之间的竞争将存在于对数据的采集范围、数据真伪性的鉴别以及数据分析和个性化服务等方面。

(四)众筹

众筹大意为大众筹资或群众筹资,是指用团购+预购的形式,向网友募集项目资金的模式。本意众筹是利用互联网和SNS(Social Networking Services)传播的特性,让创业企业、艺术家或个人向公众展示他们的创意及项目,争取大家的关注和支持,进而获得所需要的资金援助。众筹平台的运作模式大同小异——需要资金的个人或团队将项目策划交给众筹平台,经过相关审核后,便可以在平台的网站上建立属于自己的页面,用来向公众介绍项目情况。众筹的规则有三个:一是每个项目必须设定筹资目标和筹资天数;二是在设定天数内,达到目标金额即成功,发起人即可获得资金;项目筹资失败则已获资金全部退还支持者;三是众筹不是捐款,所有支持者一定要设有相应的回报。众筹平台会从募资成功的项目中抽取一定比例的服务费用。

此前不断有人预测众筹模式将会成为企业融资的另一种渠道,对于国内目前IPO闸门紧闭,企业上市融资之路愈走愈难的现状会提供另一种解决方案,即通过众筹的模式进行筹资。但从目前国内实际众筹平台来看,因为股东人数限制及公开募资的规定,国内更多的是以"点名时间"为代表的创新产品的预售及市场宣传平台,还有以"淘梦网""追梦网"等为代表的人文、影视、音乐和出版等创造性项目的梦想实现平台,以及一些微公益募资平台。

2013年年中以来,以创投圈、天使汇为代表的一批针对种子期、天使期的创业服务平台,以一种"众投"的模式进入的人们的视野,并很好地承接了对众筹本意的理解,但是因为项目优劣评判的困难、回报率的极为不确定性,目前仅仅停留在少量天使投资人、投资机构及少数投资人当中,涉及金额也相对较小。

与热闹的P2P相比,众筹尚处于一个相对静悄悄的阶段。目前国内对公开募资的规定和特别容易踩到非法集资的红线使得众筹的股权制在国内发展缓慢,很难在国内做大做强,短期内对金融业和企业融资的影响非常有限。

从行业发展来看,目前众筹网站的发展要避免出现当年团购网站由于运营模式和内容上的千篇一律,呈现出一窝蜂地兴起,而又一大片倒下的局面。这就要求众筹网站的运营体现出自身的差异化,凸显出自身的垂直化特征。

(五) 信息化金融机构

所谓信息化金融机构,是指通过采用信息技术,对传统运营流程进行改造或重构,实现经营、管理全面电子化的银行、证券和保险等金融机构。金融信息化是金融业发展趋势之一,而信息化金融机构则是金融创新的产物。从金融整个行业来看,银行的信息化建设一直处于业内领先水平,不仅具有国际领先的金融信息技术平台,建成了由自助银行、电话银行、手机银行和网上银行构成的电子银行立体服务体系,而且以信息化的大手笔——数据集中工程在业内独领风骚。

目前,一些银行都在自建电商平台,从银行的角度来说,电商的核心价值在于增加用户黏性,积累真实可信的用户数据,从而银行可以依靠自身数据去发掘用户的需求。建行推出"善融商务"、交行推出"交博汇"等金融服务平台都是银行信息化的有力体现。工行的电商平台也预计在2014年元旦前后上线,作为没有互联网基因的银行一拥而上推广电商平台,目的何在?

从经营模式上来说,传统的银行贷款是流程化、固定化,银行从节约成本和风险控制的角度更倾向于针对大型机构进行服务,通过信息技术,可以缓解甚至解决信息不对称的问题,为银行和中小企业直接的合作搭建了平台,增强了金融机构为实体经济服务的职能。但更为重要的是,银行通过建设电商平台,积极打通银行内各部门数据孤岛,形成一个"网银+金融超市+电商"的三位一体的互联网平台,以应对互联网金融的浪潮及挑战。

信息化金融机构从另外一个非常直观的角度来理解,就是通过金融机构的信息化,让我们汇款不用跑银行、炒股不用去营业厅、电话或上网可以买保险,虽然这是大家现在已经习以为常的生活了,但这些都是金融机构建立在互联网技术发展基础上,并进行信息化改造之后带来的便利。未来,传统的金融机构在互联网金融时代,更多的要考虑如何更快、更好地充分利用互联网等信息化技术,并依托自身资金实力雄厚、品牌信任度高、人才聚集、风控体系完善等优势,作为互联网金融模式的一类来应对非传统金融机构带来的冲击,尤其是思维上、速度上的冲击。

(六) 互联网金融门户

互联网金融门户是指利用互联网进行金融产品的销售以及为金融产品销售提供第三方服务的平台。它的核心就是"搜索+比价"的模式,采用金融产品垂直比价的方式,将各家金融机构的产品放在平台上,用户通过对比挑选合适的金融产品。互联网金融门户多元化创新发展,形成了提供高端理财投资服务和理财产品的第三方理财机构,提供保险产品咨询、比价、购买服务的保险门户网站等。这种模式不存在太多政策风险,因为其平台既不负责金融产品的实际销售,也不承担任何不良的风险,同时资金也完全不通过中间平台。

互联网金融门户最大的价值就在于它的渠道价值。互联网金融分流了银行业、信托业、保险业的客户,加剧了上述行业的竞争。融资方到了融360、好贷网或软交所科技金融超市时,用户甚至无须像在京东买实物手机似的,需要逐一浏览商品介绍甚至详细地比较参数、价格,而是更多地将其需求提出,反向进行搜索比较。因此,当融360、好贷网、软交所科技金融超市这些互联网金融渠道发展到一定阶段,拥有一定的品牌及积累了相当大的流量,成为互联网金融界的京东和携程的时候,就成为各大金融机构、小贷、信托、基金的重要渠道,掌握了互联网金融时代的互联网入口,引领着金融产品销售的风向标。

由于互联网金融正处于快速发展期,目前的分类也仅仅是一个阶段的粗浅分类,即使在将电子货币、虚拟货币归入第三方支付这一模式之后,六大模式也无法包容诸如比特币等新兴互联网金融创新产物。软交所互联网金融实验室一方面将于近期陆续推出六大模式深度解析文章,并将持续研究互联网金融的最新动态及发展趋势,以便更好地与业内同仁进行互动交流。

整体来说,互联网金融的出现不仅弥补了以银行为代表的传统金融机构服务的空白,而且提高了社会资金的使用效率,更为关键的是将金融通过互联网而普及化、大众化,不仅大幅度降低了融资成本而且更加贴近百姓和以人为本。它对金融业的影响不仅仅是将信息技术嫁接到金融服务上,推动金融业务格局和服务理念的变化,更重要的是完善了整个社会的金融功能。互联网金融的发展壮大会给银行业带来了一定冲击,但也为基金公司、证券公司、保险公司、信托公司等带来了新机遇。随着互联网金融沿上述六大模式的方向深入发展,其将进一步推动金融脱媒,挑战传统金融服务的方式方法,改变金融业内各方的地位和力量对比。互联网金融世界瞬息万变,正在进行的是一场金融革命,一切的一切还都是未知之数,其具体形式也会不断地丰富和完善,但毫无疑问的是,互联网金融正在以摧枯拉朽之势改变传统的金融模式。

> **讨论与思考:**
> 从分析互联网金融生力军——阿里巴巴的融资模式,探讨新生的互联网金融如何走,走多远?走到哪里去?有哪些商业机会?

2013年,中国金融行业最受关注的词语,非"互联网金融"莫属。互联网金融是互联网技术与传统金融业务相结合而产生的一种全新领域。公众结识"互联网金融"源于一款极具创新性的产品——"余额宝"。2013年6月,阿里巴巴公司联合天弘基金推出天弘增利宝货币基金即"余额宝",将互联网金融正式地推到了大众的眼前。它不仅迅速地吸引了大众的眼球,也紧紧地拽住了大众的钱包,仅用了18天,用户数量已达251.56万人,累计转入资金规模66.01亿元,累计用于消费的金额12.04亿元,上线18天就成为中国用户数量最大的货币基金。2015年,整合了余额宝、招财宝、基金等各类理财业务的蚂蚁聚宝正式上线。蚂蚁金融服务集团也正式推出了其独立的征信系统——芝麻信用。至此,蚂蚁金服旗下四大品牌——支付宝、招财宝、网商银行、芝麻信用都已正式上线。除此之外,蚂蚁金服还启动了"互联网推进器"计划,表示计划在未来五年内,通过在数据、技术、资本、征信等层面与金融机构的深度合作助推传统金融机构升级转型。蚂蚁金服的未来一定不单是自身体系的完善和发展,而是能够充分发挥自身的平台优势与数据优势,助推中国整个金融体系向新金融升级。

经过几年的发展,阿里集团涉及的互联网金融服务的产品和服务包括:淘宝众筹、淘宝保险、淘宝贷款、阿里汽车——车秒贷、支付宝、蚂蚁聚宝、蚂蚁达克、网商银行、余额宝、招财宝、蚂蚁花呗、蚂蚁借呗、众安保险等。互联网金融服务围绕投资理财、融资贷款、第三方支付、保险、众筹等维度展开。阿里金融成功的核心因素包括：在平台上搭建平台，不断培育客户新体验；差异化策略，依托平台和互联网，集合小微客户；创造新规则，切入传统金融领域。

阿里巴巴的互联网金融布局从多个战略方向全线出击，其成功具有自身的特征，这也给新生的互联网金融一些启示。第一，阿里巴巴以电商平台为基础支付，蚂蚁小贷为小微企业和个人创业者提供数字化金融服务。支付宝成立以来，与超200家金融机构达成合作，目前是国内最大的第三方支付平台。第二，引入其他保险巨头构建"保险圈"。阿里的"保险圈"成员包括信美相互人寿、国泰产险、众安在线、蚂蚁保保险代理、万通亚洲等。其既拥有相互保险、财险、互联网保险牌照，还有保险代销牌照。第三，互联网金融一个关键且必备的因素是大数据及基于大数据的征信体系。阿里巴巴旗下蚂蚁金服的芝麻信用是电子商务平台征信的代表，芝麻信用是中国人民银行发布的8家个人征信业务之一，其依托阿里巴巴集团具有包括用户网购、还款、转账和个人信息等方方面面的数据，在数据挖掘上依托阿里巴巴旗下的多个领域和产品拓展。

从融资模式的角度来看，阿里巴巴的融资历程不仅让自身壮大，还帮助其他电商公司发展壮大，其简要的融资历程如表11-1所示。

表11-1 阿里巴巴融资历程

期间	年份	主要策略
初创期	1999—2004年	融资方式为：原始股东资金运营，天使投资人和风投公司投资。选择高盛、富达和Invest AB参股，为公司带来经营理念的创新、国际化的管理和前沿电商技术
成长期	2005—2006年	与雅虎达成合作，获得雅虎中国股份和10亿美金，为淘宝和支付宝在市场上站稳脚跟奠定基础
成长后期	2007—2013年	阿里巴巴在此期间系列重组，B2B业务分离，进行公开上市融资。2011年内部对员工进行非公开股权融资
成熟期	2014年至今	支付宝、淘宝网已经成为独立出来的阿里小微金融集团，阿里巴巴主要经营"互联网+"业务，在美国上市。2019年回归香港，成为首家"N+H"的中国互联网公司。模式从B2B业务拓展为"核心商务＋数字媒体＋云计算＋创新＋娱乐业务"的综合互联网公司

阿里巴巴的融资模式可以折射到新生的互联网金融公司乃至整个行业成长到成熟的过程。从融资角度来看，阿里巴巴能够发展壮大，融资成功原因有很多，比如在公司运营良好时选择融资，融资间隔短，融资成效显著；关注投资者带来的附加价值和思维创新，比如公司经营理念创新；在不同时期选择不同的融资方式，初创期考虑内部的留存收益进行资金筹集，成长期则优先考虑风险投资和基金公司，成熟期考虑上市融资。因此，对于新

生的互联网金融公司而言,应该结合自身的情况,根据所处的周期,公司运营水平制定合理的融资计划;优化公司内部的环境,包括强化健全监督制度,完善财务部门建设等,合理的融资规模和资金的正确合理使用能提供强大的后盾。

互联网金融火热的背后,众多问题亟待解决:互联网金融如何走?走到哪里去?人才、风控、营销的软肋如何克服?

第一,互联网金融新的趋势是业务和平台边界弱化。"业务只是市场的切入点,不代表企业的最终归宿。"当业务发展到一定阶段,业务和平台的边界会发生模糊,关键是要保持自己的核心竞争力,即在线的风险控制,识别优质资产和在线的资金匹配。

第二,在互联网金融行业的垂直细分领域,一些有特点的公司比较容易脱颖而出。创业者应该从细分市场考虑创新点,平台型企业通常都注重打造完整的生态产业链,无暇在细分领域上深挖。

第三,互联网金融公司要想走到长远,必须突破人才、风控和营销的瓶颈。互联网金融对人才的要求高,前端人员需要具备金融从业者的专业背景、业务能力和抗压力,后端人员需要具备互联网人员的技术水平,以及数据的挖掘、分析和归纳能力。大部分互联网金融创业者不是没有风控意识,而是缺乏风控手段。在行业野蛮生长的大环境下,创业者大多选择牺牲风控来换取业务量的扩张,而一旦发生坏账,破坏力往往呈指数级增长,容易造成难以挽救的局面。

第四,一般而言,投资人在众多互联网金融中筛选投资项目,主要关注三个维度:商业模式、核心团队、资本结构。商业模式包括两个方面,一方面找准切入点,从满足人们日常的金融需求出发,去想象一个细分市场,比如专门做中小企业,专门做支付,或者做理财;另一个需要抓住消费者痛点,企业要生存下来必须有市场,这个市场从哪里产生?关键在于能不能在不同的消费场景里为用户解决相应的问题。投资人关心的另一个要素是团队,尤其是在天使或者种子阶段。初期团队是不是团结,是否有完整的技能组合,等等。此外,投资人在决定投资一家初创公司时,通常会重点关注创始团队的股权结构以及以往历次的融资情况。一个健康的股权架构,不仅能反映创业公司的过去和现在,还对公司的未来有着非常重要的影响。

总而言之,互联网金融处于不断发展创新的活跃期,各行各业都受到互联网的不断冲击渗透。互联网与金融的结合渐渐融入人们的生活,且不断创新和快速更迭,热度从未停歇,人们对于互联网金融的讨论也从未停止。在不断发展的大背景下,互联网金融未来的发展趋势如何呢?首先,平台合法合规化是互联网金融健康发展的基础。正规的平台不仅有助于行业整体的发展、减少系统性风险,更是有助于企业塑造自有品牌、吸引投资资金,获得大批忠实用户。互联网金融未来发展趋势,践行合规至关重要,无论何时,企业发展都要坚持合规为首要发展原则,加强风险管控,提高风险识别与化解能力,才能有助于践行企业社会责任,在实现普惠金融的道路上走得更稳、更远。其次,互联网金融必须服务实体经济,脱虚向实,核心是降低金融虚拟化程度、回归本源,向直接服务实体经济转变。这就需要金融机构灵活运用不同金融产品组合,提供差异化、多样化的综合服务,化解金融风险,助推企业成功转型。最后,互联网金融平台为满足用户对于投资、资金的多元化需求而提供的多样化创新产品的同时,互联网金融的发展也将更注重用户体验。其技术不断提升,预计未来不仅是软件的提升,硬件设备也会不断进行改进。譬如安全技术方面,指纹、虹膜、人脸、步态等方面会不断进步;在软件应用方面,智能化技术也会不断提升,用户体验越来越好也是一种趋势。

第二节 互联网金融背景下的众筹融资模式

一、众筹的起源与现状

(一) 众筹的起源以及世界市场

众筹(Crowdfunding)即大众筹资或群众筹资,指发起人将需要筹集资金的项目通过众筹平台进行公开展示,感兴趣的投资者可对这些项目提供资金支持,是一种向群众募资,以支持发起的个人或组织的行为。众筹主要包括三个参与方:筹资人、平台运营方、投资人。众筹具有低门槛、多样性、依靠大众力量、注重创意的特征。一般而言是通过网络上的平台联结起赞助者与提案者。群众募资被用来支持各种活动,包含灾害重建、民间集资、竞选活动、创业募资、艺术创作、自由软件、设计发明、科学研究以及公共专案等。

众筹的雏形最早可追溯至18世纪,当时很多文艺作品都是依靠一种叫做"订购"的方法完成的。众筹作为一种互联网融资模式,其兴起源于美国网站Kickstarter,该网站通过搭建网络平台面对公众筹资,让有创造力的人可能获得他们所需要的资金。和美英等发达国家相比,中国的众筹行业起步较晚,点名时间是中国最早的众筹网站,与中国众筹市场发展刚刚起步相比,国外的众筹正如日中天,例如众筹鼻祖Kickstrter,也是现在众筹界最火热最庞大的众筹平台。海外众筹目前也正在向着销售为核心的模式不断转移,但由于海外众筹平台不是成熟电商平台的分支,海外Backer已经形成了真正的"众筹文化";以及海外媒体在推介众筹项目中,更重视产品而非广告主给予的经济利益。因而海外众筹对资本实力不够雄厚的企业来说,成本和风险都远小于国内众筹。

对技术、生产、渠道较为成熟企业而言,国内众筹是一种在预售期很好的促销方式,不只能够短期内聚拢大量资金,还能够较为全面地了解国内市场对于产品的认可程度,这对于企业来说是一次从1到10的跨越。而相对国内众筹而言,海外众筹平台则更适合从0出发的企业,因为在海外众筹的话语体系中,除联想、华为、大疆这种早早品牌出海的企业之外,中国企业的品牌积累均无限接近0,这就给予了所有企业在同一起跑线开始角逐的机会,谁先跑到1,谁就赢下了品牌出海的第一局。同时,海外众筹所创造出的品牌资产也能够"墙外开花墙内香",移到国内进行传播,可谓"一举两得"。

海外众筹服务团队"有品出众"的许多客户都通过海外众筹获得了大额的国际订单,甚至有些还收到了国内外渠道商的合作邀约,如果这些小企业在国内进行众筹,这样的成果显然是很难获取的。所以,企业自身所处阶段,对于选择最适合自己的众筹市场,也有极大的指导作用。

（二）众筹的模式解读

众筹有很多模式，主要包括回报型众筹、股权型众筹、债务型众筹和募捐型众筹。回报型众筹是投资者对项目或公司进行投资，获得产品或服务。回报型众筹是我们最经常接触到的众筹模式，也是倒闭最多的一种模式，传统意义上的回报型众筹需要和项目及进度关联度很大，如募集多少资金可以启动项目，募集多少资金可以到什么阶段，但是国内的回报型众筹更像是团购网站，大部分都是产品已经存在，众筹是增加销售渠道的手段。股权型众筹是指项目发起人通过在互联网上公布项目，以股权为回报进行资金募集的模式。其主要特征在于，股权式众筹的回报给投资人的是特殊的物，即可以给他们带来资金回报的股权。股权众筹作为众筹模式中的一种，既具有普通众筹的一般特性，又具有自身的特殊优点。非股权众筹的着眼点主要是某个产品的具体实现以及投资者能够享有该产品或服务，该过程往往是一次性的。而股权众筹的着眼点则是企业持续发展以及追求资金回报，这就决定了它和普通众筹相比能更直接更有效地推动经济发展。例如，非股权众筹的目的可能是制作一部电影，那么当电影制作完毕以后，整个流程就结束了；但对股权众筹来说，其筹资成功仅仅是个开始，它更在意的是利用这笔资金来进一步发展壮大，因此股权众筹对经济的影响更直接更长久。债务型众筹也叫借贷型众筹或贷款型众筹，即当你需要一笔资金时，你可以通过利息回报的方式来募集资金。本质上，债券式众筹是投资者和筹资者双方按照一定利率和必须归还本金等条件出借货币资金的一种信用活动形式。众筹的投资者主体主要是自然人，筹资者通常是法人。在债权式众筹中，借款人具有依约使用借款义务、依约支付利息和依约返还借款等义务。募捐型众筹指的是投资者对项目或公司进行无偿捐赠。募捐制众筹模式下支持者对某个项目的"出资支持行为"则表现出更多的"重在参与"的属性，换言之，募捐制众筹的支持者几乎不会在乎自己的出资最终能得到多少回报，他们的出资行为带有更多的捐赠和帮助的公益性质。

二、国外垂直型众筹平台

地产行业众筹是指在互联网金融背景下，发起人针对某一地产项目通过线上或线下途径向合格投资人发起的众筹来达到营销、融资、销售等在内的商业目的，并承诺给予投资人产权、股权或者其他回报的商业模式。房地产众筹有六大模式：定向类众筹、融资性开发类、营销型开发类、购买型＋理财型众筹、彩票型众筹、REITs型众筹。替代能源众筹是对替代能源特别是可再生能源项目进行众筹。可再生能源包括从太阳光、雨、风、地热、海浪、植物及潮汐中获取的能源，这些可以自行补充的能源或许将成为未来的主流能源模式，控制并利用这些可再生能源所需的群体及个体资金成本很高，因此就需要新的金融模式，使这些能源更多地用于商业及生活用途。硬件众筹即将硬件产品众筹首发。智能硬件项目需要通过众筹平台获取资金、获得曝光、实现预售以及寻找到最忠实的那批早期用户，每个众筹平台也总少不了科技和智能硬件项目的影子。电影众筹，即电影项目筹资发起人在众筹平台发起项目众筹，在预设的时间内达到或超过目标金额即是成功。没有达到目标的项目，支持款项将全额退回给所有支持者。筹资项目完成后，网友将得到发起人预先承诺的回报，或是电影票，或是作品刻碟等都可以。如《西游记之大圣归来》是由89

个合伙人共筹资780万元完成,后期回报率也高达400%。音乐演出众筹。目前音乐演出众筹主要分为两种模式:普通筹资和预售筹资。普通筹资是指,当你有一个极富创意的音乐作品或产品,但苦于缺少资金的支持而无法完成这个项目,你就可以在众筹平台上发起这个项目。如果你的项目在设定时间内成功完成众筹金额,你就需要对你的支持者进行回报(以何种形式回报事先由你来定)。如果众筹失败,支持者的资金会被全额退回,你也就失去了一次圆梦的机会。预售筹资是指,你或你的团队正在执行一项与音乐有关的作品或产品,并且有明确的发布/上市时间。但你希望可以通过一个平台更好地向人们展示你的作品,并筹集更多的资金,你就可以选择此模式。图书出版众筹。继动漫、电影产业之后,图书出版业也开始发展众筹模式,这种模式与网络书店的订书不同,参与众筹的网友只是根据图书的大致内容,在图书尚未出版前交付预付款,而网友除了获得图书外,也能获得一些额外的福利。啤酒业众筹是投资人对啤酒行业进行投资,获得的回报不是金钱而是啤酒。早在1805年,就有啤酒厂成功地从600名投资者身上筹到了等值于今日25万英镑的钱。随着科技和营销手段的进步,众筹被放在了新的平台上而已;在今天的英国,有超过65 000名粉丝在众筹网站上掏了超过5 000万英镑进行啤酒业众筹,而且超过50%的粉丝投了不止一家酒厂。

三、众筹成功的技巧

(1) 社交网络推广众筹项目的周期把握。社交网络对于周期的把握和活动时间的设定会影响项目的进展。统计表明,持续较短时间的众筹活动的表现会比持续时间较长的众筹活动要好。众筹活动的中间时段筹集款项突然急剧下降的情况是非常典型的,这说明了延长活动时间并不能带来太大帮助,社交网络推广众筹对周期的设定是众筹成功与否的重要原因之一。

(2) 根据项目受众属性制定社交网络策略。创建用户画像,知道受众群体,他们想在社区媒体上关注什么。依此创作引发他们喜欢、评论和分享的内容。了解受众群体的年龄、地区、平均收入、典型的职称或行业、兴趣等是至关重要的。收集数据。社交媒体分析可以提供大量有价值的信息,包括你如何在社交媒体上与品牌的互动,这些信息可以帮助项目完善策略,更好地锁定受众。

(3) 管理大众的意见反馈。利用社交平台众筹意味着需要与人群及时交流,不只是向大众展示项目信息,要求大众筹资,也要对大众的意见反馈及时管理,花时间阅读消息和评论并对其进行回复。

(4) 项目发起人对大众智慧的管理。项目发起人要"群策群力",发掘大众智慧,对大众智慧进行管理与整合,帮助项目创建每个人积极参与、每个人的新颖观点都被注意的良好环境。

四、众筹的风险

(一) 众筹存在的风险因素

相对于传统的融资模式来说,互联网众筹融资模式的便利性能吸引很多投资者,投资回报率也不再是投资者唯一关注的重点,但众筹的快速发展相应地也存在风险,包括法律风险、技术风险、监管风险、管理风险、信用风险、市场风险、经济风险、政策风险等多种风险,民间资本的大量参与,使得上述风险变得更大,监管难度也更复杂。

1. 法律风险

主要包括以下几点,一是非法集资法律风险。因为众筹融资与非法集资从形式上看有很大的相似性,因此许多人将众筹融资与非法集资混为一谈,从根上不认同众筹融资的合法性,但是,众筹融资的主观目的是募集资金促进创业项目或者想法的发展,不存在任何社会危害性,这是众筹融资与非法集资的根本性区别。但是由于众筹融资还处于初步发展的阶段,社会大众对其了解不够,使得众筹融资存在这种风险。二是股份代持引发的法律风险。我国《公司法》的规定,公司的股东人数根据公司规模有人数限制,但是股权众筹的融资过程中实际投资者往往很多。在实际投资人数远远超过公司法规定的股东人数时,投资者只能通过股份代持模式才可以成为融资公司的股东。股份代持违反合同法,因此众筹融资必然要面临股份代持引发的风险。三是投资欺诈风险。众筹融资的融资者、项目投资人和众筹平台拥有的信息是极其不对称的。融资项目发起人和众筹平台对项目的可行性与发展性以及融资者的资信状况有大量真实的信息和较为充足的了解,但是投资者对项目的了解只能依靠众筹平台,了解十分匮乏。加上项目投资者一般都是进行小额投资,不可能通过第三方或者专业的机构详细了解项目发起人的资信状况。在这种情况下,引发道德风险的可能性很大,因此投资欺诈风险也在所难免。四是公开发行风险。我国《证券法》第十条规定:"向不特定的对象发行证券或者向特定的对象发行证券对象人数超过二百人的,都属于公开发行证券。"众筹平台在集资过程中很容易因为平台受众广造成发行过程中面对对象超过200人。但是公开发行证券,需要国务院相关部门和证监会的授权与监管。所以在众筹平台融资过程中很容易违反《证券法》关于公开发行的规定,造成公开发行的风险。

2. 技术风险

技术风险主要包括产品技术风险和非标准化风险。一方面,当众筹融资项目处于技术研发或者科技实验阶段,面对很多不确定因素,投资者需要承担产品质量不合格、产品技术革新的风险。另一方面,非标准化风险体现在融资项目在不同平台的审核和评级标准并不相同,非标准化风险在高科技产品中尤为明显。

3. 监管风险

由于众筹的发展时间较短,尚未有完善的法律法规对其进行全面的监管,投资者受到侵害时,难以寻求法律的保护。监管不完善会带来多种风险,包括由项目发起者蓄意或专业能力不足引起的风险,也包括众筹融资平台本身监管不力带来的风险。

4. 信用风险

欺诈风险时时存在,在筹资之前,筹资方需要的筹资额度是否超过融资项目的所需额。虽然筹资额度一旦超过项目所需就会停止筹资项目,但是也不排除项目发起人为了获取利益,在筹资项目发布时就设定超过项目本身所需资金额度的可能性。筹资项目完成之时,筹资方承诺给予投资方的回报因为并不具有法律效力,所以是否能够得到兑现也是一个值得思考的问题。如果投资方在筹资项目结束后也没有得到回报,投资方很难进行申诉。在筹资项目执行之后,项目所募集而得的资金,一旦划拨到筹资方的账户,筹资方就不必再受到各方面的监管,其对资金的运用也无法受到法律约束。

(二)众筹的危机预防与化解

众筹危机的预防和化解主要从下面四个方面着手。

(1)完善互联网众筹融资立法。随着众筹不断发展,相关的法律法规也在不断进步,但是不可否认的是在实际操作中仍然有一些灰色地带,每年也有违规网络平台被查处。为了从源头上遏制此类事情的发生,相关立法机关需要进一步完善相关法律法规,不能仅仅依靠规范性文件的简单调整,而是上升到具体的法律层面,明确违法行为,原则性地划清具体的业务模式,在清晰明确的法律规范上,进行有效的管理。

(2)建立适应创新发展的监督与管理体系。监督与管理体系是互联网金融行业健康发展的根本保证和最直接的手段,一方面要为互联网金融良性发展留出发展的空间,另一方面又要为其创造良好的竞争环境,因此建立适应创新发展的监督与管理体系至关重要。

(3)加强互联网金融众筹行业自律。进一步加强互联网金融的自律管理并提高整个众筹行业的自律性。在建立有效的监督与管理机制的前提之下还需要发挥行业协会沟通政府、市场和企业的桥梁作用,进一步加强行业自律管理,建立行业公约和惩罚机制、规范行业行为、引导行业健康发展、保障公平竞争、调解处理行业矛盾、树立行业相关数据等。

(4)加强社会征信体系的建设和完善。众筹的风险与信息的不对称有密切的联系,因此信用体系的健全对于行业的健康发展具有非常重要的意义。一方面,健全信用体系需要从基础设施建设出发,鼓励各企业依法建立信用档案,扩大信用记录覆盖,化解风险信息的不对称;另一方面,加快专业信用评级机构的建立,增强市场信息透明度。

五、众筹在中国的机遇与挑战

(一)众筹模式在中国的发展机遇

众筹获得政策大力支持,未来发展空间很大。众筹以其"大众、小额、公开"的特征,且融资模式多样,内容丰富,成为中小企业重点关注的融资方式。众筹为许多普通民众提供了更加广泛的资源,同时也为投资者提供了准确的市场参考价值。高效、广泛的新型金融模式众筹以其独有的魅力受到了更多普通人的追捧,为新的创意、事件、活动提供了更广泛的融资来源。相比于传统的金融模式,众筹对项目发起者和项目的支持者都是机遇。对于众筹项目发起者而言,众筹模式创业门槛低,也在预知市场需求以及同步进行廉价的市场推广方面的优势;对于项目的支持者而言,众筹模式是对闲置资金的有效利用。就每个单独的个体来讲,闲置资金的数额较小,资金持有者也大都不具备职业投资能力,很难进行大规模的投资活动;但是每个单独个体的小额资金汇聚起来所形成的庞大的资金能够部分以众筹的方式有效地参与到经济活动中来,不仅可以帮助有创造力的人去实现梦想,而且最终每个人的小额资金也都创造了价值、增加了财富。

国内现阶段的金融体系背景下,众筹模式的发展带来了新的思路,为创业者、中小微企业带来了另一扇窗,改善了资本市场结构,由此可见,国内众筹模式的发展有很大机遇。

(二)国内众筹发展的挑战

众筹这种新的资金筹集机制,本质上仍然是一种低准入门槛的创业风险投资。作为一种创新,众筹模式发展初期在制度监管和行业规范的缺失,容易异化为诈骗或非法集资的工具,使得参与其中的组织和个体面临较大法律风险。一旦出现违约,它给金融系统造成的系统性风险也是比较高的。另外,由于国内的众筹尚处于起步阶段,许多问题和风险尚未充分显现,对投资者的教育和众筹融资知识的普及任重道远。包括中国在内的各个国家眼下都在加紧研究和尝试对众筹融资进行监管。

(三) 众筹在中国商业模式的突破

中国作为发展中国家,基本沿着发达国家的资本市场结构和监管体系运作,但通过众筹,发展中国家可能会反超发达国家。中国可以利用新技术和流程打造更高效的创业融资体系,实现企业融资模式的跨越式发展。

目前,众筹还出现了许多新的概念。众筹最初的目的是让中小型企业和好的创新企业能够进行融资和生存,但现在来看,还需要解决相关的市场、税务、人才配备、法律等问题以及整个公司建设过程中遇到的问题,这就提出了众建的概念。此外,对于国内众筹网站来说创新项目缺失,但国内众筹项目在农业电商方面有所突破,"农业众筹"作为一种新尝试,更好地实现了资源互通。众筹对于整个国内农业电商的发展和农产品的质量提升起到很大的促进作用。

(四) 众筹在中国的未来

作为互联网金融的融资模式之一,众筹有巨大的想象空间。如果众筹未来可以提供线下交流互动,融资效果可能会更好。现在众筹在信息披露、融资方进展的披露、产品版本完善、线下面对面等方面已经有初步尝试,线下建立信任,线上传播信息。

众筹在中国的未来也可能会朝着本地化、移动化、两极化、垂直化等趋势发展。另外也会对不同的项目进行分类众筹。一些公益的项目如老年活动中心,可以进行本地化的众筹。移动端目前开发还不够,过去认为重决策主要在 PC 端,而轻决策主要在移动端。但随着移动端的不断完善,未来将逐渐向移动端靠拢,尤其是金额较小的投资,未来可能通过移动端完成。

【课堂研讨】 你如何看待目前失败的众筹项目占项目总数一半以上的现实问题?

从 2015 年开始,在多项利好政策出台的大背景下,被视为互联网金融第三波浪潮的众筹行业经历了快速发展,各种形式、不同规模的众筹项目已经渗透到生活的方方面面。截至 2015 年底,正常运营众筹平台已经接近 322 家,比上一年增加了两倍多。2015 年,各类型众筹平台分布中,股权众筹、产品众筹、混合众筹与公益众筹中的占比分别为 39.93%、34.32%、24.09% 与 1.65%。从地域分布格局来看,北京、广东与上海是全国众筹平台最多的三个地区。但由于众筹行业本身的风险性,众筹失败的案例也比比皆是,包括餐饮业、农业众筹、美容众筹、技术众筹、影视股权众筹等。众筹变"众愁",为什么众筹会失败?决定众筹成功与否的因素,除了产品(项目)本身的质量(潜力)外,还有很多其他原因。

以餐饮业众筹为例,餐饮业众筹因其投资门槛低和方便操作等特点,被不少中小投资者看中。一大批咖啡馆、火锅店、茶馆、休闲餐厅、酒楼等众筹项目在此期间不断涌现,显示出旺盛的市场需求,但随后餐饮众筹项目失败的速度也是让人大跌眼镜,店铺众筹成为踩雷率最高众筹行业。长沙风靡一时的众筹餐厅"印象湘西",是由93位股东集资100万元成立,但一年后负债100多万,以失败告终。杭州首家众筹咖啡店"聚咖啡"最初筹集60万元,但后期"聚咖啡"董事长称由于店铺房租贵,加之股东多意见多决策效率得不到提高,股东热情消减等各方面原因,咖啡馆最终不得已选择了停业。"印象湘江""聚咖啡"的倒闭,并不是餐饮众筹失败的个例。北京、武汉、常州、东莞等地也有餐饮众筹因为经营不善、面临倒闭的情况。在北京建外SOHO集结了66位股东、132万众筹资金的Her Coffee,也在经营一年后倒闭关店;武汉的"CC美咖"、长沙的"炒将餐饮"等众筹餐厅先后倒闭。餐饮业众筹往往存在周期长、财务不规范、无第三方监督的问题,这些都是导致餐饮业众筹大规模失败的原因。

同样火爆的众筹行业是游戏行业,国外游戏众筹行业的蓬勃发展,吸引了国内游戏玩家和爱好者的注意,国内游戏开发者蠢蠢欲动,但是游戏众筹的成功率并不高。游戏众筹失败的原因有很多,包括技术、环境和游戏行业的接受度等各方原因。

众筹项目五花八门,但成功的并不多。除了所有众筹行业都存在的法律风险、技术风险、监管风险、管理风险、信用风险、市场风险、经济风险、政策风险等多种风险,还包括不同行业的项目实施过程中的不同,其他因素的影响。

以餐饮业众筹为例,大面积失败的原因除了众筹共有的风险外,还有很多其他因素。首先,餐饮业与其他实物众筹不同,实物众筹的结果是给参与者兑现一款产品,但餐饮业众筹需要长期、持续的经营,回本期也是不确定,甚至赔本。但作为一个持续性运营项目,回报周期长,这与众筹参与者投钱快速分红的短期目的相矛盾。其次,餐饮业需要专业的团队操盘。餐饮众筹一般是两种情况:一是众筹发起人并非餐饮人,吸引的股东们也非餐饮人,他们认为餐饮门槛低,容易做,但由一群非专业人士做餐饮,成功概率不高;二是发起人是专业餐饮人,但股东们以非餐饮人为主(有社会关系的顾客为主),这样的组合,因为对餐饮专业的理解不同,也很难达成思路一致。餐饮众筹的项目是实体运营店面,这种持续运营的店面,众筹的唯一方式就是股权众筹,即参与的人都成为店面的股东。股权众筹比实物众筹复杂很多,不仅需要一系列的章程、协议,在目前政策法律及征信体系不足的社会大环境下,本身就是一大难点。

众筹模式是通过网络平台集资,在一个虚拟环境如何保证诚信,是任何一个投资者首先需要解决的问题。由于缺乏成形的规范,缺乏监督资金使用的标准,现在全靠被资助者的自觉与良心来管理运用这些筹资,缺少监督。虽然行业内规定众筹平台有对资金运用监管的义务,但因参与主体的分散性、空间的广泛性以及众筹平台自身条件的限制,在现实条件下难以完成对整个资金链运作的监管,即使明知筹资人未按承诺用途运用资金,也无法有效对其进行有效制止和风险防范。

因此,除去上述提到的众筹风险,大规模的众筹失败都有一些共性。首先,非专业的开发者是众筹大规模失败的原因之一。众筹平台以及众筹模式的兴起,确实在一定程度上降低了创业的门槛,只要有好想法或创意,即使还没投入生产就可以拿出来众筹。但是不容忽视的是,很多项目的开发者并不专业,对于项目的成功与否并没有准确的评估和判断,导致众筹项目容易夭折。

其次,媒体早期的大肆宣传也是原因之一。早期的大肆宣传会让众筹项目至少存在两个风险。其一是知识产权的风险——产品众筹尚未结束,一些抄袭山寨产品已经大量充斥市场,待众筹的产品上市时,发现市场可能已饱和。另外一个是舆论风险,早期媒体宣传推广是为了让投资人或者合作人了解项目,一旦舆论控制不好,传播消极言论,投资者信心会大大受损。

最后,众多众筹项目失败的一个重要原因是缺乏责任感和问责制度,也缺乏管理和监督。众筹设计向大众公开募集资金,很多人利用法律和监管的不完善非法筹集资金并挪作他用。众筹行业迅速发展,但相应的专业性法律法规并没有完全跟上,投资人的权益没有明确的法律渠道保障。很多众筹项目缺乏政府管控及社会监督,给不法分子可乘之机,最大限度的透明化尚未实现。整个行业缺乏资金的监管和行业的自律,资金调动往往简单粗糙,缺乏严谨的程序,过程中项目资金没有经专人审核或代为保管,资金去向往往不明;行业组织及行业公约未能起到真正的作用,导致行业中鱼龙混杂。

众筹行业持续健康发展,需要依赖政策完善行业法律法规,明确监管部门。平台需要加大 IT 投入,加强风险控制能力。当前,我国已经出台了互联网金融指导意见,对各大业态的监管力度正在加强,预计众筹行业的监管将很快出台并不断落实;风控方面,平台利用大数据技术,提高平台的信息透明度,将成为发展新趋势。

第三节　互联网金融背景下的 P2P 网络贷款融资模式

一、P2P 网络贷款融资模式的含义

P2P 网络借款。P2P 是英文 Peer to Peer 的缩写,意即"个人对个人"。网络信贷起源于英国,随后发展到美国、德国和其他国家,其典型的模式为:网络信贷公司提供平台,由借贷双方自由竞价,撮合成交。资金借出人获取利息收益,并承担风险;资金借入人到期偿还本金,网络信贷公司收取中介服务费。

网贷平台出现后在国内迅速增长,总量截至 2014 年 8 月已有 1 600 多家。2019 年 9 月 4 日,互联网金融风险专项整治工作领导小组、网贷风险专项整治工作领导小组联合发布《关于加强 P2P 网贷领域征信体系建设的通知》,支持在营 P2P 网贷机构接入征信系统。2020 年 11 月中旬,全国实际运营的 P2P 网贷机构完全归零。

二、P2P 的类型

P2P 包括银行系、上市系、国资系、民营系以及风投系。银行系 P2P 是指银行提供资金,其他人办理的平台。银行系 P2P 的优势主要在于:第一,资金雄厚,流动性充足;第

二,项目源质地优良,大多来自银行原有中小型客户;第三,风险控制能力强,利用银行系P2P的天然优势,通过银行系统进入央行征信数据库,在较短的时间内掌握借款人的信用情况,从而大大降低了风险。另外,包括恒丰银行、招商银行、兰州银行、包商银行在内的多家银行,以不同的形式直接参与旗下P2P网贷平台的风控管理。银行系P2P的劣势主要体现在收益率偏低,预期年化收益率处于5.5%~8.6%之间,略高于银行理财产品,但处于P2P行业较低水平,对投资人吸引力有限。并且,很多传统商业银行只是将互联网看作是一个销售渠道,银行系P2P平台创新能力、市场化运作机制都不够完善。上市系P2P主要是指上市公司以控股、参股、自建或间接关联等形式进入P2P平台。P2P市场持续火爆,上市公司资本实力雄厚纷纷进场,其原因可归结为:第一,传统业务后续增长乏力,上市公司谋求多元化经营,寻找新的利润增长点;第二,上市公司从产业链上下游的角度出发,打造供应链金融体系。上市公司在其所处细分领域深耕多年,熟知产业链上下游企业情况,掌握其经营风险、贸易真实性,很容易甄别出优质借款人,从而保证融资安全。第三,P2P概念受资本追捧,上市公司从市值管理的角度出发,涉足互联网金融板块。借助火热的互联网金融概念,或是通过控股收购P2P公司合并报表,能够帮助上市公司实现市值管理的短期目标。国资系P2P指的是有国企参与投资并控股的P2P平台。

  国资系P2P的优势体现在如下方面:第一,拥有国有背景股东的隐性背书,兑付能力有保障;第二,国资系P2P平台多脱胎于国有金融或类金融平台。因此,一方面,业务模式较为规范;另一方面,从业人员金融专业素养较高。国资系P2P平台的劣势也十分明显:首先,缺乏互联网基因;其次,从投资端来看,起投门槛较高,另外,收益率不具有吸引力——其平均年化投资收益率为11%,远低于P2P行业平均收益率;最后,从融资端来看,由于项目标的较大,且产品种类有限,多为企业信用贷,再加上国资系P2P平台较为谨慎,层层审核的机制严重影响平台运营效率。

  民营系指的是一些独立的民营企业合股独立筹办的平台。他们中间有的来自传统实业、互联网行业很多创新的产品和模式在这里诞生,例如国内第一家网络信用借贷平台、首创担保垫付模式的平台,又例如首家将业务开到海外的平台,他们都来自民营系。这类平台的优势体现在:第一,具有普惠金融的特点,门槛极低,最低起投门槛甚至有些低达50元;第二,投资收益率具有吸引力,大多在15%~20%左右,处于P2P行业较高水平。然而,民营系P2P的劣势也十分明显,比如风险偏高。由于资本实力及风控能力偏弱,草根P2P网贷平台是网贷平台跑路及倒闭的高发区。虽然民营系的P2P没有银行的强大背景,但是民营系的P2P平台有着强大的互联网思维,产品创新能力高,市场化程度高。投资起点低,收益高,手续便捷,客户群几乎囊括了各类投资人群。风投系P2P是指接受过风险投资P2P平台,由于风险投资一般有专业投资人会对于投资公司进行分析与研究。接受过风投的平台无论在财务上,还是在公司治理上,都等于是被第三方审核过一遍。一般作为平台的背景,是投资者可以参考的标准之一。因为有了这层作用,风投系P2P平台也成了行业内与国资系P2P、银行系、上市系类似的一种分类。这些分类之间出现重叠并不冲突,银行系、国资系平台同样可以获得风投。

三、P2P 网络贷款融资模式与传统贷款融资模式的比较

（一）两者的入市门槛不同

这主要是由于现行的政策所造成的。网贷产品的投资门槛相当低,通常只要 100 元就能进行相应的操作,在某些平台上,甚至只要 50 元就可以参与了。而类似于信托产品或者银行系统内的产品来讲,都有不同的投资门槛。一般信托产品的门槛是 100 万元,银行发的理财产品通常起点是 5 万元,而私人理财部门的门槛则基本和信托产品相同。这实际上就将把相当多的投资人挡在了门外。提供的相应服务也是不同的,以银行为例,其私人理财部门的产品收益率通常都在 9%～12%之间,而且还可以为具有一定资金规模的特定人群定制产品,这些服务都是一般的散户所享受不到的。

（二）两者的风控标准不同

网贷平台的风控标准每家都不一样,虽然都会向投资人表示自身有非常成熟的风控模式,但到底风控严格程度如何,外人无从得知。总的来讲,当前行业内存在三种主流模式,一种是抵押贷款,以钱多多为主;一种是担保贷款,以陆金所为主,还有就是不提供任何保障,强调分散投资的方法。但银行等传统金融机构在这方面的风控口径基本相同,区别只在于银行会根据自身的需求阶段性地重点推进某个领域的贷款项目而已。

从以上区别可以看出,网贷行业相比传统金融,其服务的对象存在很大差异,如果要对后者产生较大影响,就势必采用相同甚至规格更高的产品设计能力以及风险控制能力,而这还需要经过一段不少的时间才有可能实现。

四、P2P 网络贷款融资模式的特点

P2P 网络贷款融资模式有直接透明、能进行信息甄别、风险比较分散、门槛低、渠道成本低等特点。直接透明表现在出借人与借款人直接签署个人间的借贷合同,一对一地互相了解对方的身份信息、信用信息,出借人及时获知借款人的还款进度和生活状况的改善,最真切、直观地体验到自己为他人创造的价值。信用甄别是指在 P2P 模式中,出借人可以对借款人的资信进行评估和选择,信用级别高的借款人将得到优先满足,其得到的贷款利率也可能更优惠。风险分散体现在出借人将资金分散给多个借款人对象,同时提供小额度的贷款,风险得到了最大程度的分散。门槛低、渠道成本低体现在 P2P 网贷使每个人都可以成为信用的传播者和使用者,信用交易可以很便捷地进行,每个人都能很轻松地参与进来,将社会闲散资金更好地进行配置,将中高收入人群的闲余资金合理地引向众多信用良好且需要帮助的中低收入人群。

五、P2P 网络贷款融资模式的作用

首先,P2P 网贷是企业融资的一个新型途径,基于网络平台的信息共享,促成企业和资本市场或者个人和个人的对接。网络贷款的这种优势,弥补了传统贷款模式中信息交流不对称的问题。其次,P2P 网贷的门槛相对较低,而且在网站平台上,每个人都可以是

信息的传播者和接受者,不但借款的数额和用途等一目了然,而且交易起来相对便捷。同时,P2P 网贷的贷款人群的数量和范围是不受限制的,借贷双方的资金对接效率更高,这为小额贷款的发展提供了成长的空间。另外,P2P 网贷还拓展了信贷额度的范围,弥补了银行信贷的"盲点"。个人、个体户和小微企业欲通过传统的金融机构贷款经常无功而返,而 P2P 网贷恰好瞄准了这一市场需求,成为这些群体融资的新渠道。

六、发展现状

2006 年,我国首家 P2P 小额信用贷款服务机构宜信在北京揭牌,从此,P2P 在国掀起了普及的浪潮,到目前为止已有包括点点贷、人人贷、安信贷、宜信、红岭创投等近 40 个网络信贷平台,其发展之迅捷令许多业内人士始料不及。这种无抵押无担保、最高额度几十万的个人对个人的服务模式,提供了银行、信托、小额贷款公司无法提供的业务服务,满足了特定人群的需求,到现在仍然表现出巨大的市场潜力。但在满足需求的同时,这种非官方的民间信贷业务,也较商业银行承担了更大的风险,产生了更多的安全问题。由于借款一方多为大学生、农民、个体工商户以及微型企业,虽然对于他们的道德诚信不需要怀疑,但是现实当中不能按时还款的比率还是很高的,在其本身运营的过程当中还存在很多问题。另外,网络交易的虚拟性有时会导致无法认证借贷双方的资信状况,容易产生欺诈和欠款不还的违约纠纷,而且这种虚拟性加重了解决纠纷的困难程度。此外,如果贷款是由网络平台代为发放,网络平台出现内部管理问题,或者被其他人利用的情况下,很有可能出现捏造借款信息而造成非法集资的情形,更严重的是中介方携出借方款项潜逃,使平台使用人遭受重大的损失。

2011 年 8 月,银保监会发布了《关于人人贷(P2P)有关风险提示的通知》。其中提到,P2P 网贷中介服务存在影响宏观调控效果、易演变为非法金融机构、业务风险难控、不实宣传影响银行体系整体声誉、缺乏明确的法律法规界定、信用风险较高贷款质量劣、开展房地产二次抵押业务存在风险隐患等七大问题和风险,引起媒体及公众对 P2P 贷款平台是否涉嫌非法集资、高利贷、洗钱等方面的质疑。银保监会要求银监分局和各家银行采取措施,做好风险预警监测与防范工作。2019 年,互联网金融风险整治工作正式开始。在金融办的审核监督之下,不符合规范的网贷机构纷纷被整治清退。2020 年 6 月,整治工作进入尾声。截至 2021 年 1 月 15 日,P2P 平台已全部清零。

综上所述,P2P 网络信贷在国内属于新兴事物,其发展虽然初具雏形,但并无明确的立法。因此,官方对于 P2P 网络信贷的风险预警及监管机制的建设和完善一直处在进行中。

七、运作流程

P2P 网络信贷运营商主要参与要素有平台方、借款方和贷方,还涉及银行,第三方支付公司,担保公司等相关服务机构,主要运作流程图和借贷主要环节如图 11-1 所示。

(1) 出借环节:出借人发生理财需求时,通过 P2P 平台 APP 或电脑网页提出申请,系统接到申请,对出借人进行身份识别、银行卡绑定、风险评估等一系列审核。出借人需

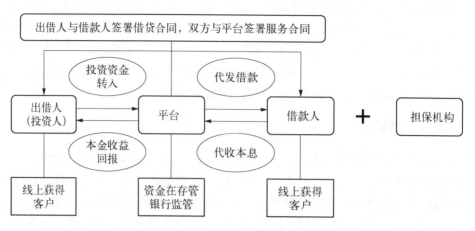

图 11-1　P2P 运作流程

要开通存管银行虚拟账户,将资金充值到平台时,出借人资金实际充值到存管银行中管理,出借人所有充值、投资的信息流都是通过其在存管银行大账户下虚拟的账户记录。

(2) 借款环节:当借款人需要融资时,用户将通过 P2P 平台应用程序或计算机网页注册并提交贷款申请。按照平台要求通过系统提供各项资料,系统接到申请会对借款人进行一系列的身份识别和信用审核,通过审查借款要求的客户进入 P2P 平台借款人排队。

(3) 平台环节:平台将借款申请与出借申请进行匹配,使其形成直接借贷关系并签订电子借款协议,资金从出借人账户转至借款人账户,完成出借。另一方面,借款人和贷款人分别与平台签订服务协议,平台从借款人或贷方收到相应的服务费。

(4) 担保机构环节:第三方担保机构通过担保、质押、抵押等信用增级措施控制风险。大型企业贷款是担保贷款的主流产品,受宏观经济波动影响较大。当大环境不好时,企业经营状况恶化会增加其还款压力,为了控制这种风险,平台需要转向受宏观经济影响较小的新兴朝阳产业和抗风险能力较强的行业。

此外,P2P 平台公司自身或者通过主要关联方公司在全国设置分支机构,通过线下获客,并通过检查借款人提供的身份证、信用记录等纸质资料进行初步信用审核,获得客户和信用审核的成本相对较高,如宜信。2015 年,一些平台开始尝试从劳动密集型转向技术依赖,并积极与外部信贷机构合作。在风险控制部分,企业踊跃探索基于大数据技术的纯线上借贷模式,以低成本实现大宗借贷。典型的代表是"超速贷款",即审核时间较其他类型业务时间缩短很多。随着信用信息环境的改善和网络贷款技术的成熟,信用贷款将逐步向强大的技术方向发展。

讨论与思考:
　　你如何看待 P2P 网贷公司的倒闭潮?

2013年P2P发展元年到2018年P2P备案元年,P2P行业每年都有"爆雷""倒闭"消息,其中2013年问题平台76家,2016年问题平台达到1 741家,2017年问题平台有645家。2013年P2P行业高息平台众多,年化收益高达30%～40%以上。爆雷潮来临,首当其冲便是各高息平台,这轮爆雷后投资人纷纷撤资。2014—2015年,倒闭潮的"雷"来自网贷名人雷,这年网贷名人在投资人中的号召力和影响力如日中天,如网贷天眼创始人老侯,名人站台或运营的平台人气空前绝后。然而,当年的雷潮还是如约而至,不少网贷名人身陷囹圄,也有不少稳健性投资人损失惨重,甚至部分投资人直接退出。2016—2017年出现"国资高返雷",一大批打着国资背景旗号的高返羊毛平台相继爆雷,包括国资起源系旗下聪明投、奶瓶儿、早点儿、火牛财富、玩儿家、钱罐儿、乐行理财、海新金服等8家平台。随后监管部门下发《关于做好P2P网络借贷风险专项整治整改验收工作的通知》要求网贷机构备案登记,P2P行业开始出现小规模"备案雷",但总的来说,数量有所减少。

对于P2P行业来说,每一年的年末"倒闭潮"似乎已经成为P2P行业的魔咒。从2013年底开始陆续有平台被曝出限制提现乃至倒闭,2014年整个行业爆发式增长,随之而来的问题平台数量也与日俱增,后来P2P行业的发展始终处于两极分化严重的状态中,行业发展的势头强劲,但风险事件和问题平台如影随形。2020年11月P2P网贷机构实现归零,这意味着曾经甚嚣尘上,被奉为风口的P2P告一段落,虽然P2P网贷机构归零,但是造成的社会影响,爆雷后的清退工作仍在持续。

从P2P行业爆雷的整体情况看,除了互联网本身存在的风控简单、非法经营、担保能力不足等原因外,还存在市场宏观环境恶化、信用体系不完善、自媒体影响、个人征信信息共享机制不够完善等一系列的外部原因。具体而言,外部原因主要有以下方面:第一,国家宏观政策原因。国家实施的去杠杆政策,我国金融系统整体流动性紧张等是诱发P2P平台频频"爆雷"的诱因之一。2018年上半年的数据显示金融规模较同期下降,说明去杠杆政策取得成效,部分追求流动性的出借人偏向撤出资金,P2P平台投资也有类似撤出问题。第二,信用体系不完善。我国的信用体系发展缓慢,整体信用市场和发达国家相比还存在一定的差距,过度依赖银行的信贷记录。我国的征信机构包括银行,以及一些民间机构如"芝麻信用""腾讯征信"等,但没有一个完善的体系。信用体系的建设需要法律法规的支撑,但我国这方面的建设与发达国家相比较薄弱,并没有权威的机构对失信人员进行仲裁或惩罚,失信人员违约成本低。第三,监管体系不完善。P2P发展初期,监管政策和体系不完善,导致P2P业务边界模糊、经营规则不健全,长期以来行业野蛮生长,P2P平台"跑路""虚假宣传""非法集资"等乱象频发。第四,个人征信信息不完善。相比发达国家,我国没有完善的个人征信信用体系,导致平台运营时无法及时准确掌握借款人的征信情况,难以识别借款是否存在虚假申请现象。投资人、平台、借款人三者之间的信息不对称会带来风险。投资者没法识别借款人是否在多个平台借贷,违约时也没有及时的止损措施。第五,自媒体产生影响、非理性投资人"挤兑"。一些民间借贷小平台在拿到牌照之后,没有按照P2P标准去经营。P2P的中间人作用越来越弱,模式更像是基金和理财产品。平台用高收益来吸引投资人,且大多数的经营模式是后来客户存进来的钱去支付早期客户的定期收益,这样的运营模式不可持续,随着资金入不敷出,就是P2P的爆雷时刻。爆雷后，媒体大肆渲染制造混乱情绪，造成市场恐慌。在我国，投资人风险承受能力较差，自身的理财能力不高，往往处于交易中信息弱势一方，当投资人信心不足时，"羊群效应"凸显，造成资金链断裂。自媒体前期高收益甚至虚假宣传，部分平台爆雷后的大肆地负面宣传，在这一过程中，自媒体的催化剂作用加速了P2P平台的"坍塌"和集体爆雷。

  除了上述外部环境的原因，P2P网贷公司的倒闭主要原因是P2P参与方各部分的原因。具体而言，内部原因主要包括以下几个方面：第一，平台风险管控原因。互联网金融将金融和互联网进行结合，创始之初就是为了用互联网工具解决传统信息不通的问题。投资者在选择P2P平台时看重的就是高收益特征，对于投资项目信息了解较少，且缺乏一定的风险识别和防范知识。如果P2P平台能制定一套完善、高效的风险控制体系，确保投资人能真实有效了解项目信息，平台能及时有效了解借款人信息，以此保障每一笔资金的用途，就能最大限度保障三方合法权益。但是，在我国大多数的P2P平台并没有将重心放在建设上述完整的风险控制体系，平台风控机制过于简单，资金和人才投入力度远远不够，一旦发生违约事件，无法采取及时合理的应对措施。第二，平台不合法经营。P2P平台本应该作为信息服务整合商，通过收取一定的服务费盈利，这也是P2P行业能稳定长期发展的重要基础。但是部分P2P平台却偏离了这一服务轨迹。首先，平台通过大肆高息宣传，迎合投资人高收益心理。其次，在获得投资后进行刚性兑付而不是寻找好的标的资产，慢慢演化成"庞氏骗局"。再次，部分平台虚构理财产品，虚构标的骗取资金，一旦项目亏损，就虚构新项目进行资金补充。最后问题平台的经营，资金最终都流向了P2P平台控制人账户，签订的资金去向协议也最终形同虚设。第三，平台资金运用缺乏监管，资金流动性风险高。如上述所言，P2P平台本应该充当中介角色，平台并没有流动性风险。但我国的P2P平台大多数都参与了借贷过程，因此P2P平台就需要持有大额的资金以应对借款人的违约风险。而其中大多数资金来源都是借款人的手续费和担保费，也被部分平台作为收入挪作他用，当借款人违约率超过了平台所预估和能控制的范围，就会发生资金流动性危机，最后导致P2P平台携款潜逃或倒闭。第四，第三方担保措施不足。另外一个重要的原因是相比于其他国家，我国P2P平台引入第三方担保机构数量和质量远远不够，大多数平台都是自己负责担保这一环节，为数不多的担保公司担保能力不足，风险很大。融资担保公司法律上规定杠杆率最高为10倍，事实上，在P2P行业的杠杆率很多都超过了10倍。因此，一旦违约情况出现，担保公司很难应对，投资人的权益无法得到保障。

  总而言之，P2P行业在特殊的时期，对中国金融格局、金融思维理念、投资者投资渠道是一个有价值的补充，是对传统金融业的挑战。符合监管要求、自身风险管理水平高的平台、资金实力强的P2P企业在一定程度上促进了行业的进步和经济的发展，同时也保护了投资者的权益，其发展意义深远。但是，P2P面临的问题多种多样，它享受着监管政策套利，也缺乏规范性。如上文所述，P2P平台的虚假信息、非法行为以及风控问题不断。P2P自身并没有问题，问题在于需要主动去寻找一个利于P2P长期发展的模式，才能在不断促进整个行业的良性健康发展和经济的持续增长。

 **本章小结**

本章主要对比传统金融模式与互联网金融模式,并介绍了互联网金融背景下的新型融资创新模式,包括第三方支付、P2P网络贷款平台、大数据金融模式、众筹、信息化金融机构、互联网金融门户。重点介绍了众筹和P2P模式。众筹的模式多种多样,利用社交平台能帮助实现众筹目标,但同时众筹也存在众多风险,众筹的便利性能吸引更多的民间资本参与,同时也会使众筹风险变得更大,监管难度也更复杂。众筹危机的预防和化解可以从完善立法、建立适应的管理监督体系和加强行业自律及信用体系建设方面着手。从现实来看,众筹的新模式对发展中国家众多行业能起到很大的促进作用。P2P网络贷款融资模式类型多样,P2P网络贷款融资模式有直接透明、能进行信息甄别、风险比较分散、门槛低、渠道成本低等特点。但就发展现状来看,属于新兴事物,其发展虽然初具雏形,但并无明确的立法,官方对于P2P网络信贷的风险预警及监管机制的建设和完善一直处在进行中。

 习题

一、名词解释

(一)互联网金融

(二)众筹

二、简答题

(一)传统金融模式与互联网金融模式的比较有哪些特点?

(二)众筹主要存在哪些风险?

(三)P2P网贷公司的倒闭主要原因有哪些?

 **思考题**

如何防范互联网金融背景下的融资风险?

参 考 文 献

[1] 任建军.信贷配给理论发展、模型与实证研究[J].金融论坛,2009,14(04):21-28.

[2] 王征.信贷配给微观机理研究[D].辽宁大学,2011.

[3] 金俐.信贷配给:微观基础与货币政策含义研究[D].复旦大学,2004.

[4] 程怡.信贷配给对于我国货币政策传导机制的影响[D].武汉大学,2004.

[5] 陈名银,林勇.企业规模、信贷融资与银行集中度——基于演化博弈的理论分析[J].西部经济管理论坛,2014,25(04):62-66.

[6] 王继升.小微企业与银行的信贷行为分析——基于演化博弈视角[J].时代金融,2015,(06):97-100+108.

[7] 戈岚.信贷配给对我国货币政策传导机制作用分析[D].吉林大学,2006.

[8] 易秋霖.中国的非均衡金融[M].北京:经济管理出版社,2004.

[9] 潘长有.信贷配给与我国货币政策传导有效性研究[D].厦门大学,2009.

[10] 贾清显,朱铭来.经济货币化、信贷配置与经济增长——基于动态面板数据模型的GMM估计[J].工业技术经济,2016,35(03):23-30.

[11] 张敬峰.供应链融资理论动态与实践进展[J].生产力研究,2011,(10):53-55.

[12] 顾乃康,张超,宁宇.国外资本结构动态性研究前沿探析[J].外国经济与管理,2008,(09):1-7.

[13] 雷新途.后现代资本结构理论的形成与发展:契约理论视角[J].经济与管理研究,2007,(06):5-10.

[14] 沈艺峰,沈洪涛,洪锡熙.后资本结构理论的形成与发展——资本结构管理控制理论及其验证[J].厦门大学学报(哲学社会科学版),2004,(01):24-31.

[15] 任建军.信贷配给理论发展、模型与实证研究[J].金融论坛,2009(04).

[16] 沈艺峰,沈洪涛,洪锡熙.后资本结构理论的形成与发展——资本结构管理控制理论及其验证[J].厦门大学学报(哲学社会科学版),2004(01).

[17] 沈艺峰.资本结构理论史[M].经济科学出版社,1999.

[18] 谭瑾,徐光伟."双轮"驱动下环境规制差异与企业绿色创新——基于信号传递理论[J/OL].软科学:1-10[2023-11-12].

[19] 王继升.小微企业与银行的信贷行为分析——基于演化博弈视角[J].时代金融,2015(06).

[20] 王征.信贷配给微观机理研究[D].辽宁大学,2011.

[21] 威廉·L.麦金森.公司财务理论[M].刘明辉等,译.东北财经大学出版社,2002.

[22] 伍中信.现代公司财务治理理论形成与发展[J].会计研究,2005(10).

[23] 杨瑞龙,聂辉华.不完全契约理论:一个综述[J].经济研究,2006(2).

[24] 易秋霖.中国的非均衡金融[M].经济管理出版社,2004.

[25] 应珊珊.有限理性与产业组织理论研究的进展[J].产业经济评论,2019(04).

[26] 张敬峰.供应链融资理论动态与实践进展[J].生产力布局,2011(10).

[27] Aghion P., Bolton P. An Incomplete Contracts Approach to Financial Contracting[J]. The Review of Economic Studies, 1992, 59(3): 473-494.

[28] 杨瑞龙,聂辉华.不完全契约理论:一个综述[J].经济研究,2006,(02):104-115.

[29] 伍中信.现代公司财务治理理论的形成与发展[J].会计研究,2005,(10):13-18+96.

[30] 沈艺峰.资本结构理论史[M].经济科学出版社,1999.

[31] Bercer PC, Ofek E, Yermack DL. Managerial entrenchment and capital structure decisions[J]. Journal of Finance, 1997(52): 1411-1438.

[32] Berger AN, Udell GF. Relationship Lending and Lines of Credit in Small Firm Finance[J]. Journal of Business, 1995, 68(3): 351-381.

[33] Carvey CT, Hanka C. Capital structure and corporate control: The effect of antitakeover statutes on finleverage[J]. Journal of Finance,1999(54): 519-546.

[34] Dann LY, Deancel H. Corporate financial policy and corporate control: A study of defensive adjustments inasset and ownership structurel[J]. Journal of Financial Economics, 1988(20): 87-128.

[35] Dewatripont M., Tirole J. A Theory of Debt and Equity: Diversity of Securities and Manager-shareholder Congruence[J]. The Quarterly Joumal of Economics, 1994, 109(4): 1027-1054.

[36] Diamond DW. Debt Maturity Structure and Liquidity Risk[J]. Quarterly Journal of Economics, 1991, 106(3): 709-737.

[37] 陈柳钦.西方后资本结构理论综述[J].天津商业大学学报,2010,30(01):3-9.

[38] 李泓博,贺钦.资本结构决策中的时机选择理论述评[J].技术与市场,2010,17(02):17-18.

[39] 威廉·L·麦金森.公司财务理论[M].刘明辉等,译.大连:东北财经大学出版社,2002.

[40] Harris M, Raviv A. The theory of capital structurel[J]. Journal of Finance, 1991(46): 297-355.

[41] Hart O. Firms, Contracts and Financial Structure[M]. Oxford University Press, 1995.

[42] 李井林,张金莲.企业并购与资本结构动态调整:研究述评与展望[J].湖北经济学院学报,2022,20(02):72-81+128.

[43] 刘建华,张敏锋.优序融资与权衡理论比较研究——基于面板数据分数回归模型的实证[J].牡丹江师范学院学报(社会科学版),2021,(06):30-36.

[44] 应珊珊.有限理性与产业组织理论研究的进展[J].产业经济评论,2019,(04):109-119.

[45] 戴颖,陈瀚林.高管薪酬激励对企业绩效的影响研究——基于第二类代理问题[J].山西财政税务专科学校学报,2021,23(04):50-55.

[46] 蒋海昌,李占彪.成长能力与公司治理：一个文献综述[J].财会研究,2021,(06):44-48.

[47] 谭瑾,徐光伟."双轮"驱动下环境规制差异与企业绿色创新——基于信号传递理论[J].软科学,2023,37(11):99-106.

图书在版编目(CIP)数据

融资理论与实践/方芳,宗庆庆编著. —上海:复旦大学出版社,2024.9
(公共经济与管理. 投资学系列)
ISBN 978-7-309-17134-1

Ⅰ. ①融… Ⅱ. ①方… ②宗… Ⅲ. ①融资-研究 Ⅳ. ①F830.45

中国国家版本馆 CIP 数据核字(2023)第 248261 号

融资理论与实践
RONGZI LILUN YU SHIJIAN
方 芳 宗庆庆 编著
责任编辑/于 佳

复旦大学出版社有限公司出版发行
上海市国权路 579 号 邮编:200433
网址: fupnet@ fudanpress.com http://www.fudanpress.com
门市零售:86-21-65102580 团体订购:86-21-65104505
出版部电话:86-21-65642845
杭州日报报业集团盛元印务有限公司

开本 787 毫米×1092 毫米 1/16 印张 17.5 字数 394 千字
2024 年 9 月第 1 版第 1 次印刷

ISBN 978-7-309-17134-1/F·3023
定价:62.00 元

如有印装质量问题,请向复旦大学出版社有限公司出版部调换。
版权所有 侵权必究